Der Rechtsrahmen für Vorstandsvergütungen in Deutschland und Australien

Schriften zum
Unternehmens- und Wirtschaftsrecht

Herausgegeben von Marcus Bieder, Andreas Fuchs, Lars Leuschner,
Markus Stoffels und Dirk A. Verse

Band 20

PL ACADEMIC RESEARCH

Lars Jeschke

Der Rechtsrahmen für Vorstandsvergütungen in Deutschland und Australien

Ein Rechtsvergleich

PL ACADEMIC RESEARCH

Bibliografische Information der Deutschen Nationalbibliothek
Die Deutsche Nationalbibliothek verzeichnet diese Publikation in der Deutschen Nationalbibliografie; detaillierte bibliografische Daten sind im Internet über http://dnb.d-nb.de abrufbar.

Zugl.: Mainz, Univ., Diss., 2015

Umschlaggestaltung:
© Olaf Gloeckler, Atelier Platen, Friedberg

D 77
ISSN 2364-0863
ISBN 978-3-631-66521-3 (Print)
E-ISBN 978-3-653-05798-0 (E-Book)
DOI 10.3726/978-3-653-05798-0

PL Academic Research ist ein Imprint der Peter Lang GmbH.
Peter Lang – Frankfurt am Main · Bern · Bruxelles · New York · Oxford · Warszawa · Wien

Diese Publikation wurde begutachtet.

www.peterlang.com

Meinen Eltern

Vorwort

Die vorliegende Arbeit hat im Wintersemester 2013/2014 dem Fachbereich Rechts- und Wirtschaftswissenschaften der Johannes Gutenberg-Universität Mainz als Dissertation vorgelegen. Sie befindet sich auf dem Stand von Januar 2014.

Mein Dank gilt zuvörderst und in besonderem Maße meinem Doktorvater Herrn Prof. Dr. Dirk A. Verse, der sich offen und interessiert gegenüber dem Thema der Arbeit gezeigt und bei Anfertigung der Arbeit in vorbildlicher Weise Freiheit gewährt und zugleich Unterstützung geboten hat. Ihm und den Mitherausgebern der „Schriften zum Unternehmens- und Wirtschaftsrecht" sei zudem für die Aufnahme der Arbeit in diese Schriftenreihe herzlich gedankt. Gleichfalls danken möchte ich Herrn Prof. Dr. Peter O. Mülbert für die Übernahme und Erstellung des Zweitgutachtens.

Mein Dank gebührt zudem Frau Prof. Jennifer Hill von der University of Sydney und Herrn Prof. Christopher Symes von der University of Adelaide, die mir bei den Recherchen zum australischen Recht als hilfsbereite Ansprechpartner zur Verfügung standen.

Die Arbeit innerhalb der vorgenommenen Zeit und mit den nötigen Freiheiten fertigzustellen, wurde maßgeblich ermöglicht durch die Unterstützung der Kanzlei Gleiss Lutz. Hierfür sei der Kanzlei und insbesondere den Herren Rechtsanwälten Dr. Jan Bauer und Dr. Patrick Kaffiné herzlich gedankt.

Für ihre große moralische Unterstützung, ihre Geduld und ihre Bereitschaft, die gesamte Arbeit mit mir durchzusehen, danke ich meiner Freundin Stefanie Debus. Meinem Bruder Ralf sei für die Unterstützung in allen technischen und logistischen Belangen gedankt.

Ein besonderer Dank gilt meinen Eltern, die mich stets in all meinen Plänen unterstützt und mir tiefstes Vertrauen entgegengebracht haben. Ihnen ist diese Arbeit gewidmet.

Frankfurt am Main, im Juni 2015 — Lars Jeschke

Inhaltsübersicht

Inhaltsverzeichnis

Einleitung

A. Einführung und Ziel der Untersuchung

Die Vergütung der Vorstandsmitglieder von Aktiengesellschaften ist ein in rechtspolitischer Sicht stark emotional aufgeladenes Thema, welches in Intervallen wiederkehrend großes Medien- und Öffentlichkeitsinteresse auslöst. Zugleich ist es kein neues Thema, sah man sich doch schon in den dreißiger Jahren des letzten Jahrhunderts mit dem Problem konfrontiert, „daß Riesengehälter und Gewinnanteile ohne Rücksicht auf die Aufgaben und die Leistungsfähigkeiten der Vorstandsmitglieder und sogar dann noch geleistet wurden, wenn die wirtschaftliche Lage der Gesellschaft hoffnungslos war […]“[1]. Die Vorschrift des § 78 AktG 1937 markiert den Anfang eines bis in die heutige Zeit fortdauernden gesetzgeberischen Strebens, Vorstandsvergütungen in einem Rechtsrahmen gleichsam einzufangen. Nicht selten veranlassen der nationale und der europäische Gesetzgeber bzw. Verordnungs- und Richtliniengeber Neuerungen, bevor Streitfragen zu den aktuellen Regeln geklärt sind, und ohne dass die Fakten Handlungsbedarf signalisieren würden.

Vor dem Hintergrund der beschriebenen Situation ist es wenig verwunderlich, dass das juristische Schrifttum mittlerweile eine Fülle an Aufsätzen, Monografien, Dissertationen und anderen Abhandlungen zum Thema Vorstandsvergütung hervorgebracht hat. Vermutlich aufgrund dieser Fülle und weil das Thema immer wieder neu und intensiv diskutiert wird, ohne dass dies in angemessenem Verhältnis zu der in der Regel geringen Bedeutung der Gehälter im Hinblick auf die Gesamtausgaben der Unternehmen stünde, muss gleichsam eine gewisse themenspezifische Ermüdung in gesellschaftsrechtlichen Fachkreisen festgestellt werden. Die vorliegende Arbeit dokumentiert, dass dies auf ihren Verfasser (ohne Anmaßung einer Zugehörigkeit zu gesellschaftsrechtlichen Fachkreisen) nicht zutrifft, und nimmt die Situation zum Anlass, durch einen Rechtsvergleich zum australischen Recht die Debatte mit neuen Aspekten zu beleben.

Allgemein bietet sich ein Rechtsvergleich zum Thema Vorstandsvergütung deshalb an, weil das Thema keinesfalls ein nationales ist. Auch andere Rechtsordnungen sehen sich mit identischen Fragestellungen konfrontiert. Hiervon zeugen die Bemühungen, Lösungen auf internationaler[2] und europäischer[3] Ebene zu finden. Die Vorgehensweisen der einzelnen Staaten und die Effektivität der Maßnahmen

---

1 *Schlegelberger/Quassowski*, AktG, § 78 Rn. 1.

2 Vgl. etwa OECD Report 2009, Corporate Governance, Key Findings; OECD Report 2010, Corporate Governance, Conclusions.

3 Vgl. etwa Empfehlung der Kommission zur Ergänzung der Empfehlungen 2004/913/EG und 2005/162/EG zur Regelung der Vergütung von Mitgliedern der Unternehmensleitung börsennotierter Gesellschaften (2009/385/EG) endg. vom 30.4.2009, ABl. Nr. L 120 v. 15.5.2009, S. 28; s. jüngst auch den Vorstoß, ein Vergütungsvotum EU-weit

variieren zum Teil jedoch erheblich. Ein Rechtsvergleich ermöglicht einen kritischen Blick auf die bestehenden deutschen Regelungen zur Vorstandsvergütung und kann Anregungen zur Optimierung geben. Davon, dass sich der deutsche Gesetzgeber nicht scheut, Konstrukte aus anderen Rechtsordnungen in Form von *legal transplants* zu übernehmen, zeugt die Einführung des dem angelsächsischen Raum entlehnten § 120 Abs. 4 AktG[4].

Für die Wahl des australischen Rechts als Vergleichsobjekt sprechen diverse Gründe. Der vorliegenden Untersuchung vergleichbare Arbeiten existieren bislang lediglich zum US-amerikanischen und zum englischen Recht[5]. Jedoch wird auch auf dem Fünften Kontinent im Hinblick auf die Vergütung des Top-Managements großer Unternehmen dieselbe Debatte geführt wie in Deutschland. Auch hier sind vermeintlich exzessive Managergehälter immer wieder Gegenstand der Berichterstattung in den Medien und erregen die Aufmerksamkeit der Öffentlichkeit und der Politik. Soweit man die (fehlerhafte) Ausgestaltung von Managervergütungen für das Entstehen der weltweiten Finanzmarktkrise mitverantwortlich macht[6], ist im Fall Australiens beachtlich, dass das Land – wohl nicht allein aufgrund seines Rohstoffreichtums – von der Krise relativ verschont geblieben ist[7]. Im Gegensatz zur Lage in den USA und im Vereinigten Königreich waren zudem auf dem Gebiet der Managervergütungen keine weitreichenden Missstände zu verzeichnen[8]. Diese Erkenntnisse taugen zumindest als Indiz für die Effektivität des australischen Rechts im Allgemeinen und des australischen Rechtsrahmens für Managervergütungen im Speziellen[9].

Neben den genannten Gründen, die eher allgemeiner Art sind, sprechen auch rechtsspezifische Gründe für die Wahl des australischen Rechts als Vergleichsobjekt. Diese vermögen den zunächst plausibel erscheinenden Einwand, dass sich die Untersuchung nicht dem englischen Recht als Mutterrechtsordnung des australischen Rechts widmet, zu entkräften. Zwar sind die Parallelen zum englischen Recht auch heute noch unverkennbar und vornehmlich im Bereich des nicht-kodifizierten *common law* erfolgt oft ein Rückgriff auf englische Gerichtsentscheidungen. Jedoch ist

---

vorzuschreiben: Europäische Kommission, Aktionsplan: Europäisches Gesellschaftsrecht und Corporate Governance, 12.12.2012, COM(2012) 740, S. 10.

4 *Dauner-Lieb*, in: Henssler/Strohn, Gesellschaftsrecht, § 87 AktG Rn. 5.

5 Vgl. *Akin*, Vorstandsvergütung; *Tegtmeier*, Vergütung von Vorstandsmitgliedern.

6 So etwa *High-Level Group on Financial Supervision in the EU*, chaired by Jacques de Larosière, Report vom 25.2.2009, S. 30 Rn. 117; *Crotty*, 33 Cambridge Journal of Economics (2009), 563 (565); *Avgouleas*, 9 Journal of Common Market Studies (2009), 23 (43 f.); *Bebchuk/Spamann*, 98 Georgetown LJ (2010), 247 (255 ff.); Überblick über den Meinungsstand bei *Hill*, ECGI Law Working Paper No. 142/2010, S. 9 ff.

7 eingehend *Hill*, Sydney Law School Legal Studies Research Paper No. 12/35; *dies.*, Sydney Law School Legal Studies Research Paper No. 11/91, S. 15; *Thomas*, Vanderbilt University Law School, Law and Economics Working Paper No. 11–18, 2011, S. 1.

8 Productivity Commission, S. 359.

9 Ähnlich *Farrar*, 24 Australian Journal of Corporate Law (2010), 227 (228).

das australische Recht auch vielfach eigene Wege gegangen. Ungleich früher als das Vereinigte Königreich reformierte Australien sein Gesellschaftsrecht und schuf den im Vergleich zum deutschen Aktiengesetz immer noch sehr jungen *Corporations Act 2001* (CA 2001). Die hierin enthaltenen Regelungen zur Vergütung des Managements von Aktiengesellschaften haben sodann in den letzten Jahren weitreichende und interessante Änderungen erfahren[10], was ebenfalls für die Wahl des australischen Rechts spricht. Die wohl prominenteste Neuerung stellt die 2011 eingeführte *two strikes rule* dar, die eine wesentliche Ausweitung der Aktionärsrechte in Bezug auf die Managervergütung bedeutet[11]. Mittlerweile gibt es in Australien erste praktische Erfahrungen mit dieser Regel, wodurch Rückschlüsse auf ihre Effektivität gezogen werden können. Die Regel verdient auch deshalb besondere Beachtung, weil eine Ausweitung der Aktionärsmitsprache in jüngster Zeit auch in Deutschland Ziel gesetzgeberischer Bemühungen war und ist. Nachdem ein entsprechendes Gesetzesvorhaben[12] unmittelbar vor der Bundestagswahl des Jahres 2013 im Bundesrat scheiterte, sieht nun wiederum der am 27. November 2013 zwischen CDU, CSU und SPD geschlossene Koalitionsvertrag die Einführung einer Entscheidungskompetenz der Hauptversammlung in Vergütungsfragen vor[13].

Übergeordnetes Ziel und zugleich Arbeitsauftrag der vorliegenden Untersuchung ist, die im deutschen und im australischen Recht bestehenden Rechtsrahmen für Vorstandsvergütungen zu vergleichen. Dass der Vergleich kein Selbstzweck ist, ergibt sich aus den Unterpunkten dieser Zielsetzung. Zunächst soll das jeweilige nationale Recht systematisch dargestellt und erläutert werden. Dem kommt im Hinblick auf das in Deutschland bislang weitgehend unbekannte australische Vergütungsrecht besondere Bedeutung zu. Zudem ist die Gegenüberstellung Grundvoraussetzung für den sich anschließenden (eigentlichen) Vergleich. In ihm sollen – gleichsam als zweiter Unterpunkt der übergeordneten Zielsetzung – die Gemeinsamkeiten und Unterschiede der Rechtsordnungen herausgearbeitet und veranschaulicht werden. Die Gemeinsamkeiten mögen als Bestätigung dafür dienen, dass man sich mit den eigenen nationalen Regeln zur Vorstandsvergütung nicht auf Abwegen befindet. Dieser Schluss darf indes nicht vorschnell gezogen werden, kann eine Gemeinsamkeit doch ebenso gut lediglich Beleg dafür sein, sich auf Abwegen „in guter Gesellschaft" zu befinden. Die Herausstellung der Unterschiede führt plastisch alternative Lösungswege vor Augen. Des Weiteren wird versucht, die Hintergründe und Ursachen

---

10 Vgl. etwa Corporations Amendment (Improving Accountability on Termination Payments) Act 2009 (Cth); Corporations Amendment (Improving Accountability on Director and Executive Remuneration) Act 2011 (Cth).

11 Vgl. secs. 250U – 250Y CA 2001.

12 Vgl. „Gesetz zur Verbesserung der Kontrolle der Vorstandsvergütung und zur Änderung weiterer aktienrechtlicher Vorschriften" (VorstKoG), Beschluss und Bericht des Rechtsausschusses vom 26.6.2013, BT-Drucks. 17/14214, S. 7, 16 ff.

13 Vgl. Koalitionsvertrag zwischen CDU, CSU und SPD vom 27.11.2013, 18. Legislaturperiode, „Deutschlands Zukunft gestalten", S. 17, abrufbar unter www.bundestag.de (Abruf v. 3.1.2014).

für die Gemeinsamkeiten, mehr aber noch für die Unterschiede, aufzudecken. In einem letzten Schritt soll eine kritische Bewertung der nationalen Rechtsgestaltungen unter dem Aspekt der Funktionalität erfolgen. Soweit sich das australische Recht in einzelnen Aspekten als vorteilhafter erweist, soll die Übernahme dieser Aspekte ins deutsche Recht angedacht werden. Gleichsam verbietet sich eine unreflektierte Übernahme. Denn zum einen sind die Einzelregelungen stets in ihrem nationalen systematischen, dogmatischen und rechtspolitischen Kontext zu sehen, zum anderen verlangen *legal transplants* stets eine Feinabstimmung mit den Besonderheiten der aufnehmenden Rechtsordnung[14].

B. Erläuterungen zum Vergleich und zur Terminologie

Der Titel der vorliegenden Untersuchung ist insoweit ungenau, als er von Vorstandsvergütungen spricht, es einen „Vorstand" nach deutschem Verständnis im australischen Gesellschaftsrecht aber nicht gibt[15]. Als nach Aufgaben sowie Rechts- und Pflichtenstellung vergleichbarer Personenkreis werden im Rahmen der vorliegenden Untersuchung zunächst die sog. *executive directors* betrachtet. Jedoch erweist sich diese Betrachtung als zu eng, weil die Zahl der *executive directors* in den australischen Gesellschaften in der Regel sehr gering ist[16]. So ist es keinesfalls unüblich, dass der sog. *chief executive officer* (CEO) das einzige mit Managementaufgaben betraute *board*-Mitglied ist[17]. In deutschen Aktiengesellschaften wird hingegen die gesetzliche Mindestanzahl an Vorstandsmitgliedern (§ 76 Abs. 2 AktG) regelmäßig überschritten, so dass den *executive directors* als Vergleichsgruppe eine ungleich größere Anzahl an Vorstandsmitgliedern gegenüberstünde. Zugleich verhält es sich aber nicht so, dass die wenigen australischen *executive directors* gleichsam alleine all die Führungsaufgaben wahrnehmen, für die in deutschen Aktiengesellschaften mehrköpfige Vorstände bestehen. Vielmehr werden zentrale Managementaufgaben auch auf organexterne Führungskräfte, sog. *senior executives*, delegiert. Ihre Vergütung und die für sie bestehenden Regeln müssen in der vorliegenden Untersuchung daher mitberücksichtigt werden. Soweit das australische Recht diese Personengruppe (mit-)adressiert, spricht es zum Teil von den Mitgliedern des Managements in Schlüsselpositionen (*key management personnel*)[18]. Zusammenfassend lässt sich festhalten, dass den Vorstandsmitgliedern auf australischer Seite die *directors* und *senior executives* als Vergleichsgruppe gegenübergestellt werden. Als rechtsordnungsneutraler Oberbegriff findet im Folgenden die Bezeichnung „Geschäftsleiter" Verwendung.

---

14 *Fleischer*, NZG 2004, 1129 (1131).

15 Ausführlich hierzu und zum australischen Gesellschaftsrecht allgemein unten 1. Kapitel B I.

16 Vgl. *Fels*, 20 Australian Accounting Review 2010, 76 (78); *Hill*, ECGI Law Working Paper No. 164/2010, S. 11 f.

17 Vgl. etwa die board-Struktur bei Qantas Airways Limited, abrufbar unter www.qantas.com.au/travel/airlines/board-of-directors/global/en (Abruf v. 11.8.2013).

18 Vgl. etwa sec. 9 CA 2001 i. V. m. § 9 AASB 124.

Die Gesellschaften, in denen die Geschäftsleitervergütung bzw. ihre Reglementierung untersucht wird, sind auf deutscher Seite Aktiengesellschaften, auf australischer Seite die sog. *public companies limited by shares*. Ein Schwerpunkt liegt jeweils auf börsennotierten Publikumsgesellschaften. Diese Wahl beruht auf der Einschätzung, dass hier das Thema rechtspolitisch und rechtswissenschaftlich am bedeutsamsten ist.

C. Gang der Untersuchung

Der Reglementierung von Geschäftsleitervergütungen liegen ökonomische Theorien und Zusammenhänge zugrunde, deren Verständnis elementar für die Vornahme des Rechtsvergleichs und für die Nachvollziehbarkeit seiner Ergebnisse ist. Die Befassung mit dem australischen Vergütungsrecht setzt zudem ein Grundverständnis des australischen Gesellschaftsrechts und einen Überblick über die einschlägigen Rechtsquellen voraus. Schließlich erscheint es hilfreich, im Vorfeld der eigentlichen rechtsvergleichenden Untersuchung sich die Faktenlage zu Geschäftsleitervergütungen in beiden Ländern vor Augen zu führen und zu vergleichen. Vor dem Hintergrund dieser Annahmen ist im ersten Kapitel der ökonomische, rechtliche und faktische Kontext des Themas aufzuzeigen. Auf dieser Grundlage aufbauend werden im zweiten Kapitel die nationalen Rechtsrahmen zur Geschäftsleitervergütung thematisch unterteilt dargestellt, verglichen und bewertet. Im dritten Kapitel erfolgt eine Darstellung der Ergebnisse der Untersuchung in Form einer Zusammenfassung der gefundenen Einzelergebnisse und einer wertenden Gesamtbetrachtung.

1. Kapitel Ökonomischer, rechtlicher und faktischer Kontext

A. Geschäftsleitervergütungen und ihre Reglementierung aus ökonomisch-funktionaler Sicht

I. Verankerung im Prinzipal-Agenten-Modell

Als Grundlage moderner Theorien des Unternehmens und zur Erklärung der Verhältnisse und Beziehungen zwischen Eigentümern und Leitern eines Unternehmens hat sich, aufbauend auf einem Aufsatz von *Jensen* und *Meckling* aus dem Jahre 1976[1], das sog. Prinzipal-Agenten-Modell etabliert[2]. Vor dem Hintergrund dieses Modells sind Geschäftsleitervergütungen und ihre Reglementierung zu sehen. Ausgangspunkt ist die Annahme, dass die Aktionäre einer Aktiengesellschaft, die „Prinzipale", als „Agenten" bezeichnete Dritte mit der Leitung ihrer Unternehmung betrauen[3]. Agenten sind bei einer monistischen Unternehmensverfassung angelsächsischer Prägung die *board*-Mitglieder, beim dualistischen System der deutschen Aktiengesellschaft kommt sowohl den Vorstandsmitgliedern als auch den Aufsichtsratsmitgliedern die Agentenrolle zu.

Als grundlegendes Problem erkennt das Prinzipal-Agenten-Modell Informationsasymmetrien zwischen Prinzipal und Agent[4]. Den Agenten kommt danach ein Informationsvorsprung zu, denn die Prinzipale können das Handeln der Agenten nicht lückenlos beobachten und gelangen nicht im selben Umfang wie die Agenten an Informationen. Man spricht insoweit von *hidden actions* bzw. *hidden information*[5]. Informationsungleichgewichte liegen schon bei Abschluss des Anstellungsvertrags vor, im deutschen Kontext zum einen in Form verborgener Eigenschaften des Vorstandsmitglieds (*hidden characteristics*), zum anderen besteht auf Seiten des als Agent der Aktionäre handelnden Aufsichtsrats ein Informationsvorsprung gegenüber selbigen[6]. Als weitere Annahme liegt dem Prinzipal-Agenten-Modell zugrunde, dass Prinzipal und Agent als rational handelnde Individuen jeweils für sich opportunistisch handeln und an der Maximierung ihres eigenen Nutzens interessiert

1 *Jensen/Meckling*, 3 Journal of Financial Economics (1976), 305 ff.
2 *Arnold*, Steuerung, S. 13; *Hupka*, Vergütungsvotum, S. 11 m.w.N.
3 *Jensen/Meckling*, 3 Journal of Financial Economics (1976), 305 (308).
4 *Erlei/Schmidt-Mohr*, in: Gabler Wirtschaftslexikon, Stichwort: Prinzipal-Agent-Theorie.
5 *Arrow*, in: Pratt/Zeckhauser, Principals and Agents, S. 38.
6 *Göbel*, Institutionenökonomik, S. 100 ff.

sind[7]. Demnach verfolgen Prinzipal und Agent unterschiedliche Interessen, was sich in mannigfaltiger Weise ausdrücken kann, angefangen von mangelndem Anstrengungsniveau des Agenten bis hin zu treuwidrigem Konsum am Arbeitsplatz[8]. Bezogen auf die Vergütung bedeutet dies, dass der Agent bei seiner Aufgabendurchführung auch immer die Entlohnung abzüglich seiner Kosten berücksichtigt[9]. Um zu verhindern, dass die Agenten ihre Informationsvorsprünge einseitig auf Kosten der Prinzipale ausnutzen, müssen sog. Vertretungskosten oder Agenturkosten (*agency costs*) aufgewendet werden[10].

Als Mittel zur Überwindung des Prinzipal-Agenten-Konflikts bieten sich Kontrollmechanismen sowie Anreizstrukturen an[11]. Den Geschäftsleitervergütungen kommt in dieser Hinsicht eine doppelte Bedeutung zu. Zum einen können sie in ihrer überhöhten Form als Ausdruck des Prinzipal-Agenten-Konflikts gesehen werden, den es zu kontrollieren gilt[12]. Zum anderen wird vielfach davon ausgegangen, dass die Vergütung *der* oder zumindest *ein* Schlüssel zur Lösung des Prinzipal-Agenten-Konflikts ist. Mittels ihrer glaubt man Anreize setzen zu können, welche die Agenten zu einem Handeln im Interesse der Prinzipale bewegen[13].

1. *Kontrolle als Mittel zur Überwindung des Prinzipal-Agenten-Konflikts*

Der Aufbau von Kontrollmechanismen, die der Überwachung der Verwaltungsorgane (Agenten) dienen, stellt den klassischen, im Zuge der Finanzmarktkrise erneut Aufwind erfahrenden Weg zur Überwindung des Prinzipal-Agenten-Konflikts dar. Zu unterscheiden ist zwischen unternehmensexterner und unternehmensinterner Kontrolle[14]. Als ein extern kontrollierendes Element wird beispielsweise die realitätsnahe Möglichkeit einer feindlichen Übernahme betrachtet, die Ausdruck eines *Marktes für Unternehmenskontrolle* ist[15]. Dabei wird unterstellt, dass die Geschäftsleiter versuchen werden durch eine – im Interesse der Anteilseigner liegende – Steigerung des Unternehmenswertes eine solche Übernahme zu verhindern, weil sie fürchten müssen, im Zuge der Übernahme durch ein neues Management ersetzt zu werden[16].

---

7 *Jensen/Meckling*, 3 Journal of Financial Economics (1976), 305 (308); *Erlei/Leschke/Sauerland*, Institutionenökonomik, S. 74; *Jost*, Prinzipal-Agenten-Theorie, S. 15; *Göbel*, Institutionenökonomik, S. 100; *Hupka*, Vergütungsvotum, S. 13.

8 Ausführlich zu den möglichen Interessenkonflikten *Arnold*, Steuerung, S. 51 ff.

9 *Hupka*, Vergütungsvotum, S. 13.

10 *Jensen/Meckling*, 3 Journal of Financial Economics (1976), 305 (308 f.).

11 *Jensen/Meckling*, 3 Journal of Financial Economics (1976), 305 (308).

12 Grundlegend *Bebchuk/Fried*, Pay Without Performance.

13 Vgl. nur *Rappaport*, 4 Journal of Business Strategies (1983), 49 f.

14 *Hupka*, Vergütungsvotum, S. 18 m.w.N.

15 *Manne*, 73 Journal of Political Economy (1965), 110 (113); *Easterbrook/Fischel*, 94 Harvard Law Review (1981), 1161 (1169 f.); *dies.*, Economic Structure, S. 171 ff.; *Arnold*, Steuerung, S. 235 ff.

16 *Easterbrook/Fischel*, 94 Harvard Law Review (1981), 1161, (1169, 1174); *Eidenmüller*, JZ 2001, 1041 (1047 f.).

Inwieweit diese These zutrifft, ist bislang ungeklärt[17]. Als weiteres unternehmensexternes Kontrollelement wird der *Arbeitsmarkt für Manager* angesehen. Dabei geht man davon aus, dass ein Geschäftsleiter zwecks Wahrung seiner zukünftigen Beschäftigungschancen von rein eigennützigen Handlungen absehen wird[18]. Als weiterer Motivationsfaktor gilt, dass Unternehmen marktbedingt auf längere Sicht die Vergütung ihres Managements dessen wahrer Leistung für das Unternehmen anpassen werden[19]. Die Kontrolle durch den Arbeitsmarkt für Manager sieht sich der Kritik ausgesetzt, dass die Machtverhältnisse zwischen Geschäftsleitern und (potenziellen) Arbeitgebern ungleich zugunsten der Geschäftsleiter verteilt seien und es in diesem Markt an Wettbewerb mangele[20].

Als Alternative oder Ergänzung externer Kontrollmechanismen bietet sich eine unternehmensinterne Kontrolle an. Diesbezüglich ist zunächst an eine Überwachung der Verwaltung durch die Aktionäre zu denken[21]. Ein Hindernis hierbei ist jedoch die „rationale Apathie" der Aktionäre[22]. Etwas anderes mag für Fälle gelten, in denen größere Aktienanteile von institutionellen Investoren gehalten werden[23]. Wie weit ihr Einfluss und ihre Bereitschaft, auf die Verwaltung einzuwirken, reichen und inwieweit sie den Prinzipal-Agenten-Konflikt entschärfen können, wird unterschiedlich beurteilt[24]. Die Frage ist Teil einer grundsätzlichen Debatte über Aktionärsdemokratie versus Verwaltungsmacht. Vor dem Hintergrund der Finanzmarktkrise ist jedenfalls ein weltweiter Trend zum Ausbau von Aktionärsrechten zu verzeichnen[25]. Als weitere Möglichkeit einer unternehmensinternen Kontrolle bietet es sich an, ein Organ der Gesellschaft mit der Kontrolle zu betrauen[26]. So

---

17 *Hupka*, Vergütungsvotum, S. 19; Studien, welche für die Wirksamkeit des Marktes für Unternehmenskontrolle sprechen sind etwa *Martin/McConnell*, 46 Journal of Finance (1991), 671 ff.; *Mitchell/Lehn*, 98 Journal of Political Economy (1990), 372 ff.; zum gegenteiligen Ergebnis kommen etwa *Franks/Mayer*, 40 Journal of Financial Economics (1996), 163 ff.

18 *Fama*, 88 Journal of Political Economy (1980), 288 (289 ff.); *Hupka*, Vergütungsvotum, S. 18.

19 *Fama*, 88 Journal of Political Economy (1980), 288 (297 ff.).

20 *Eisenberg*, 89 Columbia Law Review (1989), 1461 (1495).

21 Vgl. *Hupka*, Vergütungsvotum, S. 20 ff.

22 *Baums*, ZIP 1995, 11; *Black*, 39 UCLA Law Review (1992), 811 (821); *Gordon*, 89 Columbia Law Review (1989), 1549 (1575 f.); *Kübler*, FS Zöllner, S. 321 (326); *Rock*, 79 Georgetown Law Journal (1991), 445 (453 ff.); *Roth*, ZIP 2003, 369 (376); *Vetter*, AG 2006, 32 (33); *Arnold*, Steuerung, S. 74.

23 Vgl. *Velasco*, 41 University of California Davis Law Review (2007), 605 (623); *Black*, 39 UCLA Law Review (1992), 811 (830 ff.); *ders.*, 89 Michigan Law Review (1990), 520 (570 ff.); *Arnold*, Steuerung, S. 90 f.; eingehend zur Bedeutung institutioneller Investoren für die Corporate Governance: *Schmolke*, ZGR 2007, 701 ff.

24 Den Meinungsstand zusammenfassend *Hupka*, Vergütungsvotum, S. 22 ff.

25 *Hupka*, Vergütungsvotum, S. 26.

26 Vgl. *Hupka*, Vergütungsvotum, S. 26 f.

überwacht im deutschen dualistischen System der Aufsichtsrat den Vorstand. Im monistischen *board*-System sind Leitungs- und Überwachungsfunktion zwar in einem Organ gebündelt, faktisch erfolgt jedoch mit der Einteilung in geschäftsführende und nicht-geschäftsführende Direktoren eine Aufteilung der Funktionen[27]. Gemeinsam ist beiden Modellen, dass die Kontrolleure freilich wiederum Agenten der Aktionäre sind und damit ein weiterer Prinzipal-Agenten-Konflikt aufgetan ist[28].

2. *Anreizsysteme als Mittel zur Überwindung des Prinzipal-Agenten-Konflikts*

Als zweites Mittel zur Überwindung des Prinzipal-Agenten-Konflikts kommen Anreizstrukturen in Betracht. In Bezug auf Geschäftsleitervergütungen bedeutet dies, dass man sich durch die Bindung der Vergütung an bestimmte Erfolgsparameter verspricht, das Geschäftsleiterhandeln im Interesse der Anteilseigner steuern zu können[29]. Diese Theorie kam Mitte der 80er Jahre des letzten Jahrhunderts in den USA auf und prägte auch in anderen Teilen der Welt maßgeblich die Vergütungspraxis der folgenden Jahrzehnte. In Deutschland wurden insbesondere Aktienoptionen als adäquates Mittel zur Überwindung der Interessengegensätze von Anteilseignern und Management erachtet[30]. Darin kommt ein weiterer, der Entwicklung des Shareholder-Value-Konzepts geschuldeter Trend zum Ausdruck, indem die erfolgsabhängige Vergütung nicht mehr an bilanzielle Kennzahlen, sondern an den Börsenkurs anknüpft. Heutzutage sind die Vergütungspakete von Vorständen meist äußerst differenziert ausgestaltet und kombinieren mehrere Vergütungskomponenten. Für eine möglichst effektive Ausgestaltung wurden die folgenden Grundsätze entwickelt: So sollen die Leistungsmaßstäbe auf die Ziele der Gesellschaft abgestimmt sein (Instrumentalität); die Erfolgsmaße müssen eindeutig, überprüfbar und manipulationsfest sein (Überprüfbarkeit); zugleich muss der Geschäftsleiter Einfluss auf die Erreichung der vorgegebenen Ziele haben (Beeinflussbarkeit); die Erfolgsmaße sollten sowohl für einzelne Betriebsbereiche, als auch für das Gesamtunternehmen

---

27 *Böckli*, in: Hommelhoff/Hopt/v. Werder, Corporate Governance, S. 270; *Hupka*, Vergütungsvotum, S. 27.

28 *Roth/Wörle*, ZGR 2004, 565 (566); *Mathis*, Mechanismen zur Kontrolle von Managern, S. 38 f.; *Hupka*, Vergütungsvotum, S. 27.

29 Eingehend hierzu: *Rappaport*, 4 Journal of Business Strategies (1983), 49 f.; *Jensen/Murphy/Wruck*, Harvard NOM Working Paper No. 04–28, S. 19; *Jensen/Murphy*, Harvard Business Review (Mai – Juni 1990), 138 ff.

30 Vgl. *Achleitner/Wichels*, in: Achleitner/Wollmert, Stock Options, S. 1, 9; *Bühner*, DB 1989, 2181 ff.; *Jäger*, DStR 1999, 28; *Kohler*, ZHR 161 (1997), 246 (254 ff.); *Kühnberger/Keßler*, AG 1999, 453 (454 f.); *Menichetti*, DB 1996, 1688 (1689); *Zeidler*, NZG 1998, 789 (790); kritisch hingegen *Winter*, ZfbF 1998, 1120 (1121 ff).

gelten (Allgemeingültigkeit); die Leistungsmaßstäbe sollten im Sinne ihrer Akzeptanz klar und verständlich gefasst sein (Kommunizierbarkeit)[31].

Die These von den Vergütungsprogrammen als Mittel zur Überwindung des Prinzipal-Agenten-Konflikts ist indes nicht unumstritten. Zweifelhaft ist bereits, inwieweit das Verhalten ohnehin hochbezahlter Manager durch Vergütungsanreize steuerbar ist[32]. An einer Maximierung des Gehalts mögen Geschäftsleiter nur indirekt und insoweit ein Interesse haben, als sie in dem Gehalt ein Statussymbol erblicken[33]. Ein anderer Kritikpunkt wendet sich gegen die Annahme, dass die Agenten grundsätzlich arbeitsscheu seien. Dies treffe für Führungskräfte in Unternehmen nicht zu[34]. Vielmehr werde hier ein besonders hohes Engagement gezeigt, da das Selbstwertgefühl der Manager wesentlich auf hohem Arbeitseinsatz und Erfolg basiere[35]. Motivierend wirke zudem die Sorge um die eigene Reputation und Wiederbestellung[36]. Dass leistungsbasierte Vergütungen nicht nur ineffektiv sind, sondern sogar einen negativen Beitrag zur Leistungsbereitschaft von Vorständen leisten können, deuten Studien an, nach denen Leistungsanreize die intrinsische Motivation der Manager untergraben[37]. Kritisiert wird des Weiteren, dass sich die durch die Prinzipal-Agenten-Problematik aufgeworfenen tatsächlichen Konfliktfelder, wie beispielsweise treuwidriges Verhalten, die Verfolgung eigener Interessen, risikoaverses oder kurzsichtiges Verhalten sowie *„empire building"*, nicht effektiv durch Vergütungsgestaltungen verhindern ließen[38]. Äußerst schwierig erscheint zudem die Wahl aussagekräftiger und nicht zu fehlerhaften Anreizen führender Erfolgsparameter[39].

Nach dem Dargelegten bleibt festzuhalten, dass ernsthafte Zweifel an der Effektivität leistungsabhängiger Vergütung für Geschäftsleiter bestehen[40]. So gibt es denn auch Stimmen, welche Geschäftsleitervergütungen weniger als Mittel zur Lösung des Prinzipal-Agenten-Konflikts sehen, sondern sie (in ihrer extremen Höhe) eher als Ausdruck desselben werten[41]. Richtungsweisend ist diesbezüglich die Kritik

---

31 *Rappaport*, 4 Journal of Business Strategies (1983), 49 (51 f.); *Achleitner/Wichels*, in: Achleitner/Wollmert, Stock Options, S. 1, 9 f.; *Kühnberger/Keßler*, AG 1999, 453 (455); *Arnold*, Steuerung, S. 118.

32 *Adams*, ZIP 2002, 1325 (1336); *Bainbridge*, 83 Texas Law Review (2005), 1615 (1633); *McConvill*, 6 German Law Journal (2005), 1777 (1793 ff.); *Thüsing*, ZGR 2003, 457 (474); *Arnold*, Steuerung, S. 131.

33 *Cowen*, Wall Street Journal v. 23.12.2004, D8.

34 *Thüsing*, ZGR 2003, 457 (476); *Schüller*, Vorstandsvergütung, S. 47 f.

35 *Arnold*, Steuerung, S. 131.

36 *Thüsing*, ZGR 2003, 457 (476); *Fonk*, NZG 2005, 248 (252).

37 Vgl. *Rost/Osterloh*, 61 Schmalenbach Business Review (2009), 119 (126 f.) m.w.N.

38 *Arnold*, Steuerung, S. 132 ff., 136.

39 *Arnold*, Steuerung, S. 134 ff., 136.

40 In diesem Sinne auch *Arnold*, Steuerung, S. 136.

41 Darauf ebenso hinweisend *Hupka*, Vergütungsvotum, S. 34 f.

von *Bebchuk* und *Fried*[42]. Nach dem *„managerial power approach“* zeugen die seit den neunziger Jahren stark ansteigenden Gehälter der Geschäftsleiter davon, dass der Einfluss des Managements in den Verhandlungen über die eigene Vergütung zu groß ist. Ihre Macht nutzten die Geschäftsleiter zum einen zur Steigerung ihrer Vergütung, zum anderen zur Vermeidung erfolgsabhängiger Vergütungen, die stets mit Erfolgsdruck und Einschränkungen der Entscheidungs- und Handlungsfreiheit einhergingen[43]. Wirksame Beschränkungen erfahre die Macht der Manager einzig durch den sog. *outrage constraint*, also die öffentliche Empörung in Reaktion auf exorbitante Vergütungen[44]. Die Aussicht hierauf wiederum bewege die Manager dazu, den wahren Wert ihrer Vergütung möglichst zu verschleiern[45].

Für die Machtfülle der Geschäftsleiter werden vielfältige Gründe verantwortlich gemacht, die zum Teil den Eigenarten des amerikanischen Gesellschaftsrechts, insbesondere dem amerikanischen *board*-System geschuldet sind[46], zum Teil aber auch allgemeine Geltung beanspruchen können und (auf ein dualistisches System) übertragbar sind[47]. Zur Lösung der ausgemachten Probleme schlagen *Bebchuk* und *Fried* hauptsächlich und vereinfacht gesagt vor, die Transparenz von Geschäftsleitervergütungen zu verbessern und den Aktionären einen größeren Einfluss in Vergütungsfragen zu gewähren[48]. Freilich traf und trifft dies wiederum nicht auf ungeteilte Zustimmung[49]. Vor diesem Hintergrund sind die verschiedenen Möglichkeiten, regulierend auf die Geschäftsleitervergütung Einfluss zu nehmen, zu beleuchten.

II. Ansatzpunkte der Vergütungsregulierung

Die Regulierung von Geschäftsleitervergütungen kann auf sehr unterschiedliche Weise erfolgen. Die wesentlichen Punkte, an denen die Regulierung ansetzen kann, sind der Prozess der Vergütungsfestsetzung, die Vergütungshöhe und -struktur,

---

42 *Bebchuk/Fried*, Pay Without Performance; *dies.*, 17 Journal of Economic Perspectives (2003), 71 ff.; *Bebchuk/Fried/Walker*, 69 University of Chicago Law Review (2002), 751 ff.

43 *Bebchuk/Fried*, Pay Without Performance, S. 62 f.

44 *Bebchuk/Fried*, Pay Without Performance, S. 64 ff.; *Hupka*, Vergütungsvotum, S. 38 f.; eingehend *Sheehan*, Outrage Constraint, S. 1.

45 *Bebchuk/Fried*, Pay Without Performance, S. 67 ff.

46 *Hupka*, Vergütungsvotum, S. 41 f.; *Arnold*, Steuerung, S. 143.

47 Vgl. *Entorf/Gattung/Möbert/Pahlke*, ZfB 2009, 1113 (1115); *Thüsing*, ZGR 2003, 457 (465 ff.).

48 *Bebchuk/Fried*, Pay Without Performance, S. 192 ff., 197 ff.

49 Vgl. etwa *Anabtawi*, 54 Emory Law Journal (2005), 1557 ff.; *Bainbridge*, 83 Texas Law Review (2005), 1615 ff.; *Core/Guay/Thomas*, 103 Michigan Law Review (2005), 1142 ff.; *Hall/Murphy*, 17 Journal of Economic Perspectives (2003), 49 (64 f.); *Murphy*, 69 University of Chicago Law Review (2002) 847 (850 ff.); *Snyder*, 28 Delaware Journal of Corporate Law (2003), 129 ff.; *Thomas*, 57 Vanderbilt Law Review (2004), 1171 (1198 ff.).

die Transparenz der Vergütung, der Einfluss der Aktionäre in Vergütungsfragen und die steuerliche Behandlung von Geschäftsleitervergütungen[50]. Die Effizienz der einzelnen Vergütungsregeln ist Forschungsgegenstand eines mittlerweile eigenen Forschungszweigs der Corporate Governance, der sog. *remuneration governance*[51].

1. *Festsetzung der Vergütung*

Eine Möglichkeit, Marktmechanismen nicht völlig auszuschalten, sondern nur regulierend auf sie einzuwirken, lässt sich durch Vorgaben zur Festsetzung der Vergütung erreichen[52]. Dies umfasst die Frage, welches Organ für die Festsetzung, mithin für die Verhandlungsführung mit den Geschäftsleitern, zuständig sein soll. Effektivitätsgesichtspunkte sowie die Sachnähe sprechen dafür, die Aufgabe dem Organ zu überlassen, das für die Überwachung des Managements verantwortlich zeichnet, mithin dem Aufsichtsrat bzw. dem *board of directors*[53]. Vor dem Hintergrund dabei bestehender Kontrolldefizite im Sinne des Prinzipal-Agenten-Konflikts erscheint es auf den ersten Blick sachgerecht, die Hauptversammlung stärker in den Entscheidungsprozess einzubinden. Dies stößt jedoch auf Bedenken praktischer Art[54]. So ist eine Aktionärsversammlung in ihrer Organisation zu schwerfällig, als dass sie auch bei kurzfristig zu treffenden Vergütungsentscheidungen, beispielsweise bei der Neubesetzung eines Geschäftsleiterpostens, zügig zur Verfügung stehen könnte[55]; zumal dies äußerst aufwendig und kostenintensiv wäre[56]. Hinzu kommt, dass die Hauptversammlung in ihrer Fähigkeit zur Willensbildung äußerst eingeschränkt ist, da sie nur für oder gegen eine Entscheidungsvorlage stimmen kann[57]. Daher erscheint eine Involvierung der Hauptversammlung in den eigentlichen Prozess der Vergütungsfestsetzung nicht sachgerecht.

In Anbetracht dieser Erkenntnisse haben denn auch die meisten Regelungen zur Festsetzung der Geschäftsleiterbezüge die Entscheidungsfindung innerhalb des Aufsichtsrats bzw. *boards* zum Gegenstand[58]. Als Beispiel ist die in Deutschland eingeführte Plenumszuständigkeit für Vergütungsfragen im Aufsichtsrat zu

---

50 Vgl. *Hupka*, Vergütungsvotum, S. 43.

51 Vgl. *Ferrarini/Moloney/Ungureanu*, ECGI Law Working Paper No. 126/2009, S. 11; *Fleischer/Bedkowski*, AG 2009, 677; *Hupka*, Vergütungsvotum, S. 43; *Verse*, NZG 2013, 921 (922).

52 *Thüsing*, ZGR 2003, 457 (481); *Hupka*, Vergütungsvotum, S. 48.

53 Vgl. *Gordon*, 46 Harvard Journal on Legislation (2009), 323 (329 ff.); *Hupka*, Vergütungsvotum, S. 48 f.

54 *Gordon*, 30 Journal of Corporation Law (2005), 675 (699); *Martens*, ZHR 169 (2005), 124 (148 f.); *Arnold*, Steuerung, S. 149.

55 *Martens*, FS Hüffer, S. 647 (657); *Arnold*, Steuerung, S. 149.

56 *Hupka*, Vergütungsvotum, S. 49.

57 *Martens*, FS Hüffer, S. 647 (657 f.).

58 Vgl. *Hupka*, Vergütungsvotum, S. 49.

nennen[59]. In Ländern mit monistischem Verwaltungsaufbau tendiert man eher dazu, die Festsetzung sog. Vergütungskomitees des Leitungsgremiums zu überlassen, deren Mitglieder möglichst unabhängig sind[60]. Bei dem Entscheidungsprozess über die Vergütung gewinnen zudem externe Vergütungsberater immer mehr an Bedeutung[61]. Diese Entwicklung lässt es gerechtfertigt erscheinen, Vorgaben zu erlassen, welche die Unabhängigkeit der Vergütungsberater und ihrer Beratungsleistungen sicherstellen.

2. Vergütungshöhe und -struktur

Von einem gewissen Misstrauen gegenüber der regulierenden Funktion des Marktes zeugen Vorgaben materieller Art zur Vergütungsstruktur und -höhe. Am einschneidendsten ist die Normierung fester Obergrenzen für die Geschäftsleitervergütung[62]. Diese zweifellos im Sinne der Rechtsklarheit erstrebenswerte Maßnahme birgt indessen eine Vielzahl von Nachteilen. So lässt sich ökonomisch eine „richtige" Höhe der Geschäftsleitervergütung nicht genau bestimmen[63]. Sie muss vielmehr als Ergebnis eines Marktprozesses verstanden werden[64]. Eine starre Obergrenze ließe zudem die „Vielgestaltigkeit der Verhältnisse in den Aktiengesellschaften" unberücksichtigt[65]. Zudem müsste sie regelmäßig angepasst werden[66].

Letzteres ließe sich wohl mit einer dynamischen Ausgestaltung der Obergrenze, beispielsweise durch Begrenzung auf ein bestimmtes Vielfaches des im Unternehmen gezahlten Durchschnittslohns, vermeiden. Dass eine solche Ausgestaltung die Vorstände dazu veranlassen könnte, das Lohnniveau im Unternehmen insgesamt anzuheben oder ganze Niedriglohnbereiche auszugliedern, dürfte aufgrund der wirtschaftlichen Tragweite solcher Entscheidungen und der wohl regelmäßig leicht zu durchschauenden (egoistischen) Motive eher fernliegend sein[67]. Jedoch besteht generell bei einer Obergrenze die Gefahr, dass sie mit der Zeit zu einem allgemeinen Richtwert verkommt und in der Breite sogar zu einem Anstieg der Geschäftsleitervergütungen führt[68].

---

59 *Hupka*, Vergütungsvotum, S. 49.

60 *Hupka*, Vergütungsvotum, S. 49.

61 Vgl. *Ringleb*, in: Ringleb/Kremer/Lutter/v. Werder, DCGK, Rn. 715; *Fleischer*, BB 2010, 67; *Hupka*, Vergütungsvotum, S. 49; eingehend zum Thema: *Baums*, AG 2010, 54 ff.

62 *Arnold*, Steuerung, S. 146; *Hupka*, Vergütungsvotum, S. 44.

63 *Arnold*, Steuerung, S. 146; *Gordon*, 30 Journal of Corporation Law (2005), 675 (680 f.); *Snyder*, 28 Delaware Journal of Corporate Law (2003), 129 (144 ff.); *Thomas*, 57 Vanderbilt Law Review (2004), 1171 (1199 f.).

64 *Hupka*, Vergütungsvotum, S. 44; *Snyder*, 28 Delaware Journal of Corporate Law (2003), 129 (144 ff.); *Thomas*, 57 Vanderbilt Law Review (2004), 1171 (1199).

65 *Fleischer*, in: Spindler/Stilz, AktG, § 87 Rn. 22; *Hupka*, Vergütungsvotum, S. 44.

66 *Arnold*, Steuerung, S. 146.

67 Anders aber *Cheffins*, Company Law, S. 702; *Hupka*, Vergütungsvotum, S. 44.

68 *Arnold*, Steuerung, S. 147; *Irgang*, 31 Company and Securities Law Journal (2013), 145 (155); *Hupka*, Vergütungsvotum, S. 44 f.

Angesichts der dargelegten Nachteile von Vergütungsobergrenzen werden an deren Stelle vermehrt materielle Kriterien vorgegeben, denen Geschäftsleitervergütungen genügen müssen. Als prominentestes Beispiel muss das Kriterium der Angemessenheit gelten. Es findet sich etwa in § 87 Abs. 1 AktG, in § 162 (a) (1) des US-amerikanischen Internal Revenue Code (IRC) und in sec. 211 (1) (b) des australischen CA 2001. Zur Bestimmung einer angemessenen Vergütung werden grundsätzlich zwei Ansätze unterschieden. Es sind dies der empirisch-vergleichende Ansatz und der normative Ansatz, die freilich auch kumulativ zur Anwendung kommen können[69]. Der empirisch-vergleichende Ansatz nimmt als Bezugspunkt die Preise auf vergleichbaren Märkten und hält für angemessen, was üblich ist[70]. Eine Besonderheit besteht im deutschen Recht, wo der empirisch-vergleichende Ansatz nunmehr in einem eigenen, neben dem Angemessenheitskriterium bestehenden (Üblichkeits-)Kriterium zum Ausdruck kommt[71]. Der normative Ansatz geht hingegen davon aus, dass sich die objektive Größe oder Struktur einer Vergütung theoretisch ableiten lässt[72]. Beide Ansätze bieten Anlass zu Kritik[73]. So stellt sich bei dem empirisch-vergleichenden Ansatz die Frage nach der Wahl der Vergleichsmaßstäbe[74]. Abhängig davon, inwieweit man den Markt für Manager als globalisiert betrachtet und im konkreten Fall Anstellungsmöglichkeiten im Ausland bestehen, verdienen auch ausländische Vergütungspraktiken und Lohnniveaus Beachtung[75]. Grundsätzlich begründet ein vergleichender Ansatz auch die Gefahr einer Nivellierung der Geschäftsleiterbezüge. Das dem normativen Ansatz inhärente Problem ist, dass es sich dabei um den Versuch handelt, das *iustum pretium* zu definieren[76]. Bei diesem schier aussichtslosen Unterfangen können ökonomische Modelle zwar eine Hilfestellung geben, indem sie die anreizbezogene Effizienz einer bestimmten Vergütungsstruktur oder Vergütungsart belegen[77]. Allgemeingültigkeit können sie hingegen nicht für sich beanspruchen[78]. Die dargelegten Schwierigkeiten bei der Bestimmung der angemessenen Vergütung lassen es zum einen gerechtfertigt erscheinen, dem die Vergütung festlegenden Organ einen gewissen Beurteilungsspielraum zukommen zu lassen. Zum anderen entziehen sie das Angemessenheitskriterium (jedenfalls faktisch) weitestgehend einer gerichtlichen Kontrolle.

---

69 *Spindler*, KritV 2007, 134 (136); *Hupka*, Vergütungsvotum, S. 45.
70 *Spindler*, KritV 2007, 134 (136); *Hupka*, Vergütungsvotum, S. 45.
71 Näher unten 2. Kapitel B I 1a bb.
72 Eingehend *Spindler*, KritV 2007, 134 (136 f.).
73 *Hupka*, Vergütungsvotum, S. 45.
74 *Hupka*, Vergütungsvotum, S. 45.
75 *Kort*, NJW 2005, 333; *Schwark*, FS Raiser, S. 377 (381, 385); *Thüsing*, ZGR 2003, 457 (471); zurückhaltend *Fleischer*, DStR 2005, 1279 (1282); *Hirte*, in: Abeltshauser/Buck, Corporate Governance, S. 75, 81.
76 Vgl. *Spindler*, KritV 2007, 134 (137 f.); *Hupka*, Vergütungsvotum, S. 45.
77 *Spindler*, KritV 2007, 134 (137).
78 *Spindler*, KritV 2007, 134 (137).

3. *Transparenz der Vergütung*

Die weitgehende Transparenz von Geschäftsleitervergütungen wird vielfach als ein effektives Mittel zur Überwindung des Prinzipal-Agenten-Konflikts betrachtet[79]. Gleichzeitig stellt sie, wie im Einzelnen zu erörtern sein wird, auch kein „Wundermittel" gegen exorbitante Geschäftsleitervergütungen dar[80].

Mit Offenlegungspflichten werden im Wesentlichen drei Ziele verfolgt[81]. Zunächst sollen sie eine effektive unternehmensinterne Kontrolle ermöglichen (*Offenlegung als Kontrollinstrument*)[82]. Nur wenn die Aktionäre über die Vergütungshöhe und -struktur informiert seien, könnten sie – so die Annahme – beurteilen, inwieweit das für die Geschäftsleitervergütung verantwortlich zeichnende Organe, also der Aufsichtsrat oder das *board*, seinen Pflichten ordnungsgemäß nachgekommen ist. Dagegen lässt sich einwenden, dass vor dem Hintergrund der rationalen Apathie der Aktionäre eine Überwachungsmöglichkeit von diesen nicht immer wahrgenommen wird[83].

Als zweites Ziel verspricht man sich durch die Offenlegung der Vergütung eine dämpfende Wirkung auf die Vergütungshöhe (*Offenlegung als Präventionsinstrument*), weil eine besonders hohe Vergütung nach einer Rechtfertigung verlange und öffentliche Empörung auslösen könne[84]. Vereinzelt wird kritisiert, die Wirkung der drohenden Empörung könne derart massiv ausfallen, dass eine leistungsgerechte Bezahlung der Vorstände nicht mehr stattfinde[85]. Andererseits wird vertreten, dass eine erhöhte Transparenz einen geradezu gegenteiligen Effekt in Form steigender Gehälter haben kann[86]. Die theoretische Begründung für das Aufschaukeln der Gehälter (sog. *ratcheting-up effect*) liefert der sog. *Lake Wobegon Effect*[87], wonach sich kein Unternehmen zu einem unterdurchschnittlich bezahlten und damit vermeintlich unterdurchschnittlich qualifizierten Geschäftsleiter bekennen möchte[88].

---

79 Vgl. nur *Mahoney*, 62 University of Chicago Law Review (1995), 1047 ff.

80 Ebenso *Arnold*, Steuerung, S. 153; *Hupka*, Vergütungsvotum, S. 47.

81 Vgl. *Baums*, ZHR 169 (2005), 299 f.; *Hupka*, Vergütungsvotum, S. 46.

82 *Ferrarini/Moloney/Vespro*, 4 Journal of Corporate Law Studies (2004), 243 (259); *Fleischer*, DB 2005, 1611 (1612); *Baums*, ZHR 169 (2005), 299; *Hupka*, Vergütungsvotum, S. 46.

83 *Arnold*, Steuerung, S. 152.

84 *Baums*, ZHR 169 (2005), 299 (305); *Hoffmann-Becking*, ZHR 169 (2005), 155 (173); *Hupka*, Vergütungsvotum, S. 46.

85 *Ferrarini/Moloney/Vespro*, 4 Journal of Corporate Law Studies (2004), 243 (259); *Romano*, 18 Yale Journal on Regulation (2001), 174 (203 f.); *Jensen/Murphy*, 98 Journal of Political Economy (1990), 225 (254); *Hupka*, Vergütungsvotum, S. 47.

86 *Marsch-Barner*, FS Röhricht, S. 401 (407); *Gordon*, 30 Journal of Corporation Law (2005), 675 (698); *Loewenstein*, 35 Wake Forest Law Review (2000), 1 (7); *Iacobucci*, 48 University of Toronto Law Journal (1998), 489 (510 ff.).

87 Benannt nach der mythischen Heimatstadt des Radiomoderators *Garrison Keillor*, in der alle Kinder überdurchschnittlich sind.

88 Eingehend *Hayes/Schaefer*, 94 Journal of Financial Economics (2009), 280 ff.

Zuletzt ist die Offenlegung der Geschäftsleitergehälter bei börsennotieren Gesellschaften dem Anlegerschutz zu dienen bestimmt (*Offenlegung als Instrument der Kapitalmarktinformation*)[89]. Aktuellen und potenziellen Anlegern soll insbesondere eröffnet werden, welche (Vergütungs-)Anreize bestehen, um gegebenenfalls Rückschlüsse auf das zukünftige Handeln der Geschäftsleiter ziehen zu können[90]. So mag beispielsweise die Kenntnis von Versorgungs- und Abfindungsvereinbarungen ermöglichen, die Haltung des Geschäftsleiters für den Fall einer Unternehmensübernahme besser abzuschätzen[91].

Die Effektivität der Vergütungstransparenz, das heißt, inwieweit die mit ihr verfolgten Ziele erreicht werden, lässt sich nur schwer feststellen. Zum einen ist die Erreichung der Ziele von einer Vielzahl von Faktoren abhängig, zum anderen stellt sich die Frage nach einer geeigneten Kennzahl für die Erfolgsmessung. In den USA konnte eine individualisierte Offenlegungspflicht jedenfalls nicht den enormen Anstieg der Geschäftsleitervergütungen in den neunziger Jahren verhindern[92]. Andererseits gibt es vereinzelt Studien[93], die einen Zusammenhang zwischen erweiterter Offenlegung und einer Erhöhung des Aktionärsvermögens feststellen[94]. Hieraus ist jedoch nicht der Schluss zu ziehen, dass ein Maximum an Transparenz erstrebenswert ist[95]. Denn mit der Zusammenstellung und Offenlegung von Informationen sind für die Unternehmen stets Kosten verbunden, die dem Zeit- und Arbeitsaufwand sowie der Inanspruchnahme unternehmensexterner Spezialisten für die Erstellung und Überprüfung der erforderlichen Berichte geschuldet sind. Diese Positionen, und damit die Kosten, steigen mit einer Zunahme der Transparenzanforderungen an und können ab einem bestimmten Punkt die Vorteile der Vergütungstransparenz überwiegen[96]. Einem Maximum an Transparenz steht zudem entgegen, dass die Informationen zum Nutzen der Marktteilnehmer klar und verständlich sein sollten[97].

4. Einfluss der Aktionäre in Vergütungsfragen

Wie bereits dargelegt, empfiehlt es sich nicht, die Anteilseigner in den eigentlichen Prozess der Vergütungsfestsetzung einzubinden[98]. So wird denn auch die grundsätzliche Zuständigkeit des Aufsichtsrats bzw. des *boards* in Vergütungsfragen nicht

---

89 *Fleischer*, DB 2005, 1611 (1613); *Baums*, ZHR 169 (2005), 299 (300, 306); *Hupka*, Vergütungsvotum, S. 46 f.
90 *Baums*, ZHR 169 (2005), 299 (306).
91 *Fleischer*, DB 2005, 1611 (1613); *Hupka*, Vergütungsvotum, S. 47.
92 *Thüsing*, DB 2003, 1612 (1613); *Marsch-Barner*, FS Röhricht, S. 401 (407).
93 *Lo*, 35 Journal of Accounting and Economics (2003), 285 ff.
94 *Hupka*, Vergütungsvotum, S. 47.
95 *Hupka*, Vergütungsvotum, S. 48.
96 *McChesney*, 68 University of Cincinnati Law Review (1999–2000), 1199 (1207).
97 *Ferrarini/Moloney/Ungureanu*, ECGI Law Working Paper No. 126/2009, S. 14.
98 S. oben 1. Kapitel A II 1.

in Zweifel gezogen. Zugleich ist ein weltweiter Trend zu erkennen, den Aktionären unter dem Stichwort *Say on Pay* größeren Einfluss zu gewähren[99]. Als Forum für die Willensbildung der Aktionäre dient die Hauptversammlung. In Betracht kommen ein mehr oder weniger weit gefasstes Vergütungsvotum und Hauptversammlungsbeschlüsse zu einzelnen Vergütungsmaßnahmen, wie beispielsweise Aktienoptionen.

a) Vergütungsvotum

Ein Vergütungsvotum stellt zunächst nichts anderes dar als eine Aktionärsabstimmung. Fragt man nach der Funktion des Vergütungsvotums, so kommen die allgemein mit Wahlen und Abstimmungen im Gesellschaftsrecht verfolgten Ziele zum Tragen[100]. So dienen Abstimmungen grundsätzlich dazu, die Meinungen und Präferenzen mehrerer Personen in einer einzigen Auffassung aufgehen zu lassen und zu kommunizieren[101]. Vor dem Hintergrund des Prinzipal-Agenten-Konflikts sollen Abstimmungen zudem das Verhalten der Agenten legitimieren und kontrollieren[102]. Andere Funktionen von Abstimmungen, wie beispielsweise die Wahrscheinlichkeit einer „richtigen" Entscheidung zu erhöhen[103], oder die Lückenfüllung hinsichtlich gesetzlich oder statutarisch nicht geregelter Aspekte[104], spielen im Kontext von Vergütungsvoten nur eine Nebenrolle.

Grundsätzlich werden Vergütungsvoten von den Anhängern des *managerial power*-Modells für positiv, von den Gegnern dieses Modells, zumeist Anhänger des eine effiziente, aufsichtsratsbestimmte Ausgestaltung der Geschäftsleitervergütung annehmenden *optimal contracting*-Modells, für negativ befunden[105]. Die Gegenargumente, die im Folgenden – losgelöst von einer konkreten Rechtsordnung – auf solche funktionaler Art beschränkt sind, sind vielfältig. Zum einen seien weder Fähigkeit noch Wille aufseiten der Aktionäre vorhanden, um derart wichtige Entscheidungen zu treffen[106]. Zum anderen sei das Vergütungsvotum für den Aufsichtsrat bzw. das *board* wenig hilfreich, weil aufgrund der Möglichkeit, nur mit ja oder nein zu stimmen, der Wille der Aktionäre nicht hinreichend klar kommuniziert

---

99 Vgl. *Hupka*, Vergütungsvotum, S. 49.

100 Vgl. *Hupka*, Vergütungsvotum, S. 50.

101 *Thompson/Edelmann*, 62 Vanderbilt Law Review (2009), 128 (132); *Hupka*, Vergütungsvotum, S. 50.

102 *Thompson/Edelmann*, 62 Vanderbilt Law Review (2009), 128 (133); *Hupka*, Vergütungsvotum, S. 50.

103 *Thompson/Edelmann*, 62 Vanderbilt Law Review (2009), 128 (132 f.); *Hupka*, Vergütungsvotum, S. 50.

104 *Easterbrook/Fischel*, Economic Structure, S. 67; *Hupka*, Vergütungsvotum, S. 50.

105 Vgl. für einen Überblick und weitere Nachweise *Hupka*, Vergütungsvotum, S. 59 ff.

106 *Gordon*, 46 Harvard Journal on Legislation (2009), 323 (329 ff.); *Bainbridge*, 32 Regulation (2009–2010), 42 (47).

werde[107]. Außerdem bestehe bei *Say on Pay* eine Missbrauchsgefahr dadurch, dass vergütungsfremde Aspekte die Entscheidung der Aktionäre leiten oder beeinflussen könnten[108]. Auch könne der Einfluss der Aktionäre zu einer der Verschiedenheit der Unternehmen und ihrer jeweiligen Lage nicht gerecht werdenden Standardisierung von Vergütungssystemen führen, indem die Unternehmen den oftmals sehr konkreten Vergütungsvorgaben institutioneller Investoren und Stimmrechtsberater Folge leisten werden[109].

Die Befürworter von *Say on Pay* lassen zunächst das Argument der fehlenden Fähigkeit aufseiten der Aktionäre nicht gelten[110]. Die Aktionäre müssten schließlich nicht selbst gestalterisch tätig werden, sondern lediglich mit ja oder nein stimmen[111]. Im Übrigen müssten sie keine intensive Auswertung der Vergütungsdetails betreiben, sondern könnten sich darauf beschränken, die Vergütung auf augenfällige Ungereimtheiten oder Exzesse zu kontrollieren[112]. Zur Unterstreichung dieser Ansicht zieht *Delman* einen Vergleich zum Wahlrecht in einer Demokratie, dessen Gewährung schließlich auch nicht an vertiefte Kenntnisse in Sachen Politik gebunden sei[113]. Im Übrigen erweise sich die Abstimmung mit ja oder nein nicht als Nachteil, weil es zahlreiche andere Kanäle gäbe, über die die Aktionäre ihre Einstellung zur Vergütung mitteilen könnten[114]. Die Kommunikation zwischen Verwaltung und Aktionären werde durch Vergütungsvoten sogar intensiviert, weil die Parteien bereits im Vorfeld versuchen werden, auf einen Nenner zu kommen[115]. Ein Vergütungsvotum erhöhe zudem die Rechenschaftspflicht des Aufsichtsrats bzw. *boards* und gleiche seine Interessen denen der Aktionäre an (*alignment hypothesis*)[116].

aa) Ausgestaltung des Vergütungsvotums

Vergütungsvoten können verschiedenartig ausgestaltet sein. Angefangen damit, ob die Abhaltung des Votums obligatorisch oder fakultativ ist, über Gegenstand

---

107 Auf dieses Argument hinweisend *Delman*, Columbia Business Law Review (2010), 583 (617 f.).

108 Vgl. *Bainbridge*, 32 Regulation (2009–2010), 42 (47); *ders.*, UCLA Research Paper No. 08–06 (2006), S. 10 f.

109 *Gordon*, 46 Harvard Journal on Legislation (2009), 323 (347); auf die mögliche Steigerung des Einflusses professioneller Stimmrechtsberater hinweisend *Davis*, Say On Pay, S. 16.

110 Vgl. *Davis*, Say On Pay, S. 24.

111 *Delman*, Columbia Business Law Review (2010), 583 (608 f.); *Davis*, Say On Pay, S. 24.

112 *Delman*, Columbia Business Law Review (2010), 583 (613).

113 *Delman*, Columbia Business Law Review (2010), 583 (609).

114 *Delman*, Columbia Business Law Review (2010), 583 (618).

115 *Davis*, Say On Pay, S. 10, 18, 23.

116 Zusammenfassend *Cai/Walkling*, 46 Journal of Financial and Quantitative Analysis (2011), 299 (306) m.w.N.

und zeitlichen Bezug der Abstimmung bis hin zur rechtlichen Wirkung gibt es Gestaltungsspielraum[117].

(1) Obligatorische oder fakultative Abstimmung

Ist ein Vergütungsvotum zwingend, beispielsweise jährlich, abzuhalten, so hat dies den Vorteil, dass nicht ein Gesellschaftsorgan mit möglicherweise widerstreitenden Interessen über die Abhaltung des Votums entscheidet und auch die ohnehin rational apathisch agierenden Aktionäre nicht die Initiativlast trifft[118]. Zudem wird die Öffentlichkeitswirkung des gesamten Kapitalmarkts genutzt[119]. Gegen eine in festen zeitlichen Abschnitten wiederkehrende Beschlussfassung spricht, dass sich in der Zwischenzeit womöglich weder Änderungen am System, noch an den es tangierenden tatsächlichen Umständen ergeben haben[120]. So wird denn auch teilweise eine fakultative Regelung (*Opt-in*) präferiert[121]. Allein die Aufnahme des Vergütungsvotums auf die Tagesordnung zeuge dann von Unmut und Nicht-Akzeptanz im Aktionärskreis[122]. Freilich gilt das nur, soweit es auch die Aktionäre sind, die von dem *Opt-in* Gebrauch machen können. Steht das Initiativrecht vornehmlich der Verwaltung zu, geht keine derartige Signalwirkung von der Entscheidung zur Abhaltung des Vergütungsvotums aus. Vielmehr besteht dann die Sorge, dass die Verwaltung diese Entscheidung erst gar nicht treffen wird. Relativiert wird diese Sorge jedoch durch die Praxiserfahrungen in Deutschland. In der Regel beraumt die Verwaltung großer börsennotierter Gesellschaften auch ohne Zwang eine Abstimmung über das Vergütungssystem an, wenn sich Änderungen am System ergeben haben[123].

(2) Beschlussgegenstand

Theoretisch denkbare Beschlussgegenstände eines Vergütungsvotums sind zunächst die Höhe oder die konkrete Ausgestaltung der einzelnen Vergütungsvereinbarungen[124]. Es erscheint jedoch zielführender und mit der als vorteilhaft befundenen Zuständigkeit des Aufsichtsrats bzw. *boards* für die Vergütungsfestsetzung[125] im Einklang stehend, die Hauptversammlung mit solchen Details zu verschonen und sie lediglich über Rahmenbedingungen wie das Vergütungssystem,

---

117 *Hupka*, Vergütungsvotum, S. 51.

118 Vgl. *Hupka*, Vergütungsvotum, S. 54.

119 *Langenbucher*, FS U.H. Schneider, S. 751 (761 f.).

120 Vgl. *Hoffmann*, in: Spindler/Stilz, AktG, § 120 Rn. 54.

121 *Gordon*, 46 Harvard Journal on Legislation (2009), 323 (356 ff.).

122 *Hupka*, Vergütungsvotum, S. 54.

123 *v. Falkenhausen/Kocher*, AG 2010, 623 (625); *Vogt*, AG-Report 2012, R123 f.; *Verse*, NZG 2013, 921 (922); vgl. aber die Studienergebnisse von *Drefahl/Pelger*, FAZ vom 8.7.2013, S. 18, wonach in den Jahren 2010 und 2011 in mehr als zwei Dritteln der 551 untersuchten Jahreshauptversammlungen kein Vergütungsvotum stattfand.

124 *Hupka*, Vergütungsvotum, S. 52.

125 S. oben 1. Kapitel A II 1.

die Vergütungspolitik und gegebenenfalls eine Vergütungshöchstgrenze abstimmen zu lassen[126]. In Rechtsordnungen, die den Aktiengesellschaften die Erstellung eines Vergütungsberichts vorschreiben, bietet dieser einen geeigneten Beschlussgegenstand[127], insbesondere, wenn hierin über die Darstellung des Vergütungssystems hinausgehende Angaben, wie etwa zu den Individualvergütungen, zu machen sind. Grundsätzlich ist zu beachten, dass die Frage des Beschlussgegenstands eng mit der weiteren Ausgestaltung des Vergütungsvotums zusammenhängt, insbesondere mit seinem zeitlichen Bezug und seiner Verbindlichkeit. Nicht mehr um ein Vergütungsvotum im klassischen Sinn handelt es sich, wenn über einzelne Vergütungsbestandteile, wie etwa die Gewährung von Aktienoptionen, gesondert abzustimmen ist[128].

(3) Zeitlicher Bezug

Das Vergütungsvotum kann entweder zukunftsbezogen sein, indem es zukünftig zur Anwendung kommende Vergütungsaspekte zum Gegenstand hat, oder vergangenheitsbezogen, indem nachträglich über bereits angewendete Vergütungsaspekte abgestimmt wird. Eine zukunftsbezogene Abstimmung über die oben als geeignet befundenen Beschlussgegenstände erscheint in unverbindlicher Form nicht sinnvoll. Es wäre zu befürchten, dass dem Aufsichtsrat bzw. *board* häufig gute Gründe zur Rechtfertigung eines Abweichens von den Vorgaben der Aktionäre einfallen würden, ohne dass Letztere ihren Unmut darüber spezifisch zum Ausdruck bringen könnten. Ein zukunftsbezogenes verbindliches Votum der Hauptversammlung müsste freilich so ausgestaltet sein, dass die Vergütungskompetenz des Aufsichtsrats bzw. *boards* gewahrt bleibt. Davon ist auszugehen, wenn beispielsweise die zur Abstimmung stehenden Vergütungsaspekte vom Aufsichtsrat bzw. *board* vorgeschlagen werden und der Abstimmungsgegenstand nur einen Rahmen bildet, innerhalb dessen Entscheidungsspielraum verbleibt.

Ein vergangenheitsbezogenes Vergütungsvotum kommt in verbindlicher Form nicht in Betracht[129]. Zu groß wäre die Rechtsunsicherheit für den Abschluss von Vergütungsvereinbarungen im Vorfeld des Votums. Die Annahme einer nur schwebenden Wirksamkeit der Vereinbarungen bis zur Billigung durch die Hauptversammlung sowie die Möglichkeit, die Vereinbarungen unter Vorbehalt abzuschließen, erscheinen wenig praxistauglich[130]. Daher sind vergangenheitsbezogene Vergütungsvoten zumeist unverbindlich. Als ein grundsätzlicher Nachteil nachträglicher Voten wird ein Bündelungsproblem ausgemacht: Geht es einem Unternehmen wirtschaftlich gut, so seien die Aktionäre kaum geneigt, gegen

---

126 Vgl. *Jaspers*, ZRP 2010, 8 (10); *Hupka*, Vergütungsvotum, S. 53.
127 *Hupka*, Vergütungsvotum, S. 52.
128 S. zu derlei Abstimmungen unten 1. Kapitel A II 4 b bb.
129 Ebenso *Hupka*, Vergütungsvotum, S. 53.
130 Vgl. *Hupka*, Vergütungsvotum, S. 51.

Unzulänglichkeiten in der Geschäftsleitervergütung vorzugehen und ein negatives Votum abzugeben[131].

(4) Rechtliche Wirkung

Welche rechtliche Wirkung Vergütungsvoten haben sollten, wird besonders kontrovers diskutiert. So können sie entweder Bindungswirkung gegenüber dem Aufsichtsrat bzw. dem *board* entfalten oder aber rein konsultativ ausgestaltet sein mit der Folge, dass den Aufsichtsrat bzw. das *board* keine Befolgungspflicht trifft. Nach den obigen Ausführungen kommt ein verbindliches Vergütungsvotum nur auf die Zukunft bezogen und hinsichtlich der Vergütungspolitik bzw. des Vergütungssystems, Vergütungshöchstgrenzen oder des gesamten Vergütungsberichts in Betracht; ein unverbindliches Votum kann bezüglich derselben Beschlussgegenstände hingegen auch nachträglich erfolgen[132]. Einen Mittelweg beschreiten Voten, die zwar nicht unmittelbar bindend sind, bei denen negative Beschlüsse jedoch mit bestimmten Sanktionen, wie etwa der Abwahl der Geschäftsleiter, belegt sind. Zunächst scheinen bindende Vergütungsvoten von allen Gestaltungen das effektivste und damit das beste Mittel zur Kontrolle der Verwaltung zu sein[133]. Jedoch müssen sie zum einen so ausgestaltet werden, dass mit ihnen keine zu drastische Verschiebung der Vergütungskompetenz auf die Hauptversammlung einhergeht. Denn die Hauptversammlung sollte – wie oben festgestellt – im Bereich der Vergütungsfestsetzung allenfalls eine sehr begrenzte Rolle spielen[134]. Zum anderen werfen verbindliche Voten eine Reihe von rechtstechnischen und praktischen Folgefragen auf, insbesondere den Fall einer Missbilligung der Vorlage betreffend. Hierauf wird im weiteren Verlauf der Untersuchung im Zusammenhang mit der in Deutschland geplanten Änderung des § 120 Abs. 4 AktG vertieft einzugehen sein[135]. Zudem gelten unverbindliche Voten als flexiblere Lösung[136]. Soweit den Aktionären weitere Sanktionsmöglichkeiten wie etwa die Abwahl der Manager zustehen, kann das Votum, vergleichbar einer gelben Karte im Fußball, als Verwarnung wirken[137]. Als weiterer Vorteil unverbindlicher Voten wird vorgebracht, dass ihre (faktische) Wirkung nicht von starren Mehrheitsregeln abhänge, sondern vielmehr schon bei einem unternehmensindividuell verschiedenen Prozentsatz an Neinstimmen eintrete[138].

131 *Lund*, 99 Kentucky Law Journal (2010–2011), 119 (133 f.); *Hupka*, Vergütungsvotum, S. 51.
132 Mit annähernd gleichem Ergebnis *Hupka*, Vergütungsvotum, S. 58.
133 *Hupka*, Vergütungsvotum, S. 53
134 S. oben 1. Kapitel A II 1.
135 S. unten 2. Kapitel F III 2 e bb.
136 *Bean*, 20 Journal of Corporate Accounting & Finance (2009), 13 (15); *Hupka*, Vergütungsvotum, S. 53.
137 *Davis*, Say On Pay, S. 27; *Hupka*, Vergütungsvotum, S. 53.
138 *Fleischer/Bedkowski*, AG 2009, 677 (685) und *Hupka*, Vergütungsvotum, S. 53 f.

Damit ist die Frage angesprochen, auf welche Art und Weise konsultative Voten Wirkung entfalten. Ein Erklärungsansatz baut darauf auf, dass Vergütungsvoten von einer breiten Öffentlichkeit bewusst wahrgenommen werden[139]. Ermöglicht wird dies nicht zuletzt durch eine aufmerksame Berichterstattung durch die Medien[140]. Ein ablehnendes Votum kann schnell zu einem erheblichen Reputationsschaden sowohl aufseiten des Geschäftsleiters als auch bei den die Vergütung festlegenden Organmitgliedern führen[141]. Einen solchen versuchen die einzelnen Mitglieder tunlichst zu vermeiden, bedeutet er doch unter Umständen einen nachhaltigen Karriereknick. Folglich wird es regelmäßig schon im Vorfeld eines Vergütungsvotums zu Konsultationen zwischen den Trägern der Vergütungsentscheidung und den Aktionären kommen[142]. Zu solchen Konsultationen werden sich die Aufsichtsratsmitglieder zudem veranlasst sehen, weil sie befürchten müssen, dass sich der Unmut der Aktionäre auf einer nächsten Stufe in ihrer Abwahl äußert. Mit dem drohenden Reputationsschaden im Zusammenhang steht eine Auffassung, die in einem negativen Vergütungsvotum eine sog. *shame sanction*, eine Art öffentliche Anprangerung sieht[143].

Reputationsschaden und Anprangerung setzen das Bestehen sozialer und/oder rechtlicher Normen voraus, die sich gegen bestimmte Verhaltensmuster, wie etwa die Gewährung und Entgegennahme einer hohen Vergütung trotz schlechter Unternehmensergebnisse, richten. Eine Anprangerung erfordert zudem, dass diese Normen von den Adressaten internalisiert sind[144]. Denn zu einer Verinnerlichung sozialer Normen kommt es unter anderem als Reaktion auf das Verhalten anderer, die bestimmte Regeln als verbindlich erachten[145]. Vergütungsvoten können hier hilfreich sein, wenn man unterstellt, dass ihnen zumeist intensive Konsultationen mit den Aktionären, insbesondere mit institutionellen Investoren, vorausgehen und diese Akteure auf die Einhaltung bestimmter (Vergütungs-)Standards drängen werden[146].

bb) Beurteilung

Nach den obigen Ausführungen bleibt festzuhalten, dass Vergütungsvoten in der Theorie sehr verschiedenartig ausgestaltet sein können, sich aber nur zwei

139 Hiervon ausgehend auch Beschlussempfehlung und Bericht des Rechtsausschusses zum VorstAG vom 17.6.2009 (BeschlEmpf VorstAG), BT-Drucks. 16/13433, S. 12.

140 Darauf ebenfalls hinweisend *Hupka*, Vergütungsvotum, S. 54, 57 f.

141 *Hupka*, Vergütungsvotum, S. 56.

142 *Hupka*, Vergütungsvotum, S. 51; vgl. etwa für derartige Befunde in den USA *Siefer*, NZG 2013, 691 (693) m.w.N.

143 *Hupka*, Vergütungsvotum, 56; Ausführlich zu *shame sanctions* im Kontext von Vorstandsvergütungen *Gopalan*, 32 Delaware Journal of Corporate Law (2007), 757 ff.

144 *Gopalan*, 32 Delaware Journal of Corporate Law (2007), 757 (775, 783).

145 *Gopalan*, 35 Pepperdine Law Review (2008), 207 (237).

146 *Gopalan*, 35 Pepperdine Law Review (2008), 207 (241).

Formen für die Praxis empfehlen. Es ist dies zum einen ein zukunftsbezogenes, verbindliches Votum über ein vom Aufsichtsrat bzw. *board* vorgeschlagenes Vergütungssystem sowie ggf. über Vergütungshöchstgrenzen, zum anderen ein vergangenheitsbezogenes, unverbindliches Votum über das Vergütungssystem oder den Vergütungsbericht[147].

Bezüglich der Frage, ob sich Vergütungsvoten generell für die Praxis empfehlen, wurde eingangs bereits deutlich, dass sich sowohl für als auch gegen Vergütungsvoten Argumente finden lassen. Zugleich muss konstatiert werden, dass die Argumente auf Hypothesen gründen. Als ökonomisch sinnvoll für die Unternehmen und damit letztlich auch für die Aktionäre kann ein Vergütungsvotum nur gelten, wenn die durch seine Abhaltung entstehenden Kosten zumindest ausgeglichen werden[148]. Dies kann durch geringere Ausgaben für die Managervergütung oder dadurch geschehen, dass letztlich die Geschäftsleiter vermehrt rentable und damit den Unternehmenswert mehrende Entscheidungen treffen. Letzteres ließe sich mittelbar auf Vergütungsvoten zurückführen, soweit sie den Aufsichtsrat bzw. das *board* zum Abschluss von Vergütungsvereinbarungen anhalten, die durch Anreizsetzung eine Interessenangleichung von Management und Aktionären bewirken[149]. Die Zusammenhänge sind schwer festzustellen. Empirische Studien aus dem Vereinigten Königreich, wo ein konsultatives Vergütungsvotum schon im Jahre 2002 eingeführt wurde, aus Australien und den USA deuten darauf hin, dass *Say on Pay* die Höhe und den allgemeinen Anstieg der Geschäftsleitervergütungen nicht wesentlich beeinflusst[150]. Die vergütungsspezifische Ausgabenlast für die Unternehmen verringert sich folglich im Allgemeinen nicht. Dämpfend wirkt *Say on Pay* allenfalls in Fällen, in denen ein Unternehmen eine negative Erfolgsbilanz aufweist[151]. Zugleich kommt es seltener zu den gemeinhin als *rewards for failure* bezeichneten Missständen.[152]. Damit in Einklang steht eine Studie aus den USA, die *Say on Pay* eine vermehrte Verwendung von erfolgsbezogenen und anteilsbasierten Vergütungselementen zuschreibt[153]. Dagegen konnte eine australische Studie keine

---

147 Ähnlich *Hupka*, Vergütungsvotum, S. 58.

148 Ähnlich *Hupka*, Vergütungsvotum, S. 62.

149 Vgl. *Hupka*, Vergütungsvotum, S. 62.

150 Für das Vereinigte Königreich: *Ferri/Maber*, 17 Review of Finance (2013), 527 (529 f., 555); für Australien: *Sheehan*, Say on Pay and the Outrage Constraint, 2010, S. 29; für die USA: *Thomas/Palmiter/Cotter*, 97 Cornell Law Review (2012), 1213 (1257); *Cuñat/Gine/Guadalupe*, Upjohn Institute Working Paper No. 13–192, Februar 2013, S. 4; *Burns/Minnick*, 48 The Financial Review (2013), 233 (256); anders aber jüngst *Correa/Lel*, Say on Pay Laws.

151 *Ferri/Maber*, 17 Review of Finance (2013), 527 (529 f., 555) („... *conditional upon poor performance.*").

152 *Ferri/Maber*, 17 Review of Finance (2013), 527 (554 f., 559).

153 *Burns/Minnick*, 48 The Financial Review (2013), 233 (256); für Australien ebenso Productivity Commission, S. 281

„verbesserte" Vergütungspraxis aufgrund von *Say on Pay* feststellen[154]. Insgesamt lässt sich somit konstatieren, dass die Erfolgsbilanz bislang gemischt ausfällt. Die Defizite (insbesondere das Ausbleiben einer allgemein dämpfenden Wirkung auf die Vergütungshöhe) mögen in der gegenwärtigen, unverbindlichen Ausgestaltung der Voten begründet liegen. Jedoch muss zugleich berücksichtigt werden, dass die Studien den Vergütungsvoten durchaus Veränderungswirkung (im Hinblick auf eine erfolgsbezogenere Ausrichtung der Vergütung) beimessen. Dies legt den Schluss nahe, dass die Aktionäre im Allgemeinen an der Vergütungshöhe keinen Anstoß nehmen und ihr primäres Interesse der Erfolgsbindung der Vergütung gilt[155].

b) Hauptversammlungsbeschlüsse zu einzelnen Vergütungsinstrumenten

Als Alternative oder in Ergänzung zu einem Vergütungsvotum kommen Hauptversammlungsbeschlüsse zu einzelnen Vergütungsgestaltungen oder -elementen in Betracht. Hierbei besteht grundsätzlich die Gefahr, dass die ohnehin schon sehr zeitintensiven Hauptversammlungen noch weiter aufgebläht werden[156] und die Detaillastigkeit das Problem der rationalen Apathie der Aktionäre verschärft. Eine Rechtfertigung finden die Beschlüsse bei Vergütungsmaßnahmen, die mit einer Verwässerung der Beteiligungen der Aktionäre einhergehen. Als Beispiel sei die Gewährung von Aktien oder Aktienoptionen genannt, denen eine (bedingte) Kapitalerhöhung vorausgeht. In solchen Fällen vergüten die Aktionäre die Geschäftsleitung sozusagen aus eigener Kasse und sollten deshalb ein Mitspracherecht haben[157]. Erwirbt die Gesellschaft zur Bedienung von Aktienoptionen eigene Aktien, so rechtfertigt sich ein Zustimmungserfordernis der Hauptversammlung aus den besonderen Gefahren, die mit dem Erwerb eigener Aktien einhergehen[158].

Andere Vergütungsgestaltungen, die in ihrer Art und im wirtschaftlichen Ergebnis der Gewährung von Aktien oder Aktienoptionen sehr ähnlich sind, wie etwa Phantom Stocks oder Stock Appreciation Awards, führen dagegen nicht zu einer Verwässerung der Beteiligungen, sondern wirken sich „lediglich" auf das Vermögen der Gesellschaft aus[159]. Sie begründen auch keine größeren Gefahren, etwa in Form von Manipulationsrisiken, als dies bei einer am Jahreserfolg orientierten leistungsabhängigen Vergütung der Fall wäre[160]. Vor diesem Hintergrund und in Anbetracht der eingangs gefundenen Überzeugung, dass im Grundsatz der Aufsichtsrat bzw. das *board* für die Festsetzung der Geschäftsleitervergütung verantwortlich zeichnen

154 *Sheehan*, Say on Pay and the Outrage Constraint, 2010, S. 30.
155 Ebenso *Verse*, NZG 2013, 921 (925).
156 *Hupka*, Vergütungsvotum, S. 52.
157 *Arnold*, Steuerung, S. 151
158 *Arnold*, Steuerung, S. 151; Siehe zu den Gefahren im Rahmen des Erwerbs eigener Aktien nur *Cahn*, in: Spindler/Stilz, AktG, § 71 Rn. 14 ff.
159 Vgl. *Arnold*, Steuerung, S. 151.
160 *Arnold*, Steuerung, S. 151.

sollten[161], erscheint eine Ausweitung der Hauptversammlungskompetenzen für einzelne Vergütungsmaßnahmen über die Gewährung von Aktien und Aktienoptionen hinaus nicht erstrebenswert[162].

5. Steuerrechtliche Behandlung von Geschäftsleitervergütungen

Ein indirektes Mittel zur Regulierung der Geschäftsleitervergütung stellen steuerrechtliche Normen dar. In Betracht kommen beispielsweise eine Sondersteuer auf Bonuszahlungen[163], sowie Abzugsverbote oder -beschränkungen für Vergütungszahlungen an das Management[164]. Steuerschuldner ist dabei jeweils die Gesellschaft. Die Regulierung über das Steuerrecht bietet den Vorteil, dass sie lediglich monetäre Anreize bezüglich der Wahl bestimmter Vergütungsformen und/oder der Höhe der Vergütung schafft, den Normadressaten dem Grunde nach jedoch ein großes Maß an Entscheidungsfreiheit belässt[165]. Zugleich drücken steuerrechtliche Vorschriften die Missbilligung bestimmter Vergütungspraktiken aus[166] und vermögen Standards zu setzen, die auf die gesellschaftsrechtliche Sphäre ausstrahlen[167]. Als weiterer Vorteil steuerrechtlicher Vorschriften erweist sich, dass ihre Durchsetzung in effektiver Weise gewährleistet ist[168]. Denn anstatt darauf vertrauen zu müssen, dass (apathische) Aktionäre mittels gesellschaftsrechtlicher Rechtsbehelfe gegen Vergütungsmissstände vorgehen, obliegt die Durchsetzung nun mit staatlichen Machtbefugnissen ausgestatteten (Finanz-)Behörden. Die mit der Regulierung einhergehenden zusätzlichen Steuerbelastungen für die Unternehmen werden im Fall von Finanzinstituten vereinzelt als Ausgleich für im Rahmen der Finanzmarktkrise gewährte Staatshilfen angesehen[169].

So bestechend die Vorteile des Steuerrechts als Instrument zur Regulierung der Geschäftsleitervergütung auch erscheinen mögen, in den USA gemachte Erfahrungen

---

161 S. oben 1. Kapitel A II 1.

162 In diesem Sinne auch *Arnold*, Steuerung, S. 151.

163 Vgl. etwa die im Vereinigten Königreich als *Schedule 1* zum *Finance Act 2010* eingeführte *„bank payroll tax"*.

164 Vgl. im US-amerikanischen Recht § 162(m)(1) Internal Revenue Code (IRC) und die vergleichbare Regelung im deutschen Recht zur Vergütung des Aufsichtsrats in § 10 Nr. 4 KStG.

165 *Fleischer/Hupka*, DB 2010, 601 (605 f.); *Thüsing*, DB 2003, 1612 (1614).

166 *Winslow*, 43 Florida Law Review (1991), 811 (871); *Zolt*, 37 UCLA Law Review (1989), 343 (379, 381).

167 *Hartmann*, 6 DePaul Business Law Journal (1993), 159 (192); *Thüsing*, DB 2003, 1612 (1614); *Fleischer/Hupka*, DB 2010, 601 (606).

168 Vgl. *Fleischer/Hupka*, DB 2010, 601 (606) m.w.N.

169 *Fleischer/Hupka*, DB 2010, 601 (606), die als Beleg hierfür eine Passage aus dem britischen *Pre-Budget Report 2009, Box 3.2* anführen: *„If banks choose to make awards that are not consistent with a prudent approach to risk, it is only fair that they contribute more to the public finance, in a year when profits have been facilitated by significant taxpayer support for the banking sector as a whole."*

belehren eines Besseren[170]. Hier konnte eine derartige Regulierung den stetigen Anstieg der Gehälter nicht verhindern und stößt demnach auf fast einhellige Ablehnung im Schrifttum[171]. Als Hauptursachen des Scheiterns werden die Wahrnehmung vielfältiger Umgehungsmöglichkeiten (*contracting around*)[172] sowie die schlichte Inkaufnahme der steuerlichen Sanktionen durch die betroffenen Unternehmen[173] angesehen. Daneben lassen sich weitere Nachteile einer steuerrechtlichen Regelung ausmachen. Sind etwa die gesellschaftsrechtlichen und die steuerrechtlichen Regelungen nicht sorgsam aufeinander abgestimmt, so entsteht Rechtsunsicherheit (*regulatory confusion*), die unter Umständen durch differierende Auslegungen der Zivilgerichte und der Finanzbehörden, bzw. -gerichte noch verschärft wird[174]. Bestimmte Abzugshöchstgrenzen sehen sich zudem dem Vorwurf ausgesetzt, willkürlich zu sein und auf dem Markt leicht als Vergütungsmindestgrenze wahrgenommen zu werden[175]. Letzteres wird in den USA für ein Ansteigen der Managervergütung in zahlreichen Unternehmen nach Inkrafttreten eines Abzugsverbots für feste Jahresgehälter von mehr als US$ 1 Mio.[176] verantwortlich gemacht[177].

B. Kontext und Rechtsquellen der australischen Vergütungsreglementierung

I. Das australische Gesellschaftsrecht

1. Einführung

Historisch bedingt ist das australische Recht der *common law*-Familie zugehörig. Die Wurzeln des australischen *company law* liegen im englischen Gesellschaftsrecht[1].

170 Mit diesem Ergebnis auch *Fleischer/Hupka*, DB 2010, 601 (605).

171 Siehe nur *Conway*, 17 Cornell Journal of Law and Public Policy (2008), 383 (427 ff.); *Miske*, 88 Minnesota Law Review (2004), 1673 (1695 f.); *Mullane*, 13 Lewis & Clark Law Review (2009), 485 (550 ff.); *Polsky*, 64 Washington & Lee Law Review (2007), 877 (925 f.).

172 *Mullane*, 13 Lewis & Clark Law Review (2009), 485 (493); *Fleischer/Hupka*, DB 2010, 601 (605).

173 *Balsam/Yin*, 24 Journal of Accounting and Public Policy (2005), 300 (321); *Polsky*, 64 Washington & Lee Law Review (2007), 877 (900 ff.); *Fleischer/Hupka*, DB 2010, 601 (605).

174 *Hartmann*, 6 DePaul Business Law Journal (1993), 159 (198); *Fleischer/Hupka*, DB 2010, 601 (606).

175 *Fleischer/Hupka*, DB 2010, 601 (606); *Miske*, 88 Minnesota Law Review (2004), 1673 (1687).

176 Vgl. den im Jahre 2003 eingeführten § 162(m)(1) IRC.

177 Vgl. *Mullane*, 13 Lewis & Clark Law Review (2009), 485 (522 f.); *Fleischer/Hupka*, DB 2010, 601 (605).

1 *Babeck*, Einführung, S. 129 Rn. 1; *Lipton*, 31 Melbourne University Law Review (2007), 805 (814).

Anfangs wurden in Australien die Bundesstaaten gesetzgeberisch tätig und erließen auf dem Gebiet des Gesellschaftsrechts Gesetze nach dem Vorbild des englischen *Companies Act 1862*[2]. Erst im Jahre 2000 übertrugen die australischen Bundesstaaten und das Northern Territory ihre Gesetzgebungskompetenz auf das Commonwealth, was den Weg für den heute in ganz Australien geltenden CA 2001 freimachte[3]. Seine Vorgaben werden freilich auch heute noch durch aus dem *case law* entwickelte Prinzipien (*doctrines*) ergänzt[4]. Der CA 2001 ist sehr umfangreich und beinhaltet mehr als 1500 *sections*, die jedoch nicht etwa nur eine Gesellschaftsform betreffen, sondern im Wesentlichen das gesamte australische Kapitalgesellschaftsrecht abdecken. Als Gesellschaftsformen kommen die *proprietary company* und die *public company* in Betracht, jeweils in den Formen *limited by shares* oder *unlimited with share capital*[5]. *Public companies* können zudem als *limited by guarantee* oder (wenn der alleinige Gesellschaftszweck im Bergbau liegt) als *no liability company* geführt werden[6]. Die Innenverhältnisse der Gesellschaften regelt der CA 2001 vielfach durch sog. *replaceable rules*[7]. Von diesen Vorgaben kann per Satzung (*constitution*) abgewichen werden[8]. Die *replaceable rules* und von ihnen abweichende Satzungsbestimmungen wirken als ein Vertrag zwischen der Gesellschaft und jedem Gesellschafter, zwischen der Gesellschaft und jedem *director* und *company secretary* sowie zwischen den einzelnen Gesellschaftern, nach dem sich jede Partei zur Beachtung und Befolgung der jeweiligen Vorgaben verpflichtet[9]. Diese Rechtsnatur bringt es mit sich, dass ein Verstoß gegen die *replaceable rules* keinen Verstoß gegen den CA 2001 darstellt[10].

Über die Einhaltung des australischen Gesellschaftsrechts wacht als politisch und fachlich weitgehend unabhängige Regulierungsbehörde die im Jahre 1998 geschaffene *Australian Securities and Investment Commission* (ASIC)[11]. Deren Funktion und weitreichenden Kompetenzen sind im *Australian Securities and Investments Commission Act 2001* niedergelegt.

2. Die public company und ihre Organe

Australische *public companies* bestehen zumeist in Form einer *public company limited by shares*[12]. In dieser Gesellschaftsform sind sie systematisch mit der deutschen

2 *Babeck*, Einführung, S. 129 Rn. 1; *Lipton*, 31 Melbourne University Law Review (2007), 805 (814).
3 *Babeck*, Einführung, S. 130 Rn. 1.
4 *Austin/Ramsay*, Ford's Principles, [1.020].
5 Sec. 112 (1) CA 2001.
6 Sec. 112 (1), (2) (c) CA 2001.
7 Vgl. secs. 134 ff., 141 CA 2001.
8 Sec. 135 (2) CA 2001.
9 Sec. 140 (1) CA 2001.
10 Vgl. sec. 135 (3) CA 2001.
11 *Harris/Hargovan/Adams*, Australian Corporate Law, S. 25.
12 *Babeck*, Einführung, S. 141 Rn. 24.

Aktiengesellschaft vergleichbar[13]. Ein nicht nur für die vorliegende Untersuchung wesentlicher Unterschied liegt jedoch in dem monistischen Verwaltungsaufbau der *public company*. Geschäftsleitung und Überwachung sind institutionell nicht getrennt, sondern im sog. *board of directors* vereint. Zugleich können jedoch gemäß secs. 198C, 198D CA 2001 Geschäftsführungsaufgaben an einen oder mehrere *directors* sowie an sonstige Personen übertragen werden. So stellt es die Regel dar, dass innerhalb des *boards* in personeller und funktioneller Hinsicht eine Unterteilung in *executive directors* und *non-executive directors* vorgenommen wird[14]. Die *executive directors* nehmen dabei, zusammen mit sog. *senior executives*, im Wesentlichen die im deutschen Recht dem Vorstand einer Aktiengesellschaft anheimfallenden Geschäftsführungsaufgaben wahr.

Die Aktionäre einer *public company* sind in der Hauptversammlung organisiert, die einmal jährlich und innerhalb von fünf Monaten nach Ablauf des Geschäftsjahres in Form einer Jahreshauptversammlung (*annual general meeting*) abzuhalten ist[15]. Daneben sind außerordentliche Hauptversammlungen möglich. In Parallele zum englischen Gesellschaftsrecht kennt und verlangt das australische Gesellschaftsrecht, dass *public companies* einen sog. *company secretary* haben, der für die Erfüllung bestimmter gesetzlicher Pflichten der Gesellschaft verantwortlich zeichnet[16].

II. Rechtsquellen der Vergütungsreglementierung

Der australische Rechtsrahmen für die Vergütung von *executive directors* und *senior executives* in *public companies* besteht aus einem bunten Strauß an Rechtsquellen, die sich sowohl in ihrer Verbindlichkeit als auch hinsichtlich ihres Adressatenkreises unterscheiden[17]. Zunächst gibt es verbindliche Normen, sog. *hard law* oder *black letter law*. An prominenter Stelle steht hier der bereits mehrfach erwähnte CA 2001, der zum Teil durch Verordnungen (*regulations*) ergänzt und konkretisiert wird. Daneben kommen hinsichtlich der Pflichten der *directors* auch nicht kodifizierte Regeln des *common law* und des Rechts der *equity* zum Tragen. Für börsennotierte Gesellschaften sind zudem die von der Börsenaufsichtsbehörde *(Australian Securities Exchange* – ASX*)* aufgestellten *Listing Rules* (LR) verbindlich[18]. Im Finanzsektor trifft die *Australian Prudential Regulation Authority* (APRA) mittels sog. *prudential standards* verbindliche Anordnungen. Als *soft law* werden Vorgaben bezeichnet, die nach einem *comply or explain*-Mechanismus funktionieren. Namentlich sind

---

13 *Babeck*, Einführung, S. 141 Rn. 24.

14 *Austin/Ramsay*, Ford's Principles, [7.270.6].

15 Sec. 250N (2) CA 2001.

16 Vgl. sec. 204A (2) CA 2001.

17 Eingehend *Sheehan*, 31 Sydney Law Review (2009), 273 ff.

18 Zwar finden sich auch public companies, die an anderen australischen Börsen notiert sind, etwa der National Stock Exchange of Australia oder der Bendigo Stock Exchange, jedoch stellt die Notierung an der ASX den Regelfall dar.

dies die für börsennotierte Gesellschaften geltenden *ASX Corporate Governance Principles and Recommendations.* Wird den Empfehlungen nicht entsprochen, so muss bekannt gemacht werden, dass und weshalb dies nicht der Fall ist[19]. Neben dem *hard law* und dem *soft law* besteht im Bereich der Corporate Governance eine Vielzahl von Leitlinien, sog. *advisory guidelines,* die etwa von Aktionärsverbänden oder anderen Interessengruppen stammen und denen keine Rechtsverbindlichkeit zukommt. Für Unternehmen des Finanzsektors hat der *APRA Prudential Practice Guide PPG 511-Remuneration* besondere Bedeutung.

1. Corporations Act 2001

Von den zahlreichen *sections* des CA 2001 befasst sich freilich nur ein relativ kleiner Teil mit der Vergütung von Geschäftsleitern im weitesten Sinne. Hierbei handelt es sich etwa um Normen zur Festsetzung der Vergütung, zu allgemeinen Sorgfaltspflichten der *directors,* grundsätzliche Regeln über die Gewährung von Vermögensvorteilen und Abfindungen an *directors* sowie Sanktionsanordnungen. Wichtig sind zudem die Transparenzvorgaben des CA 2001. Diese trifft er nicht sämtlich direkt, sondern erklärt über einen Verweis in secs. 292 (1) (b), 196 (1) CA 2001 die Rechnungslegungsstandards des *Australian Accounting Standards Board (AASB)* für verbindlich. In engem Zusammenhang mit den Transparenzvorgaben steht das Vergütungsvotum der Hauptversammlung, das der CA 2001 in sec. 250R (2) vorsieht.

2. Listing Rules

Für börsennotierte Gesellschaften finden sich weitere Vorgaben in den *Listing Rules.* Diese stellen ein börseneigenes Regelwerk der ASX dar. Gänzlich frei von staatlicher Einflussnahme agiert die ASX freilich nicht. So müssen etwa Änderungsvorhaben bei der ASIC eingereicht werden und können vom zuständigen Minister untersagt werden[20]. Ihre Verbindlichkeit erlangen die *Listing Rules* durch den für jede Börsennotierung erforderlichen Vertrag zwischen dem jeweiligen Unternehmen und der ASX, in dem sich das Unternehmen zur Befolgung der Regeln verpflichtet[21]. Die *Listing Rules* beinhalten insbesondere die Voraussetzungen einer Börsenzulassung und -notierung, Veröffentlichungspflichten, Regeln für Handel und Abwicklung sowie allgemeine aufsichtsrechtliche Belange. Die wichtigsten Regelungen im Zusammenhang mit der Vergütung von Vorständen betreffen Offenlegungspflichten, Hauptversammlungsvoten für die Gewährung von Vorteilen und die Untersagung bestimmter Vorteilsgewährungen.

---

19 LR 4.10.3.

20 *Sheehan,* 31 Sydney Law Review (2009), 273, 281.

21 ASX Compliance, Monitoring, S. 1; *Sheehan,* 31 Sydney Law Review (2009), 273, 281.

3. *APRA Prudential Standard*

Der Finanzsektor unterliegt in Australien der Regulierung und Aufsicht durch die APRA. Für Kredit- und Finanzdienstleistungsinstitute sowie für Versicherungsunternehmen sind hinsichtlich der Vergütung ihrer Vorstände gesonderte, von der APRA erlassene Vorschriften verbindlich, die im sog. *Prudential Standard CPS 510-Governance* niedergelegt sind. Als Hauptgrund für die gesonderte Regulierung des Finanzsektors gelten die aufgrund der Systemrelevanz einzelner Institute bestehenden Gefahren für die Gesamtwirtschaft[22].

4. *ASX Corporate Governance Principles and Recommendations*

Das *black letter law* wird durch die Prinzipien und Empfehlungen des *ASX Corporate Governance Council* ergänzt. Bei dem Council handelt es sich um einen im Jahre 2002 unter dem Dach der ASX gegründeten Rat aus Vertretern von 21 Unternehmens-, Aktionärs- und Branchenverbänden. Die ASX selbst ist Mitglied des Rates, zeichnet für dessen Verwaltung zuständig und ernennt den Vorsitzenden[23]. Seit dem Jahre 2003 stellt der Rat Prinzipien und Empfehlungen zur Corporate Governance in börsennotierten Unternehmen auf. Die Vorgaben sollen das Anlegervertrauen stärken und gleichzeitig den Unternehmen ermöglichen, den Erwartungen der verschiedenen Interessengruppen besser zu genügen[24]. Die aktuell gültige Version der *ASX Corporate Governance Principles and Recommendations* datiert vom 30. Juni 2010 und trat am 1. Januar 2011 in Kraft[25].

Bei den Vorgaben zur Corporate Governance ist strikt zwischen den Prinzipien und den Empfehlungen zu unterscheiden. Die Prinzipien stellen allgemeine und weit gefasste Grundsätze einer effektiven Corporate Governance auf. Jedem Prinzip sind sodann Empfehlungen zugeordnet, die konkret aufzeigen, mittels welcher unternehmensinterner Maßnahmen den Prinzipien genügt werden kann. Den Prinzipien und Empfehlungen ist gemein, dass sie unverbindlich sind. Den Adressaten bleibt es unbenommen, von ihnen abzuweichen oder alternative Grundsätze zu befolgen. Eine gewisse regulatorische Wirkung geht jedoch von den Empfehlungen aus, indem sie dem sog. *„if not, why not"-approach* verhaftet sind: Nach LR 4.10.3 S. 1 müssen die Unternehmen im Jahresbericht (*annual report*) darlegen, inwieweit sie den Empfehlungen des Rates Folge geleistet haben. Sind sie davon abgewichen, so muss dies im Einzelnen herausgestellt und begründet werden[26]. Wurden die Empfehlungen nur zeitweise befolgt, ist der Zeitraum anzugeben, in dem dies der Fall war[27].

---

22 Vgl. Productivity Commission, S. 131.

23 ASX Group, Members.

24 ASX Group, ASX Council.

25 ASX Group, ASX Council; abrufbar sind die ASX Corporate Governance Principles and Recommendations unter www.asxgroup.com.au/corporate-governance-council.htm (Abruf v. 11.8.2013).

26 LR 4.10.3 S. 2.

27 LR 4.10.3 S. 3.

Den Empfehlungen zur Seite gestellt ist jeweils ein erläuternder Kommentar, der aber nicht als Teil der Empfehlung gilt und demnach auch keine Entsprechenserklärung erfordert[28]. Die Kommentierung soll allein den Sinn und Zweck der jeweiligen Empfehlung verständlich machen, zu berücksichtigende Faktoren aufzeigen und Vorschläge zur Umsetzung der Empfehlungen machen[29]. Zum Teil beinhaltet die Kommentierung auch stichpunktartige Leitlinien (*guidelines*).

Vorgaben zu Geschäftsleitervergütungen finden sich in *Principle 8* der *ASX Corporate Governance Principles and Recommendations* unter der Überschrift *Remunerate fairly and responsibly.* Eine Konkretisierung erfährt *Principle 8* durch vier Empfehlungen. *Principle 2* der *ASX Corporate Governance Principles and Recommendations* und die dazugehörigen Empfehlungen befassen sich mit dem Aufbau des *boards* und betreffen somit zumindest mittelbar das Thema Geschäftsleitervergütungen.

5. *Advisory guidelines*

Neben *hard law* und *soft law* gibt es in Australien eine große Zahl an unverbindlichen Leitlinien zur Corporate Governance, sog. *advisory guidelines.* Verfasst werden sie beispielsweise von Aktionärsverbänden wie der *Australian Shareholders' Association* oder anderen Interessengruppen wie zum Beispiel dem *Australian Institute of Company Directors* oder der *Investment and Financial Services Association.* Auf diesem Wege kommunizieren wichtige Stakeholder ihre Vorstellungen von guter Unternehmensführung und -kontrolle. Wichtigste Adressaten sind die *boards of directors* von Unternehmen. Jedoch dienen die Leitlinien auch den Mitgliedern der Verbände und Interessengruppen zur Orientierung bei ihren Interaktionen mit den Unternehmen und bei Aktionärsabstimmungen[30]. Vor allem institutionelle Investoren machen ihr Stimmverhalten oftmals von der Befolgung bestimmter *guidelines* durch das Unternehmen abhängig[31]. Gleiches gilt für die Abstimmungsvorschläge von Stimmrechtsberatern (*proxy advisers*)[32]. Auf diesen Wegen kann den formell unverbindlichen Leitlinien doch ein ganz erhebliches Gewicht zukommen. Um Negativvoten zu verhindern, werden sich die Unternehmen nicht selten dazu veranlasst sehen, ihre Corporate Governance und speziell ihre Vergütungspraxis den Leitlinien gemäß auszurichten[33].

Im Finanzsektor zielt der *APRA Prudential Practice Guide PPG 511-Remuneration* darauf ab, den regulierten Unternehmen eine Hilfestellung bei der Bewältigung der mit Vergütungsfragen einhergehenden Risiken zu sein[34]. Zugleich sind die Leitlinien auf die *APRA standards* abgestimmt und fördern deren Befolgung[35].

---

28 ASX Corporate Governance Principles and Recommendations, S. 5.
29 ASX Corporate Governance Principles and Recommendations, S. 5.
30 Productivity Commission, S. 135.
31 Productivity Commission, S. 135.
32 Productivity Commission, S. 135.
33 Productivity Commission, S. 135.
34 APRA Prudential Practice Guide PPG 511, S. 3.
35 APRA Prudential Practice Guide PPG 511, S. 3.

C. Die Faktenlage zur Geschäftsleitervergütung im Vergleich

I. Deutschland

1. Status quo

a) Höhe der Vergütung

Die durchschnittliche Gesamtvergütung eines Vorstandsmitglieds in einem DAX-Unternehmen betrug im Geschäftsjahr 2012 rund € 3,2 Mio.[1]. Innerhalb des DAX wiesen die Durchschnittsgehälter eine enorme Spreizung auf und reichten von rund € 1,3 Mio. Jahressalär bei der Commerzbank bis zu € 6,8 Mio. bei Volkswagen[2]. Große Unterschiede bestehen auch unabhängig von diesen beiden Extrembeispielen, vergleicht man etwa die Werte bei Lufthansa (€ 1,8 Mio.) und Adidas (€ 4,7 Mio.)[3]. Im MDAX verdienten Vorstandsmitglieder im Schnitt € 1,6 Mio., wobei hier der Abstand zwischen den Extremwerten weniger groß war[4]. Ein Vergleich der DAX- und MDAX-Mittelwerte zeigt, dass im Allgemeinen in größeren Unternehmen auch höhere Vergütungen gewährt werden.

Die Bezüge der Vorstandsvorsitzenden lagen im Jahr 2012 mit durchschnittlich € 5,2 Mio. im DAX und durchschnittlich € 2,3 Mio. im MDAX nochmals deutlich über der Durchschnittsvergütung sämtlicher Vorstandsmitglieder[5]. Die Spitzenposition nahm hier Martin Winterkorn von VW mit € 14,5 Mio. Jahresgehalt ein, gefolgt von Dieter Zetsche von Daimler mit € 8,2 Mio. Jahresgehalt[6]. Das Schlusslicht bildete Martin Blessing von der Commerzbank mit einer Gesamtvergütung von € 1,4 Mio.[7]. Auffallend ist, dass sich, im Unterschied zu vergangenen Jahren, unter den zehn Spitzenverdienern des DAX kein Vertreter aus der Finanzbranche findet.

Neben der regulären Vergütung erhalten Vorstandsmitglieder in der Regel Pensionszusagen, entweder in Form von fest zugesagten Pensionszahlungen oder im Rahmen eines beitragsorientierten Systems. Die Pensionszusagen für Vorstandsvorsitzende in DAX-Unternehmen beliefen sich 2012 auf durchschnittlich € 741.000 pro Jahr[8]. Die angehäuften, insgesamt erworbenen Pensionsanwartschaften nehmen beachtliche Beträge an. Im Fall Dieter Zetsches beliefen sie sich bis zum Jahr 2011

---

1 *Hocker*, Vorstellung DSW/TU-München Studie 2013; soweit nicht anders angegeben, verstehen sich alle Angaben exklusive Aufwendungen für die Altersvorsorge und Pensionszusagen.
2 DSW/TU-München, Studie 2013.
3 DSW/TU-München, Studie 2013.
4 *Hölz*, Vorstellung DSW/TU-München Studie 2013.
5 DSW/TU-München, Studie 2013.
6 DSW/TU-München, Studie 2013.
7 DSW/TU-München, Studie 2013.
8 DSW/TU-München, Studie 2013.

auf rund € 29,6 Mio.[9]. Aus diesen Zahlen wird deutlich, dass die Pensionszusagen einen bedeutenden Teil der Vergütung darstellen. Oftmals werden sie anteilig zur Grundvergütung und den Tantiemen gewährt, sodass sich ihr Barwert mit steigenden Bezügen erhöht[10]. Das Pensionseintrittsalter lag im Schnitt bei 62 Jahren[11].

Neben der absoluten Höhe der Vergütung kann es aufschlussreich sein, die Vergütung ins Verhältnis zu bestimmten Unternehmenskennzahlen zu setzen. So gaben die DAX-Unternehmen 2011 durchschnittlich 0,8 % ihres Gewinns vor Zinsen und Steuern (EBIT) für die Vorstandsvergütung aus[12]. In Relation zu den gesamten Personalaufwendungen waren es lediglich 0,33 %[13]. Diese Werte verdeutlichen, dass die wirtschaftliche Bedeutung von Vorstandsvergütungen nicht annähernd so hoch ist, wie man sie aufgrund ihrer Präsenz in den Medien und der öffentlichen Diskussion einzuschätzen geneigt ist[14].

Setzt man die Vorstandsvergütungen zum Durchschnittsgehalt in den Unternehmen ins Verhältnis (vertikaler Vergleich), so verdiente 2012 ein DAX-Vorstandsmitglied im Schnitt das 53-fache des durchschnittlichen Einkommens im Unternehmen[15]. Unter den einzelnen Unternehmen variiert der Faktor erheblich. Er reichte 2011 im DAX vom 14-fachen bei der Commerzbank AG bis zum 192-fachen bei der Volkswagen AG[16]. Im MDAX lag der Mittelwert im gleichen Jahr beim 35-fachen[17].

b) Obergrenzen (Caps)

In fast allen DAX-Unternehmen und der überwiegenden Zahl der MDAX-Unternehmen gibt es für die variable Vergütung eine Begrenzung nach oben (Cap)[18]. Es ist jedoch zu konstatieren, dass selbst in für die meisten Unternehmen wirtschaftlich überaus erfolgreichen Jahren, wie etwa 2011, die Caps ihrer vergütungsbegrenzenden Funktion nicht nachkommen[19]. Hierfür lassen sich im Wesentlichen zwei Gründe anführen. Zum einen sind die Caps meist sehr hoch gesetzt[20]. So liegt etwa bei Metro der Cap auf den langfristigen variablen Vergütungsbestandteil des „Performance Share Plan 2009/2013" bei 500 % des festgesetzten Zielwertes, bei der Deutschen Post besteht für Stock Appreciation Rights (SAR) aus einem Long Term Incentive Plan eine Begrenzung von 300 %[21]. Diese Beispiele dienen auch zur Verdeutlichung des

9 *Wilke/Schmid*, Entwicklung, S. 29.
10 *Wilke/Schmid*, Entwicklung, S. 28.
11 DSW/TU-München, Studie 2013.
12 *Götz/Friese*, CFB 2012, 414 (420), Tabelle 4.
13 *Friedl*, Vorstellung DSW/TU-München Studie 2012.
14 So auch *Friedl*, Vorstellung DSW/TU-München Studie 2012.
15 *Friedl*, Vorstellung DSW/TU-München Studie 2013.
16 Vgl. *Götz/Friese*, CFB 2012, 414 (422), Tabelle 6.
17 Vgl. *Götz/Friese*, CFB 2012, 414 (423), Tabelle 7.
18 *Wilke/Schmid*, Entwicklung, S. 30.
19 *Wilke/Schmid*, Entwicklung, S. 31.
20 *Wilke/Schmid*, Entwicklung, S. 30.
21 *Wilke/Schmid*, Entwicklung, S. 30, 31.

zweiten Grundes für die Ineffektivität der Caps: Sie gelten in vielen Unternehmen nur für einzelne Teile der variablen Vergütung[22]. Lediglich in sieben Unternehmen des DAX bestand 2011 ein auf die gesamte variable Vergütung bezogener Cap[23].

c) Struktur der Vergütung

aa) Überblick

Die verschiedenen Komponenten der Vergütung eines Vorstandsmitglieds lassen sich grob in fixe und variable Bestandteile, Nebenleistungen und Pensionszusagen kategorisieren. In Deutschland machen sowohl in DAX- als auch in MDAX-Unternehmen die variablen Bestandteile den mit Abstand größten Teil der Vorstandsvergütung aus. Der Anteil der Festvergütung ist allerdings nicht zu unterschätzen, beläuft er sich doch auf gut ein Viertel der Vergütung in DAX-Unternehmen und auf gut ein Drittel in MDAX-Unternehmen[24]. Die folgenden Diagramme schlüsseln die Struktur der durchschnittlichen Vorstandsvergütung in Deutschland – unter Außerachtlassung der Nebenleistungen und Pensionszusagen – weiter auf.

Abbildung 1: Struktur der durchschnittlichen Vorstandsvergütung im DAX in 2012

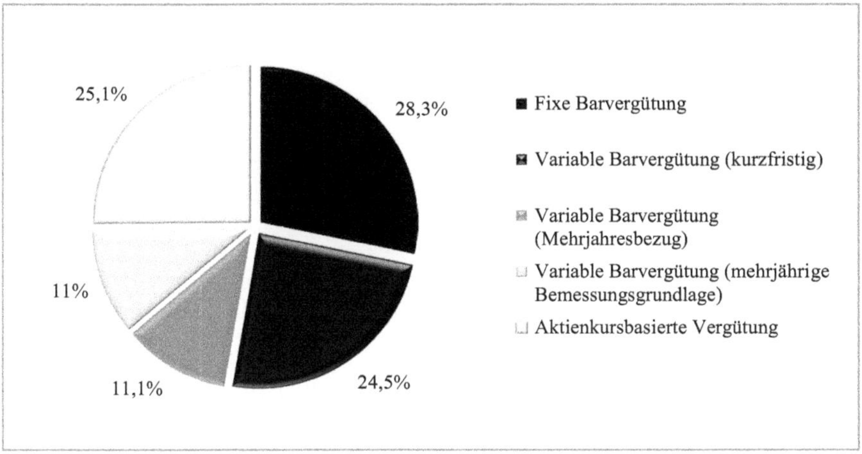

Quelle: DSW/TU-München, Studie 2013.

22 *Wilke/Schmid*, Entwicklung, S. 31.
23 *Wilke/Schmid*, Entwicklung, S. 31.
24 S. Abbildungen 1 und 2.

Abbildung 2: Struktur der durchschnittlichen Vorstandsvergütung im MDAX in 2012

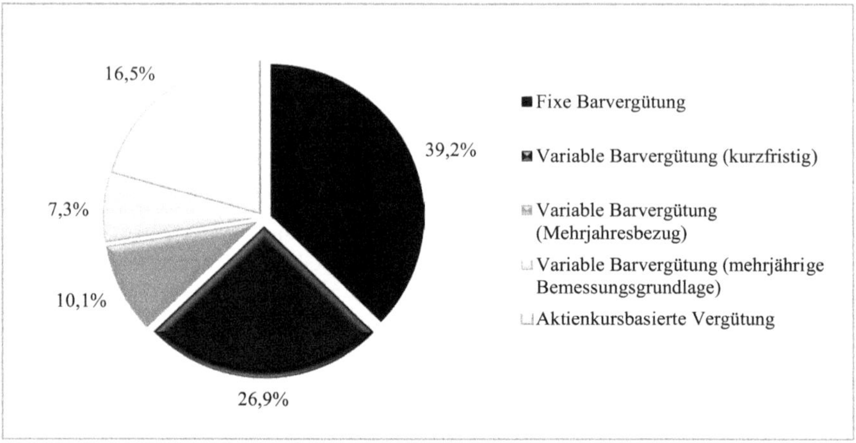

Quelle: DSW/TU-München, Studie 2013.

Innerhalb der variablen Vergütung machen kurzfristige Vergütungselemente trotz der gesetzlich geforderten Ausrichtung der Vergütung auf eine nachhaltige Unternehmensentwicklung nach wie vor einen beachtlichen Teil der Gesamtvergütung aus. Dieses Spannungsverhältnis relativiert sich jedoch etwas vor dem Hintergrund, dass die Unternehmen vermehrt Teile des kurzfristigen Jahresbonus erst nach Verstreichen eines bestimmten Zeitraums und nach sodann erfolgter Bewertung auszahlen[25]. Oftmals besteht auch zumindest ein Teil des Jahresbonus aus Aktien mit mehrjähriger Haltefrist[26].

Variable Vergütungselemente mit mehrjähriger Bemessungsgrundlage sind heute in den Vergütungssystemen aller DAX-Unternehmen zu finden[27]. Damit zusammenhängend haben die meisten (24 von 30) DAX-Unternehmen in sehr unterschiedlicher Ausgestaltung Bonus-Malus-Regelungen etabliert[28]. Teilweise betreffen diese Regelungen die gesamte variable Vergütung, teilweise auch nur einzelne Bestandteile hiervon[29].

Die Bedeutung aktienkursbasierter Vergütungselemente drückt sich nicht nur in ihrem hohen prozentualen Anteil an der durchschnittlichen Gesamtvergütung aus. Auch die Zahl der DAX-Unternehmen, die ihre Vorstände auf diese Art vergüten, spricht für sich. 2011 gewährten 23 DAX-Unternehmen ihren Vorständen

25 *Wilke/Schmid*, Entwicklung, S. 23.
26 *Wilke/Schmid*, Entwicklung, S. 23.
27 *Wilke/Schmid*, Entwicklung, S. 23.
28 *Wilke/Schmid*, Entwicklung, S. 24.
29 *Wilke/Schmid*, Entwicklung, S. 24.

Vergütungselemente, die sich nicht nur auf den Aktienkurs bezogen, sondern auch tatsächlich aus realen Aktien bestanden[30]. Die übrigen DAX-Unternehmen vergüteten ebenfalls aktienkursbasiert, jedoch zumeist in Form virtueller Aktien[31]. Werden wie bei der Mehrzahl der Unternehmen „echte" Aktien gewährt, so besteht in der Regel eine Haltepflicht von drei bis vier Jahren für diese[32]. Neben der direkten Gewährung von Aktien verpflichteten 2011 auch zwei Drittel der Unternehmen ihre Vorstände dazu, einen gewissen Teil ihrer Barvergütung in Aktien des Unternehmens zu investieren[33].

bb) Kennzahlen der variablen Vergütung

Als Bezugspunkt für die variablen Vergütungsbestandteile kommen verschiedene Kennzahlen in Betracht. In DAX-Unternehmen sind die kurzfristigen Vergütungsbestandteile am häufigsten von individuellen Kennzahlen abhängig, dicht gefolgt von Ergebniskennzahlen[34]. Renditekennzahlen sind ebenfalls oft anzutreffen, aktienbezogene Kennzahlen dagegen nur sehr selten[35]. In Unternehmen des MDAX ist der Anteil aktienbezogener Kennzahlen bei kurzfristigen Vergütungsbestandteilen noch geringer, hier dominieren Ergebniskennzahlen mit einigem Abstand vor individuellen Kennzahlen[36].

Die langfristigen Vergütungsbestandteile sind sowohl in DAX- als auch in MDAX-Unternehmen am häufigsten von aktienbezogenen Kennzahlen abhängig[37]. Eine wichtige Rolle spielen im MDAX auch die Ergebniskennzahlen, wohingegen sie im DAX weitaus seltener relevant sind[38]. Ebenfalls häufiger im MDAX anzutreffen sind individuelle Kennzahlen für die langfristigen Vergütungsbestandteile[39].

Neben den genannten Kennzahlen, die sämtlich ökonomischer Art sind, verwenden einige Unternehmen zusätzliche Kriterien, nach denen sich die variable Vergütung bemisst. Beispiele hierfür sind die Zufriedenheit und Motivation der Mitarbeiter, die Kundenzufriedenheit oder auch ökologische Aspekte wie Emissionsreduzierungen und sonstige Umweltschutzanstrengungen[40]. Im Vergleich zu den ökonomischen Kriterien ist die Bedeutung der sozialen und ökologischen Kriterien

30 *Wilke/Schmid*, Entwicklung, S. 25.
31 *Wilke/Schmid*, Entwicklung, S. 25.
32 *Wilke/Schmid*, Entwicklung, S. 25.
33 *Wilke/Schmid*, Entwicklung, S. 25.
34 Vgl. *Götz/Friese*, CFB 2012, 414 (418), Tabelle 3.
35 Vgl. *Götz/Friese*, CFB 2012, 414 (418), Tabelle 3.
36 Vgl. *Götz/Friese*, CFB 2012, 414 (418), Tabelle 3.
37 Vgl. *Götz/Friese*, CFB 2012, 414 (418), Tabelle 3.
38 Vgl. *Götz/Friese*, CFB 2012, 414 (418), Tabelle 3.
39 Vgl. *Götz/Friese*, CFB 2012, 414 (418), Tabelle 3.
40 *Wilke/Schmid*, Entwicklung, S. 37, 38, Tabelle 8.

in der Praxis eher gering[41]. Im Jahr 2010 kamen sie in nur sieben, im Jahr darauf in acht der 30 DAX-Unternehmen zur Anwendung[42].

2. *Historische Entwicklung*

a) *Höhe der Vergütung*

Anfang der 1990er Jahre lag die durchschnittliche Vorstandsvergütung in DAX-Unternehmen bei gut einer halben Million Euro pro Kopf[43]. Dieser Wert erfuhr innerhalb des folgenden Jahrzehnts, und hier vor allem in den letzten Jahren desselbigen, einen massiven Anstieg. 1999 hatte er sich verdoppelt und im Jahr darauf mit € 1,68 Mio. sogar verdreifacht[44]. Einer moderaten Abnahme des Vergütungsniveaus in 2001 folgte sodann ein starker Anstieg um jährlich rund € 200.000 bis ins Jahr 2007[45]. Zu diesem Zeitpunkt war der vorläufige Höchststand von durchschnittlich knapp € 3 Mio. pro Kopf erreicht[46]. Die Vorstandsvorsitzenden der DAX-Unternehmen verdienten im Mittel rund € 5,5 Mio.[47].

Im Zuge der Finanzmarktkrise sanken die Vorstandsvergütungen 2008 signifikant und verblieben 2009 auf einem ähnlichen Niveau[48]. Die regulären DAX-Vorstände mussten im Durchschnitt Gehaltseinbußen von rund 23 % hinnehmen, das Salär der Vorstandsvorsitzenden sank um durchschnittlich rund 32 %[49]. Wenn auch in abgeschwächter Form, ergibt sich für die Vergütung der Vorstände von Unternehmen des MDAX ein ähnliches Bild[50]. Erst das Jahr 2010 brachte eine Kehrtwende mit sodann rasant steigenden Gehältern. Die Vorstandsvergütungen in DAX-Unternehmen nahmen durchschnittlich um 18,1 % gegenüber dem Vorjahr zu[51]. Im Folgejahr verzeichneten die Gehälter erneut einen Anstieg, wenngleich dieser mit 6,2 % moderater ausfiel[52]. Im Jahr 2012 stiegen die Vergütungen der DAX-Vorstandsvorsitzenden um durchschnittlich 3 % unter Außerachtlassung von Nebenleistungen und Pensionszusagen[53]. Bezieht man letztere zwei Positionen in die Betrachtung mit ein, so

41 *Wilke/Schmid*, Entwicklung, S. 37.
42 *Wilke/Schmid*, Entwicklung, S. 37, 38, Tabelle 8.
43 Vgl. *Schwalbach*, Vergütungsstudie 2011, S. 185.
44 Vgl. *Schwalbach*, Vergütungsstudie 2011, S. 185.
45 Vgl. *Schwalbach*, Vergütungsstudie 2011, S. 185.
46 Vgl. *Schwalbach*, Vergütungsstudie 2011, S. 185.
47 *Kuhner/Hitz/Sabiwalsky/Drefahl*, Studie Managergehälter 2012, S. 67, Tabelle 25.
48 Vgl. *Kuhner/Hitz/Sabiwalsky/Drefahl*, Studie Managergehälter 2012, S. 67, Tabellen 24 und 25.
49 Berechnet anhand der Daten aus *Kuhner/Hitz/Sabiwalsky/Drefahl*, Studie Managergehälter 2012, S. 67, Tabellen 24 und 25.
50 Vgl. *Kuhner/Hitz/Sabiwalsky/Drefahl*, Studie Managergehälter 2012, S. 67, Tabellen 24 und 25.
51 *Götz/Friese*, CFB 2012, 414 (415).
52 *Götz/Friese*, CFB 2012, 414 (415).
53 Towers Watson, Pressemitteilung v. 19.3.2013.

lag der Anstieg bei rund 9 %[54]. Schon 2011 hatte die Vergütung der DAX-Vorstände annähernd das Niveau des Boomjahres 2007 erreicht[55]. Folgerichtig kann die Abschwächung in den Krisenjahren 2008/2009 als lediglich „kurze Verschnaufpause" in einem anhaltenden Wachstumstrend bezeichnet werden[56].

Untersucht man das Verhältnis von Vorstandsvergütung und Unternehmensperformance, mithin welchen Anteil am EBIT die Unternehmen jährlich für die Vorstandsvergütung ausgaben, so stellt man fest, dass im DAX der mittlere Wert in den Jahren 2006 bis 2011 nur mäßig, nämlich zwischen 0,8 % und 1,6 % des jeweiligen EBIT, schwankte[57]. Ähnlich beständig verhielt es sich im MDAX[58]. Die Ergebnisse deuten auf eine relativ enge Bindung der Vergütung an die Unternehmensperformance hin. Zugleich verdienen jedoch zwei weitere Aspekte Beachtung. Zum einen war der Anteil der Vergütungen am EBIT im Jahr 2009, zum Höhepunkt der Finanzmarktkrise, am höchsten[59]. Dies zeigt, dass die Gehälter in Zeiten der Krise nicht proportional zu den Unternehmensergebnissen sanken. Zum anderen, und dies sollte vor dem Hintergrund der hitzigen Debatte um exzessive Vorstandsvergütungen keinesfalls untergehen, nahm der Anteil der Vergütungen am EBIT in den Jahren 2010 und 2011 ab, was bedeutet, dass die Bezahlung der Vorstände proportional hinter der Gewinnentwicklung der Unternehmen in diesen Jahren zurückblieb[60]. Dieselbe Entwicklung lässt sich auch für das Geschäftsjahr 2012 ausmachen: Während der EBIT der DAX-Unternehmen im Durchschnitt um 14 % stieg, erhöhten sich die Gehälter der Vorstandsvorsitzenden nur um durchschnittlich rund 3 %[61].

Blickt man auf die Korrelation von Aktienrendite und Bonuszahlungen, so schwankt diese im Zeitraum 2006–2010 erheblich[62]. Für die Jahre 2006 und 2007 besteht bei den DAX-Vorständen sogar ein negativer Zusammenhang[63]. Nach einem sprunghaften Anstieg der Korrelation im Jahr 2008 sank sie im Folgejahr stark ab und steigerte sich dann nur mäßig[64]. Insgesamt betrachtet kann nur ein schwacher Zusammenhang zwischen der Aktienrendite des jeweiligen Jahres und den geleisteten

54 *Stocker*, Die Welt v. 19.3.2013.
55 *Götz/Friese*, CFB 2012, 414 (415).
56 *Wilke/Schmid*, Entwicklung, S. 14.
57 *Götz/Friese*, CFB 2012, 414 (420).
58 *Götz/Friese*, CFB 2012, 414 (421), Tabelle 5.
59 *Götz/Friese*, CFB 2012, 414 (420), Tabelle 4.
60 *Götz/Friese*, CFB 2012, 414 (420).
61 Towers Watson, Pressemitteilung v. 19.3.2013.
62 Vgl. *Kuhner/Hitz/Sabiwalsky/Drefahl*, Studie Managergehälter 2011, S. 101, Tabellen 61, 62.
63 Vgl. *Kuhner/Hitz/Sabiwalsky/Drefahl*, Studie Managergehälter 2011, S. 101, Tabellen 61, 62.
64 Vgl. *Kuhner/Hitz/Sabiwalsky/Drefahl*, Studie Managergehälter 2011, S. 101, Tabellen 61, 62.

Bonuszahlungen festgestellt werden[65]. Einzig die Dividendenzahlungen sind seit der Jahrtausendwende ähnlich stark gestiegen wie die Vorstandsvergütungen[66].

Das Verhältnis der Vorstandsvergütungen zum Durchschnittsgehalt in den Unternehmen (vertikaler Vergleich) hat sich im Laufe der Jahre stark in Form eines Auseinanderdriftens verändert. Im Jahr 2001 betrug die Vergütung eines DAX-Vorstandsmitglieds im Durchschnitt das 24-Fache des durchschnittlichen Gehalts im Unternehmen, 2003 das 30-Fache, 2005 das 40-Fache, und schließlich 2007 das 54-Fache[67]. Wie auch bei der absoluten Höhe der Vorstandsvergütungen wirkte die Finanzmarktkrise in den darauffolgenden zwei Jahren zwar dämpfend, sie führte jedoch nicht zu einer Trendwende[68]. Die Entwicklung im MDAX verlief ähnlich, wenn auch der Multiplikator stets niedriger war als im DAX[69].

b) Struktur der Vergütung

Im Zuge der Finanzmarktkrise nahm der Anteil kurzfristiger Bonuszahlungen an der Gesamtvergütung der Vorstandsmitglieder zugunsten von Festvergütung und langfristig erfolgswirksamen Vergütungsbestandteilen stark ab[70]. Mit der konjunkturellen Erholung des Jahres 2010 kehrte sich der Trend jedoch wieder ins Gegenteil um und die Bedeutung der variablen Vergütungsbestandteile, insbesondere der kurzfristigen Bonuszahlungen, nahm überproportional zu[71]. So ist denn auch die enorme Steigerung des Vergütungsniveaus in den Jahren 2010 und 2011 weitestgehend den variablen Vergütungselementen geschuldet. Zugleich ist jedoch zu konstatieren, dass in diesem Zeitraum die durchschnittliche Festvergütung ebenfalls stieg[72]. 2011 erhöhte sie sich im Vergleich zum Vorjahr bei Vorstandsvorsitzenden um 5,6 % und bei den regulären Vorstandsmitgliedern um 7,5 %. Folglich blieb das Verhältnis von fester und variabler Vergütung annähernd gleich[73].

Die Zusammensetzung der variablen Vergütung betreffend hat sich in den letzten Jahren eine Zunahme der langfristigen Vergütungselemente gezeigt[74]. Als Grund hierfür mag man ansehen, dass viele Unternehmen den neuen gesetzlichen Anforderungen, nach denen die Vergütung auf eine nachhaltige Unternehmensentwicklung abzielen soll, nachgekommen sind[75]. Besonders stark gestiegen ist auch der Anteil

---

65 Vgl. auch *Kuhner/Hitz/Sabiwalsky/Drefahl*, Studie Managergehälter 2012, S. 108.
66 *Hocker*, Vorstellung DSW/TU-München Studie 2012.
67 Vgl. *Schwalbach*, Vergütungsstudie 2011, S. 181.
68 Vgl. *Götz/Friese*, CFB 2012, 414 (422), Tabelle 6.
69 *Götz/Friese*, CFB 2012, 414 (424).
70 *Kuhner/Hitz/Sabiwalsky/Drefahl*, Studie Managergehälter 2012, S. 62.
71 *Kuhner/Hitz/Sabiwalsky/Drefahl*, Studie Managergehälter 2012, S. 62.
72 *Götz/Friese*, CFB 2012, 414 (415); *Wilke/Schmid*, Entwicklung, S. 23.
73 *Wilke/Schmid*, Entwicklung, S. 23.
74 *Wilke/Schmid*, Entwicklung, S. 23; *Friedl*, Vorstellung DSW/TU-München Studie 2012.
75 So auch *Wilke/Schmid*, Entwicklung, S. 22.

der aktienkursbasierten Vergütungselemente. Allein für das Geschäftsjahr 2012 ist im DAX im Vergleich zum Vorjahr ein Zuwachs von über 20 % zu verzeichnen[76].

Die Pensionszusagen haben in den vergangenen Jahrzehnten an Bedeutung gewonnen[77]. In den letzten Jahren ist ein Trend zur Umstellung von fest zugesagten Pensionszahlungen auf ein beitragsorientiertes System zu erkennen[78].

II. Australien

1. Status quo

a) Höhe der Vergütung

In den 300 größten börsennotierten australischen Unternehmen[79] lag das Durchschnittsgehalt eines CEOs im Geschäftsjahr 2011/2012 bei rund A$ 2,5 Mio.[80]. Betrachtet man nur die größten 30 dieser Unternehmen[81], so lag das Durchschnittsgehalt der CEOs bei rund A$ 6,5 Mio.[82]. Die Bandbreite reicht hier von den A$ 9,67 Mio. des CEOs der ANZ-Bank, Mike Smith, bis zu den A$ 2,22 Mio. des CEOs von Stockland, Matthew Quinn. Unter den zehn bestverdienenden CEOs befinden sich vier aus Unternehmen des Finanzsektors und zwei aus Bergbauunternehmen[83]. Im Allgemeinen verdienen CEOs deutlich mehr als die übrigen *executives*[84]. Für die Vergütung Letzterer liegt der Median bei 28 % des CEO-Gehalts, für die Vergütung der *Chief Financial Officers* bei 35 %[85]. Grundsätzlich ist zudem festzustellen, dass die Unternehmensgröße entscheidenden Einfluss auf die Höhe der Geschäftsleitervergütungen hat: In großen Unternehmen ist die Vergütung höher als in kleinen[86]. Dies erklärt man sich unter anderem mit der höheren Komplexität der Geschäftsleiteraufgaben in großen Unternehmen und dem hier vorhandenen größeren Wirkungsgrad der Entscheidungen, der es lohnenswert mache, besonders gute – und damit teure – Geschäftsleiter zu beschäftigen[87].

---

76 DSW/TU-München, Studie 2013.
77 *Wilke/Schmid*, Entwicklung, S. 28.
78 *Wilke/Schmid*, Entwicklung, S. 29.
79 i.e. Unternehmen im ASX-300 Index, welcher die Streubesitz-Marktkapitalisierung zum Maßstab nimmt.
80 Australian Financial Review, Salaries survey 2012.
81 Wiederum gemessen an der Streubesitz-Marktkapitalisierung.
82 Berechnung unter Zugrundelegung der Vergütungsangaben des *Australian Financial Review Salaries survey 2012* zu den 30 größten börsennotierten australischen Unternehmen (Stand 31.12.2012), unter Außerachtlassung der Unternehmen Orica Ltd, Westfield Retail Trust, News Corp Ltd, Aurizon Holdings Ltd.
83 Vgl. Australian Financial Review, Salaries survey 2012.
84 Productivity Commission, S. 412.
85 PWC Remuneration Report, S. 30.
86 Productivity Commission, S. 55.
87 Productivity Commission, S. 55, 56.

Einen bedeutenden Teil der Geschäftsleitervergütung machen Rentenleistungen und Beiträge in Pensionskassen aus. Sie beliefen sich im Geschäftsjahr 2011/2012 für CEOs von ASX300-Unternehmen auf im Schnitt A$ 59.801 bzw. A$ 43.063[88].

Der Anteil der Geschäftsleitervergütungen an den Gesamtausgaben der australischen Unternehmen ist im Allgemeinen sehr gering. Zwar liegen keine Durchschnittswerte vor, jedoch verdeutlicht dies unter anderem das Zitat eines Vorsitzenden eines Vergütungsausschusses: *„In dollar terms, this is one of the smallest decisions we make*"[89].

Was das Verhältnis der Geschäftsleitervergütungen zum Durchschnittsgehalt in den Unternehmen betrifft, so verdienten CEOs in ASX300-Unternehmen im Geschäftsjahr 2011/2012 im Schnitt rund das 34-Fache[90]. Dabei wächst die Spanne mit der Größe der Unternehmen[91].

b) Struktur der Vergütung

aa) Überblick

Die Vergütung australischer *executive directors* und *senior executives* besteht typischerweise aus einer festen Grundvergütung, kurz- und langfristigen variablen Vergütungselementen, Pensionszusagen, Zahlungen in Pensionskassen und Nebenleistungen[92]. Die variablen Vergütungselemente machen mit Abstand den größten Teil der Vergütung aus. Abhängig davon, welcher Studie man folgt, liegt ihr Anteil für CEOs in den ASX300-Unternehmen im Schnitt bei 54 % oder rund 56 % der Gesamtvergütung (unter Außerachtlassung von Nebenleistungen, Pensionszusagen und Zahlungen in Pensionskassen)[93]. Tendenziell liegt der Wert in großen Unternehmen höher, in kleinen Unternehmen niedriger[94]. Entsprechend ist der zweite große Bestandteil der Geschäftsleitervergütung, die feste Grundvergütung, in kleinen Unternehmen gewichtiger als in großen.

---

88 Australian Financial Review, Salaries survey 2012.
89 Anonymes Zitat aus *Sheehan*, Regulation, S. 172.
90 Australian Financial Review, Salaries survey 2012.
91 Producitvity Commission S. 62.
92 Vgl. Australian Financial Review, Salaries survey 2012.
93 Vgl. Guerdon Associates, changes bzw. Australian Financial Review, Salaries survey 2012.
94 Productivity Commission, S. 55.

Abbildung 3: Struktur der durchschnittlichen CEO-Vergütung im ASX300 in 2011/2012

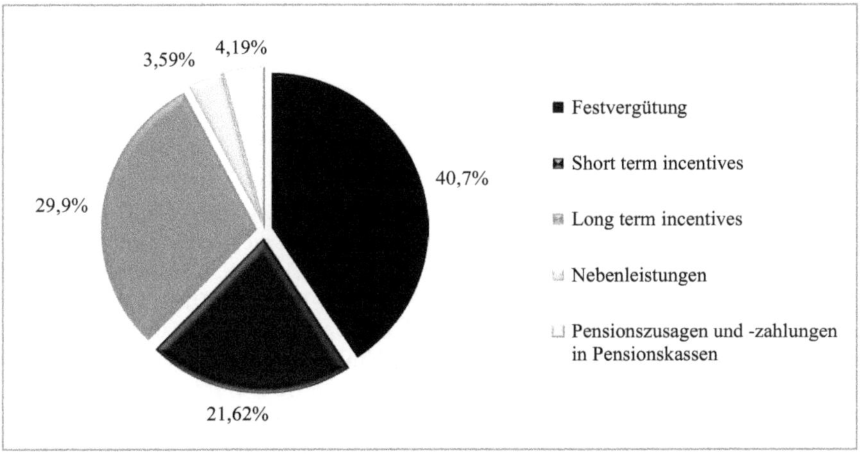

Quelle: Australian Financial Review, Salaries survey 2012.

Abbildung 3 lässt sich unter anderem entnehmen, dass ein bedeutender Teil der variablen Vergütung nach wie vor kurzfristig orientiert ist. Jedoch werden die kurzfristigen Vergütungselemente in 51 % der ASX100-Unternehmen ganz oder anteilig nur unter einem zeitlichen Aufschub gewährt, der sich meist auf 2 Jahre beläuft[95]. Zudem haben rund ein Viertel der Unternehmen vertragliche Rückzahlungsverpflichtungen (*clawback provisions*) etabliert oder beabsichtigen zumindest deren baldige Einführung[96].

bb) Kennzahlen der variablen Vergütung

Die kurzfristigen variablen Vergütungsbestandteile sind weitestgehend von individuellen Kennzahlen abhängig. In nur 21 % der Unternehmen des ASX100 ist auch die finanzielle Performance des Unternehmens entscheidend[97].

Die langfristigen Bestandteile der variablen Geschäftsleitervergütung hingegen werden seit einigen Jahren bei der Mehrzahl der ASX100-Unternehmen (76 % im Geschäftsjahr 2011/2012) von der Aktienrendite (*total shareholder return*) abhängig gemacht, vornehmlich in Kombination mit einer zweiten Performance-Hürde[98]. Als Letztere werden etwa der Gewinn je Aktie (*earnings per share*), die Eigenkapitalrentabilität (*return on equity*) oder das EBIT verwendet.

95 PWC Executive remuneration, S. 5.
96 PWC Executive remuneration, S. 5.
97 PWC Executive remuneration, S. 4.
98 PWC Executive remuneration, S. 6.

Einige Unternehmen verwenden für die variable Vergütung auch nicht-finanzielle Kennzahlen, wie etwa die Kundenzufriedenheit oder ökologische Faktoren[99]. Über die Verbreitung solcher Kennzahlen lässt sich jedoch keine verlässliche Aussage treffen, weil sie nicht immer offengelegt werden.

2. *Historische Entwicklung*

a) Höhe der Vergütung

Die 90er Jahre des letzten Jahrhunderts standen im Zeichen stark steigender Geschäftsleitervergütungen. Zwischen 1993 und 1999 stieg die durchschnittliche CEO-Vergütung in ASX100-Gesellschaften um rund 13 % und in ASX50-Gesellschaften um rund 16 % pro Jahr[100]. Im darauffolgenden Jahrzehnt hielt der Anstieg bis zum Geschäftsjahr 2007 an, verlangsamte sich jedoch und betrug für CEOs jährlich nur noch durchschnittlich 6 %[101]. Die Vergütung der gewöhnlichen Geschäftsleiter entwickelte sich in den 1990er Jahren bis 2007 in etwa parallel zur CEO-Vergütung[102].

Im Jahr 2007 hatte das Vergütungsniveau seinen vorläufigen Höhepunkt erreicht. Mit dem in den Folgejahren einsetzenden Kursverfall an den Kapitalmärkten ging ein starkes Sinken des Vergütungsniveaus einher. Zwischen 2007 und 2009 sank die durchschnittliche CEO-Vergütung in Unternehmen des ASX50 um etwa 15 %, in Unternehmen des ASX100 um etwa 16 % und in solchen des ASX300 um etwa 11 %[103]. Dabei nahm die anreizorientierte Vergütung am stärksten ab. So sanken die langfristigen Boni in ASX300-Gesellschaften um durchschnittlich 13 % pro Jahr, die kurzfristigen Boni sogar um 25 %[104]. Verdienten im Geschäftsjahr 2007 noch 11 CEOs der ASX300-Unternehmen mehr als A$ 10 Mio., waren es 2009 nur noch 5 von ihnen[105]. Die Zahl der weniger als A$ 1 Mio. verdienenden CEOs stieg von 78 auf 91 an[106]. Seit 2010 verzeichnen die Geschäftsleitervergütungen wieder ein Wachstum. Dieses betrug im Jahr 2011 rund 4 % für die CEO-Vergütung in den ASX300-Gesellschaften[107] und im Jahr darauf rund 6 %[108]. Einer anderen Studie zufolge waren es 2012 sogar 9,5 %, freilich unter ausschließlicher Berücksichtigung der über die Dauer der beiden Geschäftsjahre im Amt gebliebenen CEOs[109]. Betrachtet man allein die 100 größten Unternehmen, so fiel das Vergütungswachstum weitaus geringer aus. Es betrug für CEOs in den Geschäftsjahren 2010/2011 und 2011/2012 jeweils

---

99 Vgl. Australian Banker's, Response, S. 6.
100 Productivity Commission, S. 48.
101 Productivity Commission, S. 48.
102 Productivity Commission, S. 48.
103 Productivity Commission, S. 48.
104 Productivity Commission, S. 49.
105 Productivity Commission, S. 49.
106 Productivity Commission, S. 49.
107 *Smith/Durkin*, Australian Financial Review v. 23.11.2011.
108 Australian Financial Review, Salaries survey 2012.
109 Guerdon Associates, median.

lediglich rund 3 %[110]. Für die sonstigen *executives* in diesen Unternehmen blieb die Gesamtvergütung sogar konstant[111]. Das moderate Wachstum hat dazu geführt, dass die Vergütungshöchstwerte des Jahres 2007 bisher nicht wieder erreicht wurden. Für diese Entwicklung werden unter anderem die unter dem Eindruck der Finanzmarktkrise angestoßenen Reformen verantwortlich gemacht[112].

Im Großen und Ganzen entspricht die Steigerung der Geschäftsleitervergütungen in den letzten 20 Jahren der Entwicklung der australischen Unternehmen in diesem Zeitraum[113]. Dies ergibt sich zumindest aus einem empirischen Vergleich der durchschnittlichen jährlichen Wachstumsraten der Aktienrendite in den 200 größten australischen Unternehmen mit den Wachstumsraten bei den Geschäftsleitervergütungen in ebendiesen. Zwischen 1993 und 2007 stiegen beide Positionen stark an[114]. Lag das Wachstum der Geschäftsleitervergütungen zwischen 1993 und 2000 (17,8 %) noch etwas über dem der Aktienrenditen (12,2 %), kehrte sich dies zwischen 2004 und 2007 (10,3 % bei den Vergütungen, 21,2 % bei den Renditen) um[115]. Der starke Einbruch der Aktienrenditen zwischen 2007 und 2009 (-19,5 %) ging mit einem Rückgang der Geschäftsleitervergütungen um 14,7 % einher[116]. Auf das Bestehen einer positiven Wechselbeziehung zwischen den beiden Positionen deutet auch der Korrelationskoeffizient von rund 0,8 für die Jahre 2004 bis 2009 hin[117].

Dennoch bemängeln Kritiker vielfach, dass das Vergütungsniveau im Zuge der Finanzmarktkrise, wie auch zuvor schon im Jahr 2002, nicht in gleichem Maße wie die Aktienkurse gesunken sei[118]. Die oben genannten Zahlen bestätigen aber zugleich, dass die Vorstände auch an positiven Renditeentwicklungen, wie etwa zwischen 2004 und 2007, nicht in entsprechender Weise partizipierten. Kritisieren lässt sich folglich – wenn überhaupt – nur eine insgesamt zu schwache Ausprägung der Wechselbeziehung zwischen Aktienrendite und Geschäftsleitervergütungen.

Der verhältnismäßige Abstand der Geschäftsleitervergütungen zum Durchschnittseinkommen in den Unternehmen hat sich über die Jahre stark vergrößert. 1998 betrug der Median der CEO-Vergütung in den 100 größten australischen Unternehmen das 20-Fache des Durchschnittseinkommens in diesen[119]. 2005 hatte sich der Faktor auf das 40-Fache verdoppelt und bis 2007 erfolgte ein weiterer Anstieg[120]. Die Finanzmarktkrise zügelte die Entwicklung etwas, sodass man sich im Jahr 2008

110 PWC Executive remuneration, S. 3.
111 PWC Executive remuneration, S. 3.
112 *Smith/Durkin*, Australian Financial Review v. 23.11.2011.
113 Productivity Commission, S. 73.
114 Vgl. Productivity Commission, S. 74, Schaubild 3.14 und Tabelle 3.6.
115 Vgl. Productivity Commission, S. 74, Schaubild 3.14 und Tabelle 3.6.
116 Vgl. Productivity Commission, S. 74, Schaubild 3.14 und Tabelle 3.6.
117 Vgl. Productivity Commission, S. 73.
118 Vgl. nur Arnhem Investment, S. 3.
119 Productivity Commission, S. 61.
120 Productivity Commission, S. 61.

wieder auf dem Stand von 2005 befand[121]. Besonders anschaulich ist die entsprechende Entwicklung bei den 20 größten Unternehmen des ASX300-Index. Hier stieg der Faktor bis 2007 stärker als in den kleineren Unternehmen an und belief sich im Jahr 2007 auf das 165-Fache des Durchschnittseinkommens[122]. In den beiden Folgejahren sank der Wert wieder auf das 110-Fache ab[123].

In einigen Wirtschaftszweigen, namentlich in der Versorgerbranche oder im Bergbau, hat sich entgegen dem langjährigen allgemeinen Trend das Verhältnis zwischen Geschäftsleitervergütung und Durchschnittslohn nicht auseinanderentwickelt[124]. In diesen Bereichen konnte das Lohnniveau aufgrund eines hohen Arbeitskräftebedarfs mit dem Anstieg der Geschäftsleitervergütungen Schritt halten[125].

b) Struktur der Vergütung

Bis Mitte der 1990er Jahre machte die Festvergütung den weit überwiegenden Teil der Gesamtvergütung australischer Geschäftsleiter aus[126]. Bonuszahlungen beliefen sich für gewöhnlich auf weniger als 10 % der Gesamtvergütung[127]. Über die Jahre verschoben sich jedoch die Gewichte immer weiter zugunsten variabler Vergütungselemente[128]. Ihr Anteil an der Gesamtvergütung vergrößerte sich, wenn auch mit starken Schwankungen. Die Festvergütung nahm nicht nur anteilsmäßig ab, sondern schrumpfte in ASX300-Gesellschaften zwischen 2004 und 2009 auch reell um etwa 10 %[129]. Erst seit dem Jahre 2010, einhergehend mit einem generellen Anstieg der Geschäftsleitergehälter, stiegen auch die Festvergütungen wieder. In den Geschäftsjahren 2010/2011 und 2011/2012 betrug das Wachstum jeweils rund 7 %[130].

Das Vergütungshoch des Jahres 2007 ist maßgeblich auf variable Vergütungselemente, vor allem solche kurzfristiger Natur, zurückzuführen und spiegelt sich in deren bislang höchstem Proporz an der Gesamtvergütung wieder. 2007 machte die variable Vergütung im Durchschnitt 60 % der Gesamtvergütung eines CEOs aus[131]. Im Zuge der Finanzmarktkrise nahm der Anteil wieder ab und belief sich im Jahr 2009 nur noch auf 50 % der Gesamtvergütung[132]. Nach einem mäßigen Anstieg blieb der Anteil der variablen Vergütung in den Jahren 2011 und 2012 konstant bei 54 %[133].

---

121 Productivity Commission, S. 61.
122 Productivity Commission, S. 62.
123 Productivity Commission, S. 62.
124 Vgl. Productivity Commission, S. 64, Schaubild 3.7.
125 Productivity Commission, S. 64.
126 Productivity Commission, S. 54.
127 Productivity Commission, S. 54, unter Verweis auf eine Studie von *T. Kryger*, Private Sector Executive Salaries, 1999.
128 Productivity Commission, S. 54.
129 Productivity Commission, S. 54.
130 Australian Financial Review, Salaries survey 2012; Guerdon Associates, median.
131 Vgl. Productivity Commission, S. 54, Tabelle 3.2.
132 Vgl. Productivity Commission, S. 54, Tabelle 3.2.
133 Guerdon Associates, changes.

Innerhalb der variablen Vergütungsbestandteile verzeichneten die langfristigen und aktienbasierten Vergütungsbestandteile zwischen 2004 und 2007 einen starken Anstieg[134]. Machten sie 2004 lediglich rund ein Viertel der variablen Vergütung in ASX300-Gesellschaften aus, belief sich ihr Anteil 2007 auf mehr als 40 % und 2009 auf 50 %[135]. Auch die neuesten Zahlen des Geschäftsjahres 2011/2012 bestätigen einen Rückgang kurzfristiger zugunsten langfristiger Vergütungsbestandteile[136]. Hinzu kommt, dass ein über die letzten Jahre größer werdender Teil der kurzfristigen Vergütung nur unter zeitlichem Aufschub gewährt wird und sich immer mehr Unternehmen die Rückforderung der Leistungen mittels Clawback-Klauseln vorbehalten[137].

III. Vergleich und Bewertung

Ein direkter Vergleich der deutschen und australischen Fakten zur Geschäftsleitervergütung begegnet diversen Schwierigkeiten. Denn zum einen basieren die Vergleichswerte auf verschiedenen Studien zur Geschäftsleitervergütung, deren Methodiken zur Ermittlung der Zahlen und Durchschnittswerte nicht immer deckungsgleich sind. So können etwa die Anzahl und die Art der untersuchten Unternehmen variieren, alle oder nur bestimmte Mitglieder der Geschäftsleitung, etwa nur die Vorsitzenden, erfasst sein, und bestimmte Vergütungsbestandteile inkludiert sein oder nicht. Vor allem bei langfristigen und aktienbasierten Vergütungselementen besteht zudem auf Seite der Unternehmen ein gewisser Spielraum, was deren Darstellung und Bewertung betrifft. So weist beispielsweise ein Teil der deutschen Unternehmen die tatsächlichen Zahlungen an die Vorstände aus, ein anderer Teil hingegen die Rückstellungen für die erst später zu leistenden Zahlungen[138]. All das führt dazu, dass selbst auf nationaler Ebene durchgeführte Studien teils zu erheblich voneinander abweichenden Ergebnissen kommen.

Zum anderen bestehen bei einem Vergleich von Geschäftsleitervergütungen über Ländergrenzen hinweg spezielle Probleme, weil sich die rechtlichen und tatsächlichen Rahmenbedingungen unterscheiden. Erstens sind die Offenlegungspflichten hinsichtlich der Geschäftsleitervergütung nicht deckungsgleich, womit zugleich Unterschiede bei dem zur Verfügung stehenden Datenmaterial bestehen. Zweitens mag sich das Pflichten- und Verantwortungsspektrum der Mitglieder der Geschäftsleitung unterscheiden und Anlass für eine unterschiedliche Besoldung sein. Gleiches gilt drittens für eine divergierende steuerrechtliche Behandlung von Geschäftsleitervergütungen. Viertens können die in der jeweiligen Rechtsordnung untersuchten Unternehmen unterschiedlich groß sein und eine divergierende Marktkapitalisierung aufweisen. Vergleicht man beispielsweise die Geschäftsleitervergütung in den

---

134 Vgl. Productivity Commission, S. 54, Tabelle 3.2.
135 Vgl. Productivity Commission, S. 54, Tabelle 3.2.
136 Vgl. Australian Financial Review, Salaries survey 2012.
137 Vgl. PWC Executive remuneration, S. 5.
138 *Friedl*, Vorstellung DSW/TU-München Studie 2013.

jeweils 30 größten Unternehmen, so mögen die 30 größten Unternehmen in Land A ungleich größer oder kleiner sein als die 30 größten Unternehmen in Land B. Fünftens können Devisenschwankungen und eine unterschiedliche Kaufkraft der Währungen das Bild verzerren.

Ungeachtet dieser recht pessimistischen Aussichten für einen Vergleich lassen sich dennoch wichtige Schlussfolgerungen aus einer Gegenüberstellung der Fakten ziehen. Dies gilt vor allem, soweit die Zahlen Entwicklungen und Trends erkennen lassen.

1. *Status quo*

Vergleicht man die durchschnittliche Vergütung der Vorstandsvorsitzenden in DAX-Unternehmen mit der durchschnittlichen Vergütung der CEOs in den 30 größten australischen Unternehmen, so liegen die in Eurobeträge umgerechneten Werte mit € 5,2 Mio. (Deutschland) bzw. € 5,12 Mio. (Australien) fast gleichauf[139]. Allerdings berücksichtigen die deutschen Vergütungswerte noch keine Pensionszusagen, die australischen hingegen schon. Nachdem bereits oben festgestellt wurde, dass die Pensionszusagen einen durchaus bedeutenden Teil der Gesamtvergütung ausmachen, fällt die Vergütung der deutschen Vorstandsvorsitzenden somit insgesamt ungleich höher aus als die ihrer australischen Kollegen.

Neben dem Durchschnittsgehalt liegen auch die Spitzengehälter in Deutschland höher als in Australien. So verdiente Martin Winterkorn im Geschäftsjahr 2012 rund das Doppelte dessen, was sein bestbezahlter Kollege in Australien, Mike Smith, im Geschäftsjahr 2011/2012 erhielt. Gleichzeitig gibt es bei den australischen CEO-Vergütungen weniger krasse Ausreißer und die Vergütungssummen liegen näher beisammen, als es in Deutschland bei den Vergütungen der Vorstandsvorsitzenden der Fall ist. Was die Branchen anbelangt, aus denen die Spitzenverdiener stammen, so ist die Finanzbranche nur in Australien, nicht aber in Deutschland stark vertreten. Für Deutschland ist dieses Phänomen neu und vermutlich der Finanzmarktkrise geschuldet, von der deutsche Finanzinstitute weitaus stärker betroffen waren als ihre australischen Pendants.

Eine Gemeinsamkeit der Geschäftsleitervergütung in Deutschland und Australien besteht darin, dass die Vorsitzenden, d. h. die Vorstandsvorsitzenden und die CEOs, weitaus mehr verdienen als die einfachen Mitglieder der Geschäftsleitung. Des Weiteren besteht in beiden Ländern eine Korrelation zwischen der Unternehmensgröße und der Höhe der Geschäftsleitervergütung. Die Geschäftsleiter großer Unternehmen verdienen in der Regel mehr als die kleiner Unternehmen.

Die Geschäftsleitervergütungen machen in beiden Rechtsordnungen nur einen sehr geringen Teil der Gesamtausgaben der Unternehmen aus. Die aus den

---

139 Unter Zugrundelegung eines durchschnittlichen Wechselkurses in 2012 von € 1 = A$ 1,27 bzw. A$ 1 = € 0,79 gemäß den Euro-Referenzkursen der Europäischen Zentralbank, Jahresendstände und –durchschnitte, Stand vom 31.12.2012, abrufbar unter: www.bundesbank.de.

Vergütungen resultierende finanzielle Belastung für die Unternehmen vermag somit eine strenge Vergütungsregulierung nicht zu rechtfertigen. Das Verhältnis der Geschäftsleiterbezüge zum Durchschnittsgehalt in den Unternehmen betreffend ist es zunächst wenig überraschend, dass die Geschäftsleiter in beiden Ländern im Schnitt ein Vielfaches des Durchschnittsgehalts verdienen. In Deutschland scheint die Differenz auf den ersten Blick noch um einiges größer zu sein als in Australien. Allerdings sind die zur Verfügung stehenden Zahlen nur begrenzt vergleichbar, da sie auf der einen Seite nur die 30 DAX-Unternehmen berücksichtigen, auf der anderen Seite aber 300 australische Gesellschaften. Berücksichtigt man, dass die Differenz zwischen Geschäftsleiterbezügen und Durchschnittsgehalt in Unternehmen des MDAX erheblich niedriger ist als in denen des DAX, so ist anzunehmen, dass sich die Lage in Deutschland insgesamt nicht wesentlich von der in Australien unterscheidet. In beiden Ländern gilt, dass die Spanne zwischen Geschäftsleitervergütungen und Durchschnittsgehalt grundsätzlich in großen Unternehmen größer ist als in kleinen.

Die in Deutschland weitverbreitete Festlegung von Obergrenzen für die Vorstandsvergütung gibt es, soweit ersichtlich, in australischen Unternehmen bisher nicht. Vor dem Hintergrund der bisherigen Ineffektivität dieser Regeln stellt dies jedoch nur einen vordergründigen Unterschied dar.

Der strukturelle Aufbau von Geschäftsleitervergütungen gleicht sich in Deutschland und Australien insoweit, als er eine grobe Unterteilung in fixe Bestandteile, kurz- und langfristige variable Bestandteile, Nebenleistungen und Pensionszusagen zulässt. Die variablen Vergütungselemente machen in beiden Ländern den größten Teil der Geschäftsleitervergütungen aus. In Deutschland beläuft sich ihr Anteil in DAX-Unternehmen auf rund 72 % und in MDAX-Unternehmen auf rund 61 % der Gesamtvergütung[140]. In australischen Unternehmen sind es 54 % bis 56 %[141]. Ein Vergleich der Zahlen lässt auf den ersten Blick eine etwas geringere Bedeutung der variablen Vergütungselemente in Australien annehmen. Allerdings beziehen sich die australischen Angaben auf eine ungleich größere Anzahl an Unternehmen und schließen somit auch Werte weitaus kleinerer Unternehmen mit ein. Vor dem Hintergrund der bezüglich beider Länder getroffenen Feststellung, nach welcher der Anteil der variablen Vergütung im Allgemeinen in großen Unternehmen größer als in kleinen ist, relativiert sich der Unterschied.

Einen beachtlichen Teil der Geschäftsleitervergütungen machen kurzfristige Vergütungselemente aus. Die Gewährung der kurzfristigen Vergütungselemente erfolgt jedoch in der Regel nicht unter Außerachtlassung und losgelöst von der längerfristigen Unternehmensentwicklung. In Deutschland wie in Australien werden die kurzfristigen Bestandteile oftmals nur unter zeitlichem Aufschub gewährt. Bei einer Vergütung in Aktien bestehen für diese häufig mehrjährige Haltefristen. In Australien erfreuen sich zudem Clawback-Klauseln zunehmender Beliebtheit.

140 S. oben 1. Kapitel C I 1 c aa, Abbildungen 1 und 2.
141 S. oben 1. Kapitel C II 1 b aa.

Funktional entsprechen sie den in den meisten DAX-Unternehmen etablierten Bonus-Malus-Regelungen.

Hinsichtlich der für die variable Vergütung verwendeten Kennzahlen setzen die Unternehmen in beiden Ländern für die kurzfristigen Vergütungsbestandteile vornehmlich individuelle Kennzahlen ein. Die langfristigen Vergütungsbestandteile sind hingegen meist von aktienbezogenen Kennzahlen abhängig. In beiden Ländern kommen, wenngleich in Deutschland nur in beschränktem Umfang, auch nichtfinanzielle Kennzahlen zur Anwendung.

2. *Historische Entwicklung*

Die höhenmäßigen Entwicklungskurven der Geschäftsleitervergütung verlaufen in Deutschland und Australien weitgehend parallel. Besonders in den 90er Jahren des letzten Jahrhunderts und von 2002 bis 2007 verzeichneten die Vergütungen in beiden Ländern ein starkes Wachstum und erreichten im Jahr 2007 ihren vorläufigen Höchststand. Erst im Zuge der weltweiten Finanzmarktkrise sanken die Gehälter spürbar, in Deutschland noch extremer als in Australien. Eine Trendwende war damit freilich nicht verbunden, stiegen die Geschäftsleitervergütungen doch ab dem Jahr 2010 wieder. Allerdings fiel der Anstieg (unter Mitberücksichtigung von Nebenleistungen und Pensionszusagen) in Australien ungleich moderater aus als in Deutschland und der Vergütungshöchststand des Jahres 2007 wurde bisher nicht wieder erreicht.

Hinsichtlich des Verhältnisses der Geschäftsleitervergütungen zur Unternehmensperformance lässt sich sowohl in Deutschland, als auch in Australien ein Zusammenhang zwischen den beiden Positionen feststellen. In Australien folgt dies aus den weitgehend parallel verlaufenden historischen Entwicklungen der Geschäftsleitervergütungen und der durchschnittlichen Aktienrenditen. In Deutschland deutet der über mehrere Jahre relativ konstant bleibende Anteil des EBIT, den die Unternehmen durchschnittlich für die Vorstandsvergütung ausgaben, darauf hin. In beiden Ländern steigen die Geschäftsleitervergütungen, wenn die Unternehmen prosperieren, und sie sinken, wenn es den Unternehmen wirtschaftlich schlecht geht. Allerdings werden dabei sowohl die Abwärts- als auch die Aufwärtsbewegungen der durchschnittlichen Unternehmensperformance von den Geschäftsleitervergütungen nicht in vollem Maße nachvollzogen. Im Unterschied zu Australien besteht in Deutschland kein ausgeprägter Zusammenhang zwischen der Entwicklung der Geschäftsleitervergütungen und der Entwicklung der Aktienrendite. Die starke Zunahme aktienkursbasierter Vergütungselemente in deutschen Unternehmen deutet jedoch darauf hin, dass sich dies in Zukunft ändern wird.

Die Schere zwischen Geschäftsleitervergütungen und dem Durchschnittseinkommen in den Unternehmen hat sich über die Jahre, vor allem in den Jahren 2003 bis 2007, in Deutschland und Australien stark vergrößert. Die Zahlen deuten darauf hin, dass die Situation in Australien im Jahr 2007 im Allgemeinen extremer war als in Deutschland. Die Finanzmarktkrise wirkte dämpfend, konnte aber den allgemeinen Trend des Auseinanderdriftens nicht stoppen.

Die Struktur der Geschäftsleitervergütungen hat über die Jahre in Deutschland und Australien eine ähnliche Entwicklung durchlaufen. Waren die Vergütungshochs bis zum Einsetzen der weltweiten Finanzmarktkrise vornehmlich den variablen Vergütungsbestandteilen geschuldet, nahm der Anteil dieser Bestandteile an der Gesamtvergütung im Zuge der Krise stark ab. Der Anstieg der Vergütungen ab dem Jahr 2010 ist sowohl auf einen Anstieg der variablen Vergütungsbestandteile als auch auf einen solchen der Festvergütungen zurückzuführen. Das Verhältnis der beiden Bestandteile blieb somit weitgehend konstant. Innerhalb der variablen Bestandteile hat in beiden Ländern über die Jahre der Anteil der langfristigen gegenüber den kurzfristigen Vergütungselementen zugenommen.

2. Kapitel Das Vergütungsrecht im Einzelnen

Im vorliegenden Kapitel sollen das deutsche und das australische Vergütungsrecht eingehend dargestellt und verglichen werden. Innerhalb einzelner Themenkomplexe erfolgt jeweils zunächst eine Gegenüberstellung der nationalen Rechtslagen, der sodann vergleichende Ausführungen folgen.

A. Festsetzung der Vergütung

Als Ausgangspunkt der vorliegenden Untersuchung bietet sich die Fragestellung an, welche Regelungen die beiden Rechtsordnungen für die Festsetzung der Geschäftsleitervergütung vorsehen. Dies beinhaltet vornehmlich eine Untersuchung der vergütungsspezifischen Kompetenzverteilung innerhalb der Aktiengesellschaft bzw. der *public company*. Zugleich ist der Blick auf Vorgaben betreffend den Prozess der Vergütungsfestsetzung zu richten.

I. Deutschland

1. Die Personal- und Vergütungskompetenz des Aufsichtsrats

Als Hintergrund aller Überlegungen zur vergütungsspezifischen Kompetenzzuordnung in der Aktiengesellschaft ist bedeutsam, dass nach Maßgabe der herrschenden Trennungstheorie zwischen der organschaftlichen Bestellung der Vorstandsmitglieder und ihrer schuldrechtlichen Anstellung zu unterscheiden ist[1]. Beides ist von der sog. Personalkompetenz des Aufsichtsrats umfasst[2]. Der Aufsichtsrat ist sowohl nach § 84 Abs. 1 S. 1, Abs. 3 S. 1 AktG für die Bestellung und Abberufung der Vorstandsmitglieder als auch nach § 84 Abs. 1 S. 5 i. V. m. S. 1 AktG für ihre Anstellung zuständig[3]. Über beides entscheidet er gemäß § 108 AktG jeweils durch Beschluss[4]. Den Anstellungsvertrag schließt er in Vertretung der Gesellschaft

---

1 Vgl. BGHZ 79, 38 (41); BGH NJW 2003, 351; ebenso *Bürgers/Israel*, in: Heidelberger Komm. AktG, § 84 Rn. 1; *Hüffer*, AktG, § 84 Rn. 2; *Kort*, in: Großkomm. AktG, § 84 Rn. 17; *Spindler*, in: MünchKomm. AktG, § 84 Rn. 10; *Mertens/Cahn*, in: Kölner Komm. AktG, § 84 Rn. 4; *Oltmanns*, in: Heidel, Aktienrecht, § 84 Rn. 2; *K. Schmidt*, Gesellschaftsrecht, § 14 III 2 b), S. 416 f.; *Seibt* in *K.* Schmidt/Lutter, AktG, § 84 Rn. 5; *Thüsing*, in: Fleischer, Hdb. VorstandsR., § 4 Rn. 1; *Fleischer*, in: Spindler/Stilz, AktG, § 84 Rn. 7; *T. Raiser/Veil*, Kapitalgesellschaften, §14 Rn. 45, die von einem „rechtsdogmatischen Kunstgriff" sprechen; a.A. *Baums*, Geschäftsleitervertrag, S. 451; kritisch auch *Reuter*, FS Zöllner, S. 487 ff.

2 Vgl. statt aller *Fleischer*, in: Spindler/Stilz, AktG, § 84 Rn. 1.

3 Vgl. statt aller *Pentz*, in: Hdb. VorstandsR., § 16 Rn. 6.

4 *Thüsing*, in: Fleischer, Hdb. VorstandsR., § 4 Rn. 63.

nach § 112 S. 1 AktG[5]. Da die Vergütung einen wesentlichen Teil des Anstellungsvertrags ausmacht und unweigerlich mit diesem verknüpft ist, kommt dem Aufsichtsrat auch diesbezüglich die alleinige Kompetenz nach §§ 84 Abs. 1 S. 5, 87 AktG zu[6]. Der Aufsichtsrat hat die Vorstandsbezüge eigenverantwortlich, jedoch stets unter Berücksichtigung des Unternehmensinteresses und der gesetzlichen Bestimmungen des § 87 AktG, festzulegen[7]. Diese zwingende und ausschließliche Zuständigkeit des Aufsichtsrats wird vielfach als eine seiner Kernkompetenzen betrachtet[8]. Sie berechtigt ihn auch zur Etablierung eines abstrakt generellen Systems zur Vorstandsvergütung; verpflichtet hierzu ist er jedoch grundsätzlich nicht[9].

Die Vergütungsentscheidungen muss der Aufsichtsrat grundsätzlich im Plenum treffen, weil er nach § 107 Abs. 3 S. 3 AktG daran gehindert ist, die Aufgabe einem Ausschuss zu überweisen. Inwieweit dennoch ein Vergütungsausschuss zum Einsatz kommen kann, ist Teil der im Folgenden unter dem Schlagwort „Kompetenzverlagerungen" zu erörternden Thematik[10].

2. Kompetenzverlagerungen

a) Gerichtliche Festsetzung

Im Sonderfall der gerichtlichen Bestellung eines Vorstandsmitglieds nach § 85 Abs. 1 AktG kann die Vorstandsvergütung unter Umständen durch das Gericht festgesetzt werden. Dazu kommt es nach § 85 Abs. 3 S. 2 AktG, wenn sich das bestellte Vorstandsmitglied und die Gesellschaft nicht eigenständig zu einigen vermögen.

b) Hauptversammlung

Der zwingende und ausschließliche Charakter der Personalkompetenz bringt es mit sich, dass Zuständigkeitsvorbehalte oder Weisungsrechte der Hauptversammlung ausgeschlossen sind[11]. Vor dem Hintergrund dieser Kompetenzverteilung wird eine Ausweitung von Aktionärsrechten im Zusammenhang mit Vorstandsvergütungen teils sehr kritisch gesehen[12]. Jedoch können allenfalls die funktional-ökonomischen

---

5 *Hüffer*, AktG, § 84 Rn. 12.

6 *Hüffer*, in: Bayer/Habersack, Aktienrecht, 7. Kap. Rn. 69; *Schiedermair/Kolb*, in: Beck Hdb. AG, § 7 Rn. 67; *K. Schmidt*, Gesellschaftsrecht, § 28 II e), S. 808; *Vetter*, ZIP 2009, 2136 (2137); *Bayer*, ZG 2008, 313 (317); *Otto*, Vorstandsvergütung, S. 177.

7 *Vetter*, ZIP 2009, 2136 (2137).

8 *Marsch-Barner*, FS Röhricht, S. 401 (413); *Vetter*, ZIP 2009, 2136 (2137).

9 *Thüsing*, AG 2009, 517 (525); *Fleischer/Bedkowski*, AG 2009, 677 (682).

10 S. unten 2. Kapitel A I 2 d.

11 *Mertens/Cahn*, in: Kölner Komm. AktG, § 84 Rn. 48; *Spindler*, in: MünchKomm. AktG, § 84 Rn. 59; *Oltmanns*, in: Heidel, Aktienrecht, § 84 Rn. 12; *Wiesner*, in: MünchHdb. AG, § 21 Rn. 15; *Fleischer*, in: Spindler/Stilz, AktG, § 84 Rn. 33.

12 Vgl. nur *Vetter*, ZIP 2009, 1307 (1308 f.).

Argumente, die für eine weitgehende Vergütungskompetenz des Aufsichtsrats sprechen[13], gegen eine Ausweitung von Aktionärsrechten ins Feld geführt werden. Die Kompetenzverteilung innerhalb der Aktiengesellschaft und die Personalkompetenz des Aufsichtsrats hingegen sind „lediglich" Ausfluss des Gesetzes, welches zu ändern dem Gesetzgeber frei steht[14]. Die nach gegenwärtiger Rechtslage bestehenden Möglichkeiten der Anteilseigner, im Bereich der Vorstandsvergütungen Einfluss zu nehmen, werden an anderer Stelle ausführlich untersucht[15].

c) *Vorstand*

Auch der Vorstand kann nur beschränkt auf die Vergütungsentscheidungen des Aufsichtsrats Einfluss nehmen[16]. Seine Rolle darauf zu reduzieren, dass er lediglich ein fertig ausgestaltetes Anstellungsangebot des Aufsichtsrats annehmen oder ablehnen kann[17], greift jedoch zu kurz. In der Praxis wird der Vorstand regelmäßig vom Aufsichtsrat damit betraut, unter Einholung unternehmensinterner oder -externer Expertise Vorschläge zur Vergütungsstruktur zu unterbreiten[18]. Dies liegt nicht zuletzt an einer gesetzesbedingten Wechselbeziehung der Aufgaben von Aufsichtsrat und Vorstand[19]: Der Aufsichtsrat hat nach § 87 Abs. 1 S. 2 AktG die Vergütungsstruktur auf eine nachhaltige Unternehmensentwicklung auszurichten. Dies beinhaltet eine Berücksichtigung der konkreten Unternehmensstrategie und Unternehmensziele, für die freilich der Vorstand zuständig und verantwortlich ist. Inwieweit Bedarf besteht, die beschriebene Praxis als Best Practice anzuerkennen und weiterzuentwickeln[20], mag dahingestellt bleiben. Entscheidend ist jedenfalls, dass der Aufsichtsrat die Letztentscheidungskompetenz behält[21] und somit Herr der Vergütungsentscheidung bleibt.

d) *Ausschuss*

Es stellt sich die Frage, inwieweit der Aufsichtsrat die Vergütungsentscheidung einem Personal- oder Vergütungsausschuss übertragen kann. Bis zum Erlass des Gesetzes zur Angemessenheit der Vorstandsvergütung (VorstAG)[22] war dies ohne

---

13 S. oben 1. Kapitel A II 1.
14 So auch *Habersack*, Stellungnahme Rechtsausschuss, S. 7.
15 S. unten 2. Kapitel F I.
16 Vgl. *Lutter*, ZIP 2003, 737 (742); *Baums*, FS Claussen, S. 3 (15, 39); *Otto*, Vorstandsvergütung, S. 182.
17 So aber *Hüffer*, ZHR 161 (1997), 214 (232).
18 *Dauner-Lieb/v. Preen/Simon*, DB 2010, 377 (382).
19 *Dauner-Lieb/v. Preen/Simon*, DB 2010, 377 (382).
20 So *Dauner-Lieb/v. Preen/Simon*, DB 2010, 377 (382).
21 *Otto*, Vorstandsvergütung, S. 182
22 Vom 31.7.2009, BGBl. I, 2509.

Weiteres möglich[23] und häufig zu beobachten[24]. Wie bereits erwähnt, ist nunmehr in § 107 Abs. 3 S. 3 AktG die Übertragung der Aufgaben nach § 87 Abs. 1 und Abs. 2 S. 1 und 2 ausgeschlossen. Somit ist der Transparenz willen[25] das Plenum sowohl für die Festsetzung der Gesamtbezüge als auch für deren Herabsetzung zuständig[26]. Die sonstigen Regelungsgegenstände des Anstellungsvertrages können zwar weiterhin delegiert werden[27], jedoch sind aus Praktikabilitätsgründen Zweifel angebracht, inwieweit von dieser Möglichkeit in der Praxis Gebrauch gemacht werden wird[28].

Die Plenumszuständigkeit für die Vorstandsvergütung wird vielfach kritisiert. Als Argumente dagegen werden unter anderem die Komplexität der Materie, die effizientere Arbeitsteilung durch den Einsatz von Ausschüssen, die mangelnde Gewähr von Vertraulichkeit im Plenum sowie die Gefahr unnötiger Politisierung vorgebracht[29]. Die Bedenken relativieren sich, wenn man berücksichtigt, dass ausweislich der Gesetzesmaterialien vorbereitende Arbeiten weiterhin einem Personalausschuss überlassen werden können[30]. Der Deutsche Corporate Governance Kodex (DCGK)[31] sieht diese Möglichkeit in Ziff. 5.1.2 Abs. 1 S. 4 ebenso eröffnet und führt an anderer Stelle erläuternd aus, dass, sofern ein Ausschuss besteht, dieser dem Aufsichtsratsplenum seine Vorschläge unterbreitet[32]. Daraus schließen einige Stimmen, dass der Ausschuss beschlussreife Vorlagen verabschieden könne, die es für den Gesamtaufsichtsrat nur noch „abzunicken" gelte[33]. Jedoch spricht schon die Haftungsandrohung aus § 116 S. 3 AktG für eine eingehendere Befassung jedes einzelnen Aufsichtsratsmitglieds mit der Vergütungsfrage[34]. Überzeugend erscheint es, eine Beratung des Gesamtaufsichtsrates über die wesentlichen Vergütungselemente

---

23 Vgl. BGHZ 65, 190 (192 f.); ferner *Bayer*, ZG 2008, 313 (317).

24 Begründung des Gesetzentwurfs der Fraktionen der CDU/CSU und SPD zum VorstAG (BegrFrakE VorstAG), BT-Drucks. 16/12278, S. 6.

25 BegrFrakE VorstAG, BT-Drucks. 16/12278, S. 6.

26 *Fleischer*, in: Spindler/Stilz, AktG, § 84 Rn. 34; *Fleischer*, NZG 2009, 801 (804); *Hüffer*, AktG, § 107 Rn. 18.

27 *Habersack* ZHR 174 (2010), 2 (10); *Seibert*, WM 2009, 1489 (1491); aA *Beuthien*, NZG 2010, 333 (334); *Dauner-Lieb*, in: Henssler/Strohn, Gesellschaftsrecht, § 84 AktG Rn. 18.

28 So auch *Fleischer*, in: Spindler/Stilz, AktG, § 84 Rn. 34; *Mertens/Cahn*, in: Kölner Komm. AktG, § 84 Rn. 48; *Cahn*, FS Hopt, S. 431 (445); die Vorlage des gesamten Anstellungsvertrags an das Plenum empfehlend: *Hoffmann-Becking/Krieger*, NZG 2009, Beil. zu Heft 26, Tz. 74.

29 Vgl. *Cahn*, FS Hopt, S. 431 (445 f.); *Hohenstatt*, ZIP 2009, 1349 (1355); *Lingemann*, BB 2009, 1918 (1922).

30 BegrFrakE VorstAG, BT-Drucks. 16/12278, S. 6; *Seibert*, WM 2009, 1489 (1491).

31 Hier und im Folgenden handelt es sich um den DCGK in der Fassung vom 13.5.2013, abrufbar unter www.corporate-governance-code.de/ger/kodex/ (Abruf v. 1.8.2013).

32 Ziff. 4.2.2 Abs. 1 S. 2 DCGK.

33 *Hüffer*, AktG, § 107 Rn. 18; *Seibert*, WM 2009, 1489 (1491).

34 *Cahn*, FS Hopt, S. 431 (445 f.).

zu fordern, ihm zugleich jedoch zuzugestehen, sich bezüglich weniger bedeutsamer Details auf Vorarbeiten des Ausschusses zu verlassen[35].

e) Vergütungsberater

Das VorstAG hat die Verantwortung des Aufsichtsrats für die Festsetzung der Vorstandsbezüge nicht unwesentlich verschärft[36]. Als Reaktion darauf vertrauen Aufsichtsräte zunehmend der Expertise Dritter[37], um sich umfassend zu informieren, eigenes Handeln zu legitimieren und sich gegen eine spätere schadensersatzrechtliche Inanspruchnahme abzusichern[38]. Gesetzliche Bestimmungen stehen dem nicht entgegen. Es existieren lediglich rudimentäre Vorgaben betreffend den Einsatz von Vergütungsberatern vonseiten der Europäischen Kommission und des DCGK. Hintergrund dieser Vorgaben ist die nicht unerhebliche Gefahr von Interessenkonflikten und mangelnder Unabhängigkeit der Beratungsunternehmen. So soll nach Ziff. 9.2 der Empfehlung der Europäischen Kommission zur Vergütung von Mitgliedern der Unternehmensleitung vom 30.4.2009[39] sichergestellt werden, „dass der betreffende Berater nicht gleichzeitig die Personalabteilung, den geschäftsführenden Direktor oder Vorstandsmitglieder der betreffenden Gesellschaft berät". Gemäß Ziff. 4.2.2 Abs. 3 des DCGK ist auf die Unabhängigkeit des Vergütungsberaters vom Vorstand bzw. vom Unternehmen zu achten. Für die Praxis bedeutet dies, dass der Aufsichtsrat sich die Unabhängigkeit des Vergütungsberaters von diesem schriftlich bestätigen lassen und ihn im Zuge der Beauftragung darauf verpflichten wird, nicht zugleich den Vorstand, das Unternehmen oder eines seiner Konzernunternehmen zu beraten[40].

Eine andere Frage ist, ob den Aufsichtsrat eine Pflicht trifft, Vergütungsberater einzusetzen. Soweit man mit der herrschenden Meinung die Vergütungsentscheidung des Aufsichtsrats als unternehmerische Entscheidung qualifiziert, die nach § 116 S. 1 i. V. m. § 93 Abs. 1 S. 2 AktG seinem Ermessen unterliegt[41], ist eine dahin

---

35 *Fleischer*, NZG 2009, 801 (804).

36 *Fleischer*, BB 2010, 67.

37 *Fleischer*, BB 2010, 67; anders aber *Bauer/Arnold*, AG 2009, 717 (720); *Cahn*, FS Hopt, S. 431 (446).

38 *Fleischer*, BB 2010, 67 f.

39 Empfehlung der Kommission zur Ergänzung der Empfehlungen 2004/913/EG und 2005/162/EG zur Regelung der Vergütung von Mitgliedern der Unternehmensleitung börsennotierter Gesellschaften (2009/385/EG) endg. vom 30.4.2009, ABl. Nr. L 120 v. 15.5.2009, S. 28 (31).

40 *Ringleb*, in: Ringleb/Kremer/Lutter/v. Werder, DCGK, Rn. 718.

41 Vgl. BGHSt 50, 331 (336) – Mannesmann; *Martens*, FS Hüffer, S. 647 (649); *Weber-Rey/Buckel*, NZG 2010, 761 (762); *Fleischer*, BB 2010, 67 (70); *Hoffmann-Becking*, ZHR 169 (2005), 155 (157 f.); *Kort*, NJW 2005, 333 (334); *Fonk*, in: Semler/v. Schenck, Arbeitshdb. AR, § 9 Rn. 121; a.A. *Habersack*, in: MünchKomm. AktG, § 116 Rn. 41; *Hopt/Roth*, in: Großkomm. AktG, § 93 Abs. 1 S. 2, 4 nF Rn. 56.

gehende generelle Pflicht zu verneinen[42]. Dies steht in Einklang mit der Gesetzesbegründung zu § 93 Abs. 1 S. 2 AktG, wonach die Norm keinesfalls eine routinemäßige, rein formale Absicherung durch die Einholung von Sachverständigengutachten, Beratervoten oder externen Marktanalysen zum Ziel hat[43]. Eine Ermessensreduzierung dahin gehend, dass der Aufsichtsrat verpflichtet ist einen Vergütungsberater einzuschalten, kommt nur in Ausnahmefällen in Betracht. Namentlich müsste dem Aufsichtsrat die nötige Kenntnis oder Expertise zur Vergütungsfestsetzung fehlen[44]. In aller Regel kann er sich jedoch aufgrund der umfassenden Offenlegungsvorschriften nach §§ 285 Nr. 9a, 314 Abs. 1 Nr. 6a HGB über marktübliche Vergütungssysteme und Einzelvergütungen hinreichend unterrichten[45].

3. Herabsetzung der Vergütung

Für den Anstellungsvertrag gilt der Grundsatz *pacta sunt servanda* und er kann grundsätzlich nicht einseitig geändert werden. Eine Durchbrechung dieses Grundsatzes ist jedoch in § 87 Abs. 2 AktG zu verzeichnen[46], der unter bestimmten Voraussetzungen bei Verschlechterung der Lage der Gesellschaft eine (einseitige) Herabsetzung der Vorstandsvergütung vorsieht. Letztendlich ist es ein Ausfluss der den Vorstandsmitgliedern obliegenden Treupflicht, dass sie an den wirtschaftlichen Problemen der Gesellschaft partizipieren[47]. Während die Herabsetzung von Vorstandsbezügen vor Erlass des VorstAG ein Schattendasein führte[48], hat die Vorschrift des § 87 Abs. 2 AktG nunmehr eine Aufwertung erfahren.

a) Zuständigkeit und Verfahren

Wie für die Festsetzung der Vorstandsbezüge ist auch für deren Herabsetzung der Aufsichtsrat als Gesamtgremium zuständig, § 87 Abs. 2 S. 1 i. V. m. § 107 Abs. 3 S. 3 AktG[49]. Bei einem gerichtlich bestellten Vorstandsmitglied liegt die Zuständigkeit auf Antrag des Aufsichtsrats beim Gericht, § 87 Abs. 2 S. 1 AktG. Die Entscheidung des

---

42 *Fleischer*, BB 2010, 67 (70); *Weber-Rey/Buckel*, NZG 2010, 761 (762); *Hoffmann-Becking/Krieger*, NZG 2009, Beil. zu Heft 26, Tz. 9; *Cannivé/Seebach*, Der Konzern 2009, 593 (600).

43 Entwurf der Bundesregierung eines Gesetzes zur Unternehmensintegrität und Modernisierung des Anfechtungsrechts (UMAG) vom 14.3.2005, BT-Drucks. 15/5092, S. 12; darauf hinweisend auch *Fleischer*, BB 2010, 67 (70).

44 *Weber-Rey/Buckel*, NZG 2010, 761 (762).

45 *Fleischer*, BB 2010, 67 (70); *Weber-Rey/Buckel*, NZG 2010, 761 (762).

46 *Fleischer*, in: Spindler/Stilz, AktG, § 87 Rn. 60; *Mertens/Cahn*, in: Kölner Komm. AktG, § 87 Rn. 104.

47 *Bosse*, Hdb. Vorstandsverg., S. 113, Rn. 368.

48 *Diller*, NZG 2009, 1006; *Fleischer*, in: Spindler/Stilz, AktG, § 87 Rn. 59.

49 *Seibt*, in: K. Schmidt/Lutter, AktG, § 87 Rn. 19; *Mertens/Cahn*, in: Kölner Komm. AktG, § 87 Rn. 99.

Plenums erfolgt im Wege eines Beschlusses nach § 108 AktG[50]. Sodann gibt ein im Beschluss ermächtigtes Aufsichtsratsmitglied eine einseitige Erklärung gegenüber dem jeweiligen Vorstandsmitglied ab, mit deren Zugang die Herabsetzung wirksam wird[51]. Gemäß der Neufassung des § 87 Abs. 2 S. 1 AktG ist der Aufsichtsrat nicht nur berechtigt die Vorstandsbezüge herabzusetzen, bei Vorliegen der Voraussetzungen „soll" er dies sogar tun. Es bedarf also besonderer Umstände, um davon abzusehen. Der Aufsichtsrat muss beispielsweise berücksichtigen, dass das betroffene Vorstandsmitglied auf die Herabsetzung mit der Ausübung seines Sonderkündigungsrechts nach § 87 Abs. 2 S. 4 AktG reagieren kann, was für eine ohnehin angeschlagene Gesellschaft nachteiliger als die Fortgewähr der vereinbarten Bezüge sein mag[52]. Kommt der Aufsichtsrat seinen Pflichten nicht nach, macht er sich nach § 116 S. 1 i. V. m. § 93 Abs. 2 AktG schadensersatzpflichtig[53].

b) Voraussetzungen

Eine Herabsetzung der Vorstandsbezüge ist nur unter den in § 87 Abs. 2 AktG aufgeführten Voraussetzungen möglich. Namentlich sind dies eine Verschlechterung der Lage der Gesellschaft nach der Festsetzung der Vergütung sowie eine daraus resultierende Unbilligkeit der Weitergewährung der Bezüge. Bezüglich dieser Begrifflichkeiten ist fraglich, wie restriktiv diese zu handhaben sind. Auf der einen Seite ist zu berücksichtigen, dass der Gesetzgeber mit Erlass des VorstAG nunmehr keine *wesentliche* Verschlechterung und keine *schwere* Unbilligkeit mehr im Wortlaut des § 87 Abs. 2 S. 1 AktG verlangt[54]. Auf der anderen Seite stellt die Herabsetzung der Bezüge nach § 87 Abs. 2 AktG einen Eingriff in durch Art. 14 GG geschützte vertragliche Anspruchspositionen dar[55], weshalb sowohl die Lageverschlechterung als auch die Unbilligkeit ein gewichtiges Ausmaß erreichen müssen[56].

---

50 *Seibt*, in: K. Schmidt/Lutter, AktG, § 87 Rn. 19.

51 *Bosse*, Hdb. Vorstandsverg., S. 114 Rn. 375; *Mertens/Cahn*, in: Kölner Komm. AktG, § 87 Rn. 99.

52 *Fleischer*, in: Spindler/Stilz, AktG, § 87 Rn. 66; *Bauer/Arnold*, AG 2009, 717 (727); *Bosse*, BB 2009, 1650 (1651); *Dauner-Lieb*, Der Konzern 2009, 583 (590); *Handelsrechtsausschuss DAV*, NZG 2009, 612 (614); *Diller*, NZG 2009, 1006 (1007); *Hoffmann-Becking/Krieger*, NZG 2009, Beil. zu Heft 26, Tz. 38; *Hohenstatt*, ZIP 2009, 1349 (1352); *Koch*, WM 2010, 49 (56); *Thüsing*, AG 2009, 517 (523).

53 *Fleischer*, in: Spindler/Stilz, AktG, § 87 Rn. 75; *Mertens/Cahn*, in: Kölner Komm. AktG, § 87 Rn. 103.

54 *Mertens/Cahn*, in: Kölner Komm. AktG, § 87 Rn. 94; *Seibt*, in K. Schmidt/Lutter, AktG, § 87 Rn. 18.

55 Vgl. *Mertens/Cahn*, in: Kölner Komm. AktG, § 87 Rn. 94; *Seibt*, in: K. Schmidt/Lutter, AktG, § 87 Rn. 18.

56 *Mertens/Cahn*, in: Kölner Komm. AktG, § 87 Rn. 94; *Seibt*, in: K. Schmidt/Lutter, AktG, § 87 Rn. 18.

aa) Verschlechterung der Lage der Gesellschaft

Aus den vorangegangenen Ausführungen ergibt sich, dass eine Verschlechterung der Lage der Gesellschaft i. S. d. § 87 Abs. 2 S. 1 AktG nur bei einer deutlich gegenüber Durchschnittsfällen abweichenden negativen Entwicklung der wirtschaftlichen und finanziellen Verhältnisse der AG anzunehmen ist[57]. Dabei dürfen die negativen Umstände, ohne dass sie zuvor absehbar waren[58], erst nach Abschluss des Anstellungsvertrages eingetreten sein[59]. Ob, wie die Fraktionsbegründung zum VorstAG vorgibt, Entlassungen oder Lohnkürzungen bei Unmöglichkeit von Gewinnausschüttungen für die Annahme einer Verschlechterung der Gesellschaftslage ausreichend sind[60], wird von der Literatur in Zweifel gezogen[61]. Ausweislich der Gesetzesmaterialien erfüllen Insolvenz und unmittelbare Krise der Gesellschaft stets die Voraussetzung, sind jedoch nicht notwendig[62]. Keine Verschlechterung der Gesellschaftslage stellt es dagegen dar, wenn der Aufsichtsrat erkennt, die Vergütung von vornherein zu hoch angesetzt zu haben[63] oder wenn der Vorstand enttäuschende Leistungen erbringt[64].

bb) Unbilligkeit

Als Folge der Verschlechterung der Gesellschaftslage muss die Weitergewährung der vereinbarten Bezüge unbillig sein, § 87 Abs. 2 S. 1 AktG. Dies erfordert eine Einzelfallbetrachtung aus Sicht der Gesellschaft, bei der auch die persönlichen Interessen des Vorstandsmitglieds zu berücksichtigen sind[65]. Die Unbilligkeit ist bei einem pflichtwidrigen Verhalten des Vorstandsmitglieds zu bejahen[66]. Zugleich weisen die Gesetzesmaterialien darauf hin, dass es ausreichen mag, wenn ihm die Verschlechterung der Gesellschaftslage auf sonstige Weise zurechenbar ist[67].

---

57 *Seibt*, in: K. Schmidt/Lutter, AktG, § 87 Rn. 18.

58 *Fleischer*, in: Spindler/Stilz, AktG, § 87 Rn. 63; *Seibt*, in: K. Schmidt/Lutter, AktG, § 87 Rn. 18; *Spindler*, in: MünchKomm. AktG, § 87 Rn. 87.

59 *Fleischer*, in: Spindler/Stilz, AktG, § 87 Rn. 63; *Seibt*, in: K. Schmidt/Lutter, AktG, § 87 Rn. 18.

60 Vgl. BegrFrakE VorstAG, BT-Drucks. 16/12278, S. 6.

61 *Seibt*, in: K. Schmidt/Lutter, AktG, § 87 Rn. 18; *Bauer/Arnold*, AG 2009, 717 (725).

62 BegrFrakE VorstAG, BT-Drucks. 16/12278, S. 6.

63 *Hüffer*, AktG, § 87 Rn. 9a; *Fleischer*, in: Spindler/Stilz, AktG, § 87 Rn. 63; *Spindler*, in: MünchKomm. AktG, § 87 Rn. 87.

64 OLG Frankfurt AG 2011, 790 (792); *Hüffer*, AktG, § 87 Rn. 9a.

65 *Mertens/Cahn*, in: Kölner Komm. AktG, § 87 Rn. 95; *Seibt*, in: K. Schmidt/Lutter, AktG, § 87 Rn. 18; *Weisner/Kölling*, NZG 2003, 465 (466).

66 BegrFrakE VorstAG, BT-Drucks. 16/12278, S. 6.

67 BegrFrakE VorstAG, BT-Drucks. 16/12278, S. 6.

c) *Gegenstand und Umfang der Herabsetzung*

Von der Herabsetzungsmöglichkeit umfasst ist zunächst die laufende Vergütung unter Einschluss sämtlicher Vergütungsbestandteile wie Gehälter, Gewinnbeteiligungen, Aufwandsentschädigungen, Versicherungsentgelte, Provisionen und Nebenleistungen jeder Art[68]. Zudem können ausweislich der Gesetzesmaterialien zum VorstAG auch Abfindungszahlungen Gegenstand der Herabsetzung sein[69]. Gleiches gilt nach § 87 Abs. 2 S. 2 AktG in den ersten drei Jahren nach dem Ausscheiden für das Ruhegehalt, Hinterbliebenenbezüge und Leistungen verwandter Art[70]. Letzteres stellt eine in Teilen des Schrifttums[71] kritisierte Ausnahme von dem Grundsatz dar, wonach lediglich eine Herabsetzung künftiger, nicht jedoch eine Rückforderung bereits geleisteter Bezüge möglich ist[72]. In Anlehnung an diese Ausnahme wird vereinzelt auch die Absenkung schon verdienter, jedoch noch nicht ausbezahlter Jahresboni für möglich gehalten[73].

Die Vorstandsbezüge sind nach § 87 Abs. 2 S. 1 AktG auf die angemessene Höhe herabzusetzen. Damit nimmt die Norm Bezug auf die für die Festsetzung der Vergütung geltenden Angemessenheitskriterien des § 87 Abs. 1 S. 1 AktG[74]. Determinierend ist folglich unter anderem die Leistung des Vorstandsmitglieds[75]. Dies führt zu dogmatischen Begründungsschwierigkeiten, sieht man – wie nach alter Rechtslage – den Aufsichtsrat in der Pflicht, die Bezüge wieder heraufzusetzen, sobald (und allein weil) sich die Lage der Gesellschaft normalisiert hat[76]. Konsequenterweise ist auch die Heraufsetzung der Bezüge von verbesserten Leistungen der Vorstandsmitglieder abhängig zu machen. Der verbesserten Gesellschaftslage kommt dabei indizierende Bedeutung zu.

d) *Rechtsfolgen der Herabsetzung*

Die Herabsetzungserklärung bewirkt eine unmittelbare Änderung des Inhalts des Anstellungsvertrages, tangiert ihn jedoch nicht in seinem Bestand, § 87 Abs. 2 S. 3

---

68 *Fleischer*, in: Spindler/Stilz, AktG, § 87 Rn. 67; *Bauer/Arnold*, AG 2009, 717 (728); *Koch*, WM 2010, 49 (56).

69 BegrFrakE VorstAG, BT-Drucks. 16/12278, S. 6.

70 BegrFrakE VorstAG, BT-Drucks. 16/12278, S. 6.

71 Vgl. *Handelsrechtsausschuss DAV*, NZG 2009, 612 (614); *Dauner-Lieb*, Der Konzern 2009, 583 (590); *Hoffmann-Becking/Krieger*, NZG 2009, Beil. zu Heft 26, Tz. 42; *Hohenstatt*, ZIP 2009, 1349 (1353); *Hüffer*, AktG, § 87 Rn. 9b; *Mertens/Cahn*, in: Kölner Komm. AktG, § 87 Rn. 105.

72 *Fleischer*, in: Spindler/Stilz, AktG, § 87 Rn. 72

73 *Thüsing*, AG 2009, 517 (522); *Diller*, NZG 2009, 1006 (1008); dazu tendierend auch *Bauer/Arnold* AG 2009, 717 (728).

74 Vgl. BegrFrakE VorstAG, BT-Drucks. 16/12278, S. 6.

75 *Koch*, WM 2010, 49 (57); *Fleischer*, in: Spindler/Stilz, AktG, § 87 Rn. 71; *Diller*, NZG 2009, 1006 (1007); *Gaul/Janz*, NZA 2009, 809 (812); *Koch*, WM 2010, 49 (57).

76 *Koch*, WM 2010, 49 (57 f.).

AktG[77]. Zum Schutz seiner Vermögensinteressen steht dem von der Herabsetzung betroffenen Vorstandsmitglied ein außerordentliches Kündigungsrecht nach § 87 Abs. 2 S. 4 AktG zu. Die Kündigung hat mit einer Frist von sechs Wochen zum Ende des nächsten Kalendervierteljahres zu erfolgen. Ob daneben auch eine fristlose Kündigung für den Fall einer unberechtigten und grob unbilligen Herabsetzung der Bezüge in Betracht kommt, ist in der Literatur umstritten[78].

Gerichtlich kann das Vorstandsmitglied im Wege der Leistungsklage gegen die Gesellschaft auf Fortgewähr seiner bisherigen Bezüge vorgehen[79]. Sofern dies innerhalb der Kündigungsfrist des § 87 Abs. 2 S. 4 AktG geschieht, kann das Vorstandsmitglied mit der gleichen Frist nach Erlass einer die Herabsetzung bestätigenden rechtskräftigen Entscheidung kündigen[80].

II. Australien

1. Vergütungskompetenz des boards

Hinsichtlich der Zuständigkeit für die Festsetzung der Geschäftsleitervergütung in australischen *public companies* ist es erforderlich, zwischen der Vergütung der *executive directors* und derjenigen der sonstigen *senior executives* zu unterscheiden. Bezüglich der Vergütung der *executive directors* gilt grundsätzlich, dass sie, wie die Vergütung aller *directors*, gemäß sec. 202A (1) CA 2001 durch einen Gesellschaftsbeschluss, was einen Beschluss der Gesellschafter meint[81], festgelegt wird. Die Vorschrift ist jedoch abdingbar und Regelungen über die Vergütung der *directors* können ebenso in der Satzung der Gesellschaft getroffen werden[82]. Vornehmlich in börsennotierten Gesellschaften ist dies regelmäßig der Fall[83]. Ohne eine beschluss- oder satzungsmäßige Regelung stünde den *directors* nach den Grundsätzen des *common law* keine Vergütung zu[84]. Nur in seltenen Fällen – und wenn, dann zumeist nur bezüglich der relativ bescheidenen Vergütung der *non-executive directors*, den sog. *fees* – wird indes ein Gesellschafterbeschluss oder die Satzung selbst konkrete Vergütungsfestlegungen treffen. Denn sowohl der Gesellschafterbeschluss als auch die Satzung können die Entscheidung über die Höhe und Ausgestaltung der

---

77 *Seibt*, in: K. Schmidt/Lutter, AktG, § 87 Rn. 21.

78 Vgl. zum Meinungsstand *Hüffer*, AktG, § 87 Rn. 12.

79 *Seibt*, in: K. Schmidt/Lutter, AktG, § 87 Rn. 20; *Mertens/Cahn*, in: Kölner Komm. AktG, § 87 Rn. 100; *Hüffer*, AktG, § 87 Rn. 10.

80 *Mertens/Cahn*, in: Kölner Komm. AktG, § 87 Rn. 108; *Seibt*, in: K. Schmidt/Lutter, AktG, § 87 Rn. 21; *Hüffer*, AktG, § 87 Rn. 11; *Spindler*, in: MünchKomm. AktG, § 87 Rn. 102.

81 So die Erläuterung der ASIC, abrufbar unter www.asic.gov.au/asic/asic.nsf/byheadline/company%20resolutions?opendocument (Abruf v. 11.8.2012).

82 *Austin/Ramsay*, Ford's Principles, [7.350].

83 CAMAC Report, S. 16.

84 Hutton v West Cork Railway Co (1883) 23 Ch D 654; Re George Newman & Co [1895] 1 Ch 674; *Ciro/Symes*, Corporations Law, S. 113 [6.210].

Direktorenvergütung auf das *board* delegieren[85]. Für die Vergütung der *executive directors* enthält die Satzung typischerweise eine solche Bestimmung[86]. Derartige Satzungsbestimmungen entsprechen auch dem seit 2001 bestehenden gesetzlichen Leitbild. Die abdingbare sec. 201J CA 2001 erlaubt dem *board*, aus seinen Reihen *executive directors* zu bestellen und zugleich über deren Vergütung zu bestimmen.

Auch für die Festsetzung der Vergütung der sonstigen *senior executives* ist das *board* grundsätzlich zuständig. Dies folgt aus den allgemeinen Kompetenzen der *directors* zur Geschäftsleitung gemäß sec. 198A CA 2001[87]. Obwohl aufgrund des abdingbaren Charakters der Norm zulässig, treffen die Satzungen zumeist keine abweichenden Bestimmungen[88]. Kraft der dargelegten Kompetenzen schließt das *board* in Vertretung der Gesellschaft mit den *executive directors* und den *sonstigen senior executives* Anstellungsverträge, die als wesentlichen Bestandteil eine Vergütungsvereinbarung beinhalten[89].

2. *Interessenkonflikt*

Der Kompetenzordnung hinsichtlich der Festsetzung der Vergütung der *executive directors* ist in recht offensichtlicher Weise ein Interessenkonflikt inhärent. Indem das *board* für die Vergütung der *executive directors* zuständig ist, legen, überspitzt ausgedrückt, die *directors* ihre eigene Vergütung fest[90]. Das australische Recht entschärft den Konflikt, indem es nach sec. 195 (1) CA 2001, soweit sich ein *board meeting* mit der Vergütung eines *directors* befasst, sowohl die Stimmabgabe als auch die Anwesenheit des betreffenden *directors* verbietet[91]. Zudem empfehlen die *ASX Corporate Governance Principles and Recommendations*, das *board* mehrheitlich mit unabhängigen[92] *directors* zu besetzen[93], den Vorsitz (*chair*) im *board* einem unabhängigen *director* zu überlassen[94], die Positionen des *chair* und des *chief executive officer* personell zu trennen[95], sowie ein Komitee zur Nominierung neuer *directors*

85 *Austin/Ramsay*, Ford's Principles, [7.350].
86 CAMAC Report, S. 16.
87 Vgl. APRA Prudential Practice Guide PPG 511, S. 5.
88 Vgl. Productivity Commission, S. 168.
89 *Austin/Ramsay*, Ford's Principles, [7.275].
90 *Murray*, 23 Australian Journal of Corporate Law (2009), 178 (184).
91 *Schoenemann*, 37 Victoria University of Wellington Law Review (2006), 31 (37).
92 Die ASX Corporate Governance Principles and Recommendations führen hierzu auf S. 16 erläuternd aus: „*An independent director is a non-executive director who is not a member of management and who is free of any business or other relationship that could materially interfere with or could reasonably be perceived to materially interfere with the independent exercise of their judgement.*“
93 Recommendation 2.1 ASX Corporate Governance Principles and Recommendations.
94 Recommendation 2.2 ASX Corporate Governance Principles and Recommendations.
95 Recommendation 2.3 ASX Corporate Governance Principles and Recommendations.

zu etablieren[96]. Abschließend behoben ist der Konflikt damit freilich nicht. Immer noch bestimmen die Mitglieder ein und desselben Organs über die Vergütung ihresgleichen. Bedenken, dass sie dabei nicht immer im besten Interesse der Gesellschaft handeln, erwachsen aus verschiedenen Gründen.

Zum einen kann es zu einer Situation kommen, die im angloamerikanischen Rechtskreis mit *„mutual back scratching"* bezeichnet wird[97]. Demnach gewähren die *directors* großzügige Vergütungen in der Hoffnung, später selbst entsprechend generös behandelt zu werden. Die erhoffte „Gegenleistung" besteht dabei nicht zwingend ebenfalls in einer großzügigen Vergütung, da die Vergütung der *non-executive directors* häufig schon in der Satzung determiniert ist[98]. Vielmehr kann das Ziel beispielsweise sein, sich der Unterstützung und Einflussnahme des Managements bei Fragen der Wiederwahl zu vergewissern[99]. Denn oftmals haben die *board*-Mitglieder ein erhebliches Interesse am Erhalt ihrer Position, ist sie neben den finanziellen Vorteilen doch vor allem mit Reputation verbunden. Wie die amerikanische Praxis zeigt, ist für die Wiederwahl nicht so sehr das bisherige Handeln im Interesse der Aktionäre entscheidend, sondern vielmehr die Unterstützung des Managements[100].

Zum anderen können soziale und psychologische Faktoren wie Kollegialität, Freundschaft oder Loyalität die *directors* dazu bewegen, besonders großzügige Vergütungen für die *executive directors* vorzusehen[101].

In Anbetracht des geschilderten Interessenkonflikts ist es in größeren Aktiengesellschaften durchaus üblich und unter Umständen auch zwingend[102], einen Vergütungsausschuss (*remuneration committee*) aus Mitgliedern des *boards* einzurichten, der sich mit sämtlichen Fragen zur Vergütung der *executives* befasst[103]. Zudem kommen oft Vergütungsberater zum Einsatz. Auf beide dieser „Delegationsarten" soll im Folgenden näher eingegangen werden.

3. Vergütungsausschüsse

Der beschriebene Interessenkonflikt ist nur ein Grund für die Etablierung eines Vergütungsausschusses. Hierzu veranlasst sehen sich viele Unternehmen auch deshalb, weil die Festsetzung der Höhe und der Struktur der Geschäftsleitervergütungen eine überaus komplexe und in weiten Teilen Spezialwissen erfordernde Aufgabe darstellt. Die Unternehmen versprechen sich davon eine effektive und effizientere

---

96 Recommendation 2.4 ASX Corporate Governance Principles and Recommendations.

97 Vgl. *Davies/Worthington*, in: Gower/Davies, Company Law, S. 401 Rn. 14–32.

98 S. oben 2. Kapitel A II 1.

99 *Bebchuk/Fried*, Pay Without Performance, S. 25 ff.

100 Vgl. *Bebchuk/Fried*, Pay Without Performance, S. 25 m.w.N.

101 *Bebchuk/Fried*, Pay Without Performance, S. 31 f.

102 S. unten 2. Kapitel A II 3.

103 Productivity Commission, S. 169.

Handhabung des Themas[104]. Die Letztverantwortlichkeit für die Vergütungspolitik bleibt jedoch, auch bei Einrichtung eines Vergütungsausschusses, beim letztlich beschlussfassenden *board*[105].

Der CA 2001 bestimmt in § 198D (1) (a) ganz allgemein, dass die *directors* eines Unternehmens Rechte an einen Ausschuss delegieren dürfen. Vorschreiben tut er dies jedoch nicht. Auch für börsennotierte Unternehmen besteht grundsätzlich keine Pflicht zur Etablierung eines Vergütungsausschusses. Lediglich Unternehmen im ASX300-Index müssen einen Vergütungsausschuss einrichten, der ausschließlich mit *non-executive directors* besetzt ist. Dies stellt gemäß LR 1.1 Condition 16 ein zwingendes Erfordernis für die Börsenzulassung dar, soweit ein Unternehmen im Zulassungszeitpunkt in den Index fällt. Schon zugelassene Unternehmen müssen nach LR 12.8 einen Vergütungsausschuss besitzen, sofern und sobald sie zu Beginn ihres Geschäftsjahres im Index sind.

Andere börsennotierte Gesellschaften, die nicht in den Index fallen, sind zur Etablierung eines Vergütungsausschusses nicht verpflichtet. Jedoch besteht eine dahin gehende Empfehlung des Corporate Governance Council[106]. Die Entscheidung, keinen Vergütungsausschuss zu etablieren, bedingt demnach eine Offenlegungs- und Erklärungspflicht[107]. Die den *ASX Corporate Governance Principles and Recommendations* angehängte Kommentierung gibt konkretisierende Hinweise zur Einrichtung des Vergütungsausschusses. So sollte dieser eine Satzung haben, die seine Aufgaben, Pflichten, Zusammensetzung, Struktur, Mitgliedschaftserfordernisse sowie die Teilnahme Dritter an Ausschusssitzungen regelt[108]. Zudem sollte gewährleistet sein, dass der Vergütungsausschuss Zugriff auf interne und externe Informationen hat, insbesondere auch externe Berater zurate ziehen kann[109]. Als Teil der Aufgaben des Ausschusses werden die Überwachung der Geschäftsleitervergütung im Unternehmen sowie die Abgabe von Vergütungsempfehlungen an das *board* gesehen[110]. Die einzelnen Aspekte, zu denen beides geschehen soll, sind die unternehmensinternen Richtlinien und Verfahren zur Geschäftsleitervergütung, zur Rekrutierung von Führungskräften und zur Laufzeit und Beendigung von Geschäftsleiterverträgen, die konkreten Geschäftsleiterbezüge samt bestehender Anreize, Ruhestandsvereinbarungen, die Ausgestaltung der Direktorenvergütung sowie die vergütungsbezogene

---

104 Productivity Commission, S. 173.

105 Recommendation 8.1 ASX Corporate Governance Principles and Recommendations, Commentary, S. 36.

106 Vgl. Recommendation 8.1 ASX Corporate Governance Principles and Recommendations.

107 Vgl. LR 4.10.3.

108 Recommendation 8.1 ASX Corporate Governance Principles and Recommendations, Commentary, S. 36.

109 Recommendation 8.1 ASX Corporate Governance Principles and Recommendations, Commentary, S. 36.

110 Recommendation 8.1 ASX Corporate Governance Principles and Recommendations, Commentary, S. 36.

Gleichbehandlung der Geschlechter[111]. Bedient sich der Ausschuss bei der Eruierung der unternehmensinternen Vergütungspolitik der Mithilfe von Personen, die nicht Mitglieder des Ausschusses sind, so sollte verhindert werden, dass auf diesem Wege eine Person, insbesondere wenn sie mit Geschäftsführungsaufgaben betraut ist, über die eigene Vergütung (mit-)entscheidet[112]. Zu guter Letzt sollte der Ausschuss sicherstellen, dass das *board* mit hinreichenden Informationen versorgt wird, um fundierte Entscheidungen treffen zu können[113].

Neben der Empfehlung zur Etablierung eines Vergütungsausschusses besteht seit dem Jahr 2010 eine weitergehende Empfehlung zum Aufbau desselbigen. So heißt es in Recommendation 8.2 der *ASX Corporate Governance Principles and Recommendations*, dass der Ausschuss aus mindestens drei und aus mehrheitlich unabhängigen *directors* bestehen soll. Der Vorsitz soll einem unabhängigen *director* obliegen. Nach der an diese Vorgaben anknüpfenden Kommentierung ist der Vergütungsausschuss zum Zwecke einer effektiven Mandatswahrnehmung hinreichend groß und unabhängig zu gestalten[114]. Um Interessenkonflikten vorzubeugen, sollten *executive directors* nur in begrenzter Zahl Mitglieder des Ausschusses sein[115].

4. *Vergütungsberater*

Die Komplexität der Materie „Geschäftsleitervergütung" bedingt in zahlreichen Unternehmen nicht lediglich die Etablierung von Vergütungsausschüssen. Vielfach wird es selbst den Mitgliedern dieser Ausschüsse an Zeit, Erfahrung, Spezialwissen und Zugang zu Marktdaten mangeln. Um dem zu begegnen, ist es in größeren australischen Unternehmen durchaus üblich, externe Vergütungsberater einzuschalten[116]. Dem *board of directors* dient dies zudem als Absicherung, soweit es um Fragen der Anwendung der erforderlichen Sorgfalt geht[117]. Die Beratung der *remuneration consultants* generiert in der Regel keine Empfehlung einer konkreten Vergütungshöhe, sondern vielmehr Empfehlungen zur Vergütungsstruktur[118].

Bezüglich des Einsatzes von Vergütungsberatern wird zuweilen kritisiert, dass hierdurch vornehmlich Vergleiche im nationalen und internationalen Umfeld

---

111 Recommendation 8.1 ASX Corporate Governance Principles and Recommendations, Commentary, S. 36.

112 Recommendations 8.1 und 8.2 ASX Corporate Governance Principles and Recommendations, Commentary, S. 37

113 Recommendation 8.1 ASX Corporate Governance Principles and Recommendations, Commentary, S. 37.

114 Recommendation 8.2 ASX Corporate Governance Principles and Recommendations, Commentary, S. 37.

115 Recommendation 8.2 ASX Corporate Governance Principles and Recommendations, Commentary, S. 37.

116 Productivity Commission, S. 181.

117 *Sheehan*, Regulation, S. 71.

118 Productivity Commission, S. 180.

angestrengt werden, die konkreten Eigenheiten des jeweiligen Unternehmens und die Erfolgsbilanz des jeweiligen Geschäftsführers hingegen nicht hinreichend Berücksichtigung finden[119]. Eine derartige Fokussierung auf die horizontale Üblichkeit begründet freilich die Gefahr einer Nivellierung der Geschäftsleitervergütungen. Spätestens seit einem Untersuchungsbericht der *Productivity Commission* zu Geschäftsleitervergütungen[120] ist man sich in Australien bewusst, dass der Einsatz von Vergütungsberatern auf zwei Weisen zu Interessenkonflikten führen kann. Recht offensichtlich liegt zunächst dann ein Interessenkonflikt vor, wenn ein Beratungsunternehmen neben der an das *board* oder den Vergütungsausschuss gerichteten Vergütungsberatung weitere Beratungsleistungen an das Unternehmen erbringt[121]. Zumindest bis zum Jahre 2010 kam es in Australien nicht selten vor, dass *board* und *management* von demselben Unternehmen beraten wurden[122]. Das zweite Einfallstor für Interessenskonflikte bieten die Berichtslinien im Unternehmen, wenn etwa der dem *board* oder Vergütungsausschuss zu dienen bestimmte Vergütungsberater von der Geschäftsleitung im Namen der Gesellschaft beauftragt wird[123]. Selbst wenn das *management* bei der Mandatierung formell unbeteiligt bleibt und das *board* die Personalabteilung mit der Vermittlung eines Vergütungsberaters betraut, fließen die Informationen nicht selten dennoch über das *management* zum *board*[124]. Auch *Bebchuk* und *Fried* sehen einen Interessenkonflikt begründet, ohne dass der Berater direkt vom *management* beauftragt sein müsste. Bereits die Sorge, sich zukünftiger Geschäftsbeziehungen mit der Gesellschaft oder generell auf dem Markt zu begeben, hindere die Berater bereits daran, moderate Vergütungsempfehlungen abzugeben[125]. Insoweit sind von Grund auf Zweifel an der Unabhängigkeit externer Vergütungsberater angebracht.

Diese Ausgangslage hat der australische Gesetzgeber zum Anlass genommen, mit dem *Corporations Amendment (Improving Accountability on Director and Executive Remuneration) Act 2011* erstmals gesetzliche Regeln für den Einsatz von Vergütungsberatern zu schaffen. So sieht sec. 206K (2) CA 2001 nunmehr vor, dass eine Gesellschaft einen Vergütungsberater nur dann vertraglich beauftragen darf, wenn sich das *board* oder der Vergütungsausschuss zuvor mit diesem einverstanden erklärt hat. Ein entgegen dieser Vorgabe geschlossener Beratungsvertrag ist

---

119 *Quinn*, 10 Australian Journal of Corporate Law (1999), 89 (90 f.); *Murray*, 23 Australian Journal of Corporate Law (2009), 178 (186 f.).

120 Productivity Commission Inquiry Report No. 49, 2009, Executive Remuneration in Australia, abrufbar unter www.pc.gov.au/__data/assets/pdf_file/0008/93590/executive-remuneration-report.pdf (Abruf v. 9.8.2013).

121 Productivity Commission, S. 182.

122 Vgl. Productivity Commission, S. 181.

123 Productivity Commission, S. 182.

124 Productivity Commission, S. 182, unter Verweis auf *Mercer 2009 ASX 200 Executive Remuneration Survey*, S. 333, 334.

125 *Bebchuk/Fried*, 17 Journal of Economic Perspectives (2003), 71 (79).

zwar wirksam[126]. Jedoch stellt es ein bußgeldbewehrtes Vergehen (*offence*) der Gesellschaft dar, wenn sie ohne das Einverständnis kontrahiert[127].

Auch den Vergütungsberatern wurden durch das erwähnte *Amendment* Pflichten auferlegt. So müssen sie ihre Empfehlungen direkt gegenüber dem *board* und/oder dem Vergütungsausschuss abgeben[128]. Eine Abgabe an Personen, die nicht Mitglied eines dieser Gremien sind, ist den Vergütungsberatern ausdrücklich untersagt[129]. Gleiches gilt für die Abgabe an *executive directors*, mit Ausnahme des ungewöhnlichen Falles, in dem das *board* gänzlich aus *executive directors* besteht[130]. Setzt sich der Vergütungsberater über die Regeln hinweg und lässt seine Empfehlung einer unberechtigten Person zukommen, stellt dies gemäß secs. 206L (3), (4), 1311 (1) i. V. m. Schedule 3, Item 49C CA 2001 ein mit einem Bußgeld von bis zu A$ 10.200 bewehrtes Vergehen seinerseits dar. Das Gesetz erlaubt es aber, dass eine andere Person als der Vergütungsberater dessen Vergütungsempfehlung Personen außerhalb des *boards* oder des Vergütungsausschusses zukommen lässt[131].

Sec. 206M (2) CA 2001 gibt den Vergütungsberatern auf, im Zuge ihrer Empfehlungen zu erklären, inwieweit diese frei von ungebührlicher Einflussnahme durch das Management, dessen Vergütung im Raume steht, erfolgt sind. Eine Zuwiderhandlung stellt ein bußgeldbewehrtes Vergehen dar[132]. Zuletzt unterliegt der Einsatz von Vergütungsberatern auch Transparenzvorgaben. Im Vergütungsbericht der Gesellschaft müssen die Beauftragung und weitere umfangreiche Informationen offengelegt werden[133]. In Ergänzung der gesetzlichen Vorgaben wird vereinzelt ein verbindlicher Vergütungsberatungs-Standard gefordert, der konkrete Vorgaben hinsichtlich der Arbeitsweise der Berater festlegt[134].

III. Vergleich und Bewertung

Die Zuständigkeit für die Festsetzung der Vergütung der Geschäftsleiter liegt in Deutschland zwingend beim Aufsichtsrat und in Australien regelmäßig beim *board of directors*. Im Gegensatz zur deutschen Rechtslage ist es in Australien von Gesetzes wegen zwar möglich, dass die Hauptversammlung die Vergütung der Geschäftsleiter per Beschluss festlegt oder die Satzung die Vergütung festsetzt. Denn die *board*-Kompetenz gründet letztlich nur auf einer Delegation bzw. auf dem Fehlen einer von sec. 201J CA 2001 abweichenden Satzungsbestimmung. Dies stellt jedoch nur eine theoretische, weil kaum praxistaugliche, Möglichkeit dar. In beiden

126 Sec. 206K (3) (b) CA 2001.
127 Sec. 206K (4) CA 2001 i. V. m. Schedule 3, Item 49B CA 2001.
128 Sec. 206L (2) CA 2001.
129 Sec. 206L (4) CA 2001.
130 Sec. 206L (3) CA 2001.
131 Sec. 206L (6) CA 2001.
132 Vgl. secs. 206M (2), 1311 (1) i. V. m. Schedule 3, Item 49D CA 2001.
133 S. unten 2. Kapitel E II 3 a dd.
134 *Sheehan*, Keeping good companies 2011, 518 (522).

Rechtsordnungen wird die Vergütung des einzelnen Geschäftsleiters letztlich im Rahmen eines Anstellungsvertrags fixiert, den das über die Geschäftsleitervergütung entscheidungsbefugte Organ in Vertretung der Gesellschaft mit dem jeweiligen Geschäftsleiter schließt.

1. *Interessenkonflikt und Vergütungsausschüsse*

Mit der Zuständigkeit des Aufsichtsrats obliegen die Vergütungsentscheidungen in Deutschland einem vom Vorstand formell unabhängigen Organ der Gesellschaft. Dies erweist sich gegenüber der australischen Rechtslage als vorteilhaft. Zwar ist in der deutschen Praxis im Vorfeld der Vergütungsentscheidungen auch regelmäßig der Vorstand involviert, Herr der Vergütungsentscheidung ist jedoch der Aufsichtsrat. Der monistische Verwaltungsaufbau in der australischen *public company* begründet für die Festsetzung der Vergütung eines *directors* die als problematisch zu wertende Ausgangslage, dass die Entscheidung über die Vergütung von einem Organ der Gesellschaft getroffen wird, dessen Mitglied der Vergütungsempfänger ist. Diese Ausgangslage und die mit ihr einhergehenden Interessenkonflikte verlangen nach besonderen Vorkehrungen, um dennoch eine möglichst unabhängige Entscheidungsfindung zu gewährleisten. Dass ein *director* von der Abstimmung und Erörterung seiner eigenen Vergütung ausgeschlossen ist, kann dabei nur ein erster Schritt sein. In der Praxis kommt der Etablierung von Vergütungsausschüssen besondere Bedeutung zu. Der CA 2001 respektiert dies und lässt Vergütungsausschüsse ohne Weiteres zu. Die *Listing Rules* und die *ASX Corporate Governance Principles and Recommendations* statuieren darüber hinaus eine Verpflichtung bzw. eine Empfehlung zur Etablierung eines Vergütungsausschusses. Hierin liegt ein wesentlicher Unterschied zur deutschen Rechtslage. Vergütungsausschüsse sind im deutschen Recht nicht nur nicht gefordert. Vielmehr statuiert das Aktiengesetz eine Plenumszuständigkeit für Vergütungsentscheidungen. Dies mag vor dem Hintergrund, dass die dem monistischen System geschuldeten Interessenkonflikte in Deutschland nicht bestehen, verständlich sein. Jedoch sprechen auch praktische Erwägungen der Effektivität und Effizienz generell für die Etablierung von Vergütungsausschüssen. Das deutsche Recht lässt folgerichtig in Grenzen ein Tätigwerden von Personal- oder Vergütungsausschüssen zu.

2. *Vergütungsberater*

Der Einsatz externer Vergütungsberater erfreut sich in Deutschland zunehmender Beliebtheit und ist in Australien schon heute üblich. Der gemeinsame Grund hierfür ist darin zu sehen, dass sich die Festsetzung der Geschäftsleitervergütung als überaus komplex darstellt, was nicht zuletzt an den in den letzten Jahren stark zugenommenen regulatorischen Anforderungen liegt. Nur selten werden der Aufsichtsrat oder das *board* selbst über die notwendige Expertise verfügen. Damit zusammenhängend dienen die Beauftragung eines Vergütungsberaters und die Einholung von Gutachten den Mitgliedern des jeweiligen Entscheidungsgremiums auch dazu, sich gegen eine Inanspruchnahme wegen etwaiger Sorgfaltspflichtverletzungen abzusichern.

In beiden Rechtsordnungen finden sich Regeln über den Einsatz von Vergütungsberatern. Die Motivation für diese Regeln ist identisch und liegt in der Besorgnis über nicht-objektive Beratungsleistungen aufgrund mangelnder Unabhängigkeit der Berater begründet. Während die Regeln in Australien seit 2011 im CA 2001 zu finden sind und somit Gesetzesform haben, bestehen in Deutschland dazu nur Empfehlungen der Europäischen Kommission und des DCGK. Allerdings sind diese Empfehlungen inhaltlich weitergehend, indem sie – im Fall der Empfehlung der Europäischen Kommission sogar explizit – fordern, dass das Beratungsunternehmen nicht zugleich für die Personalabteilung oder die Geschäftsleitung der Gesellschaft tätig ist. Den australischen Vorschriften ist kritisch zu bescheinigen, dass sie so weit nicht gehen. Sie beschränken sich darauf, dem *board* auf die Beauftragung des Beraters Einfluss zu gewähren und sicherzustellen, dass die Beratungsleistungen direkt gegenüber dem *board* oder dem Vergütungsausschuss erfolgen. Daneben verlangen sie, dass der Vergütungsberater das unabhängige Zustandekommen seiner Empfehlungen bescheinigt, wozu es in der deutschen Praxis aufgrund der Vorgabe des DCGK in Ziff. 4.2.2 Abs. 3 ebenfalls regelmäßig kommen dürfte. Die in Australien erhobene Kritik, es komme aufgrund des Einsatzes von Vergütungsberatern zu einer übermäßigen Fokussierung auf die horizontale Üblichkeit der Vergütung, hat ihre Berechtigung im deutschen Kontext insoweit, als der vermehrte Einsatz von Vergütungsberatern[135] mit einem Auseinanderdriften des Verhältnisses von Vorstandsvergütungen zu den Durchschnittsgehältern in den Unternehmen[136] zusammenfällt. Rein formal betrachtet verlangt jedoch in Deutschland das Üblichkeitsgebot des § 87 Abs. 1 S. 1 AktG auch eine Berücksichtigung vertikaler, unternehmensinterner Maßstäbe[137].

3. *Herabsetzung der Vergütung*

Die Möglichkeit der einseitigen Herabsetzung der Vorstandsvergütung durch den Aufsichtsrat findet im australischen Recht keine Entsprechung. Zwar schaffen sich australische *boards* eine vergleichbare Möglichkeit in zunehmendem Maße gleichsam selbst, indem sie Clawback-Klauseln in den Vergütungsvereinbarungen mit den Geschäftsleitern vorsehen[138]. Die Rechtsordnung sollte jedoch bei diesem wichtigen Thema nicht gänzlich auf die Eigeninitiative des vergütungsfestsetzenden Organs vertrauen. Eine kodifizierte Herabsetzungsmöglichkeit, wie sie § 87 Abs. 2 AktG vorsieht, hat den Vorteil flächendeckender, ausnahmsloser Geltung und ist deshalb vorzugswürdig.

---

135 S. oben 2. Kapitel A I 2 e.
136 S. oben 1. Kapitel C I 2 a.
137 S. unten 2. Kapitel B I 1 a bb.
138 S. oben 1. Kapitel C II 1 b aa und 1. Kapitel C II 2 b.

B. Höhe und Ausgestaltung der Vergütung

Als direkte Einschränkung der Vertragsfreiheit stellen sich Vorgaben zur Höhe und Ausgestaltung der Geschäftsleitervergütung dar. Inwieweit die Rechtsordnungen von diesem Instrument der Vergütungsregulierung Gebrauch machen, wird im Folgenden untersucht werden. Dabei sind Vorgaben zu Abfindungen und Anerkennungsprämien zunächst ausgeklammert. Ihre Untersuchung ist einem eigenen, sich anschließenden Abschnitt vorbehalten.

I. Deutschland

Bei der Festsetzung der Geschäftsleitervergütung unterliegt der Aufsichtsrat rechtlichen Bindungen. Die Rechtsordnung macht Vorgaben hinsichtlich der Gesamtbezüge, der Vergütungsstruktur sowie einzelner Vergütungsarten. Dabei handelt es sich letztlich um konkretisierende Ausprägungen der allgemeinen Sorgfaltspflicht der Aufsichtsratsmitglieder gemäß §§ 116, 93 AktG[1]. Inwieweit dem Aufsichtsrat ein Beurteilungsspielraum verbleibt, wird im Rahmen der Untersuchung der Rechtsfolgen eines Verstoßes gegen die Vorgaben eingehend behandelt[2].

1. Vorgaben des § 87 Abs. 1 AktG

Gemäß § 87 Abs. 1 S. 1 AktG muss der Aufsichtsrat bei der Festsetzung der Gesamtbezüge des einzelnen Vorstandsmitglieds dafür sorgen, „dass diese in einem angemessenen Verhältnis zu den Aufgaben und Leistungen des Vorstandsmitglieds sowie zur Lage der Gesellschaft stehen und die übliche Vergütung nicht ohne besondere Gründe übersteigen". Nach Satz 2 muss die Vergütungsstruktur bei börsennotierten Gesellschaften auf eine nachhaltige Unternehmensentwicklung ausgerichtet werden. Satz 3 erster Halbsatz knüpft hieran an, indem er folgert, dass variable Vergütungsbestandteile eine mehrjährige Bemessungsgrundlage haben sollen. Nach dem zweiten Halbsatz soll der Aufsichtsrat für außerordentliche Entwicklungen eine Begrenzungsmöglichkeit vereinbaren.

a) Individuelle Gesamtbezüge

Der Begriff der „Gesamtbezüge" ist in § 87 Abs. 1 S. 1 AktG in einem Klammerzusatz erläutert. Er umfasst „Gehalt, Gewinnbeteiligungen, Aufwandsentschädigungen, Versicherungsentgelte, Provisionen, anreizorientierte Vergütungszusagen wie zum Beispiel Aktienbezugsrechte und Nebenleistungen jeder Art". Dieser Beispielskatalog ist jedoch nicht abschließend[3]. Vielmehr gehören zu den Gesamtbezügen sämtliche Leistungen der Gesellschaft, die dem Vorstandsmitglied in Bezug auf

---

1 *Hoffmann-Becking*, ZHR 169 (2005), 155 (156).

2 S. unten 2. Kapitel G I 2 a.

3 *Mertens/Cahn*, in: Kölner Komm. AktG, § 87 Rn. 18; *Seibt*, in: K. Schmidt/Lutter, AktG, § 87 Rn. 5.

seine Tätigkeit für das Unternehmen gewährt werden[4]. So sind auch freiwillige Sonderleistungen der Gesellschaft und Abfindungszahlungen an ein ausscheidendes Vorstandsmitglied erfasst[5].

Zu den in § 87 Abs. 1 S. 1 AktG erwähnten Nebenleistungen zählen beispielsweise die Überlassung einer Dienstwohnung, Vorzugskonditionen beim Bezug von Waren oder Dienstleistungen sowie auch für private Zwecke gestellte Positionen wie Dienstwagen, Chauffeur und Kommunikationseinrichtungen[6]. Abzugrenzen sind solche Nebenleistungen von dienstlichen Fürsorgeaufwendungen, mit denen die Gesellschaft dem Vorstandsmitglied den infrastrukturellen Rahmen für die Amtstätigkeit bereitet[7]. Entscheidendes Abgrenzungskriterium zu den Nebenleistungen ist die unternehmensbezogene Zweckbindung der jeweiligen Leistung[8]. Bei der Zahlung von Prämien für eine D&O-Versicherung bereitet die Abgrenzung Schwierigkeiten und das Meinungsbild in der Literatur ist geteilt[9], dient der Abschluss dieser Versicherung doch regelmäßig mehreren Zwecken[10].

aa) Angemessenheit

§ 87 Abs. 1 S. 1 AktG statuiert für die Gesamtbezüge ein Angemessenheitsgebot. Es hat also grundsätzlich der (monetäre) Wert der Gesamtbezüge – und nicht etwa ein einzelner Vergütungsbestandteil oder eine einzelne Vergütungskategorie – angemessen zu sein[11]. Dies erlaubt individuelle Vergütungsgestaltungen unter Berücksichtigung konkreter Einzelumstände[12]. Bis zu welcher Höhe der monetäre Wert der Gesamtbezüge

---

4 *Hoffmann-Becking*, ZHR 169 (2005), 155 (156); *Spindler*, in: MünchKomm. AktG, § 87 Rn. 9; *Mertens/Cahn*, in: Kölner Komm. AktG, § 87 Rn. 18; *Seibt*, in: K. Schmidt/Lutter, AktG, § 87 Rn. 5.

5 *Mertens/Cahn*, in: Kölner Komm. AktG, § 87 Rn. 18; *Spindler*, in: MünchKomm. AktG, § 87 Rn. 9; *Schwark*, FS Raiser, S. 377 (380).

6 *Seibt*, in: K. Schmidt/Lutter, AktG, § 87 Rn. 5; *Mertens/Cahn*, in: Kölner Komm. AktG, § 87 Rn. 18.

7 *Mertens*, AG 2000, 447 (449); *Dreher*, in: Henze/Hoffmann-Becking, Gesellschaftsrecht 2003, 203 (208); *Seibt*, in: K. Schmidt/Lutter, AktG, § 87 Rn. 5; *Mertens/Cahn*, in: Kölner Komm. AktG, § 87 Rn. 19.

8 *Mertens/Cahn*, in: Kölner Komm. AktG, § 87 Rn. 19.

9 Für die Einordnung als Vergütungselement: *Spindler*, DStR 2004, 36 (37); *Schwark*, FS Raiser, S. 377 (380); a.A. *Bürgers/Israel*, in: Heidelberger Komm. AktG, § 87 Rn. 3; *Fleischer*, in: Fleischer, Hdb. VorstandsR., § 12 Rn. 12; *Möhrle*, D&O-Versicherung, S. 187 f.; *Schüller*, Vorstandsvergütung, S. 40; *Mertens*, AG 2000, 447 (451 f.); *Vetter*, AG 2000, 453 (458); *Dreher*, ZHR 165 (2001), 293 (310 ff., 321); *Dreher/Thomas*, ZGR 2009, 31 (48 ff.); *Lange*, ZIP 2001, 1524 (1526 f.); *Schüppen/Sanna*, ZIP 2002, 550 (553); *Notthoff*, NJW 2003, 1350 (1354).

10 *Mertens/Cahn*, in: Kölner Komm. AktG, § 87 Rn. 20.

11 *Seibt*, in: K. Schmidt/Lutter, AktG, § 87 Rn. 6; *Mertens/Cahn*, in: Kölner Komm. AktG, § 87 Rn. 6.

12 *Seibt*, in: K. Schmidt/Lutter, AktG, § 87 Rn. 6.

noch als angemessen gilt, lässt sich schwerlich sagen. Eine feste ziffernmäßige Begrenzung sieht das Gesetz jedenfalls nicht vor. Um den „äußerst ausfüllungsbedürftigen Wert- und Würdigungsbegriff“[13] der Angemessenheit greifbar zu machen, führt das Gesetz in § 87 Abs. 1 S. 1 AktG Bezugspunkte für die Beurteilung der Angemessenheit an. Hierbei handelt es sich um die Aufgaben und Leistungen des Vorstandsmitglieds sowie die Lage der Gesellschaft.

(1) Aufgaben

Soweit es für die Angemessenheit auf die Aufgaben des Vorstandsmitglieds ankommt, ist damit der Tätigkeitsbereich gemeint, der dem Vorstandsmitglied laut Anstellungsvertrag, Satzung oder Geschäftsordnung zugeordnet ist[14]. Neben Art, Umfang, Schwierigkeit und Komplexität der Aufgabe ist auch die damit einhergehende Verantwortungsübernahme zu berücksichtigen[15]. Innerhalb des Vorstands können diesbezüglich große Unterschiede bestehen, weshalb es sich anbietet, die Vergütung für jedes Vorstandsmitglied einzeln zu bestimmen. Eine Gleichbehandlungspflicht besteht hier ungeachtet der Gleichberechtigung der Vorstandsmitglieder und der Gesamtverantwortung des Vorstands nicht[16]. Dem Vorstandsvorsitzenden wird meist die höchste Vergütung zu gewähren sein[17]. Abstufungen kann es jedoch auch zwischen den einzelnen Ressorts geben, soweit sie sich in ihrer wirtschaftlichen Bedeutung für die Gesellschaft unterscheiden[18].

(2) Leistungen

Seit Erlass des VorstAG verlangt § 87 Abs. 1 S. 1 AktG im Rahmen der Angemessenheitskontrolle eine Berücksichtigung der Leistungen des Vorstandsmitglieds. Dies stellt sich jedoch lediglich als Kodifikation eines auch bisher schon für erforderlich gehaltenen Kriteriums dar[19]. Die Leistungen eines Vorstandsmitglieds zu bewerten, ist bei einer erstmaligen Festsetzung der Bezüge nur im Rahmen einer Zukunftsprognose möglich[20]. Eine wesentliche Rolle spielen dabei die Erwartungen des

---

13 *Fleischer*, in: Spindler/Stilz, AktG, § 87 Rn. 21.

14 Vgl. *Dreher*, in: Henze/Hoffmann-Becking, Gesellschaftsrecht 2003, 203 (210); *Fleischer*, in: Spindler/Stilz, AktG, § 87 Rn. 10.

15 *Mertens/Cahn*, in: Kölner Komm. AktG, § 87 Rn. 12 m.w.N.

16 *Fleischer*, in: Spindler/Stilz, AktG, § 87 Rn. 10; *Fonk*, in: Semler/v. Schenck, ArbHdb. AR, § 9 Rn. 127; *Otto*, Vorstandsvergütung, S. 218.

17 *Schwark*, FS Raiser, S. 377 (384); *Fleischer*, in: Spindler/Stilz, AktG, § 87 Rn. 10; *Seibt*, in: K. Schmidt/Lutter, AktG, § 87 Rn. 9; *Mertens/Cahn*, in: Kölner Komm. AktG, § 87 Rn. 12.

18 *Fleischer*, in: Spindler/Stilz, AktG, § 87 Rn. 10; *Mertens/Cahn*, in: Kölner Komm. AktG, § 87 Rn. 12.

19 *Fleischer*, in: Spindler/Stilz, AktG, § 87 Rn. 11.

20 *Mertens/Cahn*, in: Kölner Komm. AktG, § 87 Rn. 13; *Hoffmann-Becking*, ZHR 169 (2005), 155 (159).

Unternehmens an das Vorstandsmitglied[21]. Als Anhaltspunkte für die Bewertung können bisherige Leistungen für die Gesellschaft oder im Fall der Erstbestellung frühere Leistungen für andere Unternehmen dienen[22]. Den dieser zukunftsgerichteten Einschätzung inhärenten Unwägbarkeiten lässt sich mit dem Einsatz variabler Vergütungselemente Rechnung tragen[23]. Mittels des Festgehalts können vornehmlich bei einer Vertragsverlängerung die bisherigen Leistungen des Vorstandsmitglieds gewürdigt werden[24].

(3) Lage

Kumulativ zu den Aufgaben und Leistungen des Vorstandsmitglieds ist die Lage der Gesellschaft in die Angemessenheitsprüfung mit einzubeziehen[25]. Unter „Lage" ist nicht lediglich die Vermögenslage der Gesellschaft zu verstehen[26]. Vielmehr ist ihre wirtschaftliche Gesamtsituation gemeint[27]. Dazu gehört neben der gegenwärtigen Vermögens-, Finanz- und Ertragslage auch die zukünftige Entwicklung der Gesellschaft[28]. Ein wichtiger Gradmesser hierfür kann der Börsenkurs sein, da in ihn die Zukunftsaussichten der Gesellschaft aus Sicht des Marktes eingepreist werden[29]. Auch Aspekte, die nicht unmittelbar ökonomischer Natur sind, fließen in die Bewertung der Gesamtsituation der Gesellschaft mit ein, wie etwa deren Größe und Bedeutung, die Mitarbeiterzahl, die Konzernstellung und der Tätigkeitsbereich[30]. Zudem sind externe Faktoren wie Märkte, Politik und Recht zu berücksichtigen[31]. Als Beispiel hierfür sei die in Reaktion auf die Nuklearkatastrophe von Fukushima im Jahre 2011 eingeleitete Energiewende genannt, durch welche sich die energieerzeugenden Unternehmen in Deutschland plötzlich in einer völlig veränderten „Lage" wiederfanden.

Um hohe Vorstandsvergütungen zu rechtfertigen, muss die Gesamtsituation der Gesellschaft nicht zwingend positiv zu bewerten sein. Im Gegenteil kann gerade

21 Vgl. *Bayer*, ZG 2008, 313 (319).

22 *Mertens/Cahn*, in: Kölner Komm. AktG, § 87 Rn. 13.

23 *Otto*, Vorstandsvergütung, S. 218; *Hohenstatt*, ZIP 2009, 1349 (1350); *Bors*, Vorstandsvergütung, S. 43; *Fleischer*, in: Spindler/Stilz, AktG, § 87 Rn. 13.

24 BegrFrakE VorstAG, BT-Drucks. 16/12278, S. 5; *Bauer/Arnold*, AG 2009, 717 (718); *Hohenstatt*, ZIP 2009, 1349 (1350).

25 *Hüffer*, AktG, § 87 Rn. 2.

26 So aber *Geßler*, JW 1937, 497 (499).

27 LG Düsseldorf NJW 2004, 3275 (3278); *Dreher*, in: Henze/Hoffmann-Becking, Gesellschaftsrecht 2003, 203 (210); *Schüller*, Vorstandsvergütung, S. 124; *Schwark*, FS Raiser, S. 377 (384); *Fleischer*, in: Spindler/Stilz, AktG, § 87 Rn. 14.

28 *Schwark*, FS Raiser, S. 377 (384); *Fleischer*, in: Spindler/Stilz, AktG, § 87 Rn. 14; *Fleischer*, DStR 2005, 1279 (1280); *Schüller*, Vorstandsvergütung, S. 124.

29 *Mertens/Cahn*, in: Kölner Komm. AktG, § 87 Rn. 9.

30 *Mertens/Cahn*, in: Kölner Komm. AktG, § 87 Rn. 9 m.w.N.

31 *Fleischer*, in: Spindler/Stilz, AktG, § 87 Rn. 14.

eine Krise der Gesellschaft Anlass zur Zahlung hoher Gehälter geben[32]. Denn auf den „Preis" eines Vorstandsmitglieds schlägt sich dann zum einen nieder, dass die Sanierung der Gesellschaft erhöhte Anforderungen an sein Können und Tun stellt[33]. Zum anderen besteht für das Vorstandsmitglied ein erhöhtes Risiko des Scheiterns und eines damit einhergehenden Karriereknicks[34].

Aus dem Wortlaut des § 87 Abs. 1 S. 1 AktG wird deutlich, dass die „Lage" derjenigen Gesellschaft zum Bezugspunkt der Angemessenheit genommen wird, für die das Vorstandsmitglied berufen und angestellt ist. Bei verbundenen Unternehmen kann jedoch die Vergütung eines Vorstandsmitglieds der Obergesellschaft auch an die Lage nachgeordneter Unternehmen anknüpfen, soweit dadurch keine Anreize zur Vernachlässigung der Interessen der Obergesellschaft und ihrer Aktionäre gesetzt werden[35]. Ob es umgekehrt zulässig ist, die Vergütung von Vorstandsmitgliedern einer abhängigen Gesellschaft an den Erfolg des Mutterunternehmens zu koppeln, ist dagegen umstritten[36].

(4) Sonstige Bezugspunkte

Die in § 87 Abs. 1 S. 1 AktG genannten Bezugspunkte des Angemessenheitsgebots sind nicht abschließend[37]. Von Belang sind des Weiteren die Kenntnisse, Qualifikationen, Erfahrungen und Fähigkeiten des Vorstandsmitglieds, die sich regelmäßig in seinem Marktwert widerspiegeln[38]. In der Literatur wird zudem vertreten, dass die Gesellschaft persönlichen (finanziellen) Einsatz bei der Überwindung einer Krise nachträglich besonders vergüten könne[39]. Ebenso könne die Aktionärsstruktur bei der Beurteilung der Angemessenheit der Vergütung eine Rolle spielen, etwa wenn sich ein Alleinaktionär mit besonders hohen Vorstandsbezügen einverstanden

---

32 *Mertens/Cahn*, in: Kölner Komm. AktG, § 87 Rn. 9; *Hüffer*, AktG, § 87 Rn. 2; *Kort*, in: Großkomm. AktG, § 87 Rn. 35.

33 *Mertens/Cahn*, in: Kölner Komm. AktG, § 87 Rn. 9; *Fleischer*, in: Spindler/Stilz, AktG, § 87 Rn. 14; *Spindler*, in: MünchKomm. AktG, § 87 Rn. 33; *Kort*, in: Großkomm. AktG, § 87 Rn. 35.

34 *Mertens/Cahn*, in: Kölner Komm. AktG, § 87 Rn. 9; *Fleischer*, in: Spindler/Stilz, AktG, § 87 Rn. 14; *Spindler*, in: MünchKomm. AktG, § 87 Rn. 33; *Kort*, in: Großkomm. AktG, § 87 Rn. 35.

35 *Spindler*, FS K. Schmidt, S. 1529 (1530 f.); *Hoffmann-Becking*, NZG 1999, 797 (803); *Fleischer*, in: Spindler/Stilz, AktG, § 87 Rn. 14; *Mertens/Cahn*, in: Kölner Komm. AktG, § 87 Rn. 11.

36 *Fleischer*, in: Spindler/Stilz, AktG, § 87 Rn. 14 m.w.N.

37 OLG München AG 2008, 593 (594); *Fonk*, NZG 2005, 248 (249); *Hoffmann-Becking*, ZHR 169 (2005), 155 (158 f.); *Mertens/Cahn*, in: Kölner Komm. AktG, § 87 Rn. 14.

38 *Mertens/Cahn*, in: Kölner Komm. AktG, § 87 Rn. 14; *Fleischer*, DStR 2005, 1257 (1280).

39 *Mertens/Cahn*, in: Kölner Komm. AktG, § 87 Rn. 15.

erklärt[40]. Unterschiedliche Meinungen bestehen hinsichtlich der Frage, ob auch die Familienverhältnisse des Vorstandsmitglieds zu berücksichtigen sind[41].

Eine über die Berücksichtigung der genannten Bezugspunkte hinausgehende Konkretisierung des Angemessenheitsgebots ist schwerlich möglich[42]. Aus dem Fehlen einer festen Obergrenze schließt man, dass § 87 Abs. 1 AktG lediglich offensichtlich unangemessene Vorstandsvergütungen untersagt[43]. Ein solches Verständnis entspricht dem Ausnahmecharakter der Norm, der ihr aufgrund der ihr immanenten Beschränkung der Vertragsfreiheit zukommt[44].

bb) Üblichkeit

Nach § 87 Abs. 1 S. 1 hat der Aufsichtsrat auch dafür Sorge zu tragen, dass die Gesamtbezüge eines Vorstandsmitglieds die übliche Vergütung nicht ohne besondere Gründe übersteigen. In der Literatur ist umstritten, ob es sich hierbei lediglich um ein weiteres Merkmal der Angemessenheit oder um ein selbständiges Kriterium zur Vergütungsfestsetzung handelt[45]. Letzteres dürfte mit Blick auf den Gesetzeswortlaut und den Gang des Gesetzgebungsverfahrens, in dem man von einer Formulierung Abstand nahm, nach der die Vergütung auch im Hinblick auf die Üblichkeit angemessen sein sollte[46], die überzeugendere Interpretation sein[47]. Der Gesetzgeber hat die Üblichkeit bewusst von der Angemessenheitsprüfung getrennt, damit nicht stets als angemessen gilt, was üblich ist, worin er die Gefahr eines Aufschaukelungseffekts begründet sah[48]. Damit fungiert die Üblichkeit als Obergrenze der zulässigen Vergütung[49].

Wie die „übliche Vergütung" im Sinne des § 87 Abs. 1 S. 1 AktG im Einzelfall zu bestimmen ist und wann man vom Vorliegen „besonderer Gründe" für eine Abweichung ausgehen kann, lässt sich der Norm nicht unmittelbar entnehmen.

---

40 *Mertens/Cahn*, in: Kölner Komm. AktG, § 87 Rn. 15.

41 Dafür: *Hüffer*, AktG, § 87 Rn. 2; *Spindler*, in: MünchKomm. AktG, § 87 Rn. 29; *Tegtmeier*, Vergütung von Vorstandsmitgliedern, S. 279 f.; *Thüsing*, AG 2009, 517 (518); stark bezweifelnd: *Seibt*, in: K. Schmidt/Lutter, AktG, § 87 Rn. 9; dagegen: *Fleischer*, in: Spindler/Stilz, AktG, § 87 Rn. 19.

42 Vgl. *Hüffer*, AktG, § 87 Rn. 3.

43 *Mertens/Cahn*, in: Kölner Komm. AktG, § 87 Rn. 7; *Fleischer*, in: Spindler/Stilz, AktG, § 87 Rn. 24.

44 *Fleischer*, in: Spindler/Stilz, AktG, § 87 Rn. 24.

45 Als eigenständiges Merkmal betrachtend: *Mertens/Cahn*, in: Kölner Komm. AktG, § 87 Rn. 16; *Otto*, Vorstandsvergütung, S. 223; a.A. *Seibt*, in: K. Schmidt/Lutter, AktG, § 87 Rn. 8, 10.

46 So noch FrakE VorstAG, BT-Drucks. 16/12278, S. 3.

47 So auch *Mertens/Cahn*, in: Kölner Komm. AktG, § 87 Rn. 16; *Otto*, Vorstandsvergütung, S. 223.

48 Vgl. BeschlEmpf VorstAG, BT-Drucks. 16/13433, S. 10; so auch *Mertens/Cahn*, in Kölner Komm. AktG, § 87 Rn. 16; *Fleischer*, in: Spindler/Stilz, AktG, § 87 Rn. 15.

49 *Fleischer*, in: Spindler/Stilz, AktG, § 87 Rn. 15.

Teile des Schrifttums kritisieren deshalb auch die Verwendung „nebulöser" Begrifflichkeiten und halten die Vorschrift insgesamt für „völlig missglückt"[50]. Nur bedingt vermögen die Gesetzesmaterialien die Auslegung zu erleichtern. Danach ist für die Bestimmung der Üblichkeit ein Vergleich auf horizontaler und vertikaler Ebene zu ziehen[51]. Es kommt zunächst auf „die Branchen-, Größen- und Landesüblichkeit" an, d. h. auf die Vergütungsusancen in „Unternehmen derselben Branche, ähnlicher Größe und Komplexität" (sog. horizontale Vergleichbarkeit)[52]. Mit „Landesüblichkeit" ist die Üblichkeit im Geltungsbereich des Gesetzes gemeint[53], woraus deutlich wird, dass als Vergleichsmaßstab nicht etwa in USA oder UK übliche Managergehälter herangezogen werden können[54]. Neben dem horizontalen Vergleich soll „das Lohn- und Gehaltsgefüge im Unternehmen" Berücksichtigung finden, mithin sollen „Maß und Bezug zu den Vergütungsgepflogenheiten und dem Vergütungssystem im Unternehmen im Übrigen" gewahrt werden (sog. vertikale Vergleichbarkeit)[55]. Dieses Erfordernis stößt auf Kritik im Schrifttum und wird mangels Niederschlag im Gesetzeswortlaut teilweise sogar für unbeachtlich gehalten[56]. Teils wird ein unternehmensinterner Vergleich nur zur ersten Führungsebene für sinnvoll erachtet[57].

Zwischen horizontaler und vertikaler Üblichkeit können naturgemäß Spannungen bestehen[58]. Die herrschende Meinung erachtet in solchen Fällen horizontale Vergleichsparameter als vorrangig[59], jedenfalls bis zur Grenze des *„outrage constraint"*[60] in vertikaler Hinsicht[61]. Als Argument dient unter anderem

50 *Mertens/Cahn*, in: Kölner Komm. AktG, § 87 Rn. 17; in diesem Sinne auch *Handelsrechtsausschuss DAV*, NZG 2009, 612 (613).

51 BeschlEmpf VorstAG, BT-Drucks. 16/13433, S. 10.

52 BegrFrakE VorstAG, BT-Drucks. 16/12278, S. 5; BeschlEmpf VorstAG, BT-Drucks. 16/13433, S. 10.

53 BeschlEmpf VorstAG, BT-Drucks. 16/13433, S. 10.

54 Jedoch können im Ausland übliche Vergütungen unter Umständen einen besonderen Grund i.S.d. § 87 Abs. 1 S. 1 AktG für ein Abweichen von im Inland üblichen Vergütungen darstellen, siehe unten letzter Absatz.

55 BegrFrakE VorstAG, BT-Drucks. 16/12278, S. 5; BeschlEmpf VorstAG, BT-Drucks. 16/13433, S. 10.

56 Vgl. etwa *Annuß/Theusinger*, BB 2009, 2434 (2435).

57 *Hüffer*, AktG, § 87 Rn. 2.

58 *Bauer/Arnold*, AG 2009, 717 (720); *Fleischer*, NZG 2009, 801 (802); *Thüsing*, AG 2009, 517 (518 f.).

59 *Bauer/Arnold*, AG 2009, 717 (720); *Fleischer*, NZG 2009, 801 (802); *Hoffmann-Becking/Krieger*, NZG 2009, Beil. zu Heft 26, Tz. 8; *Hüffer*, AktG, § 87 Rn. 2; *Dauner-Lieb*, Der Konzern 2009, 583 (587).

60 S. oben 1. Kapitel A I 2.

61 *Fleischer*, in: Spindler/Stilz, AktG, § 87 Rn. 18.

die Ausschussbegründung, die lediglich „auch“ das unternehmensinterne Gehaltsgefüge berücksichtigt sehen will[62].

Soweit das übliche Vergütungsmaß überschritten ist, kann dies nach § 87 Abs. 1 S. 1 AktG bei Vorliegen besonderer Gründe gerechtfertigt sein. In der Literatur wird als Beispiel hierfür etwa eine „besondere Tüchtigkeit“ des Vorstandsmitglieds genannt[63]. Bedeutsam dürfte auch sein, wenn dem (potenziellen) Vorstandsmitglied alternative lukrative Verdienstmöglichkeiten offenstehen[64]. Stets wird man jedoch verlangen müssen, dass der erhöhte Marktwert des Vorstandsmitglieds in konkreten Angeboten der Konkurrenz zum Ausdruck kommt[65].

b) Versorgungsbezüge

Gewährt die Gesellschaft einem Vorstandsmitglied ein Ruhegehalt, Hinterbliebenenbezüge oder Leistungen verwandter Art, so gilt hierfür nach § 87 Abs. 1 S. 4 AktG ebenfalls das Angemessenheits- und Üblichkeitsgebot des § 87 Abs. 1 S. 1 AktG. Die Versorgungsbezüge müssen in einem angemessenen Verhältnis zur Lage der Gesellschaft und den Aufgaben des Vorstandsmitglieds, jeweils zum Zeitpunkt der Erteilung der Versorgungszusage, stehen[66]. Zudem ist insbesondere auf die horizontale und vertikale Üblichkeit zu achten[67]. Dass sich das Angemessenheitsgebot des § 87 Abs. 1 AktG auch auf die Summe aus aktiven Bezügen und Versorgungszusagen bezieht, lässt sich zwar Wortlaut und Systematik des § 87 Abs. 1 AktG nicht entnehmen, leuchtet im Ergebnis aber aufgrund der Austauschbarkeit von Aktivbezügen und Versorgungsleistungen ein[68].

c) Vergütungsstruktur

Nach § 87 Abs. 1 S. 2 AktG ist die Vergütungsstruktur bei börsennotierten Gesellschaften auf eine nachhaltige Unternehmensentwicklung auszurichten. Mit „Vergütungsstruktur“ sind die im Rahmen der Individualvergütungen vorliegende Zusammensetzung verschiedener Vergütungselemente und ihr Verhältnis zueinander gemeint[69]. Der Begriff der Nachhaltigkeit verlangt, dass die Vergütungsstruktur auf den dauerhaften, zumindest periodenübergreifenden Erfolg des Unternehmens

---

62 BeschlEmpf VorstAG BT-Drucks. 16/13433, S. 10; *Fleischer*, in: Spindler/Stilz, AktG, § 87 Rn. 18.

63 *Mertens/Cahn*, in: Kölner Komm. AktG, § 87 Rn. 17.

64 *Bauer/Arnold*, AG 2009, 717 (720); *Hoffmann-Becking/Krieger*, NZG 2009, Beil. zu Heft 26, Tz. 5.

65 *Fleischer*, in: Spindler/Stilz, AktG, § 87 Rn. 16; zweifelnd, falls ein solcher „Marktvergleich“ nicht vorliegt *Mertens/Cahn*, in: Kölner Komm. AktG, § 87 Rn. 17.

66 *Mertens/Cahn*, in: Kölner Komm. AktG, § 87 Rn. 21.

67 *Doetsch*, AG 2010, 465 ff.

68 Ebenso *Bauer/Baeck/v. Medem*, NZG 2010, 721 (726); *Mertens/Cahn*, in: Kölner Komm. AktG, § 87 Rn. 21.

69 *Hüffer*, AktG, § 87 Rn. 4c.

angelegt ist[70]. Der Unternehmenserfolg drückt sich dabei nicht notwendigerweise in einer Steigerung des Unternehmenswerts aus[71]. Auch sollen stichtagsbezogene Messungen einzelner Erfolgsparameter unterbleiben, weil sie oftmals nur Ausdruck eines unternehmerischen Strohfeuers sind[72]. Somit korrespondiert das mittels Vergütungsstruktur zu verfolgende Ziel nachhaltiger Unternehmensentwicklung mit der allgemeinen Pflichtenstellung der Verwaltung, ihr Handeln auf das Unternehmensinteresse auszurichten, was beinhaltet, den Gesellschaftszweck unter möglichst dauerhaften Rentabilitätsgesichtspunkten zu verfolgen[73].

Zwar beschränkt § 87 Abs. 1 S. 2 AktG die Anwendung des Nachhaltigkeitsgedankens auf börsennotierte Gesellschaften. Jedoch soll er ausweislich der Gesetzesbegründung auch von geschlossenen Gesellschaften berücksichtigt werden[74].

d) Variable Vergütungsbestandteile

§ 87 Abs. 1 S. 3 Hs. 1 AktG knüpft inhaltlich an Satz 2 an und folgert aus dem Nachhaltigkeitsgedanken, dass variable Vergütungsbestandteile eine mehrjährige Bemessungsgrundlage haben sollen. Dies gilt allerdings nur, soweit überhaupt variable Vergütungsbestandteile vereinbart sind, denn auch eine reine Fixvergütung kann in Ausnahmefällen zulässig sein[75]. Für die in börsennotierten Gesellschaften den Regelfall darstellende Verwendung variabler Vergütungsbestandteile werden für die Bemessungsgrundlage Zeiträume mit einer Spanne von zwei bis fünf Jahren vorgeschlagen[76]. Die nach Art. 4 Abs. 3 EUV zu berücksichtigende Kommissionsempfehlung vom April 2009 erachtet drei bis fünf Jahre für angemessen[77]. Wesentliches Erfordernis einer langfristigen Bemessungsgrundlage ist jedenfalls, dass nicht nur die Fälligkeit hinausgeschoben ist, sondern die variablen Vergütungsbestandteile auch an negativen Unternehmensentwicklungen teilnehmen[78]. Die konkrete Art der

70 *Hüffer*, AktG, § 87 Rn. 4c.

71 *Thüsing*, AG 2009, 517 (520).

72 *Mertens*, AG 2011, 57 (58); *Fleischer*, NZG 2009, 801 (802); *Hüffer*, AktG, § 87 Rn. 4c.

73 *Seibt*, in: K. Schmidt/Lutter, AktG, § 87 Rn. 12.

74 BeschlEmpf VorstAG, BT-Drucks. 16/13433, S. 10.

75 *Seibt*, in: K. Schmidt/Lutter, AktG, § 87 Rn. 12; *Mertens/Cahn*, in: Kölner Komm. AktG, § 87 Rn. 22; *Bauer/Arnold*, AG 2009, 717 (722); *Hoffmann-Becking/Krieger*, NZG 2009, Beil. zu Heft 26, Tz. 10; *Hohenstatt*, ZIP 2009, 1349 (1351); *Fleischer*, NZG 2009, 801 (803); *Thüsing*, AG 2009, 517 (519).

76 Vgl. *Fleischer*, in: Spindler/Stilz, AktG, § 87 Rn. 31 m.w.N.

77 Empfehlung der Kommission zur Ergänzung der Empfehlungen 2004/913/EG und 2005/162/EG zur Regelung der Vergütung von Mitgliedern der Unternehmensleitung börsennotierter Gesellschaften (2009/385/EG) endg. vom 30.4.2009, ABl. Nr. L 120 v. 15.5.2009, S. 28, Erwägungsgrund 6; so, unter Hinweis auf die Kommissionsempfehlung, auch *Fleischer*, in: Spindler/Stilz, AktG, § 87 Rn. 31.

78 BeschlEmpf VorstAG, BT-Drucks. 16/13433, S. 10; *Hohenstatt/Kuhnke*, ZIP 2009, 1981 (1984 f.); *Fleischer*, in: Spindler/Stilz, AktG, § 87 Rn. 32; *Hüffer*, AktG, § 87 Rn. 4d; *Seibt*, in: K. Schmidt/Lutter, AktG, § 87 Rn. 12.

Umsetzung hat der Gesetzgeber bewusst der Praxis überlassen[79]. Verwendung finden etwa Gesamtbetrachtungssysteme, Jahresdurchschnittsmodelle sowie Long Term Incentive-Programme mit erst nach mehrjähriger Wartezeit einlösbaren Phantom Shares oder Restricted Shares[80]. Weiterhin kommen Bonus-Malus-Systeme[81] und entsprechend der Empfehlung der Kommission aus dem April 2009[82] Clawback-Klauseln in Betracht[83]. Häufig verwenden Unternehmen neben Erfolgsparametern als zusätzliches Kriterium für die Zahlung bestimmter Bezüge den Fortbestand des Vorstandsverhältnisses bzw. ein Ausscheiden aus dem Amt als „*good leaver*"[84]. § 87 Abs. 1 S. 3 AktG steht dem nicht entgegen, wenngleich Bedenken auf dienstvertraglicher Ebene bestehen[85].

Aus dem Nachhaltigkeitsgedanken des § 87 Abs. 1 S. 2 AktG und der Anordnung einer mehrjährigen Bemessungsgrundlage in Satz 3 Hs. 1 ließe sich folgern, dass ausschließlich solche variablen Vergütungsbestandteile gewährt werden dürfen, die langfristige Verhaltensanreize setzen. Dem ist jedoch ausweislich der Gesetzesmaterialien nicht so. Danach ist die kumulative Verwendung kurz- und langfristiger Anreize möglich, sofern „im Ergebnis ein langfristiger Verhaltensanreiz erzeugt wird"[86]. Was das für die konkrete Ausgestaltung in der Praxis bedeutet, wird unterschiedlich beurteilt. Die meisten Stimmen in der Literatur halten es für unbedenklich, wenn kurzfristige variable Vergütungselemente einen Anteil von bis zu 20 % der Gesamtbezüge ausmachen[87]. Überzeugender als der Versuch, konkrete Kennzahlen zu etablieren, scheint es jedoch, auf das Gesamtbild aller Vergütungselemente abzustellen und nur im Sinne einer Faustformel zu fordern, dass die variable Vergütung mehrheitlich aus langfristigen Vergütungselementen bestehen muss[88].

Nach § 87 Abs. 1 S. 3 Hs. 2 AktG soll der Aufsichtsrat bei variablen Vergütungsbestandteilen vertraglich eine Möglichkeit zur Begrenzung der Auswirkungen außerordentlicher Entwicklungen vorsehen. Dies dient der Vermeidung sog. „Windfall-Profits", die namentlich bei Unternehmensübernahmen, der Veräußerung

---

79 BeschlEmpf VorstAG, BT-Drucks. 16/13433, S. 10.

80 *Seibt*, in: K. Schmidt/Lutter, AktG, § 87 Rn. 12.

81 Vgl. BeschlEmpf VorstAG, BT-Drucks. 16/13433, S. 10.

82 Empfehlung der Kommission zur Ergänzung der Empfehlungen 2004/913/EG und 2005/162/EG zur Regelung der Vergütung von Mitgliedern der Unternehmensleitung börsennotierter Gesellschaften (2009/385/EG) endg. vom 30.4.2009, ABl. Nr. L 120 v. 15.5.2009, S. 28, Erwägungsgrund 6.

83 *Bauer/Arnold*, AG 2009, 717 (723); *Thüsing*, AG 2009, 517 (521); *Weber-Rey*, WM 2009, 2255 (2260); *Fleischer*, in: Spindler/Stilz, AktG, § 87 Rn. 32.

84 *Hüffer*, AktG, § 87 Rn. 4d.

85 Ausführlich *Jaeger*, Liber Amicorum Winter, S. 313 (315 ff.).

86 BeschlEmpf VorstAG BT-Drucks. 16/13433, S. 10; vgl. auch *Fleischer*, in: Spindler/Stilz, AktG, § 87 Rn. 33; *Hüffer*, AktG, § 87 Rn. 4c.

87 *Bauer/Arnold*, AG 2009, 717 (722); *Lingemann*, BB 2009, 1918 (1919); *Deilmann/Otte*, GWR 2009, 261 (262).

88 *Hoffmann-Becking/Krieger*, NZG 2009, Beil. zu Heft 26, Tz. 13.

von Unternehmensteilen, der Hebung stiller Reserven oder aufgrund anderer externer Faktoren eintreten können[89]. Als zulässig und praktikabel wird die Vereinbarung fester Obergrenzen (Caps) für die variable Vergütung erachtet[90]. Die Entscheidung für eine solche oder eine andere Ausgestaltung der Begrenzungsmöglichkeit liegt im Ermessen des Aufsichtsrats[91].

2. *Vorgaben des DCGK*

Der DCGK befasst sich in gesetzeserläuternder, teils aber auch in empfehlender Weise mit der individuellen Gesamtvergütung, dem Angemessenheitsgebot, der Vergütungsstruktur, variablen Vergütungsbestandteilen sowie Versorgungszusagen.

a) Individuelle Gesamtvergütung

Der Kodex zählt in Ziff. 4.2.3 Abs. 1 DCGK Bestandteile der Gesamtvergütung der Vorstandsmitglieder auf. Danach fallen darunter „die monetären Vergütungsbestandteile, die Versorgungszusagen, die sonstigen Zusagen, insbesondere für den Fall der Beendigung der Tätigkeit, Nebenleistungen jeder Art und Leistungen von Dritten, die im Hinblick auf die Vorstandstätigkeit zugesagt oder im Geschäftsjahr gewährt wurden". Im Einklang mit der Gesetzeslage fordert der DCGK die Angemessenheit der Gesamtvergütung[92]. Als bedeutende Neuerung enthält der DCGK nunmehr in Ziff. 4.2.3 Abs. 2 S. 6 die Empfehlung, die Gesamtvergütung betragsmäßig zu begrenzen[93].

b) Angemessenheit

In Abweichung von dem Wortlaut des § 87 Abs. 1 S. 1 AktG, wonach sich das Angemessenheitserfordernis nur auf die Gesamtheit der Bezüge bezieht, äußert sich Ziff. 4.2.3 Abs. 2 S. 5 DCGK dahingehend, dass auch jeder einzelne Vergütungsbestandteil für sich genommen angemessen sein muss. Als Kriterien für die Angemessenheit der Vergütung nennt Ziff. 4.2.2 Abs. 2 DCGK die Aufgaben und persönliche Leistung des einzelnen Vorstandsmitglieds sowie die wirtschaftliche Lage, den Erfolg und die Zukunftsaussichten des Unternehmens. Entgegen der oben vertretenen Ansicht[94] wird die Üblichkeit der Vergütung im Rahmen der Angemessenheitsprüfung verortet. Hinsichtlich der Üblichkeit empfiehlt der DCGK seit Neuestem, dass der Aufsichtsrat das Verhältnis der Vorstandsvergütung zur Vergütung

---

89 BeschlEmpf VorstAG, BT-Drucks. 16/13433, S. 10.

90 *Fleischer*, in: Spindler/Stilz, AktG, § 87 Rn. 37; *Seibt*, in: K. Schmidt/Lutter, AktG, § 87 Rn. 12; *Bauer/Arnold*, AG 2009, 717 (724); *Hoffmann-Becking/Krieger*, NZG 2009, Beil. zu Heft 26, Tz. 26.

91 BeschlEmpf VorstAG, BT-Drucks. 16/13433, S. 10; *Hohenstatt*, ZIP 2009, 1349 (1352).

92 Ziff. 4.2.3 Abs. 2 S. 5 DCGK in der Fassung vom 13. Mai 2013.

93 Vgl. Ziff. 4.2.3 Abs. 2 S. 6 DCGK in der Fassung vom 13. Mai 2013.

94 S. oben 2. Kapitel B I 1 a bb.

des oberen Führungskreises und der Belegschaft insgesamt auch in der zeitlichen Entwicklung berücksichtigt[95]. Dabei obliegt es dem Aufsichtsrat festzulegen, wer zum oberen Führungskreis und zur relevanten Belegschaft zu zählen ist[96].

c) Vergütungsstruktur

Hinsichtlich der Vergütungsstruktur empfiehlt der Kodex in Ziff. 4.2.3 Abs. 2 S. 2 DCGK, für die monetären Vergütungsteile sowohl fixe als auch variable Bestandteile vorzusehen[97]. Die Festvergütung dient der Grundabsicherung des Vorstandsmitglieds, dem dadurch ermöglicht wird, seine Amtsführung unabhängig von kurzfristigen Erfolgszielen am Unternehmensinteresse und an den Pflichten eines ordentlichen und gewissenhaften Geschäftsleiters auszurichten[98]. Die Empfehlung variabler Vergütungsbestandteile steht im Einklang mit der gesetzlichen Annahme, dass die von diesen Vergütungsformen ausgehenden Anreize einer nachhaltigen Unternehmensentwicklung dienlich sein können. Anzumerken ist, dass rechtstatsächlich eine Kombination fester und variabler Vergütungsbestandteile für die Vorstandsvergütung in deutschen Aktiengesellschaften die Regel darstellt[99].

d) Variable Vergütungsbestandteile

Der Kodex empfiehlt in Ziff. 4.2.3 Abs. 2 S. 4 DCGK, bei der Ausgestaltung der variablen Bestandteile sowohl positiven als auch negativen Entwicklungen Rechnung zu tragen. Als gesetzesbeschreibender Zusatz weist der Kodex in Ziff. 4.2.3 Abs. 2 S. 5 DCGK darauf hin, dass die (variablen) Vergütungsteile nicht zum Eingehen unangemessener Risiken verleiten dürfen. Sie sollen auf anspruchsvolle, relevante Vergleichsparameter bezogen sein[100]. Anspruchsvoll müssen die Vergleichsparameter sein, um überhaupt eine Anreizwirkung zu entfalten[101]. Relevant sind sie dann, wenn sie für das Vorstandsmitglied auch ein Verlustrisiko begründen[102]. Das gesetzlich in begrenztem Rahmen zulässige Repricing[103], bei dem die Erfolgshürde und/oder der Ausübungspreis von Aktienoptionsprogrammen nachträglich herabgesetzt werden/wird mit dem Ziel, unvorhergesehene und auf exogenen Faktoren beruhende Kursverluste nicht in vollem Maße auf die Vergütung durchschlagen zu lassen, empfiehlt Ziff. 4.2.3 Abs. 2 S. 8 DCGK auszuschließen. Im Rahmen der neuesten Überarbeitung

95 Ziff. 4.2.2 Abs. 2 S. 3 DCGK in der Fassung vom 13. Mai 2013.
96 Ziff. 4.2.2 Abs. 2 S. 3 a.E. DCGK in der Fassung vom 13. Mai 2013.
97 Ziff. 4.2.3 Abs. 2 S. 2 DCGK in der Fassung vom 13. Mai 2013.
98 *Ringleb*, in: Ringleb/Kremer/Lutter/v. Werder, DCGK, Rn. 725.
99 *Ringleb*, in: Ringleb/Kremer/Lutter/v. Werder, DCGK, Rn. 724.
100 Ziff. 4.2.3 Abs. 2 S. 7 DCGK in der Fassung vom 13. Mai 2013.
101 *Ringleb*, in: Ringleb/Kremer/Lutter/v. Werder, DCGK, Rn. 761.
102 *Ringleb*, in: Ringleb/Kremer/Lutter/v. Werder, DCGK, Rn. 761.
103 Eingehend *v. Schlabrendorff*, Repricing von Stock Options; *Semmer*, Repricing.

des DCGK wurde – wie auch für die Gesamtvergütung – die Empfehlung aufgenommen, für die variable Vergütung eine betragsmäßige Höchstgrenze festzulegen[104].

e) *Versorgungszusagen*

Im Zuge seiner neuesten Überarbeitung wurde der DCGK um eine Empfehlung zu Versorgungszusagen an Vorstandsmitglieder ergänzt. So soll der Aufsichtsrat das jeweils angestrebte Versorgungsniveau unter anderem in Abhängigkeit von der Dauer der Vorstandszugehörigkeit festlegen und dabei den jährlichen und langfristigen Aufwand für das Unternehmen berücksichtigen[105].

3. *Vorgaben durch Satzung*

Ob die Satzung einer Aktiengesellschaft materielle Vorgaben zur Vorstandsvergütung machen darf, ist umstritten. Die Diskussion entfaltet sich vor dem Hintergrund des § 23 Abs. 5 AktG, nach dem Abweichungen von gesetzlichen Vorschriften nur dann zulässig sind, wenn dies ausdrücklich zugelassen ist und ergänzende Bestimmungen nur bei nicht abschließenden Regelungen in Betracht kommen. Eine Ansicht hält die die Personal- und Vergütungskompetenz des Aufsichtsrats begründenden §§ 84 Abs. 1, 87 Abs. 1 AktG für abschließend in letztgenanntem Sinne[106]. Die Gegenansicht erachtet zumindest das Aufstellen von Vergütungsrichtlinien für zulässig, soweit dadurch nicht die Kompetenz des Aufsichtsrats zur Personalauswahl beschränkt wird[107]. Letzterem dürfte jedenfalls bei einer Festlegung von Vergütungsobergrenzen nicht genügt sein[108]. Auch im Übrigen sind dieser Anforderung entsprechende und zugleich sinnvolle Satzungsbestimmungen nur schwer vorstellbar[109].

II. Australien

Das australische Recht macht nur in sehr rudimentärer Weise Vorgaben zur Ausgestaltung der Vergütung der *executive directors* und *senior executives.* Direkte die Höhe der Vergütung betreffende Vorgaben bestehen nicht. Die Grenzen des Zulässigen

---

104 Vgl. Ziff. 4.2.3 Abs. 2 S. 6 DCGK in der Fassung vom 13. Mai 2013.

105 Ziff. 4.2.3 Abs. 3 DCGK in der Fassung vom 13. Mai 2013.

106 *Oltmanns*, in: Heidel, Aktienrecht, § 87 Rn. 5; *Wiesner*, in: MünchHdb. AG, § 21 Rn. 32; *Krieger*, Personalentscheidungen, S. 165; *Schüller*, Vorstandsvergütung, S. 167; *Tegtmeier*, Vergütung von Vorstandsmitgliedern, S. 269 f.; *Martens*, ZHR 169 (2005), 124 (148); *Marsch-Barner*, FS Röhricht, S. 401 (404); *Mertens/Cahn*, in: Kölner Komm. AktG, § 87 Rn. 4; *v. Falkenhausen/Kocher*, AG 2010, 623 (628); *Fleischer/Bedkowski*, AG 2009, 677 (683).

107 *Hoffmann/Preu*, Aufsichtsrat, S. 54, Rn. 223; *Beiner*, Vorstandsvertrag, Rn. 239 f.; *Körner*, NJW 2004, 2697 (2701); *Hüffer*, AktG, § 87 Rn. 2; *Thüsing*, AG 2009, 517 (526).

108 *Dreher*, in: Henze/Hoffmann-Becking, Gesellschaftsrecht, 203 (214); *Bayer*, NZG 2013, 1 (13 f.); *Hüffer*, AktG, § 87 Rn. 2; *Schüppen*, ZIP 2010, 905 (911).

109 *Schüppen*, ZIP 2010, 905 (911).

ergeben sich aus den allgemeinen Sorgfaltspflichten und Treupflichten der *directors*, dem Angemessenheitsgebot aus sec. 211 (1) (b) CA 2001 sowie den Vorgaben der *Listing Rules* und der *ASX Corporate Governance Principles and Recommendations.*

1. Allgemeine Sorgfaltspflichten und Treupflichten

Die *directors* müssen zunächst in allen Vergütungsbelangen, insbesondere bei der Festsetzung der Vergütung, die allgemeinen Sorgfaltspflichten der secs. 180 bis 182 CA 2001 beachten. Diese verpflichten sie zu *care and diligence* und *good faith* und verbieten ihnen eigennütziges Verhalten zum Nachteil der Gesellschaft. Der Tatsache, dass unternehmerischem Handeln naturgemäß auch das Risiko des Scheiterns anhaftet, trägt das Gesetz durch die Business Judgment Rule in sec. 180 (2) CA 2001 Rechnung. In weiten Teilen sind die statuierten Sorgfaltspflichten deckungsgleich mit daneben bestehenden Sorgfaltspflichten des *common law*.

Zudem unterliegen die *directors* Treupflichten (*fiduciary duties*) gegenüber der Gesellschaft, die nicht kodifiziert sind, sondern vielmehr auf dem Recht der *equity* gründen. Im Wesentlichen ist es danach den *directors* untersagt, unter dem Einfluss eines Interessenskonflikts für die Gesellschaft zu handeln (*conflict rule*), ihre Position zum eigenen oder zum Vorteil Dritter zu missbrauchen (*profit rule*) und das Vermögen der Gesellschaft zu veruntreuen (*misappropriation rule*)[110]. Die Gerichte wenden diese Regeln oft wenig trennscharf und in Kombination miteinander an[111].

Inwieweit es den Aktionären möglich ist, den Inhalt des für die *directors* bestehenden Pflichtenprogramms zu modifizieren, indem sie zu einem bestimmten Verhalten ausdrücklich befugen, ist bislang nur hinsichtlich der *fiduciary duties* geklärt. In ihrem Falle ist dies grundsätzlich zu bejahen[112]. Hinsichtlich der statuierten Sorgfaltspflichten deutete der High Court in *Angas Law Services Pty Ltd (in liq) v Carabelas* diese Möglichkeit bisher nur an, ließ die Frage aber letztlich offen[113].

Soweit ersichtlich, ist es bisher nicht zu einer Konkretisierung der allgemeinen Sorgfaltspflichten und der Treupflichten in Bezug auf die Geschäftsleitervergütung gekommen. Ihnen lassen sich demnach keine konkreten Vorgaben für die Ausgestaltung der Vergütung entnehmen.

2. Angemessenheitsgebot der sec. 211 (1) (b) CA 2001

Das australische Recht kennt ein Angemessenheitsgebot für die Geschäftsleitervergütung in Form einer Ausnahme zu einem grundsätzlich bestehenden Zustimmungserfordernis der Hauptversammlung für die Gewährung von Vermögensvorteilen an die *directors.*

---

110 *Austin/Ramsay*, Ford's Principles, [9.020].
111 *Austin/Ramsay*, Ford's Principles, [9.020].
112 Vgl. *Austin/Ramsay*, Ford's Principles, [8.370].
113 Angas Law Services Pty Ltd (in liq) v Carabelas (2005) 215 ALR 110, 53 ACSR 208, 23 ACLC 509, [2005] HCA 23 at [32].

a) *Grundsätzliches Zustimmungserfordernis der Hauptversammlung*

Nach der Systematik des CA 2001 darf eine Gesellschaft Vermögensvorteile an *related parties*, was im vorliegenden Kontext die *directors* und ihre nahen Angehörigen meint[114], grundsätzlich nur mit Zustimmung der Hauptversammlung gewähren[115]. Damit sollen die Interessen der Anteilseigner geschützt werden[116]. Die Zustimmung der Hauptversammlung darf nicht älter als 15 Monate sein[117]. Ob die Gewährung eines *financial benefits* vorliegt, ist gemäß sec. 229 (1) CA 2001 mittels einer weiten Auslegung unter wirtschaftlichen Gesichtspunkten zu bestimmen, die auch eine etwaige Kompensation durch Gegenleistungen zunächst unberücksichtigt lässt. Der Vermögensvorteil muss im Übrigen nicht in einer Geldzahlung bestehen[118]. Die Gewährung einer Vergütung an die *directors* stellt, unabhängig davon, welche Form sie annimmt, regelmäßig einen *financial benefit* im Sinne der sec. 208 (1) CA 2001 dar[119].

Nicht ohne Weiteres ersichtlich ist, ob das Gesetz den Zustimmungsvorbehalt der Hauptversammlung schon für die vertragliche Zusicherung von Vermögensvorteilen verlangt oder erst für die tatsächliche Übertragung des Vermögensvorteils. Während der Wortlaut der sec. 208 (1) CA 2001 mit *„to give a financial benefit"* auf Letzteres hindeutet, lässt das Gesetz an anderer Stelle erkennen, dass schon die vertragliche Zusicherung eine Vorteilsgewährung darstellt. So ist sec. 229 (2) (b) CA 2001 zu entnehmen, dass *„giving a financial benefit"* auch in Form des Abschlusses eines informellen, mündlichen oder unverbindlichen Vertrags geschehen kann. Zudem geht sec. 208 (2) (b) CA 2001 davon aus, dass schon der einer Vorteilsgewährung zugrunde liegende Vertrag als Vorteilsgewährung im Sinne der sec. 208 (1) (a) (i) CA 2001 die Zustimmung der Hauptversammlung erhalten kann. Ist dies der Fall, bedarf die tatsächliche Gewährung des Vermögensvorteils keiner Zustimmung mehr und die Gewährung muss nicht innerhalb eines bestimmten Zeitfensters erfolgen[120].

b) *Ausnahme im Fall angemessener Vergütung*

Von dem Zustimmungserfordernis der Hauptversammlung besteht eine Reihe von Ausnahmen[121]. In Bezug auf die Geschäftsleitervergütung erlangt die Ausnahme aus sec. 211 (1) CA 2001 Relevanz, nach der die Zustimmung der Hauptversammlung entbehrlich ist, soweit es sich bei dem Vermögensvorteil um eine Vergütung (*remuneration*) handelt und deren Gewährung angemessen (*reasonable*) ist[122].

---

114 Vgl. sec. 228 (2), (3) CA 2001.
115 Vgl. sec. 208 (1) (a) (i) CA 2001.
116 Sec. 207 CA 2001.
117 Vgl. sec. 208 (1) (a) (ii) CA 2001.
118 Vgl. sec. 229 (2) (c) CA 2001.
119 CAMAC Report, S. 17.
120 Vgl. sec. 208 (2) CA 2001.
121 Vgl. secs. 210 ff. CA 2001.
122 Secs. 208 (1) (b), 211 (1) CA 2001.

aa) Vergütungseigenschaft

Der Begriff *remuneration* ist in sec. 9 CA 2001 definiert. Danach ist all das umfasst, was bilanzrechtlich als Vergütung der *directors* gilt. Nach § 9 des einschlägigen *accounting standard AASB 124* sind dies

> „*[...] all forms of consideration paid, payable or provided by the entity, or on behalf of the entity, in exchange for services rendered to the entity. It also includes such consideration paid on behalf of a parent of the entity in respect of the entity. Compensation includes:*
> - *short-term employee benefits, such as wages, salaries and social security contributions, paid annual leave and paid sick leave, profit-sharing and bonuses (if payable within twelve months of the end of the period) and non-monetary benefits (such as medical care, housing, cars and free or subsidised goods or services) for current employees;*
> - *post-employment benefits such as pensions, other retirement benefits, post-employment life insurance and post-employment medical care;*
> - *other long-term employee benefits, including long-service leave or sabbatical leave, jubilee or other long-service benefits, long-term disability benefits and, if they are not payable wholly within twelve months after the end of the period, profit-sharing, bonuses and deferred compensation;*
> - *termination benefits; and*
> - *share-based payment.*“[123]

Klarstellend ist in sec. 211 (3) CA 2001 ausgeführt, dass Beiträge eines Unternehmens an einen Pensionsfonds sowie Zahlungen aufgrund der Beendigung der Amtsstellung als Vergütung zu qualifizieren sind. Nicht geklärt und von der Rechtsprechung in Zweifel gezogen ist die Vergütungseigenschaft von Antrittsprämien[124]. Zusammenfassend lässt sich jedoch konstatieren, dass der Vergütungsbegriff äußerst umfassend ist.

bb) Angemessenheit

Als zweites Erfordernis für die Entbehrlichkeit eines Hauptversammlungsbeschlusses wird in sec. 211 (1) (b) CA 2001 genannt, dass die Gewährung der Vergütung angemessen ist. Für die Beurteilung der Angemessenheit sind nach Maßgabe des Gesetzes die Umstände der Gesellschaft[125] sowie die Umstände des Begünstigten einschließlich des dem Amt oder der Anstellung geschuldeten Verantwortungsgrades[126] zu berücksichtigen. Mit den Umständen des Begünstigten sind nicht etwa dessen

---

123 Der accounting standard AASB 124 verwendet durchgehend den Begriff „*compensation*“, der jedoch nach § 9 a.E. AASB 124 gleichbedeutend mit dem Begriff „*remuneration*“ ist.

124 Vgl. die Ausführungen von *Owen J* bezüglich einmaliger Optionsgewährungen als Anreiz einem *board of directors* beizutreten, in: *Mott v Mount Edon Goldmines (Aust) Ltd* (1994) 12 ACSR 658 (665).

125 Sec. 211 (1) (b) (i) CA 2001.

126 Sec. 211 (1) (b) (ii) CA 2001.

persönliche Vermögensverhältnisse, sondern vielmehr die Eigenschaften des von ihm ausgeübten Amts gemeint[127]. Der Maßstab für die Angemessenheit unterscheidet sich durchaus von Branche zu Branche und hängt von der Art und der Marktposition des jeweiligen Unternehmens ab[128].

Auf welchen Zeitpunkt – die vertragliche Vereinbarung oder die tatsächliche Gewährung der Vergütung – für die Beurteilung der Angemessenheit der Vergütungsgewährung abzustellen ist, lässt das Gesetz offen. Dadurch besteht etwa im Fall von Abfindungen (*termination benefits*)[129] eine nicht unerhebliche Rechtsunsicherheit, da diese, wie oben festgestellt, eine Vergütung im Sinne der sec. 211 (1) (a) CA 2001 darstellen. Denn zwischen vertraglicher Vereinbarung und tatsächlicher Gewährung der *termination benefits* kann eine große Zeitspanne liegen, in der sich die Umstände der Gesellschaft wesentlich verändern können[130]. In Anlehnung an die oben getroffene Feststellung, dass schon die vertragliche Zusicherung einen *financial benefit* darstellt, erscheint ein Abstellen auf die Umstände zum Zeitpunkt des Vertragsschlusses aus systematischen Erwägungen überzeugend.

Eine weitergehende Präzisierung des Angemessenheitsbegriffs ist in Australien bisher weder durch den Gesetzgeber noch durch die Gerichte erfolgt[131]. Das einschlägige Schrifttum beschränkt sich weitestgehend darauf, dies zu konstatieren[132]. Zwar findet sich vereinzelt Rechtsprechung, die sich damit auseinandersetzt, ob in einem konkreten Fall eine bestimmte Vergütung angemessen ist[133]. Eine Konkretisierung des Angemessenheitskriteriums sucht man aber auch hier vergeblich. Vor diesem Hintergrund und der mit ihm einhergehenden Rechtsunsicherheit ist es verständlich, dass in der Praxis das *board of directors* bzw. der Vergütungsausschuss regelmäßig einen Vergütungsberater ersucht, die Angemessenheit der Vergütung zu bescheinigen[134].

---

127 *Austin/Ramsay*, Ford's Principles, [9.540].

128 *Austin/Ramsay*, Ford's Principles, [9.540].

129 Teils, etwa im Rahmen des CA 2001, werden Abfindungen auch als *termination payments* bezeichnet, ohne dass damit inhaltlich etwas anderes gemeint wäre.

130 *Laughland*, in: Aust. Corp. Law, [3.2B.0075].

131 Vgl. *Hill/Masulis/Thomas*, 64 Vanderbilt Law Review (2011), 557 (566).

132 Eine Ausnahme stellt der Aufsatz von *Defina, Harris* und *Ramsay* aus dem Jahr 1994 dar (12 Company and Securities Law Journal (1994), 341 ff.), der Rückschlüsse aus britischer und US-amerikanischer Rechtsprechung zu ziehen sucht.

133 Vgl. etwa Forge v ASIC (2004) NSWCA 448; Mott v Mount Edon Goldmines (Aust.) Ltd (1994) 2 ACSR 658; Dome Resources NL v Silver (2008) NSWCA 322; Supercar International Holdings Ltd v Sommers (2011) 84 ACSR 466, [2011] NSWSC 336 at [105].

134 Vgl. *Thomas*, Vanderbilt University Law School, Law and Economics Working Paper No. 11–18, 2011, S. 4; *Sheehan*, Regulation, S. 96.

3. Vorgaben der Listing Rules

Die Listing Rules machen für börsennotierte Gesellschaften in LR 10.17 Vorgaben zur Vergütung der *directors*. Zum einen darf die Gesamtsumme der Vergütung nicht ohne Zustimmung der Anteilseigner erhöht werden[135]. Dies betrifft jedoch nur die *fees* der *directors* und gilt nicht auch für die Bezüge der *executive directors*[136]. Den *non-executive directors* darf außerdem nur ein Fixbetrag gewährt werden[137]. Zum anderen darf die Vergütung aller *directors* nach LR 10.17 S. 3 keine Provision auf den Umsatz oder einen prozentualen Anteil daran enthalten.

4. Vorgaben der ASX Corporate Governance Principles and Recommendations

Principle 8 der *ASX Corporate Governance Principles and Recommendations* widmet sich der Vergütung von *directors* und *senior executives* in börsennotierten Gesellschaften. Unter der Überschrift *„Remunerate fairly and responsibly"* wird den Gesellschaften aufgegeben sicherzustellen, dass Höhe und Zusammensetzung der Vergütung ausreichend und angemessen sind und der Bezug der Vergütung zur Leistung klar ist[138]. Da es sich hierbei um ein *Principle* handelt, ist die Vorgabe unverbindlich und ihre Missachtung begründet keine Berichtspflicht nach LR 4.10.3. Anders verhält es sich mit den vier Empfehlungen, die dem Prinzip untergeordnet sind. Bei ihnen greift der *„if not, why not"-approach.* Während die ersten beiden Empfehlungen die Etablierung eines Vergütungskomitees betreffen und die letzte Empfehlung Publizitätspflichten statuiert, kann nur die dritte Empfehlung als Vorgabe hinsichtlich der Ausgestaltung der Vergütung verstanden werden. Ihr zufolge sollen Gesellschaften deutlich zwischen der Vergütungsstruktur bei *non-executive directors* und der bei *executive directors* und *senior executives* unterscheiden[139].

Diese Empfehlung wird konkretisiert und erklärt durch einen anschließenden Kommentar sowie durch Leitlinien für die Zusammenstellung der Vergütungspakete für *executive directors* und *senior executives*[140]. Beide sind rechtlich unverbindlich und – ungeachtet der Aussprache von Empfehlungen – auch nicht dem *„if not, why not"-approach* verhaftet. Nach dem Kommentar sollen die Gesamtbezüge ein ausgewogenes Verhältnis von fester und anreizorientierter Vergütung aufweisen[141]. Dabei soll die anreizorientierte Vergütung kurz- und langfristige Erfolgsziele widerspiegeln,

---

135 LR 10.17 S. 1.

136 LR 10.17 S. 2.

137 LR 10.17.2.

138 Eingehend *Ablen*, 25 Sydney Law Review (2003), 555 (557 ff.).

139 Vgl. Recommendation 8.3 ASX Corporate Governance Principles and Recommendations, S. 37.

140 Vgl. ASX Corporate Governance Principles and Recommendations, S. 37 f.

141 Recommendation 8.3, ASX Corporate Governance Principles and Recommendations, Commentary, S. 37.

die der Lage und den Zielen der Gesellschaft angemessen sind[142]. Nach den Leitlinien kommen als Bestandteile der Vergütungspakete Festvergütung, erfolgsbasierte Vergütung, aktienbasierte Vergütung sowie Abfindungen[143] in Betracht.

a) Festvergütung

Als Leitlinie für die Festvergütung wird vorgegeben, diese unter Berücksichtigung der rechtlichen und tarifvertraglichen Verpflichtungen der Gesellschaft sowie der Anforderungen des Arbeitsmarkts angemessen und fair auszugestalten[144]. Zudem soll die Festvergütung vom Geschäftsumfang des Unternehmens abhängen und die grundsätzlichen Erfolgsziele und -erwartungen wiederspiegeln[145].

b) Erfolgsbasierte Vergütung

Die Leitlinien betrachten erfolgsbasierte Vergütungselemente, sofern sie an klar spezifizierte Erfolgsziele gebunden sind, als effektives Mittel zur Förderung der Interessen von Gesellschaft und Aktionären[146]. Für Anreizsysteme empfehlen sie die Verwendung angemessener Erfolgsparameter, die den relativen Erfolg messen und Belohnungen für wesentlich verbesserte Unternehmensergebnisse vorsehen[147].

c) Aktienbasierte Vergütung

Eine angemessen ausgestaltete aktienbasierte Vergütung, einschließlich Aktienoptionen, gilt nach den Leitlinien durchaus als effektives Vergütungselement, soweit sie an Erfolgsziele oder -hürden geknüpft ist[148]. Zugleich wird konstatiert, die aktienbasierte Vergütung habe ihre Grenzen und könne zu kurzfristigem Denken aufseiten der *senior executives* beitragen[149]. Infolgedessen komme der angemessenen Ausgestaltung von Aktienoptionsplänen besondere Bedeutung zu[150]. So sollen die Pläne ausdrücklich

---

142 Recommendation 8.3, ASX Corporate Governance Principles and Recommendations, Commentary, S. 37.

143 Die Leitlinien zur Gewährung von Abfindungen werden an anderer Stelle geschlossen mit den weiteren Abfindungsvorgaben behandelt, s. 2. Kapitel C II 4.

144 ASX Corporate Governance Principles and Recommendations, S. 38, Box 8.1, Nr. 1, S. 1.

145 ASX Corporate Governance Principles and Recommendations, S. 38, Box 8.1, Nr. 1.

146 ASX Corporate Governance Principles and Recommendations, S. 38, Box 8.1, Nr. 2, S. 1.

147 ASX Corporate Governance Principles and Recommendations, S. 38, Box 8.1, Nr. 2, S. 2.

148 ASX Corporate Governance Principles and Recommendations, S. 38, Box 8.1, Nr. 3, S. 1.

149 ASX Corporate Governance Principles and Recommendations, S. 38, Box 8.1, Nr. 3, S. 2.

150 ASX Corporate Governance Principles and Recommendations, S. 38, Box 8.1, Nr. 3, S. 3.

verbieten, Deckungsgeschäfte (*hedging*) hinsichtlich der wirtschaftlichen Risiken vorzunehmen[151]. Die Ausübungsfristen sollen, soweit nach unternehmensinternen Regeln für den Handel mit Eigenkapitalinstrumenten bestimmte Handelsfenster (*trading windows*) vorgesehen sind, zeitlich mit diesen zusammenfallen[152].

5. Vorgaben durch Satzung

Soweit ersichtlich, machen die Satzungen australischer *public companies* keine materiellen Vorgaben hinsichtlich der Vergütung der *executive directors* und *senior executives*. Das Thema wird im australischen Gesellschaftsrecht auch nicht diskutiert. Vor dem Hintergrund der originär den Anteilseignern zustehenden Vergütungskompetenz und der Charakterisierung der sec. 201J CA 2001 als replaceable rule[153] muss jedoch davon ausgegangen werden, dass die Satzung zulässigerweise materielle Vergütungsvorgaben vorsehen kann.

III. Vergleich und Bewertung

Sowohl in Deutschland als auch in Australien macht die Rechtsordnung Vorgaben zur Ausgestaltung der Geschäftsleitervergütung. Neben gesetzlichen Bestimmungen finden sich jeweils auch Vorgaben in den einschlägigen Corporate Governance Kodices und in Australien zudem in den *Listing Rules*. Die allgemeinen Sorgfaltspflichten der für die Vergütung verantwortlich zeichnenden Personen bestimmen in beiden Rechtsordnungen in Gestalt von Minimalanforderungen den Bereich, innerhalb dessen sich die Vergütung zulässigerweise bewegen darf. Eine vergütungsspezifische Konkretisierung der allgemeinen Sorgfaltspflichten, wie sie § 87 Abs. 1 AktG vorsieht, kennt das australische Recht hingegen nicht. Den recht umfangreichen verbindlichen Vorgaben des § 87 AktG stehen auf australischer Seite lediglich das Angemessenheitsgebot aus sec. 211 (1) (b) CA 2001 sowie LR 10.17 gegenüber. Vor dem Hintergrund des auch in Deutschland zu verzeichnenden stetigen Anstiegs der Geschäftsleitervergütungen[154] und der spärlichen gerichtlichen Kontrolle selbiger darf jedoch die Effektivität dieses Mehrs an Regulierung bezweifelt werden.

Wichtige Gemeinsamkeiten weisen die beiden Rechtsordnungen zunächst bezüglich dessen auf, was sie nicht verbindlich vorschreiben. So sind die Geschäftsleiterbezüge weder in Deutschland noch in Australien gesetzlich oder anderweitig gedeckelt, wenngleich der DCGK seit Neuestem die Festlegung betragsmäßiger Höchstgrenzen empfiehlt[155]. Vor dem Hintergrund der oben dargelegten Nachteile,

---

151 ASX Corporate Governance Principles and Recommendations, S. 38, Box 8.1, Nr. 3, S. 4.
152 ASX Corporate Governance Principles and Recommendations, S. 38, Box 8.1, Nr. 3, S. 5.
153 S. oben 1. Kapitel A II 1.
154 S. oben 1. Kapitel C I 2 a.
155 Vgl. Ziff. 4.2.3 Abs. 2 S. 6 DCGK in der Fassung vom 13. Mai 2013.

die eine Normierung von Höchstgrenzen im Allgemeinen mit sich bringt[156], ist dies zu begrüßen. Gleichfalls zu begrüßen ist, dass beide Rechtsordnungen davon absehen, eine feste Struktur für die Vergütung vorzuschreiben. In Deutschland besteht lediglich das Erfordernis, die Vergütungsstruktur auf eine nachhaltige Unternehmensentwicklung auszurichten. Ebenso wenig verlangen oder verbieten die Rechtsordnungen ausdrücklich die Verwendung bestimmter Vergütungselemente. Lediglich LR 10.17 bildet hier für börsennotierte Unternehmen eine Ausnahme, indem die Vergütung keine Provision auf den Umsatz oder einen prozentualen Anteil an ihm enthalten darf.

Beide Rechtsordnungen kennen ein Angemessenheitsgebot für die Geschäftsleitervergütung, wenngleich sein Anwendungsbereich in Australien auf die Vergütung der *executive directors* beschränkt ist. Allerdings besteht ein grundlegender Unterschied in der Funktion und Bedeutung des Angemessenheitsgebots. Während es in Deutschland die allgemeine organschaftliche Sorgfaltspflicht der Aufsichtsratsmitglieder konkretisiert, ist seine Beachtung in Australien Voraussetzung, um von dem grundsätzlichen Zustimmungserfordernis der Hauptversammlung für die Gewährung einer Vergütung abzusehen. Soweit die Hauptversammlung zustimmt, kann eine Vergütung auch ohne Beachtung des Angemessenheitsgebots gewährt werden. Insoweit teilt das australische Angemessenheitsgebot nicht den zwingenden Charakter seines deutschen Pendants. Hierin kommt deutlich zum Ausdruck, dass das australische Recht durch einen Vermögensabfluss in Form von Geschäftsleitervergütungen zuvorderst Aktionärsinteressen tangiert sieht, das deutsche Recht hingegen auch anderweitige Interessen[157]. Die australische Position lässt sich überzeugend aus dem Gedanken ableiten, dass die Aktionäre die wirtschaftlichen Eigentümer der Gesellschaft sind und eine Einschränkung ihrer Dispositionsfreiheit nur unter Hinzutreten weiterer, besonderer Umstände, wie sie etwa bei Unternehmen des Finanzsektors auftreten können, stattfinden sollte.

Inhaltlich gelten die Angemessenheitsgebote beider Rechtsordnungen für die Gesamtbezüge der Geschäftsleiter. In Deutschland besagt dies das Aktiengesetz ausdrücklich. In Australien spricht das Gesetz in sec. 211 (1) (a) CA 2001 zunächst nur von *„remuneration"*. Dass dies aber regelmäßig die Gesamtvergütung betreffen wird, ergibt sich daraus, dass sämtliche Bezüge eines Geschäftsleiters in einer Vergütungsabrede Niederschlag finden und sodann diese Abrede als Gewährung eines *financial benefits* angemessen sein muss. Als Teil der Gesamtbezüge bzw. als *remuneration* gelten in beiden Ländern im Wesentlichen alle Leistungen der Gesellschaft, die einem Geschäftsleiter im Zusammenhang mit seiner Tätigkeit für die Gesellschaft gewährt werden. Während dies in Australien auch die Versorgungsbezüge der Geschäftsleiter beinhaltet, ist dies in Deutschland nicht der Fall. Allerdings bezieht sich das Angemessenheitsgebot in Deutschland nach richtiger Auffassung auch auf die Summe aus aktiven Bezügen und Versorgungsbezügen,

156 S. oben 1. Kapitel A II 2.

157 Vgl. zum von § 87 AktG geschützten Personenkreis nur *Hüffer*, AktG, § 87 Rn. 1.

sodass sich der Regelungsumfang nur vordergründig unterscheidet. Ein Unterschied besteht jedoch insoweit, als in Deutschland gemäß § 87 Abs. 1 S. 4 AktG auch die Versorgungsbezüge für sich genommen angemessen sein müssen.

Die Bezugspunkte des Angemessenheitsgebots gleichen sich im Wesentlichen. So müssen von Gesetzes wegen in beiden Ländern sowohl die Umstände der Gesellschaft als auch die des jeweiligen Geschäftsleiters berücksichtigt werden. Sec. 211 (1) (b) (ii) CA 2001 will im Rahmen der persönlichen Umstände auch die mit dem Amt oder der Anstellung einhergehende Verantwortungsübernahme berücksichtigt wissen. Obwohl nicht explizit im Gesetz erwähnt, ist dieser Gesichtspunkt auch im deutschen Recht beachtlich, und zwar im Rahmen der zu berücksichtigenden Aufgaben des Vorstandsmitglieds. Zur Frage, ob im australischen Recht, wie im deutschen Recht auch, die Leistungen des Geschäftsleiters zu berücksichtigen sind, geben weder der australische Gesetzestext, noch die Gesetzgebungsmaterialen, noch die Rechtsprechung und das einschlägige Schrifttum Auskunft. Es ist jedoch anzunehmen, dass die „Umstände des Geschäftsleiters" nach Sinn und Zweck der Vorschrift auch dessen Leistungen umfassen. Insgesamt muss konstatiert werden, dass die deutschen Bezugspunkte für die Angemessenheit eine eingehende Kommentierung und Konkretisierung durch das Schrifttum erfahren haben, während dies in Australien bisher unterblieben ist und viele Fragen ungeklärt sind.

Neben dem Angemessenheitsgebot stellt § 87 Abs. 1 AktG weitere verbindliche materielle Anforderungen an die Vorstandsvergütung, die in dieser Form keine Entsprechung im australischen Recht finden. Zu nennen sind hier das Üblichkeitsgebot sowie die Anforderungen an die Vergütungsstruktur und an variable Vergütungsbestandteile.

Zusätzlich zu den gesetzlichen Anforderungen enthält auch der DCGK weitere Vorgaben in Form von Empfehlungen, die sich ebenfalls nicht im australischen Recht wiederfinden. Es sind dies die Empfehlungen zur Gesamtvergütung, zur Üblichkeitsprüfung, zur Vergütungsstruktur, zu den variablen Vergütungsteilen und zu den Versorgungszusagen. Insbesondere findet auch die neue Empfehlung des DCGK in Ziff. 4.2.3 Abs. 2 S. 6 DCGK, nach der sowohl für die Gesamtvergütung als auch für die variable Vergütung betragsmäßige Höchstgrenzen gesetzt werden sollen, keine Entsprechung. In Australien verlangt der einschlägige Kodex lediglich als *„if not, why not"*-Vorschrift die deutliche Trennung der Vergütung der *non-executive directors* von der der *executive directors* und *senior executives.* Daneben finden sich nur unverbindliche Kommentierungen und Leitlinien, die sich aber zumindest teilweise inhaltlich mit den Dingen befassen, die in Deutschland verbindlich vorgeschrieben oder Gegenstand von Empfehlungen des DCGK sind.

Ein letztlich nur vordergründig und nicht praxisrelevanter Unterschied ist, dass in Australien auch per Satzung materielle Vorgaben zur Geschäftsleitervergütung gemacht werden können, in Deutschland dies hingegen allenfalls eingeschränkt möglich ist. Insgesamt lässt sich konstatieren, dass in Australien weniger und hinsichtlich ihrer Verbindlichkeit schwächere Vorgaben für die Ausgestaltung der Geschäftsleitervergütung bestehen als in Deutschland. Sinvoll bewerten lässt sich diese Feststellung nur im Rahmen einer Gesamtbetrachtung und -gegenüberstellung der beiden Rechtsrahmen zur Vorstandsvergütung. Denn nur so kann berücksichtigt werden, dass das australische Recht ggf. an anderer Stelle die vermeintlichen „Schwachpunkte" kompensiert. Diesbezüglich sei auf die Ausführungen in Kapitel 3, Abschnitt B verwiesen.

C. Abfindungen und Anerkennungsprämien

Mehr als andere Bestandteile der Geschäftsleitervergütung vermögen Abfindungen und Anerkennungsprämien öffentliche Empörung auszulösen. Das ist insoweit nachvollziehbar, als das Zusammenfallen einer Beendigung der Amtstätigkeit mit einem nicht selten erheblichen Vermögenszufluss aufseiten des scheidenden Geschäftsleiters auf den (aller)ersten Blick nicht recht passen will. Verständlich wird die Empörung, wenn das Ausscheiden eines mit „goldenem Handschlag" verabschiedeten Geschäftsleiters seinen Grund in einer schlechten Leistungsbilanz oder einer Pflichtverletzung hat. Vor diesem Hintergrund finden sich in den Rechtsordnungen zum Teil spezielle gesetzliche Vorgaben[1] und bedeutende Gerichtsentscheidungen[2] zu Abfindungen und Anerkennungsprämien, die es gerechtfertigt erscheinen lassen, den Themenkomplex in einem eigenen Abschnitt eingehend zu beleuchten.

I. Deutschland

1. Abfindungen

a) Abfindung bei Vertragsaufhebung

Wird die Bestellung eines Vorstandsmitglieds nach § 84 Abs. 3 S. 1 AktG widerrufen, so bleibt gemäß der herrschenden Trennungstheorie der Anstellungsvertrag hiervon unberührt[3]. Seine vorzeitige Beendigung setzt das Bestehen eines außerordentlichen Kündigungsrechts aus wichtigem Grund voraus, § 626 Abs. 1 BGB. Es kann aber auch vertraglich ein ordentliches Kündigungsrecht vorgesehen sein oder eine Koppelungsklausel den Fortbestand des Anstellungsvertrags an die bestehende Bestellung als Vorstandsmitglied knüpfen[4]. In allen anderen Fällen steht dem Vorstandsmitglied ein Anspruch auf Fortzahlung der Bezüge aus § 615 S. 1 BGB zu[5]. Von Gesetzes wegen muss es sich jedoch das anrechnen lassen, was es anderweitig erwirbt bzw. zu erwerben böswillig unterlässt, §§ 615 S. 2, 326 Abs. 2 S. 2 BGB[6].

---

1 Vgl. etwa die secs. 200 ff. CA 2001.
2 Vgl. nur BGHSt 50, 331 ff. – Mannesmann.
3 *Mertens/Cahn,* in: Kölner Komm. AktG, § 84 Rn. 106; *Spindler,* in: MünchKomm. AktG, § 84 Rn. 107; *Seibt,* in: K. Schmidt/Lutter, AktG, § 84 Rn. 45; *Hüffer,* AktG, § 84 Rn. 24; *Wiesner,* in MünchHdb. AG, § 20 Rn. 42; *Fleischer,* in: Spindler/Stilz, AktG, § 84 Rn. 92.
4 Vgl. *Stenzel,* Vorstandsvergütung, S. 152.
5 Vgl. BGH WM 1978, 109 (111); *Martens,* FS Hüffer, S. 647 (655).
6 Vgl. BGH ZIP 2003, 28 (29).

Zugleich kann eine Pflicht bestehen, bestimmte Kenntnisse und Fähigkeiten weiterhin in das Unternehmen einzubringen[7].

Das Weiterlaufen des Anstellungsvertrags wird in der Praxis vielfach als misslich betrachtet[8]. Als Alternative bietet sich eine einvernehmliche Aufhebung des Anstellungsvertrags unter Gewährung einer Abfindung an das ausscheidende Vorstandsmitglied. Die Vorteile hierbei sind, dass langwierige Auseinandersetzungen vermieden sowie schnell klare Verhältnisse geschaffen werden und das Vorstandsmitglied zudem keine persönlichen oder wirtschaftlichen Nachteile erleidet[9]. Eine Abfindungszahlung für noch ausstehende Vergütungen ist grundsätzlich zulässig[10]. Ob solche Zahlungen und insbesondere deren Höhe am Maßstab des § 87 Abs. 1 AktG zu messen sind[11] oder vielmehr nur der allgemeine Sorgfaltsmaßstab der §§ 116, 93 AktG gilt[12], ist streitig. Dabei handelt es sich jedoch nur um eine dogmatische Frage, stellt § 87 Abs. 1 AktG doch nichts anderes als eine konkretisierende Ausprägung der allgemeinen Sorgfaltspflicht des Aufsichtsrats dar[13]. Folglich gelten auch für Abfindungen das Angemessenheits- und das Üblichkeitsgebot[14].

Weite Teile der Literatur halten eine Abfindung in Höhe der bis zum Ende der Vertragslaufzeit ausstehenden Gesamtbezüge für angemessen[15]. Vereinzelt wird dies jedoch infrage gestellt[16]. Um die mit einer ablösenden Abfindung einhergehenden erheblichen Zinsvorteile aufseiten des Vorstandsmitglieds und den gleichzeitigen Liquiditätsabfluss aufseiten der Gesellschaft zu würdigen, sei zumindest eine Abzinsung vorzunehmen[17]. Zur Wahrung der Angemessenheit sei zudem ein Abzug aufgrund der anderweitigen Erwerbsmöglichkeiten des Vorstandsmitglieds

---

7 *Mertens/Cahn*, in: Kölner Komm. AktG, § 87 Rn. 83.

8 Vgl. *Stenzel*, Vorstandsvergütung, S. 153.

9 *Fonk*, in: Semler/v. Schenck, ArbHdb. AR, § 9 Rn. 343; *Stenzel*, Vorstandsvergütung, S. 153 f.

10 *Fleischer*, in: Spindler/Stilz, AktG, § 87 Rn. 19; *Weber*, in: Hölters, AktG, § 87 Rn. 42.

11 So etwa *Thüsing*, in: Fleischer, Hdb. VorstandsR., § 6 Rn. 97; *Körner*, NJW 2004, 2697 (2699).

12 *Hoffmann-Becking*, ZHR 169 (2005), 155 (169); *Mertens/Cahn*, in: Kölner Komm. AktG, § 87 Rn. 83.

13 *Hoffmann-Becking*, ZHR 169 (2005), 155 (156); *Fleischer*, DStR 2005, 1279.

14 So schon für die Rechtslage vor Geltung des VorstAG *Hoffmann-Becking*, ZHR 169 (2005), 155 (156).

15 *Bauer/Arnold*, DB 2006, 546 (548); *Bauer*, Aufhebungsverträge, III. Rn. 91j; *Käpplinger*, NZG 2003, 573 (574); *Leßmann*, Abfindungsvereinbarungen, S. 141; *Thüsing*, ZGR 2003, 457 (503).

16 Vgl. etwa *Hohenstatt/Naber*, FS Bauer, S. 447 (455), die eine Abfindung in voller Höhe der ausstehenden Bezüge nur in Sonderfällen zulassen wollen.

17 *Fonk*, in: Semler/v. Schenck, ArbHdb. AR, § 9 Rn. 357; *Käpplinger*, NZG 2003, 573 (574); *Martens*, ZHR 169 (2005), 124 (136); *Semler*, Liber Amicorum Happ, S. 277 (289); *Hohenstatt/Naber*, FS Bauer, S. 447 (456).

erforderlich[18]. Diese Diskussion hängt unmittelbar mit der Frage zusammen, inwieweit dem Vorstandsmitglied eine über die Höhe der zukünftigen Vergütungsansprüche hinausgehende Abfindung (sog. *golden handshake*) gewährt werden darf. Eine solche Besserstellung des Vorstandsmitglieds im Vergleich zu seiner Situation nach dem Anstellungsvertrag wird von der herrschenden Lehre in engen Grenzen für zulässig erachtet[19]. So könne vornehmlich das Interesse der Gesellschaft an der Vermeidung eines langwierigen Rechtsstreits, sowie ein dem Vorstandsmitglied entstehender Fortkommensschaden eine höhere Abfindung rechtfertigen[20]. Unter solchen Prämissen begegnet eine zusätzliche Abfindung auch keinen Bedenken im Hinblick auf die Mannesmann-Rechtsprechung des BGH[21]. Denn die Leistung an das ausscheidende Vorstandsmitglied erfolgt hier gerade nicht kompensationslos.

Bei der Beurteilung der Angemessenheit einer Abfindungszahlung fällt es bisweilen schwer, noch ausstehende variable Vergütungsbestandteile zu bewerten[22]. Deren Abhängigkeit von der Erreichung von Erfolgszielen und die Bemessung ihrer Höhe nach Parametern wie beispielsweise dem Börsenkurs bedingen, dass eine vorzeitige Kapitalisierung mit Unsicherheiten behaftet ist[23]. Gegen die zulässige Alternative, die variablen Bestandteile von der Abfindungsvereinbarung auszunehmen und sie erst mit Ablauf ihrer vertraglich vorgesehenen Laufzeit in ihrer dann feststehenden Höhe auszubezahlen[24], spricht jedoch das Interesse der Parteien an einer Klarheit schaffenden, abschließenden Regelung unter Einbeziehung sämtlicher Ansprüche[25]. Für die deshalb interessengerechtere Kapitalisierung der variablen Vergütungsbestandteile wird es teilweise für zulässig erachtet, eine hundertprozentige Zielerreichung zu unterstellen[26]. Sachgerechter erscheint es, auf Grundlage der bisher erreichten Ziele eine Prognose für die Zukunft zu erstellen, die insbesondere bei langen Restlaufzeiten auch mögliche Misserfolge und negative Geschäftsentwicklungen berücksichtigt[27].

---

18 *Hoffmann-Becking*, ZHR 169 (2005), 155 (169); *Hohenstatt/Naber*, FS Bauer, S. 447 (455); *Lutter/Krieger*, Aufsichtsrat, § 7 Rn. 424; *Stenzel*, Vorstandsvergütung, S. 157.

19 *Fonk*, in: Semler/v. Schenck, ArbHdb. AR, § 9 Rn. 358; *Fastrich*, FS Heldrich, S. 143 (153); *Schwark*, FS Raiser, S. 377 (392 f.); *Liebers/Hoefs*, ZIP 2004, 97 (101); *Mertens/Cahn*, in: Kölner Komm. AktG, § 87 Rn. 83.

20 *Mertens/Cahn*, in: Kölner Komm. AktG, § 87 Rn. 83.

21 BGHSt 50, 331 ff.; eingehend unten 2. Kapitel C I 2.

22 *Mertens/Cahn*, in: Kölner Komm. AktG, § 87 Rn. 83; *Hohenstatt/Naber*, FS Bauer, S. 447 (456 ff.).

23 *Hohenstatt/Naber*, FS Bauer, S. 447 (456).

24 Vgl. *Hohenstatt/Kuhnke*, ZIP 2009, 1981 (1988); *Jaeger*, NZA 2010, 128 (129); *Martens*, ZHR 169 (2005), 124 (137 f.).

25 *Stenzel*, Vorstandsvergütung, S. 155.

26 *Bauer*, Aufhebungsverträge, III. Rn. 91k sowie *Bauer/Arnold*, DB 2006, 546 (548); *Korts*, BB 2009, 1876 (1883).

27 So auch *Hohenstatt/Naber*, FS Bauer, S. 447 (457 f.).

Einer Kapitalisierung der variablen Vergütungsbestandteile steht § 87 Abs. 1 S. 2 und 3 AktG nicht entgegen[28]. Denn Abfindungszahlungen können eine auf Nachhaltigkeit abzielende Anreiz- und Steuerungsfunktion aufgrund des Ausscheidens des betroffenen Vorstandsmitglieds nicht erfüllen[29]. Davon zu unterscheiden ist der Fall, in dem schon im Anstellungsvertrag eine Abfindungsvereinbarung getroffen ist, nach der die variablen Vergütungsbestandteile zum Stichtag des Ausscheidens kapitalisiert und ausbezahlt werden. Eine solche Vereinbarung muss sich an § 87 Abs. 1 S. 2 und 3 AktG messen lassen[30]. Problematisch ist insbesondere, dass bei der frühzeitigen Auszahlung das Soll-Erfordernis einer mehrjährigen Bemessungsgrundlage für variable Vergütungsbestandteile missachtet wird[31]. Zudem können von einer solchen Klausel Fehlanreize ausgehen[32]. Keinesfalls darf die im Vorhinein vereinbarte Abfindung so hoch bemessen sein, dass sie den Aufsichtsrat faktisch zwingt, von einer Abberufung abzusehen und somit seine Personalkompetenz beschneidet[33].

Der DCGK gibt in Ziff. 4.2.3 Abs. 4 S. 1 Empfehlungen hinsichtlich Abfindungszahlungen. Danach soll bei Abschluss von Vorstandsverträgen „darauf geachtet werden, dass Zahlungen an ein Vorstandsmitglied bei vorzeitiger Beendigung der Vorstandstätigkeit einschließlich Nebenleistungen den Wert von zwei Jahresvergütungen nicht überschreiten (Abfindungs-Cap) und nicht mehr als die Restlaufzeit des Anstellungsvertrages vergüten“. Für die Berechnung des Abfindungs-Caps empfiehlt der Kodex in Ziff. 4.2.3 Abs. 4 S. 3 ein Abstellen auf die Gesamtvergütung des abgelaufenen Geschäftsjahres und unter Umständen auch auf die voraussichtliche Gesamtvergütung für das laufende Geschäftsjahr.

b) Abfindung bei Kontrollwechsel

In Anstellungsverträgen werden oft Abfindungszahlungen für den Fall vereinbart, dass es zu einem Kontrollwechsel oder der erstmaligen Begründung einer Kontrolle über die Gesellschaft kommt (sog. Change of Control-Klausel)[34]. Derartige Zahlungen werden dem betroffenen Vorstandsmitglied entweder in Kombination mit einem Sonderkündigungsrecht gewährt oder knüpfen an ein unfreiwilliges Ausscheiden aus dem Amt an[35]. Sinn und Zweck von Change of Control-Klauseln

---

28 *Jaeger*, NZA 2010, 128 (129).

29 *Jaeger*, NZA 2010, 128 (129).

30 *Jaeger*, NZA 2010, 128 (129).

31 *Hohenstatt/Kuhnke*, ZIP 2009, 1981 (1988).

32 *Stenzel*, Vorstandsvergütung, S. 156; *Jaeger*, NZA 2010, 128 (129).

33 Vgl. BGHZ 8, 348 (359 f.); BGH NJW 1957, 1278 f.; BGH WM 1970, 1394 (1397); *Martens*, ZHR 169 (2005), 124 (140); *Hoffmann-Becking*, ZHR 169 (2005), 155 (168); *Mertens/Cahn*, in: Kölner Komm. AktG, § 87 Rn. 83.

34 *Hoffmann-Becking*, ZHR 169 (2005), 155 (170); *Korts*, BB 2009, 1876; eingehend *Bork*, Change of Control.

35 *Mertens/Cahn*, in: Kölner Komm. AktG, § 87 Rn. 85; *Bork*, Change of Control, S. 2; *Bauer/Arnold*, DB 2006, 260 (263); *Ziemons*, FS Huber, S. 1035 (1036 ff.).

ist es, das Vorstandsmitglied umfänglich abzusichern, so dass es Übernahmeversuchen unvoreingenommen begegnen kann[36]. In diesem Sinne versteht sich auch die vielfach verwendete Bezeichnung „*golden parachute*".

Im Grundsatz werden Change of Control-Klauseln für zulässig erachtet[37]. Knüpfen sie an einen unfreiwilligen Amtsverlust unter Fortbestand des Anstellungsvertrags an, so stellen sie nichts anderes als eine Abfindungsvereinbarung im herkömmlichen Sinne dar[38]. Dementsprechend gelten für sie die oben genannten Grundsätze[39]. Insbesondere sind die durch Change of Control-Klauseln zugesprochenen Vorteile als Teil der Gesamtbezüge zu werten und haben insoweit dem Angemessenheitsgebot zu genügen[40]. Eine Zahlung, die über die Summe der vertraglich noch ausstehenden Leistungen hinausgeht, wird zum Teil mit dem für das Vorstandsmitglied bestehenden Risiko gerechtfertigt, nicht unmittelbar wieder ein Vorstandsmandat oder eine gleichwertige Stellung zu erlangen[41]. Zugleich darf die Abfindung keinesfalls so hoch bemessen sein, dass sie den (falschen) Anreiz setzt, einen Kontrollwechsel zu begünstigen[42].

Differenziert bewertet wird die Zulässigkeit von Change of Control-Klauseln, die nicht schon im Anstellungsvertrag, sondern erst später, wenn sich eine Übernahmesituation konkret abzeichnet, vereinbart werden. Teile des Schrifttums halten solche Klauseln für unvereinbar mit der Rechtsprechung des BGH im Fall Mannesmann[43]. Jedoch wird hierbei verkannt, dass sich diese Rechtsprechung nicht unmittelbar auf Change of Control-Klauseln bezieht[44]. Soweit man der Entscheidung allgemeine Grundsätze entnehmen möchte, ist zu konstatieren, dass nachträglich vereinbarte Change of Control-Klauseln ohne Weiteres damit in Einklang stehen[45]. Denn als Vorteil steht auf Gesellschaftsseite die Sicherstellung, dass das Vorstandsmitglied sein Verhalten am Unternehmensinteresse und nicht an der Erhaltung seines Amtes

---

36 Vgl. nur *Hoffmann-Becking*, ZHR 169 (2005), 155 (170).

37 *Dreher*, AG 2002, 214 (216 ff.); *Hoffmann-Becking*, ZHR 169 (2005), 155 (170); *Weber*, in: Hölters, AktG, § 87 Rn. 44; *Fleischer*, in: Spindler/Stilz, AktG, § 87 Rn. 53; *Bauer/Krets*, DB 2003, 811 (816).

38 *Mertens/Cahn*, in: Kölner Komm. AktG, § 87 Rn. 85; *Hoffmann-Becking*, ZHR 169 (2005), 155 (171).

39 S. oben 2. Kapitel C I 1 a.

40 *Hüffer*, AktG, § 87 Rn. 4b; *Fonk*, in: Semler/v. Schenck, ArbHdb. AR, § 9 Rn. 178; *Hoffmann-Becking*, ZHR 169 (2005), 155 (170); *Kort*, in: Großkomm. AktG, § 87 Rn. 363; *van Kann/Eigler*, DStR 2007, 1730 (1732); *Fleischer*, in: Spindler/Stilz, AktG, § 87 Rn. 53.

41 *Hüffer*, in: Bayer/Habersack, Aktienrecht, 7. Kap. Rn. 68.

42 Auf diese Gefahr hinweisend *Martens*, ZHR 169 (2005), 124 (141).

43 *Spindler*, in: MünchKomm. AktG, § 87 Rn. 84; *Kort*, in: Großkomm. AktG, § 87 Rn. 366; *ders.*, AG 2006, 106 (108).

44 *Hüffer*, AktG, § 87 Rn. 4b; *Weber*, in: Hölters, AktG, § 87 Rn. 45.

45 So auch *Mertens/Cahn*, in: Kölner Komm. AktG, § 87 Rn. 86.

ausrichtet[46]. Um in der Praxis jedwedes Risiko zu vermeiden, empfiehlt es sich jedoch, Change of Control-Klauseln schon vor dem Eintritt einer Übernahmesituation zu vereinbaren[47].

Gewährt eine Change of Control-Klausel ein Sonderkündigungsrecht und bei Ausübung dieses Rechts zudem eine Abfindung, ist dies nicht ohne Weiteres zulässig. Nach überzeugender Literaturmeinung darf eine Abfindung nur für den Fall vorgesehen sein, in dem der Kontrollwechsel oder -erwerb mit einer erheblichen Beeinträchtigung der Stellung des Vorstandsmitglieds einhergeht[48].

Übernahmerechtlich müssen sich Change of Control-Klauseln an § 33 WpÜG messen lassen[49]. Nach Abs. 1 S. 1 dieser Norm dürfen grundsätzlich ab der Veröffentlichung der Entscheidung zur Abgabe eines Übernahmeangebots aufseiten der Zielgesellschaft keine Handlungen vorgenommen werden, die den Erfolg des Übernahmeangebots verhindern könnten. Grundsätzlich kommt Change of Control-Klauseln, die im Nachgang zu einer solchen Veröffentlichung vereinbart werden, eine Verhinderungseignung zu[50]. Anders verhält es sich jedoch regelmäßig dann, wenn die Vereinbarung die Grenzen des § 87 AktG wahrt[51].

Wie bei Abfindungen anlässlich einer Vertragsaufhebung empfiehlt der DCGK auch für Abfindungen aus Anlass eines Kontrollwechsels eine Deckelung. Ziff. 4.2.3 Abs. 5 DCGK bestimmt, dass solche Leistungszusagen 150 % des Abfindungs-Caps[52], mithin drei Jahresvergütungen, nicht übersteigen sollen. Den Grund für die großzügigere Regelung im Vergleich zum (allgemeinen) Abfindungs-Cap mag man darin sehen, dass bei einem Kontrollwechsel die Initiative zur Vertragsauflösung oftmals vom neuen Mehrheitsaktionär ausgehen dürfte oder die neuen Mehrheitsverhältnisse

46 *Mertens/Cahn*, in: Kölner Komm. AktG, § 87 Rn. 86; *Hoffmann-Becking*, ZHR 169 (2005), 155 (171).

47 *Hüffer*, AktG, § 87 Rn. 4b; *Weber*, in: Hölters, AktG, § 87 Rn. 45.

48 *Mertens/Cahn*, in: Kölner Komm. AktG, § 87 Rn. 86; *Hoffmann-Becking*, ZHR 169 (2005), 155 (171).

49 *Weber*, in: Hölters, AktG, § 87 Rn. 44; *Spindler*, in: MünchKomm. AktG, § 87 Rn. 82; *Fleischer*, in: Spindler/Stilz, AktG, § 87 Rn. 53.

50 *Michalski*, AG 1997, 152 (159 f.); *Schander*, BB 1997, 1801 (1802); *Hopt*, FS Lutter, S. 1361 (1389); *Schwennicke*, in: Geibel/Süßmann, WpÜG, § 33 Rn. 34; *Hirte*, ZGR 2002, 623 (631); *ders.*, in: Kölner Komm. WpÜG, § 33 Rn. 59; *Grunewald*, in: Baums/Thoma, WpÜG, § 33 Rn. 37; *Krause/Pötzsch/Stephan*, in: Assmann/Pötzsch/Schneider, WpÜG, § 33 Rn. 117.

51 *Schlitt/Ries*, in: MünchKomm. AktG, § 33 WpÜG Rn. 115; *Steinmeyer*, in: Steinmeyer/Häger, WpÜG, § 33 Rn. 85; *Bayer*, ZGR 2002, 588 (597); vgl. auch *Krause*, AG 2002, 133 (143); großzügiger *Dreher*, AG 2002, 214 (217), der eine Verhinderungseignung bei aktienrechtlicher Angemessenheit stets ablehnt; einschränkend *Röh*, in: Frankfurter Komm. WpÜG, § 33 Rn. 63, der die Vereinbarkeit mit § 87 AktG regelmäßig nicht für die Bejahung der Zulässigkeit nach § 33 WpÜG ausreichen lassen will. Allerdings wurden durch das VorstAG die Anforderungen des § 87 AktG nicht unwesentlich verschärft.

52 Vgl. Ziff. 4.2.3 Abs. 4 S. 1 DCGK.

einen Verbleib im Vorstand unzumutbar machen[53]. Gänzlich überzeugend ist die Differenzierung indes nicht. Denn auch die Obergrenze von zwei Jahresvergütungen betrifft „unverschuldete" Beendigungen und setzt nicht etwa einen „wichtigen Grund" voraus[54].

2. *Anerkennungsprämien*

Unter Anerkennungsprämien (*appreciation awards*) versteht man vertraglich nicht geschuldete Vermögensvorteile, die einem Vorstandsmitglied für besondere Leistungen von der Gesellschaft gewährt werden[55]. In der Sache werden hierbei die Vorstandsbezüge nachträglich erhöht[56]. Der 3. Strafsenat des BGH hatte über Zahlungen dieser Art im. Mannesmann-Fall[57] im Rahmen des Straftatbestands der Untreue (§ 266 StGB) zu entscheiden und hat sich dazu grundlegend geäußert. Zunächst muss der Aufsichtsrat gemäß §§ 116, 93 Abs. 1 AktG bei Vergütungsentscheidungen stets das Unternehmensinteresse wahren[58]. Dabei kommt ihm ein weiter Beurteilungs- und Ermessensspielraum zu[59]. Die Zulässigkeit von Anerkennungsprämien bemisst sich sodann nach einer aktienrechtlichen Drei-Stufen-Theorie[60]: (1) Ist eine an den Geschäftserfolg gebundene Prämie bereits im Anstellungsvertrag als variabler Vergütungsbestandteil vereinbart, so ist deren Gewährung nach Ablauf des Geschäftsjahres nach Maßgabe des § 87 Abs. 1 S. 1 AktG zulässig[61]. (2) Sofern es an einer Rechtsgrundlage im Anstellungsvertrag mangelt, ist eine Prämienzahlung dennoch zulässig, wenn und soweit dem Unternehmen gleichzeitig Vorteile zukommen, die in einem angemessenen Verhältnis zu dem eintretenden Vermögensabfluss stehen[62]. Ein denkbarer Vorteil für das Unternehmen ist beispielsweise die positive Anreizwirkung auf das begünstigte Vorstandsmitglied oder andere Führungskräfte, denen signalisiert wird, dass besonderes Engagement honoriert wird[63]. (3) Dagegen stellt sich eine nicht im Voraus vereinbarte Prämienzahlung für eine geschuldete Leistung, die ausschließlich belohnenden Charakter hat und der Gesellschaft keinerlei zukunftsbezogenen Nutzen verspricht, als treupflichtwidrige Verschwendung von Gesellschaftsvermögen dar[64]. Eine solche Zahlung ist als schon dem Grunde

---

53 Vgl. *Ringleb*, in: Ringleb/Kremer/Lutter/v. Werder, DCGK, Rn. 777.
54 *van Kann/Eigler*, DStR 2007, 1730 (1731).
55 *Mertens/Cahn*, in: Kölner Komm. AktG, § 87 Rn. 32.
56 *Fleischer*, DStR 2005, 1318 (1320); *Schwark*, FS Raiser, S. 377 (380).
57 BGHSt 50, 331 ff.
58 BGHSt 50, 331 (335 f.).
59 BGHSt 50, 331 (336).
60 *Fleischer*, DB 2006, 542 (543); *Mertens/Cahn*, in: Kölner Komm. AktG, § 87 Rn. 34.
61 BGHSt 50, 331 (336 f.).
62 BGHSt 50, 331 (337).
63 BGHSt 50, 331 (337).
64 BGHSt 50, 331 (337).

nach unzulässig zu bewerten, ohne dass es noch auf eine Beurteilung nach den Grundsätzen des § 87 Abs. 1 AktG ankommt[65].

Im Schrifttum sind die Entscheidung des BGH und die aufgestellten Grundsätze weitgehend auf Ablehnung gestoßen. So blende der BGH durch die Etablierung der drei Stufen die konkreten Voraussetzungen des § 87 Abs. 1 S. 1 AktG aus[66]. Weder fordere die Norm eine Kompensation in Form eines Vorteils für das Unternehmen[67], noch sei eine Anreizwirkung jedes einzelnen Vergütungsbestandteils erforderlich[68]. Belohnende Vergütungen seien zudem bei Angestellten und nachgeordneten Führungskräften ohne Weiteres zulässig[69]. Soweit der BGH die Zulässigkeit im Fall von Vorstandsmitgliedern von einer vertraglichen Vereinbarung abhängig mache, wird dies als zu formalistisch erachtet[70]. So stichhaltig die Kritikpunkte des Schrifttums auch sein mögen, die Praxis muss den Vorgaben des BGH genügen. Sie tut dies, indem häufig schon im Anstellungsvertrag eine Rechtsgrundlage für spätere Sonderzahlungen nach Ermessen des Aufsichtsrats geschaffen wird[71].

Für Anerkennungsprämien sind neben den höchstrichterlichen Regeln auch die Vorgaben des § 87 Abs. 1 AktG zu beachten. Als unangemessene Doppelvergütung kann es sich insbesondere erweisen, wenn schon die sonstigen Vergütungsbestandteile in hohem Maße erfolgsbezogen sind[72]. Zudem dürfen Prämienzahlungen keinesfalls dazu führen, dass die Gesamtbezüge nicht mehr dem Angemessenheitsgebot genügen oder die Grenze des Üblichen ohne besonderen Grund überschritten wird. Das Vorliegen eines besonderen Grundes wird im Fall von Anerkennungsprämien jedoch meist unschwer zu bejahen sein, kommt ihre Gewähr doch ohnehin nur bei außergewöhnlichen Leistungen oder Erfolgen in Betracht[73]. Der Nachhaltigkeitsgedanke des § 87 Abs. 1 S. 2 AktG gebietet es, dass Anerkennungsprämien nicht zu einer Honorierung kurzfristiger unternehmerischer Strohfeuer führen dürfen[74]. Es muss jedoch nicht jeder einzelne variable Vergütungsbestandteil langfristige Verhaltensanreize schaffen. Vielmehr ist diese Anforderung nur an das Ergebnis des Zusammenspiels aller Vergütungselemente zu stellen[75]. Daraus lässt sich für Anerkennungsprämien schließen, dass sie zwar gemäß § 87 Abs. 1 S. 3 Hs. 1 AktG eine

---

65 BGHSt 50, 331 (338).
66 *Kort*, NZG 2006, 131 (132).
67 *Kort*, NZG 2006, 131 (132).
68 *Baums*, FS Huber, S. 655 (673).
69 *Hoffmann-Becking*, NZG 2006, 127 (129); *Marsch-Barner*, FS Röhricht, S. 401 (406).
70 *Peltzer*, ZIP 2006, 205 (207).
71 *Fleischer*, in: Spindler/Stilz, AktG, § 87 Rn. 52; *Nehls*, in: Schüppen/Schaub, MünchAnwHdb., § 22, Rn. 106.
72 *Mertens/Cahn*, in: Kölner Komm. AktG, § 87 Rn. 36; *Lange*, AuR 2004, 83 (86).
73 *Poguntke*, ZIP 2011, 893 (895).
74 *Stenzel*, Vorstandsvergütung, S. 141.
75 S. bereits oben 2. Kapitel B I 1 d unter Verweis auf BeschlEmpf VorstAG, BT-Drucks. 16/13433, S. 10.

mehrjährige Bemessungsgrundlage haben „sollen", dies jedoch nicht zwingend ist[76]. Freilich stößt sich dieses Ergebnis mit der Mannesmann-Rechtsprechung des BGH, nach der wohl auch für dieses einzelne Vergütungselement zu fordern ist, dass seine Gewährung der Gesellschaft Vorteile in Form positiver Anreizwirkungen verschafft.

Sofern der Aufsichtsrat gemäß § 87 Abs. 1 S. 3 Hs. 2 AktG hinsichtlich der variablen Vergütungsbestandteile für den Fall außerordentlicher Entwicklungen einen „Cap" vereinbart hat, darf diese Begrenzung nicht mittels Gewährung einer Anerkennungsprämie umgangen werden[77].

II. Australien

Scheidet ein *executive director* aus seinem Amt oder wird ein sonstiger *senior executive* seiner geschäftsleitenden Position entbunden, bevor der Anstellungsvertrag regulär endet, stellt sich auch im australischen Kontext die Frage nach Abfindungszahlungen und ihrer Rechtmäßigkeit. Solche Zahlungen werden als *termination benefits* oder *termination payments* bezeichnet. Teilweise werden die bei Beendigung der Amtsstellung zu zahlenden Abfindungen schon im Rahmen der Vergütungsvereinbarung des Anstellungsvertrags in einer sog. *liquidated damages clause* vereinbart[78]. Üblicherweise gibt diese Klausel dann eine Formel für die Berechnung der Abfindung vor, nach der die schon verstrichene und die noch ausstehende Amtszeit Berücksichtigung finden[79].

Nicht immer sind Abfindungen vorsorglich vereinbart. Sie können auch erst bei Beendigung der Amtsstellung zur Abgeltung noch ausstehender Vergütungsansprüche vorgesehen werden. Auf welche Höhe sich die Gesellschaft mit dem Geschäftsleiter zu einigen vermag, hängt wesentlich von der noch ausstehenden Laufzeit des Anstellungsvertrags ab[80]. Einige australische *executives* haben sog. *rolling contracts*, die keine feste Laufzeit haben, sondern stets vom aktuellen Datum an gerechnet ein Jahr lang laufen[81]. Letztlich handelt es sich dabei um unbefristete Verträge mit einer Kündigungsfrist von einem Jahr. Die Abgeltung noch ausstehender Vergütungen beläuft sich dann auf maximal eine Jahresvergütung.

Abfindungen stellen im australischen Recht zunächst *financial benefits* und *remuneration* im Sinne der sec. 211 (1) (a) CA 2001 dar. In der Folge erfordert ihre Gewährung im Fall der *directors* entweder die Zustimmung der Hauptversammlung oder die Beachtung des Angemessenheitsgebots. Daneben finden sich im australischen Recht für die Gewährung von Abfindungen spezielle Regeln, die *golden handshakes* oder *golden parachutes* verhindern sollen[82]. Der CA 2001 statuiert in sec. 200B (1)

76 So auch *Stenzel*, Vorstandsvergütung, S. 141; *Poguntke*, ZIP 2011, 893 (896).
77 *Brauer*, NZG 2004, 502 (506); *Mertens/Cahn*, in: Kölner Komm. AktG, § 87 Rn. 36.
78 *Stapledon*, 27 Sydney Law Review (2005), 683.
79 *Stapledon*, 27 Sydney Law Review (2005), 683.
80 *Stapledon*, 27 Sydney Law Review (2005), 683.
81 *Stapledon*, 27 Sydney Law Review (2005), 683 (684).
82 *Fenwick/Sheehan*, 26 Company and Securities Law Journal (2008), 71 (72).

ein grundsätzliches Verbot mit Zustimmungsvorbehalt der Hauptversammlung. In börsennotierten Gesellschaften dürfen Abfindungen zudem gemäß den *Listing Rules* nur sehr begrenzt ohne Zustimmung der Hauptversammlung gewährt werden. Gänzlich verboten ist ihre Gewährung in börsennotierten Gesellschaften für den Fall von Änderungen der Beteiligungsverhältnisse oder für den Fall eines Kontrollwechsels. Zuletzt finden sich im Rahmen der *ASX Corporate Governance Principles and Recommendations* Leitlinien (*guidelines*) für die Gewährung von Abfindungen.

1. Grundsätzliches Verbot mit Zustimmungsvorbehalt

Nach sec. 200B (1) CA 2001 ist es *public companies* grundsätzlich verboten, Vermögensvorteile (*benefits*) aufgrund des Ausscheidens aus einem Amt oder aus einer sonstigen beruflichen Position zu gewähren, es sei denn, die Hauptversammlung stimmt dem zu. Daneben besteht ein Verbot auf Seiten der potenziell begünstigten Person, einen Vorteil, dessen Gewährung gegen sec. 200B CA 2001 verstößt, anzunehmen[83].

a) Umfang des Verbots

Das grundsätzliche Verbot setzt auf Seiten des Begünstigten voraus, dass er aus einem Amt oder einer sonstigen beruflichen Position ausscheidet, unabhängig davon, ob dies freiwillig oder unfreiwillig geschieht[84]. Bei dem Amt oder der Position muss es sich um ein „*managerial or executive office*" handeln[85]. Genauer definiert ist diese Begrifflichkeit in sec. 200AA CA 2001, wonach zunächst solche Personen erfasst sind, deren Vergütungsdetails im sog. *directors report* nach sec. 300A (1) (c) CA 2001 offengelegt werden müssen (*key management personnel*). Somit gilt das Verbot für die *directors* und *senior executives* von *disclosing entities*, also von solchen Gesellschaften, die börsennotiert sind oder deren Aktien von mindestens 100 Personen gehalten werden. Bei anderen Gesellschaften umfasst der Begriff *managerial or executive office* gemäß sec. 200AA (3) nur die *directors*, nicht aber auch die *senior executives*. In allen Fällen genügt es, wenn der Vorteilsempfänger das *managerial or executive office* irgendwann innerhalb der letzten drei Jahre innehatte[86].

Unter einem Vermögensvorteil im Sinne der sec. 200B (1) CA 2001 zu verstehen sind Geldzahlungen oder andere wertmäßige Zuwendungen, jegliche Eigentumsübertragungen, Rechte an Sachen, sonstige Rechte und durch Verordnung näher bestimmte Vorteile[87]. Der Begriff ist weit auszulegen und das Vorliegen einer Vorteilsgewährung unter Zugrundelegung einer wirtschaftlichen Betrachtungsweise

83 Sec. 200D (1) CA 2001.
84 Vgl. secs. 200B (1), 200A (1) (a), (e) CA 2001.
85 Sec. 200B (1) (a) CA 2001.
86 Sec. 200B (1) (b) CA 2001.
87 Sec. 200AB (1) CA 2001.

zu bestimmen[88]. Per Verordnung nach sec. 200AB (2) CA 2001 ausgenommen sind jedoch (bislang) aufgeschobene Bonuszahlungen (soweit ihre Fälligkeit unabhängig von dem Ausscheiden eintritt), bestimmte Zahlungen von oder an Pensionsfonds, von Gesetzes wegen zu leistende Abgeltungen sowie angemessene Zahlungen, die sämtlichen Angestellten des Unternehmens bei Beendigung der Tätigkeit in Anbetracht ihrer individuellen Tätigkeitsdauer zustehen[89].

Das Verbot gilt nicht bereits für die vertragliche Zusicherung eines Vermögensvorteils. Erst die eigentliche Gewährung des Vorteils, beispielsweise in Form einer Geldzahlung, erfüllt den Tatbestand[90]. Für die Beurteilung der Rechtmäßigkeit der Vorteilsgewährung ist aber der Zeitpunkt der Anspruchsentstehung entscheidend[91].

Zwischen dem Ausscheiden aus dem Amt oder der Angestelltenposition und der Gewährung des Vermögensvorteils muss ein Zusammenhang („*in connection with*") bestehen[92]. Dieser besteht nach der Verordnung 2D.2.03 (1) insbesondere, wenn auf Aktien bezogene Vergütungen aufgrund des Ausscheidens automatisch oder frühzeitig fällig werden. Im Allgemeinen sind die an den Zusammenhang zu stellenden Anforderungen gering. Ein Kausalzusammenhang ist nicht erforderlich und es genügt, wenn die Vorteilsgewährung mit dem Ausscheiden aus dem Amt in einer irgend gearteten Beziehung steht[93]. Nicht erforderlich ist ein zeitliches Zusammenfallen[94].

b) Zustimmung der Hauptversammlung

Den aus ihren Ämtern scheidenden *directors* oder *senior executives* können Vermögensvorteile grundsätzlich nur gewährt werden, soweit die Hauptversammlung dem per Beschluss zustimmt. Neben einem Hauptversammlungsbeschluss der Gesellschaft, für welche die ausscheidenden Führungspersonen unmittelbar tätig waren, ist, wenn es sich bei der Gesellschaft um die Tochtergesellschaft einer börsennotierten Gesellschaft handelt, auch ein Beschluss dieser Obergesellschaft erforderlich[95]. Ist Obergesellschaft eine inländische nicht-börsennotierte Holding-Gesellschaft, die selbst aber nicht wiederum die Tochtergesellschaft einer inländischen Gesellschaft

---

88 Sec. 200 CA 2001.

89 Corporations Regulation 2D.2.02 (2).

90 Silver v Dome Resources NL (2007) 62 ACSR 539 at [561]; *Sheehan/Fenwick*, 32 Melbourne University Law Review (2008), 199 (202).

91 Dome Resources NL v Silver (2008) 72 NSWLR 693, (2008) 68 ACSR 458, [2008] NSWCA 322 at [30].

92 Vgl. dazu näher sec. 200A CA 2001.

93 Claremont Petroleum NL v Cummings (1992) 110 ALR 239 at [280]; White v Norman (as recs and mgrs of Forest Enterprises Australia Ltd (recs and mgrs apptd) (in admin)) (2012) 199 FCR 488, 90 ACSR 21, [2012] FCA 33 at [62]; *Pearce/Geddes*, Statutory Interpretation, S. 377 f. [12.8].

94 Whitlam v Insurance Australia Group (2005) 52 ACSR 470 at [531].

95 Sec. 200E (1B) (a), (b) CA 2001.

ist, so ist auch in der Holding-Gesellschaft ein zustimmender Hauptversammlungsbeschluss erforderlich[96].

Keinesfalls kann in einem positiven Vergütungsvotum zum Vergütungsbericht nach sec. 250R (2) CA 2001 eine Zustimmung zur Gewährung von Abfindungen gesehen werden, auch wenn der Vergütungsbericht Angaben zu ihnen enthält[97]. Dies folgt zum einen daraus, dass das Vergütungsvotum unverbindlich ist, die Zustimmung nach sec. 200B (1) CA 2001 aber einen Beschluss erfordert, der die Gesellschaft bindet[98]. Zum anderen muss sich die Zustimmung explizit auf die Gewährung von Abfindungen beziehen[99].

In der Einberufung der jeweiligen Versammlung ist bezüglich des Vermögensvorteils anzugeben, welcher Wert diesem zukommt, bzw. um welchen Betrag es sich bei einer Geldleistung handelt[100]. Können die Informationen zum gegebenen Zeitpunkt noch nicht sicher ermittelt werden, so ist die Art und Weise ihrer Berechnung samt möglicher Einflussfaktoren darzulegen[101]. Bei der Beschlussfassung besteht ein Stimmverbot für die begünstigte Person und mit ihr assoziierte Personen[102]. In der Sache haben die Aktionäre nicht nur die Möglichkeit, der vorgeschlagenen Vorteilsgewährung zuzustimmen oder sie rundweg abzulehnen. Sie können vielmehr auch die Gewährung eines anderen wert- oder betragsmäßig niedrigeren Vermögensvorteils beschließen[103].

c) Ausnahmen

Von der grundsätzlichen Anordnung, dass die Gewährung von Abfindungen nur mit Zustimmung der Hauptversammlung zulässig ist, gibt es generelle und begrenzte Ausnahmen.

aa) Generelle Ausnahmen

Ohne Einschränkung können Vermögensvorteile gewährt werden, wenn damit ein Urlaubsanspruch der aus dem Amt scheidenden Person abgegolten werden soll, der ihr vertraglich oder gesetzlich zusteht[104]. Eine weitere Ausnahme bilden gerichtlich

---

96 Sec. 200E (1B) (c) CA 2001.

97 Dr Nair v Arturus Capital Ltd (2010) 78 ACSR 43, 28 ACLC 10–025, [2010] NSWSC 329; White v Norman (as recs and mgrs of Forest Enterprises Australia Ltd (recs and mgrs apptd) (in admin)) (2012) 199 FCR 488, 90 ACSR 21, [2012] FCA 33 at [86].

98 Dr Nair v Arturus Capital Ltd (2010) 78 ACSR 43, 28 ACLC 10–025, [2010] NSWSC 329 at [40].

99 *Austin/Ramsay*, Ford's Principles, [7.365.15].

100 Sec. 200E (2) (a) (i), (b) (i) CA 2001.

101 Sec. 200E (2) (a) (ii), (b) (ii) CA 2001.

102 Sec. 200E (2A) CA 2001.

103 Vgl. sec. 200E (3) CA 2001.

104 Sec. 200F (1) (a) CA 2001.

angeordnete Vorteilsgewährungen[105]. Zulässig sind auch Einzahlungen in einen Pensionsfonds (*superannuation fund*)[106], um es diesem zu ermöglich oder ihn dabei zu unterstützen, der aus dem Amt scheidenden Person ein Ruhegehalt zu gewähren[107]. Das Zweckerfordernis ist dabei sehr eng auszulegen, was bedeutet, dass nicht sämtliche Zahlungen einer Gesellschaft an einen Pensionsfonds von der Ausnahmeregelung erfasst sind. Nur Zahlungen, die nicht die Höhe des Ruhegehaltsanspruchs der ausscheidenden Person gegenüber dem Pensionsfonds berühren, sind von dem Erfordernis eines Hauptversammlungsbeschlusses befreit[108].

bb) Begrenzte Ausnahmen

Abfindungen sind auch dann von dem Erfordernis einer Zustimmung der Anteilseigner befreit, soweit sie nur in beschränktem Umfang gewährt werden. Die *ratio* dahinter ist, dass Vorteilsgewährungen unterhalb bestimmter Schwellenwerte nur sehr begrenzt Aktionärsinteressen berühren und die mit einer Aktionärsabstimmung einhergehenden Kosten nicht zu rechtfertigen vermögen[109]. Gegenstand der Sonderregelung sind Vorteilsgewährungen in Form von Schadensersatzzahlungen wegen Vertragsbruchs[110], im Vorhinein vertraglich festgelegte Abfindungen[111] sowie „echte" Rentenzahlungen, die als Gegenleistung für geleistete Dienste gewährt werden[112]. Eine Abgeltung der Vergütung für die Vertragslaufzeit dürfte regelmäßig in einer *liquidated damages clause* bereits im Anstellungsvertrag geregelt sein oder sich als Schadensersatz für die frühzeitige Beendigung des Anstellungsvertrags qualifizieren lassen. Darauf, dass dies jedoch keinesfalls zwingend ist und ein gewisses Maß an Rechtsunsicherheit besteht, weist *Stapledon* hin[113]. Ein Hauptversammlungsbeschluss ist in den genannten Fällen jedoch nur dann nicht erforderlich, wenn die Abfindung die Obergrenze von einer durchschnittlichen Jahresgrundvergütung (*average annual base salary*) nicht erreicht[114], wobei mit der Grundvergütung die nicht erfolgsabhängigen Vergütungsbestandteile gemeint sind[115]. In dieser Form besteht die Regelung erst seit November 2009. Zuvor durften Abfindungen das bis zu siebenfache der Jahresgesamtvergütung betragen[116].

---

105 Sec. 200F (1) (aa) CA 2001.

106 Vgl. sec. 200B (4) CA 2001: „[...] *superannuation fund means a provident, benefit, superannuation or retirement fund*".

107 Secs. 200F (1) (b), 200B (3) CA 2001.

108 Whitlam v Insurance Australia Group Ltd (2005) 52 ACSR 470 at [270].

109 Productivity Commission, S. 237.

110 Sec. 200F (2) (a) (i) CA 2001.

111 Sec. 200F (2) (a) (ii) CA 2001.

112 Sec. 200G (1) (b) CA 2001.

113 *Stapledon*, 27 Sydney Law Review (2005), 683 (712).

114 Secs. 200F (2) (b), (4), 200G (1) (c), (3) CA 2001.

115 Corporations Regulation 2D.2.01.

116 Vgl. Productivity Commission, S. 232.

War die Person kürzer als ein Jahr im Amt, so dürfen Vorteile nur bis zur Höhe des anteiligen Betrags der unter gewöhnlichen Umständen schätzungsweise anfallenden Jahresgrundvergütung gewährt werden[117]. Bei den Rentenzahlungen für geleistete Dienste bleiben für die Berechnung des maximal zulässigen Betrags solche Zuwendungen unberücksichtigt, die auf Beiträgen der ausscheidenden Person oder Dritter beruhen[118].

Bereits an anderer Stelle wurde festgestellt, dass Abfindungen neben den speziellen Vorgaben der secs. 200 ff. CA 2001 auch den allgemeinen Vorschriften über *financial benefits* genügen müssen[119]. Bleibt eine Abfindung unterhalb der gesetzlichen Schwellenwerte, bedeutet dies nicht zwangsläufig, dass damit auch dem Angemessenheitsgebot der sec. 211 (1) (b) CA 2001 genügt ist[120]. So kann es im konkreten Einzelfall vorkommen, dass eine Zustimmung der Hauptversammlung zwar nicht nach den speziellen Vorschriften über Abfindungsgewährungen erforderlich ist, wohl aber nach den allgemeinen Vorschriften.

2. Höchstgrenzen mit Zustimmungsvorbehalt bei Börsennotierung

Für börsennotierte Gesellschaften bestehen zusätzliche, über die des CA 2001 hinausgehende Vorschriften für Abfindungen an Geschäftsleiter. Gemäß LR 10.19 S. 1 müssen börsennotierte Gesellschaften sicherstellen, dass keinem ihrer *officers* ein Abfindungsanspruch zusteht, soweit die Summe der gegenüber sämtlichen *officers* der Gesellschaft bestehenden Abfindungsverbindlichkeiten den Wert von 5 % des Eigenkapitals der Gesellschaft überschreitet. Dabei umfasst der Begriff „*officer*“ gemäß LR 19.3 i. V. m. sec. 9 CA 2001 *executive directors* und *senior executives.* Nur mit Zustimmung der Hauptversammlung kann von dem grundsätzlichen Verbot abgewichen werden. Die Einberufung der Hauptversammlung muss nach LR 10.19 S. 2 darauf hinweisen, dass für die betroffenen und namentlich zu nennenden *officers* Stimmverbote greifen[121].

3. Abfindungen für den Fall von Änderungen der Beteiligungsverhältnisse

Nach LR 10.18 müssen börsennotierte Gesellschaften sicherstellen, dass keinem ihrer *officers* Abfindungen für den Fall von Änderungen der Beteiligungsverhältnisse oder für den Fall eines Kontrollwechsels zustehen. Auch mit Zustimmung der Hauptversammlung kann hiervon nicht abgewichen werden[122].

---

117 Sec. 200F (2) (b), (3), 200G (1) (c), (2) CA 2001.
118 Sec. 200G (4) CA 2001.
119 S. oben 2. Kapitel C II.
120 *Laughland*, in: Aust. Corp. Law, [3.2B.0060].
121 *Egan*, in: CCH Annotated Listing Rules, LR 10.19 [8–390].
122 *Egan*, in: CCH Annotated Listing Rules, LR 10.18 [8–385].

Unabhängig von einer Börsennotierung dürfen nach sec. 1325C (1) CA 2001 Abfindungen oder Abfindungszusagen, die innerhalb von 12 Monaten nach Beginn der Angebotsfrist für ein Übernahmeangebot oder zu einem Zeitpunkt gemacht werden, in dem mit der Abgabe eines Übernahmeangebots zu rechnen ist, nicht „*unfair or unconscionable having regard to the interests of the body corporate*" sein. Etwas anderes gilt nur dann, wenn die Hauptversammlung – unter Ausschluss der Stimmen des oder der Begünstigten – der Vorteilsgewährung mit einfacher Mehrheit zustimmt[123].

4. *Leitlinien für die Gewährung von Abfindungen*

Im Rahmen der *ASX Corporate Governance Principles and Recommendations* finden sich unverbindliche Leitlinien für die Gewährung von Abfindungen. Danach sollen die Zahlungen im Vorhinein vertraglich vereinbart werden, einschließlich detaillierter Regelungen für den Fall eines vorzeitigen Ausscheidens aus dem Amt[124]. Die Bedingungen für die Abfindungsgewährung sollen im Anstellungsvertrag klar kommuniziert werden[125]. Bei einer Abberufung des Geschäftsleiters wegen Fehlverhaltens sollen nachträgliche Sonderzahlungen gänzlich ausgeschlossen sein[126]. Zu guter Letzt wird den Gesellschaften aufgegeben, die Konsequenzen einer sich als unbefriedigend erweisenden Geschäftsleiterbestellung, einschließlich der Kosten und sonstigen Belastungen einer frühzeitigen Vertragsbeendigung, zu berücksichtigen[127].

5. *Anerkennungsprämien*

Anerkennungsprämien an *directors* und *senior executives* unterstehen in Australien keinen speziellen Regeln. Sie müssen im Fall der *directors*, wie gewöhnliche Abfindungen, zunächst den allgemeinen Regeln über die Gewährung von *financial benefits* an *related parties* genügen. Ihre Gewährung bedarf demnach der Zustimmung der Hauptversammlung oder muss angemessen sein. Soweit Anerkennungsprämien im Zusammenhang mit der Beendigung der Amtsstellung gewährt werden, sind sie als *termination benefits* im Sinne der secs. 200 ff. CA 2001 zu qualifizieren und müssen den daran anknüpfenden Vorgaben genügen.

---

123 Sec. 1325C (3) CA 2001.

124 ASX Corporate Governance Principles and Recommendations, S. 38, Box 8.1: Guidelines for executive remuneration packages, Nr. 4, Satz 1.

125 ASX Corporate Governance Principles and Recommendations, S. 38, Box 8.1: Guidelines for executive remuneration packages, Nr. 4, Satz 3.

126 ASX Corporate Governance Principles and Recommendations, S. 38, Box 8.1: Guidelines for executive remuneration packages, Nr. 4, Satz 2.

127 ASX Corporate Governance Principles and Recommendations, S. 38, Box 8.1: Guidelines for executive remuneration packages, Nr. 4, Satz 4.

III. Vergleich und Bewertung

1. Grundsätzliches

Sowohl in Deutschland als auch in Australien stellt sich bei einem frühzeitigen Ausscheiden der Geschäftsleiter aus ihren Ämtern bzw. bei einem Verlust ihrer geschäftsleitenden Position die Frage nach der rechtlichen Zulässigkeit von Abfindungszahlungen. In beiden Rechtsordnungen müssen Abfindungen zunächst den allgemein für Vergütungen an Geschäftsleiter bestehenden Vorschriften entsprechen. Das australische Recht kennt darüber hinausgehend spezielle Vorschriften für die Gewährung von Abfindungen, während es solche Spezialvorschriften im deutschen Recht, mit Ausnahme von Ziff. 4.2.3 Abs. 4 und 5 DCGK, nicht gibt. Allenfalls vergleichbar sind die vom BGH im Mannesmann-Fall aufgestellten Grundsätze. Diese gehen in der Tat über die dem Gesetz in § 87 Abs. 1 AktG zu entnehmenden Vorgaben hinaus. Allerdings ist anzunehmen, dass die BGH-Grundsätze nur die Gewährung von Anerkennungsprämien betreffen.

Nach deutschem Recht ist die Abgeltung der bis Vertragsende geschuldeten Vergütung grundsätzlich zulässig und nur bei börsennotierten Gesellschaften durch die Empfehlung der Ziff. 4.2.3 Abs. 4 S.1 DCGK begrenzt. Unsicherheit besteht allenfalls dahin gehend, ob das Angemessenheitsgebot des § 87 Abs. 1 S. 1 AktG eine Abzinsung oder anderweitige Abschläge erfordert und inwieweit eine Besserstellung des Vorstandsmitglieds im Vergleich zu seiner Situation nach dem Anstellungsvertrag zulässig ist. Zwar müssen Abfindungen (an *directors*) auch im australischen Recht angemessen sein, jedenfalls soweit ihnen kein zustimmender Hauptversammlungsbeschluss zugrunde liegt. Jedoch kommt diesem Erfordernis nur eine ergänzende Funktion zu. Primär beurteilt sich die Zulässigkeit nach den speziellen Vorschriften für Abfindungen (secs. 200 ff. CA 2001), die, soweit keine Zustimmung der Hauptversammlung erfolgt, ein grundsätzliches Verbot statuieren. Schon in dem grundsätzlichen Verbot, aber vor allem auch darin, dass die gesetzlichen Anforderungen zur Disposition der Anteilseigner stehen, liegt ein wesentlicher Unterschied zur deutschen Rechtslage, wo § 87 Abs. 1 AktG keine Ausnahmen bei Zustimmung der Hauptversammlung vorsieht.

Allgemein lässt sich sagen, dass das australische Recht ohne Zustimmung der Hauptversammlung nur sehr begrenzt Abfindungen zulässt und sich somit als restriktiver als das deutsche Recht erweist. Soweit kein genereller Ausnahmefall vorliegt, muss eine Abfindung schon im Anstellungsvertrag vereinbart sein oder sich als Schadensersatzzahlung wegen Vertragsbruchs oder als Gegenleistung für geleistete Dienste qualifizieren lassen. Selbst in diesen Fällen greift freilich die gesetzliche Deckelung in Höhe einer durchschnittlichen Jahresgrundvergütung. In börsennotierten Gesellschaften besteht darüber hinausgehend die Deckelung gemäß LR 10.19 S. 1. In Deutschland findet sich eine Deckelung für Abfindungszahlungen bisher lediglich in Form von Empfehlungen des DCGK[128]. Obgleich diese Empfehlungen bislang mit

128 Vgl. Ziff. 4.2.3 Abs. 4 S. 1 und Abs. 5 DCGK in der Fassung vom 13. Mai 2013.

87,8 % bzw. 56,5 % eine eher mäßige Befolgungsrate aufweisen, ist eine strengere, gesetzliche Regelung wie in Australien nicht angezeigt. Denn zum einen hat sich die Akzeptanz der Regelungen seit ihrer in 2008 erfolgten Hochstufung zu Empfehlungen deutlich gesteigert[129], zum anderen können die Unternehmen den Empfehlungen immer nur bei Neuabschlüssen oder Änderungen der Vorstandsverträge nachkommen, was regelmäßig nur in großen zeitlichen Abständen geschieht[130]. Bemerkenswert ist der Unterschied in der Höhe der zulässigen Abfindung. Während sie in Australien bei einer durchschnittlichen Jahresgrundvergütung liegt und die erfolgsabhängige Vergütung unberücksichtigt bleibt, liegt sie in Deutschland mit grundsätzlich zwei, auch die variablen Vergütungsbestandteile berücksichtigenden Jahresvergütungen ungleich höher. Vor dem Hintergrund, dass Abfindungen den Geschäftsleitern eine angemesse Absicherung bieten sollten, empfiehlt sich die sehr niedrige australische Höchstgrenze nicht als Vorbild. Für die Begrenzung auf zwei Jahresvergütungen spricht im deutschen Kontext, dass dies dem Schadensersatz entspricht, den ein Vorstandsmitglied einer insolventen Aktiengesellschaft bei einer Kündigung durch den Insolvenzverwalter höchstens erwarten kann (§ 87 Abs. 3 AktG)[131].

Erweisen sich die australischen Abfindungsregeln auch als inhaltlich restriktiver als ihre deutschen Pendants, muss doch zugleich ihr engerer Anwendungsbereich konstatiert werden. So gilt sec. 200B CA 2001 in Gesellschaften mit weniger als 100 Anteilseignern nur für Abfindungen an die *directors*, nicht auch für solche an die sonstigen *executives*. Die Deckelung der Gesamtsumme aller Abfindungen in einer Gesellschaft auf 5 % des Eigenkapitals der Gesellschaft sowie das Verbot von Abfindungen für den Fall von Änderungen der Beteiligungsstruktur gelten nur für börsennotierte Gesellschaften.

2. Kapitalisierung variabler Vergütungsbestandteile

Soweit im Rahmen einer Abfindung variable Vergütungsbestandteile frühzeitig kapitalisiert werden, stellt sich in beiden Rechtsordnungen die Frage nach der Bewertung dieser Bestandteile. Das Problem ist jedoch im australischen Recht durch den unabhängig von einer Börsennotierung geltenden äußerst niedrigen Abfindungs-Cap entschärft. Durch ihn kann die Abfindung ohne Zustimmung der Hauptversammlung ohnehin nur maximal die Höhe einer durchschnittlichen Jahresgrundvergütung annehmen. Eine volle Kapitalisierung der variablen Vergütungsbestandteile dürfte vor diesem Hintergrund regelmäßig ausscheiden. Gleichwohl vermag dieser Vorteil des niedrigen Caps nicht die oben dargelegten Nachteile aufzuwiegen. Zudem droht, dass die Parteien die variablen Vergütungsbestandteile von der Abfindungsvereinbarung ausnehmen und deren ursprüngliche Laufzeit

---

129 Laut *Ringleb* um 30 % im Vergleich der Jahre 2008 und 2009, *Ringleb*, in: Ringleb/Kremer/Lutter/v. Werder, DCGK, Rn. 778.

130 *Ringleb*, in: Ringleb/Kremer/Lutter/v. Werder, DCGK, Rn. 778.

131 *van Kann/Eigler*, DStR 2007, 1730 (1731).

beibehalten, was letztlich ihrem eigentlichen Interesse an einer umfassenden und abschließenden Klärung aller noch ausstehenden Ansprüche widerspricht.

Ist eine stichtagsbezogene Kapitalisierung variabler Vergütungsbestandteile für den Fall des Ausscheidens schon im Anstellungsvertrag getroffen, so muss sich dies in Deutschland auch an § 87 Abs. 1 S. 2 und 3 AktG messen lassen und stellt sich vor diesem Hintergrund als nicht unproblematisch dar. Vergleichbare Anforderungen bestehen im australischen Recht nicht. Jedoch besteht hier auch viel weniger die Gefahr, dass von einer solchen Vereinbarung Fehlanreize für den Geschäftsleiter ausgehen. Der Grund hierfür liegt wiederum in der regelmäßig greifenden gesetzlichen Deckelung der Abfindungen, die ein vorzeitiges Ausscheiden für den Geschäftsleiter wenig lukrativ macht.

3. *Abfindung im Fall einer Änderung der Beteiligungsverhältnisse*

Beide Rechtsordnungen behandeln Abfindungen für den Fall von Änderungen der Beteiligungsverhältnisse oder für den Fall eines Kontrollwechsels recht unterschiedlich. In Deutschland sind Change of Control-Klauseln grundsätzlich zulässig. Soweit sie dem Angemessenheitsgebot genügen, fehlt ihnen auch regelmäßig die Verhinderungseignung im Sinne des § 33 WpÜG. An der Zulässigkeit ist allenfalls zu zweifeln, wenn sie erst im Angesicht einer konkret bevorstehenden Übernahme vereinbart werden oder Abfindungen in Kombination mit einem Sonderkündigungsrecht vorsehen. In Australien gelten für Abfindungen im Zusammenhang mit einer Änderung der Beteiligungsverhältnisse zunächst auch die gemeinhin für Abfindungen relevanten Vorschriften. Zudem dürfen sich die Abfindungen nicht als *unfair* oder sittenwidrig (*unconscionable*) erweisen. Ein grundlegender Unterschied zur deutschen Rechtslage besteht dahin gehend, als durch eine Änderung der Beteiligungsverhältnisse bedingte Abfindungen bei börsennotierten Gesellschaften gänzlich verboten sind. In Deutschland sind solche Abfindungen unter Wahrung des – wie oben festgestellt besonders großzügigen – Abfindungs-Caps der Ziff. 4.2.3 Abs. 5 DCGK zulässig. Insoweit steht das australische Recht Kontrollwechseln offener gegenüber als das deutsche Recht. Allerdings rechtfertigt sich der deutsche Ansatz dadurch, dass die Geschäftsleiter einer angemessenen Absicherung bedürfen. Des gesonderten, neben dem allgemeinen Cap der Ziff. 4.2.3 Abs. 4 S. 1 DCGK bestehenden Caps bedarf es jedoch nicht. Vielmehr sollte die Rechtsordnung Kontrollwechseln neutral begegnen[132].

4. *Anerkennungsprämien*

Anerkennungsprämien müssen in beiden Rechtsordnungen den allgemein für Vergütungs- bzw. Abfindungsgewährungen bestehenden Vorgaben entsprechen. Zusätzliche Anforderungen, wie die durch den BGH im Fall Mannesmann aufgestellten, gibt es im australischen Recht nicht. Allerdings finden sich die Grundsätze dieser Rechtsprechung in Ansätzen in den allgemeinen Rechtmäßigkeitskriterien

132 So auch *van Kann/Eigler*, DStR 2007, 1730 (1731).

für Abfindungen aus secs. 200F und 200G CA 2001 wieder. In Ermangelung eines Hauptversammlungsbeschlusses wird danach ebenfalls vorausgesetzt, dass die Gewährung im Vorhinein vertraglich festgelegt wurde oder nicht kompensationslos erfolgt. Bezüglich Letztgenanntem ist die australische Regel sogar noch strenger als die BGH-Rechtsprechung, indem die Kompensation in Form schon an die Gesellschaft geleisteter Dienste bestehen muss.

D. Pflichten und Verbote aufseiten der Vergütungsempfänger

Im Zuge der bisherigen Untersuchung wurden die Geschäftsleiter lediglich am Rande in einer als passiv zu beschreibenden Rolle als Empfänger der vom Aufsichtsrat bzw. *board* festzulegenden Vergütung wahrgenommen. Nunmehr ist zu untersuchen, inwieweit die Rechtsordnungen auch die Geschäftsleiter hinsichtlich ihrer Vergütung in die Pflicht nehmen und ihnen Verbote auferlegen.

I. Deutschland

1. Pflichten hinsichtlich der Rechtmäßigkeit der Vergütung

Untechnisch ausgedrückt stellt sich die Frage, ob und ggf. inwieweit den Vorstandsmitgliedern Verantwortung hinsichtlich der Höhe und der Art der ihnen von der Gesellschaft gewährten Vergütung zukommt. Das Aktiengesetz verpflichtet in § 87 Abs. 1 AktG primär den Aufsichtsrat. Eine Pflicht der Vorstandsmitglieder, sich keine unrechtmäßigen Vergütungen gewähren zu lassen, kann allenfalls aus der den Vorstandsmitgliedern gegenüber der Gesellschaft bestehenden organschaftlichen Treupflicht folgen. Verschiedentlich wird denn auch angenommen, § 87 Abs. 1 AktG stelle zugleich eine Konkretisierung der vorstandseigenen Treupflicht dar, mit der Folge, dass ein Vorstandsmitglied bei den Verhandlungen über seine Vergütung nicht blindlings eigene Interessen verfolgen dürfe[1]. Hiergegen lässt sich einwenden, dass das Vorstandsmitglied im Rahmen von Vergütungsverhandlungen der Gesellschaft nicht als Amtswalter, sondern als – mit gutem Recht eigene Interessen verfolgender – Dritter gegenübertritt[2]. Dies gilt insbesondere bei einer erstmaligen Bestellung[3]. In einer solchen Situation fehlt dem Vorstandsmitglied zudem der nötige Einblick in das Unternehmen und zuweilen die nötige Expertise bzw. der sie ersetzende Expertenrat, um die Angemessenheit und Üblichkeit der ihm angebotenen

---

1 *Peltzer*, FS Lutter, S. 571 (577 f.); *Schwark*, FS Raiser, S. 377 (395); *Lutter*, ZIP 2006, 733 (735); *Semler*, Liber Amicorum Happ, S. 277 ff.; *Spindler*, in: MünchKomm. AktG, § 87 Rn. 79; *Kort*, DStR 2007, 1127 (1132); *Ziemons*, FS Huber, S. 1035 (1044); so wohl auch *Fleischer*, in: Spindler/Stilz, AktG, § 87 Rn. 58.

2 *Mertens/Cahn*, in: Kölner Komm. AktG, § 87 Rn. 5; *Schüller*, Vorstandsvergütung, S. 204 f.; *Tegtmeier*, Vergütung, S. 284.

3 So auch *Spindler*, AG 2011, 725 (728).

Vergütung beurteilen zu können. Daher verpflichtet die Treupflicht das Vorstandsmitglied nur insoweit, als es über besondere Informationen verfügt, aus denen sich die Unzulässigkeit der Vergütungsabrede schließen lässt[4] oder die Unzulässigkeit offensichtlich ist. Letzteres wird man selbst bei Überschreitung der unternehmensintern bestehenden und zu publizierenden Vergütungshöchstgrenzen im Falle einer erstmaligen Bestellung nur in Ausnahmefällen annehmen können. Würde man dies anders sehen, liefe das auf eine Pflicht des zukünftigen Vorstandsmitglieds hinaus, sich im Vorfeld der Vertragsverhandlungen umfassend zu informieren und letztlich die Rechtmäßigkeit des Aufsichtsratshandelns zu kontrollieren. Neben den genannten Auswirkungen der Treupflicht darf das Vorstandsmitglied zudem den Aufsichtsrat im Hinblick auf die Vergütungsgewährung nicht in unzulässiger Weise beeinflussen[5] oder als Gehilfe oder Anstifter einer Untreuehandlung agieren[6].

2. Verbot von Gegengeschäften

Anreizorientierten Vergütungsbestandteilen in Form von Aktien, Aktienoptionen oder ähnlichen Instrumenten kommt maßgebliche Bedeutung bei der Ausrichtung der Vorstandsvergütung auf eine nachhaltige Unternehmensentwicklung zu. Bei ihnen besteht jedoch zwangsläufig die Gefahr, dass die Vorstandsmitglieder Gegengeschäfte abschließen und somit die Anreizfunktion der Vergütungsinstrumente konterkarieren. Einem solchen Verhalten steht nach herrschender Meinung im Schrifttum jedoch die Loyalitätspflicht der Vorstandsmitglieder entgegen[7]. Nach der Gegenmeinung bedarf ein Verbot von Gegengeschäften der expliziten Fixierung im Anstellungsvertrag[8]. Darauf deuten zumindest auch die für Finanzinstitute und Versicherungsunternehmen einschlägigen Vergütungsverordnungen hin, die in § 8 Abs. 2 S. 1 und 2 InstitutsVergV bzw. § 4 Abs. 4 S. 2 und 3 VersVergV zur Verhinderung von Gegengeschäften angemessene Compliance-Strukturen verlangen und solche insbesondere in einer (expliziten) Verpflichtung zur Unterlassung von Gegengeschäften bestehen können.

II. Australien

Empfänger der Geschäftsleitervergütung sind in australischen *public companies* nach der in der vorliegenden Untersuchung vorgenommenen Klassifizierung die *executive directors* und die *senior executives*. Geht es um die eigene individuelle Vergütung, treffen den einzelnen *executive director* nicht die Sorgfalts- und Treupflichten, denen er grundsätzlich als *board*-Mitglied hinsichtlich der Vergütungsfestsetzung unterliegt.

4 *Spindler*, AG 2011, 725 (728).
5 Vgl. *Spindler*, AG 2011, 725 (728); *Mertens/Cahn*, in: Kölner Komm. AktG, § 87 Rn. 5; *Stenzel*, Vorstandsvergütung, S. 292.
6 Vgl. *Annuß/Theusinger*, BB 2009, 2434 (2440); *Stenzel*, Vorstandsvergütung, S. 292.
7 *Spindler*, in: MünchKomm. AktG, § 87 Rn. 57; *Mertens/Cahn*, in: Kölner Komm. AktG, § 87 Rn. 68; *Kort*, in: Großkomm. AktG, § 87 Rn. 188.
8 *Thüsing*, in: Fleischer, Hdb. VorstandsR., § 6 Rn. 73 f.; *ders.* ZGR 2003, 457 (499 f.); so wohl auch *Weiß*, Aktienoptionspläne, S. 101.

Denn er ist gemäß sec. 195 (1) CA 2001 bei der Befassung des *boards* mit seiner Vergütung weder anwesenheits- noch stimmberechtigt. Die *executive directors* und *senior executives* unterliegen jedoch eigenen Pflichten und Verboten in ihrer Eigenschaft als Vergütungsempfänger.

1. *Pflichten hinsichtlich der Rechtmäßigkeit der Vergütung*

Treupflichten gegenüber der Gesellschaft bestehen sowohl aufseiten der *directors* als auch aufseiten der *senior executives*. Inwieweit die Treupflichten Grenzen hinsichtlich dessen begründen, was sich die Geschäftsleiter von der Gesellschaft als Vergütung zulässigerweise gewähren lassen dürfen, ist im australischen Recht bislang ungeklärt und nicht diskutiert. Jedoch enthält der CA 2001 explizit Pflichten bzw. Verbote für die Vergütungsempfänger.

Wie oben festgestellt handelt es sich bei sämtlichen Vergütungsgewährungen an *directors* um *related party transactions* im Sinne der secs. 208 ff. CA 2001, für die besondere Rechtmäßigkeitsvoraussetzungen gelten[9]. In eine *related party transaction*, bei der diese Voraussetzungen nicht vorliegen, darf weder der Vergütungsempfänger noch eine sonstige Person nach sec. 209 (2) CA 2001 involviert (*involved*) sein. Wann von einer Involvierung auszugehen ist, umschreibt sec. 79 CA 2001:

> *„A person is involved in a contravention if, and only if, the person:*
> *(a) has aided, abetted, counselled or procured the contravention; or*
> *(b) has induced, whether by threats or promises or otherwise, the contravention; or*
> *(c) has been in any way, by act or omission, directly or indirectly, knowingly concerned in, or party to, the contravention; or*
> *(d) has conspired with others to effect the contravention."*

Eine Konkretisierung dieser (dem Strafrecht entlehnten) Umschreibungen ist bisher vornehmlich im strafrechtlichen und weniger im gesellschaftsrechtlichen Kontext geschehen[10]. Das einschlägige *case law* betrifft – soweit ersichtlich – keine Fälle, in denen es sich bei den *related party benefits* um eine Vergütung an einen *director* oder *senior executive* handelt. Sofern man den Begünstigten nicht schon als *„party to the contravention"* im Sinne eines Mittäters ansehen kann, kommt es für die Involvierung maßgeblich auf die Kenntnis des Begünstigten (*„knowingly concerned in"*) an. Diese muss hinsichtlich der wesentlichen Merkmale bestehen, die den Rechtsverstoß begründen, nicht jedoch hinsichtlich des Rechtsverstoßes selbst[11]. Auf den Fall der Vergütungsgewährung bezogen bedeutet dies, dass sich der Vergütungsempfänger keine Vergütung gewähren lassen darf, von der er weiß, dass sie unangemessen ist und ohne Zustimmung der Hauptversammlung erfolgt.

---

9 S. oben 2. Kapitel B II 2 a.

10 CCH Company Law Commentary, sec. 79 [27–380].

11 Australian Securities and Investments Commission v Adler (2002) 168 FLR 253, 41 ACSR 72, [2002] NSWSC 171, BC200200827 [at 195]; Yorke v Lucas (1985) 158 CLR 661, 59 ALJR 776, BC8501069, 61 ALR 307 [at 313].

Im Fall von Abfindungszahlungen ordnet der CA 2001 in sec. 200D (1) explizit an, dass sie, soweit sie den gesetzlichen Vorgaben widersprechen, nicht angenommen werden dürfen. Die Beachtung dieses Verbots ist für die Geschäftsleiter aufgrund der klaren und wertungsfreien Rechtmäßigkeitsanforderungen für Abfindungsgewährungen[12] unschwer möglich. Ein Geschäftsleiter wird stets wissen, ob seine Abfindung die Höhe seiner Jahresgrundvergütung überschreitet und, gesetzt diesen Fall, ob eine Zustimmung der Hauptversammlung vorliegt.

2. *Verbot von Gegengeschäften*

Seit dem Jahr 2011 unterliegen die Geschäftsleiter von börsennotierten Gesellschaften und sonstigen *disclosing entities*[13] sowie deren nahe Angehörige (*closely related parties*[14]) einem ausdrücklichen Verbot des CA 2001, Gegengeschäfte zur erfolgsabhängigen Vergütung abzuschließen. So heißt es in sec. 206J (1) CA 2001:

> *„A member of the key management personnel for a company that is a disclosing entity, or a closely related party of such a member, must not enter into an arrangement (with anyone) if the arrangement would have the effect of limiting the exposure of the member to risk relating to an element of the member's remuneration that:*
> *(a) has not vested in the member; or*
> *(b) has vested in the member but remains subject to a holding lock."*

Dem Verbot vorangegangen war eine im Jahr 2007 eingeführte Pflicht der Unternehmen zur Offenlegung ihrer *policy* (und deren Durchsetzung) bezüglich Gegengeschäften des Managements. Maßgeblicher Grund für die Einführung des Verbots war die Erkenntnis, dass sich Gegengeschäfte als unvereinbar mit einem Grundprinzip des australischen Vergütungsrechts darstellen, nach dem die Vergütung an den Unternehmenserfolg gebunden sein soll[15]. Zudem sah man durch den Abschluss von Gegengeschäften einen Interessenkonflikt begründet[16].

Die Verordnung 2D.7.01 konkretisiert, welche Gestaltungen als risikolimitierend im Sinne des Verbots anzusehen sind. Genannt werden beispielsweise Put-Optionen und Short-Positionen[17]. Die ASIC kann die Geltung des Verbots für bestimmte Gestaltungen aussetzen, soweit es sich im Einzelfall als unverhältnismäßig erweist[18].

---

12 S. oben 2. Kapitel C II 1.
13 Vgl. secs. 111AC, 111AD CA 2001.
14 Vgl. zur Begrifflichkeit sec. 9 CA 2001.
15 Corporations Amendment (Improving Accountability on Director and Executive Remuneration) Bill 2011, Explanatory Memorandum, abrufbar unter www.comlaw.gov.au (Abruf v. 11.8.2013), Ziff. 4.3.
16 Corporations Amendment (Improving Accountability on Director and Executive Remuneration) Bill 2011, Explanatory Memorandum, abrufbar unter www.comlaw.gov.au (Abruf v. 11.8.2013), Ziff. 4.3.
17 Corporations Regulations 2001 - Reg 2D.7.01 (1), Items 1, 2.
18 Sec. 206J (8) CA 2001.

III. Vergleich und Bewertung

In beiden Rechtsordnungen bestehen aufseiten der Vergütungsempfänger nur begrenzt Pflichten und Verbote. Auf die Rechtmäßigkeit der Vergütung sind die Vorstandsmitglieder deutscher Aktiengesellschaften allenfalls in Grenzen kraft der ihnen gegenüber der Gesellschaft obliegenden Treupflicht verpflichtet. Während die Frage, ob die in australischen *public companies* bestehenden Treupflichten Entsprechendes begründen, offenbleiben muss, macht der CA 2001 den *directors* und *senior executives* in secs. 209 (2) und 200D (1) CA 2001 explizite Vorgaben. Die Fälle, in denen die Vergütungsempfänger aufgrund der Treupflicht bzw. der Vorgaben des CA 2001 bezüglich der Rechtmäßigkeit der Vergütung gleichsam in die Pflicht genommen werden, gleichen sich in Deutschland und Australien. Zusammengefasst dürfen sich die Geschäftsleiter keine Vergütung gewähren lassen, von der sie wissen oder wissen müssen, dass sie unrechtmäßig ist. Zudem verbieten beide Rechtsordnungen den Geschäftsleitern, über bloße Vertragsverhandlungen hinaus auf die Gewährung unrechtmäßiger Vergütungen hinzuwirken. Es ist zu vermuten, dass diese Ausnahmefälle in Australien häufiger als in Deutschland auftreten, weil die Berührungspunkte zwischen Gewährenden und Empfängern aufgrund der Mitgliedschaft in ein und demselben Gesellschaftsorgan ausgeprägter sind. Insgesamt betrachtet wird den Geschäftsleitern nicht allzu viel abverlangt. Es trifft sie insbesondere keine Nachforschungs- oder Prüfungspflicht bezüglich der Rechtmäßigkeit der Vergütung. Dies ist vor dem Hintergrund der Pflichtenzuordnung des Aktiengesetzes bzw. des CA 2001 zu begrüßen. Es sind die Aufsichtsratsmitglieder bzw. die *board*-Mitglieder, die für die Rechtmäßigkeit der Geschäftsleitervergütung verantwortlich zeichnen.

Beiden Rechtsordnungen ist gemein, dass es den Geschäftsleitern untersagt ist, Gegengeschäfte zu anreizorientierten Vergütungselementen abzuschließen. Während das Verbot in Deutschland nach herrschender Meinung aus der Loyalitätspflicht der Vorstandsmitglieder folgt und die dem FSB-Standard Nr. 14 geschuldeten[19] Vorgaben in § 8 Abs. 2 S. 1 und 2 InstitutsVergV bzw. § 4 Abs. 4 S. 2 und 3 VersVergV nur die Finanzinstitute bzw. Versicherungsunternehmen, nicht aber die Vergütungsempfänger zum Adressaten haben[20], ist das Verbot in Australien gesetzlich verankert. Einer vergleichbaren Normierung bedarf es in Deutschland nicht. Vielmehr überzeugt die Herleitung des Verbots aus der Loyalitätspflicht unter der Annahme, dass eine Gefährdung der Anreizfunktion von Vergütungsinstrumenten zugleich eine (illoyale) Gefährdung des Gesellschaftsinteresses bedeutet[21].

---

19 Vgl. Begründung zur InstitutsVergV, speziell zu § 3 Abs. 8 InstitutsVergV, und Begründung zur VersVergV, speziell zu § 4 Abs. 4 VersVergV, beide abrufbar unter www.bafin.de (Abruf v. 11.8.2013); FSB-Standard Nr. 14 lautet: „*Significant financial institutions should demand from their employees that they commit themselves not to use personal hedging strategies or compensation- and liability-related insurance to undermine the risk alignment effects embedded in their compensation arrangements. To this end, firms should, where necessary, establish appropriate compliance arrangements.*"

20 Zur VersVergV ebenso *Sammet*, VersVergV, S. 207.

21 *Spindler*, in: MünchKomm. AktG, § 87 Rn. 57.

E. Offenlegungspflichten

Eine weitgehende Offenlegung der Geschäftsleitervergütung verspricht im Allgemeinen, der Erreichung gleich mehrerer Ziele dienlich zu sein[1]. Inwieweit sich das deutsche und das australische Recht dieses – zugleich keinesfalls als „Wundermittel" anzusehende[2] – Regulierungsinstrument zunutze machen, ist Gegenstand der folgenden Untersuchung.

I. Deutschland

1. Einleitung

Aktiengesellschaften sehen sich mit weitreichenden Pflichten zur Offenlegung der an Vorstände gewährten Bezüge konfrontiert. Während bis zum Jahr 2005 die Vorstandsvergütung lediglich in ihrer Gesamtheit darzustellen war, führte das Gesetz zur Offenlegung der Vorstandsvergütung (VorstOG)[3] für börsennotierte Gesellschaften erstmals eine individualisierte Aufschlüsselung der Bezüge ein. Daneben sind grundsätzlich die Summe der Gesamtbezüge offenzulegen sowie Angaben zu den anteilsbasierten Vergütungen, den Grundzügen des Vergütungssystems, den Nebenleistungen und den Entschädigungsvereinbarungen für den Fall eines Übernahmeangebots zu machen. Teils handelt es sich dabei um allgemein gültige Offenlegungspflichten, teils um solche, die nur für börsennotierte Gesellschaften gelten. Die Publizitätsvorgaben finden sich überwiegend im HGB und werden flankiert von konkretisierenden Vorgaben des DCGK und des Deutschen Rechnungslegungsstandards Nr. 17 zur Berichterstattung über die Vergütung von Organmitgliedern (DRS 17)[4]. Zudem finden unter gewissen Voraussetzungen internationale Rechnungslegungsstandards Anwendung.

Mit den detaillierten und individualisierten Transparenzanforderungen werden im Wesentlichen die bei den allgemeinen Ausführungen zu Offenlegungspflichten dargelegten Ziele verfolgt[5]. So soll vornehmlich den Aktionären ermöglicht werden, die Festsetzung der Vorstandsvergütung durch den Aufsichtsrat effektiv zu kontrollieren (Kontrollfunktion)[6]. Daneben soll die Publizität von einer Vereinbarung

1 S. oben 1. Kapitel A II 3.
2 S. oben 1. Kapitel A II 3.
3 Vom 3.8.2005, BGBl. I, 2267.
4 Die unmittelbar nur die Konzernberichterstattung betreffenden Regelungen des DRS 17 lassen sich weithin auch auf Einzelabschlüsse übertragen. Die Empfehlungen sind unverbindlich, bei ihrer Beachtung greift jedoch die Vermutung GoB-konformer Konzernrechnungslegung, § 342 Abs. 2 HGB, s. *Hüffer*, AktG, § 87 Rn. 18.
5 S. oben 1. Kapitel A II 3.
6 Vgl. Begründung des Gesetzentwurfs zum VorstOG (BegrGesE VorstOG), BT-Drucks. 15/5577, S. 5; Empfehlung der Kommission zur Einführung einer angemessenen Regelung für die Vergütung von Mitgliedern der Unternehmensleitung börsennotierter Gesellschaften vom 14.12.2004 (2004/913/EG), ABl. Nr. L 385 v. 29.12.2004, S. 55 f.

unangemessen hoher Bezüge abschrecken (Präventionsfunktion)[7]. Zuletzt wird ein kapitalmarktrechtliches Argument bemüht, dessen Überzeugungskraft jedoch durch das Gesetz selbst wieder infrage gestellt wird[8]. So diene die Vergütungstransparenz der Information der Anleger am Kapitalmarkt (Informationsfunktion)[9]. Zugleich erlaubt das Gesetz jedoch der Hauptversammlung in §§ 286 Abs. 5, 314 Abs. 2 S. 2 HGB ein sog. *Opting-Out*[10]. Die (zumindest auch) im Gewand des Anlegerschutzes daherkommende Vergütungstransparenz entpuppt sich folglich als vorrangig dem Aktionärsschutz verhaftet und schützt Anlegerinteressen nur reflexartig[11].

Die individualisierte Offenlegung der Vorstandsbezüge sieht sich verfassungsrechtlichen Bedenken ausgesetzt, weil sie einen Eingriff in das Recht auf informationelle Selbstbestimmung der Vorstandsmitglieder aus Art. 2 Abs. 1 i. V. m. Art. 1 Abs. 1 GG darstellt[12]. Nach einer teilweise vertretenen Meinung sei ein rechtfertigendes Interesse für diesen Eingriff nicht erkennbar, die Transparenz sei kein geeignetes Mittel gegen überhöhte Vergütungen und das Auskunftsverlangen nach § 131 AktG stelle ein milderes Mittel für die Informationsbeschaffung dar[13]. Im Einklang mit der herrschenden Meinung ist jedoch davon auszugehen, dass der Eingriff aufgrund des Gemeinwohlinteresses an der Funktionsfähigkeit des Kapitalmarkts verfassungsrechtlich gerechtfertigt ist[14].

2. *Allgemeine Offenlegungspflichten*

a) Offenlegung der Summe der Gesamtbezüge

Unabhängig von einer Börsennotierung haben Aktiengesellschaften gemäß §§ 285 S. 1 Nr. 9 lit. a) S. 1 bzw. 314 Abs. 1 Nr. 6 lit. a) S. 1 HGB die ihren Vorstandsmitgliedern für das Geschäftsjahr gewährten Gesamtbezüge im Anhang zum Jahres- bzw. Konzernabschluss anzugeben. Die individuellen Bezüge müssen nicht ausgewiesen werden, sondern lediglich der sich aus ihnen ergebende Gesamtbetrag[15]. Was von

---

(Erwägungsgründe 5 und 9); *Baums*, ZHR 169 (2005), 299; *Mertens/Cahn*, in: Kölner Komm. AktG, § 87 Rn. 88.

7 *Baums*, ZHR 169 (2005), 299 (300); *Mertens/Cahn*, in: Kölner Komm. AktG, § 87 Rn. 88.

8 *Mertens/Cahn*, in: Kölner Komm. AktG, § 87 Rn. 88.

9 BegrGesE VorstOG, BT-Drucks. 15/5577, S. 5; *Baums*, ZHR 169 (2005), 299 (300); *Mertens/Cahn*, in: Kölner Komm. AktG, § 87 Rn. 88.

10 Näher unten 2. Kapitel E I 3 a.

11 *Mertens/Cahn*, in: Kölner Komm. AktG, § 87 Rn. 88.

12 *Thüsing*, in: Fleischer, Hdb. VorstandsR., § 6 Rn. 122.

13 *Augsberg*, ZRP 2005, 105 (106 f.); *Menke/Porsch*, BB 2004, 2533 (2534 f.).

14 *Seibt*, in: K. Schmidt/Lutter, AktG, § 87 Rn. 24; *Hüffer*, AktG, § 87 Rn. 14; *Fleischer*, DB 2005, 1611 (1614 f.); im Ergebnis auch *Mertens/Cahn*, in: Kölner Komm. AktG, § 87 Rn. 88.

15 *Dauner-Lieb*, in: Henssler/Strohn, Gesellschaftsrecht, § 87 AktG Rn. 48; *Merkt*, in: Baumbach/Hopt, HGB, § 285 Rn. 9; *Spindler*, in: MünchKomm. AktG, § 87 Rn. 121.

dem Begriff der „Gesamtbezüge" umfasst ist, lässt sich der Legaldefinition des § 285 S. 1 Nr. 9 lit. a) S. 1 bzw. 314 Abs. 1 Nr. 6 lit. a) S. 1 HGB entnehmen. Danach fallen darunter Gehälter, Gewinnbeteiligungen, Bezugsrechte und sonstige aktienbasierte Vergütungen, Aufwandsentschädigungen, Versicherungsentgelte, Provisionen und Nebenleistungen jeder Art. Zudem sind Bezüge einbezogen, die nicht ausgezahlt, sondern in Ansprüche anderer Art umgewandelt oder zur Erhöhung anderer Ansprüche verwendet werden[16]. Neben den Bezügen für das Geschäftsjahr sind auch Bezüge anzugeben, die zwar keine im Geschäftsjahr erfolgte Tätigkeit abgelten, jedoch im Geschäftsjahr gewährt worden sind und bisher in keinem Jahresabschluss Erwähnung gefunden haben[17]. Aktienbasierte Vergütungen müssen mit ihrer Anzahl und dem beizulegenden Zeitwert zum Zeitpunkt ihrer Gewährung angegeben werden[18]. Dabei sind spätere Wertveränderungen, die aus einer Änderung der Ausübungsbedingungen resultieren, zu berücksichtigen[19].

Die Gesamtbezüge früherer Vorstandsmitglieder und deren Hinterbliebener sind gemäß §§ 285 S. 1 Nr. 9 lit. b), 314 Abs. 1 Nr. 6 lit. b) HGB ebenfalls in ihrer Summe offenzulegen. Diese Gesamtbezüge können aus Abfindungen, Ruhegehältern, Hinterbliebenenbezügen und Leistungen verwandter Art bestehen[20].

Die Pflicht zur Offenlegung der Gesamtbezüge besteht nicht ausnahmslos. Nach § 264 Abs. 1 S. 5 HGB müssen Kleinstkapitalgesellschaften i. S. d. § 267a Abs. 1 HGB unter bestimmten Voraussetzungen schon keinen Anhang aufstellen. Gilt eine Gesellschaft als kleine Kapitalgesellschaft i. S. d. § 267 Abs. 1 HGB, braucht sie gemäß § 288 Abs. 1 HGB keine Angaben zu den Gesamtbezügen zu machen. Allerdings kann hier jeder Aktionär gemäß § 131 Abs. 1 S. 3 AktG verlangen, dass ihm in der ordentlichen Hauptversammlung der Anhang in vollständiger Form, also samt den Angaben nach § 285 S. 1 Nr. 9 lit. a) und b) HGB, vorgelegt wird[21]. Bei Konzernsachverhalten können die Vergütungsangaben im Konzernanhang nach § 293 Abs. 1 HGB unterbleiben, soweit bestimmte Größenmerkmale nicht erreicht sind[22]. Als weitere Ausnahme müssen die Gesamtbezüge nach § 286 Abs. 4 HGB auch dann nicht offengelegt werden, wenn sich aus ihnen die Einzelvergütung eines Vorstandsmitglieds ableiten lässt.

Unabhängig von den dargestellten nationalen Vorgaben können sich eine Pflicht zur Offenlegung der Gesamtbezüge des Vorstands und darüber hinausgehende Offenlegungspflichten auch aus internationalen Bilanzierungsregeln ergeben. Die einschlägigen Rechnungslegungsstandards IAS 24 und IFRS 2 sind gemäß Artikel 2, 3 und 6 der Verordnung (EG) Nr. 1606/2002 des Europäischen Parlaments und des Rates vom 19. Juli 2002 im Wege des sog. Komitologieverfahrens in EU-Recht

---

16 §§ 285 S. 1 Nr. 9 lit. a) S. 2 bzw. 314 Abs. 1 Nr. 6 lit. a) S. 2 HGB.
17 §§ 285 S. 1 Nr. 9 lit. a) S. 3 bzw. 314 Abs. 1 Nr. 6 lit. a) S. 3 HGB.
18 §§ 285 S. 1 Nr. 9 lit. a) S. 4 bzw. 314 Abs. 1 Nr. 6 lit. a) S. 4 HGB.
19 §§ 285 S. 1 Nr. 9 lit. a) S. 4 letzter Hs. bzw. 314 Abs. 1 Nr. 6 lit. a) S. 4 letzter Hs. HGB.
20 Vgl die Legaldefinition in §§ 285 S. 1 Nr. 9 lit. b) S. 1, 314 Abs. 1 Nr. 6 lit. b) S. 1 HGB.
21 *Mertens/Cahn*, in: Kölner Komm. AktG, § 87 Rn. 89.
22 *Mertens/Cahn*, in: Kölner Komm. AktG, § 87 Rn. 89.

übernommen worden[23] und somit gemäß Artikel 4 der genannten Verordnung für börsennotierte Gesellschaften bei der Aufstellung eines Konzernabschlusses verbindlich. Gleichfalls bindend sind die Standards nach § 315a Abs. 2, 3 HGB für Mutterunternehmen, die bis zum Bilanzstichtag eine Börsenzulassung beantragt haben oder die wahlweise ihren Konzernabschluss nach internationaler Rechnungslegung aufstellen. Sofern sonstige Kapitalgesellschaften nach den internationalen Standards bilanzieren, sind auch sie gemäß § 325 Abs. 2a S. 2 HGB zur vollständigen Befolgung eben dieser Standards verpflichtet. IAS 24.17 erfordert neben einer Offenlegung der Gesamtbezüge des Vorstands eine Aufsplittung dieses Betrags in die Kategorien kurzfristig fällige Leistungen, Leistungen nach Beendigung des Arbeitsverhältnisses, andere langfristig fällige Leistungen, Leistungen aus Anlass der Beendigung des Arbeitsverhältnisses und anteilsbasierte Vergütungen. Problematisch ist, inwieweit geschlossene Gesellschaften in entsprechender Anwendung des § 286 Abs. 4 HGB auf die Angabe der Gesamtbezüge verzichten können, wenn sich daraus die Individualvergütung eines Vorstandsmitglieds ableiten lässt[24]. IAS 24.17 kennt jedenfalls keine solche Ausnahme. Neben einer vergleichbaren Interessenlage wird man hier auch die Planwidrigkeit der Regelungslücke annehmen müssen, weil der Schutzgedanke des § 286 Abs. 4 HGB gleichfalls Geltung beansprucht[25].

b) Offenlegungen zu anteilsbasierter Vergütung

Gemäß § 160 Abs. 1 S. 1 Nr. 5 AktG müssen Aktiengesellschaften im Anhang die Zahl der Bezugsrechte gemäß § 192 Abs. 2 Nr. 3 AktG aus einem Aktienoptionsprogramm angeben. Dabei sind auch die Angaben nach § 193 Abs. 2 AktG (Zweck der bedingten Kapitalerhöhung, Kreis der Bezugsberechtigten, der Ausgabebetrag oder die Grundlagen, nach denen dieser Betrag errechnet wird, die Aufteilung der Bezugsrechte auf Mitglieder der Geschäftsführungen und Arbeitnehmer, Erfolgsziele, Erwerbs- und Ausübungszeiträume, Wartezeit für die erstmalige Ausübung) zu machen[26]. Gemäß § 160 Abs. 3 AktG i. V. m. § 264 Abs. 1 S. 5 HGB ist die Offenlegung für Kleinstkapitalgesellschaften i. S. d. § 267a HGB nicht zwingend. Soweit internationale Rechnungslegungsstandards Anwendung finden, sind nach

---

23 Vgl. Verordnung (EU) Nr. 632/2010 der Kommission vom 19.7.2010 zur Änderung der Verordnung (EG) Nr. 1126/2008 zur Übernahme bestimmter internationaler Rechnungslegungsstandards gemäß der Verordnung (EG) Nr. 1606/2002 des Europäischen Parlaments und des Rates im Hinblick auf International Accounting Standard (IAS) 24 und International Financial Reporting Standard (IFRS) 8, ABl Nr. L 186 v. 20.7.2010, S. 1; ferner Verordnung (EG) Nr. 1126/2008 der Kommission vom 3.11.2008 zur Übernahme bestimmter internationaler Rechnungslegungsstandards gemäß der Verordnung (EG) Nr. 1606/2002 des Europäischen Parlaments und des Rates, ABl. Nr. L 320 v. 29.11.2008, S. 1.

24 Vgl. *Hennrichs/Schubert*, MünchKomm. BilR., IAS 24 Rn. 96.

25 Im Ergebnis ebenso *Hennrichs/Schubert*, MünchKomm. BilR., IAS 24 Rn. 96.

26 *Kessler*, in: MünchKomm. AktG, § 160 Rn. 47; *Ellrott*, in: Beck Bilanz-Komm., § 284 Rn. 44.

IFRS 2.44-52 umfangreiche Angaben zu anteilsbasierten Vergütungsvereinbarungen und -elementen zu machen.

c) *Auskunftsrecht der Aktionäre*

Neben den bilanzrechtlichen Offenlegungspflichten können Aktiengesellschaften im Rahmen des Auskunftsrechts der Aktionäre nach § 131 AktG verpflichtet sein, Fragen zur Vergütung der Vorstände zu beantworten. Nach § 131 Abs. 1 S. 1 AktG ist jedem Aktionär auf sein Verlangen in der Hauptversammlung Auskunft über Angelegenheiten der Gesellschaft zu geben, soweit die Auskunft zur sachgemäßen Beurteilung eines bestimmten Punktes der Tagesordnung erforderlich ist. Als Tagesordnungspunkt ist im vorliegenden Kontext die „Entlastung des Aufsichtsrats" einschlägig, da diese unter anderem die Wahrnehmung der Personal- und Vergütungskompetenz durch den Aufsichtsrat zum Gegenstand hat[27]. Aufgrund der weitreichenden gesetzlichen Offenlegungspflichten wird eine Auskunftserteilung nach § 131 Abs. 1 S. 1 AktG jedoch zumeist nicht *erforderlich* sein[28]. Wie bereits dargelegt, sind Angaben zu den Gesamtbezügen schon nach §§ 285 S. 1 Nr. 9 lit. a) S. 1 bis 4 bzw. 314 Abs. 1 Nr. 6 lit. a) S. 1 bis 4 HGB zu machen[29]. In börsennotierten Unternehmen sind zudem die Einzelbezüge – wie im Folgenden eingehend beleuchtet werden wird – Gegenstand einer Offenlegungspflicht aus §§ 285 S. 1 Nr. 9 lit. a) S. 5 bis 8, 314 Abs. 1 Nr. 6 lit. a) S. 5 bis 8 HGB[30]. Nur soweit diese Informationen pflichtwidrig nicht offengelegt werden, können sie als *erforderlich* i. S. d. § 131 Abs. 1 S. 1 AktG gelten[31]. Streitig ist, ob auch im Falle eines *Opting-Out* der Hauptversammlung (§§ 286 Abs. 5, 314 Abs. 2 S. 2 HGB) Auskunft verlangt werden kann[32].

Bei nicht börsennotierten Gesellschaften ist über die Einzelbezüge der Vorstandsmitglieder nur im Sonderfall konkreter Anzeichen für ein pflichtwidriges Verhalten des Aufsichtsrats nach § 131 Abs. 1 S. 1 AktG Auskunft zu geben[33].

Im Rahmen des § 131 AktG ist stets zu beachten, dass trotz Vorliegens eines Auskunftsanspruchs diesem ein Auskunftsverweigerungsrecht der Gesellschaft nach § 131 Abs. 3 AktG entgegenstehen kann. Diesbezüglich gibt es neuere Rechtsprechung, welche die Vergütung von Mitgliedern eines unterhalb der Vorstandsebene angesiedelten Leitungsgremiums betrifft, deren Grundsätze sich jedoch ohne

---

27 *Schüppen*, ZIP 2010, 905 (906).

28 *Hohenstatt/Wagner*, ZIP 2008, 945 (953); *Schüppen*, ZIP 2010, 905 (906); *Annuß/Theusinger*, BB 2009, 2434 (2441); *Spindler*, in: K. Schmidt/Lutter, AktG, § 131 Rn. 48.

29 S. oben 2. Kapitel E I 2 a.

30 S. unten 2. Kapitel E I 3 a.

31 *Semler*, in: MünchHdb. AG, § 37 Rn. 11; *Spindler*, in: K. Schmidt/Lutter, AktG, § 131 Rn. 48.

32 Für diese Möglichkeit: *Spindler*, in: K. Schmidt/Lutter, AktG, § 131 Rn. 48; *Kersting*, in: Kölner Komm. AktG, § 131 Rn. 179; dagegen: *Hohenstatt/Wagner*, ZIP 2008, 945 (953); *Reger*, in: Heidelberger Komm. AktG, § 131 Rn. 13.

33 *Schüppen*, ZIP 2010, 906 (907).

Weiteres auf ein auf Vorstandsbezüge gerichtetes Auskunftsbegehren übertragen lassen. Hinsichtlich der Einzelvergütungen kann danach ein Auskunftsverweigerungsrecht nach § 131 Abs. 3 S. 1 AktG wegen einer Abwerbungsgefahr bestehen[34]. Auskünfte zur Gesamtvergütung unterliegen dagegen keinen Beschränkungen[35].

3. *Zusätzliche Offenlegungspflichten bei Börsennotierung*

a) *Offenlegung individueller Bezüge*

Im Jahre 2005 wurde mit dem VorstOG für Aktiengesellschaften eine gesetzliche Pflicht geschaffen, auch die individuellen Bezüge der Vorstandsmitglieder offenzulegen. Damit entsprach der deutsche Gesetzgeber einer gemeinschaftsrechtlichen Empfehlung[36]. Entsprechende Regelungen im Vereinigten Königreich und in den USA dienten als Vorbild[37]. Die Pflicht zur Offenlegung nicht nur des Gesamtbetrags der an sämtliche Vorstandsmitglieder geleisteten Vergütung, sondern zusätzlich der Bezüge eines jeden Vorstandsmitglieds, ergibt sich aus §§ 285 S. 1 Nr. 9 lit. a) S. 5 bis 8, 314 Abs. 1 Nr. 6 lit. a) S. 5 bis 8 HGB. Die Angabe hat grundsätzlich im Anhang bzw. Konzernanhang zu erfolgen. Sofern eine Gesellschaft die individuellen Vorstandsbezüge jedoch schon im Zusammenhang mit den Grundzügen des Vergütungssystems im Vergütungsbericht aufführt, ist eine erneute Darstellung im Anhang bzw. Konzernanhang gemäß §§ 289 Abs. 2 Nr. 5 S. 2, 315 Abs. 2 Nr. 4 S. 2 HGB nicht mehr erforderlich.

Nach §§ 285 S. 1 Nr. 9 lit. a) S. 5, 314 Abs. 1 Nr. 6 lit. a) S. 5 HGB hat die Ausweisung der Einzelvergütungen unter Namensnennung zu erfolgen. Zudem sind sie nach erfolgsunabhängigen und erfolgsbezogenen Komponenten sowie solchen mit langfristiger Anreizwirkung aufzuschlüsseln. Einzubeziehende Vergütungskomponenten sind jene, die gemäß §§ 285 S. 1 Nr. 9 lit. a) S. 1 bis 4, 314 Abs. 1 Nr. 6 lit. a) S. 1 bis 4 HGB auch in die Berechnung der Gesamtbezüge einfließen[38]. Darüber hinaus erstreckt sich die individualisierte Offenlegungspflicht gemäß §§ 285 S. 1 Nr. 9 lit. a) S. 6, 314 Abs. 1 Nr. 6 lit. a) S. 6 HGB auf (aa) Leistungen, die dem Vorstandsmitglied für den Fall einer vorzeitigen Beendigung seiner Tätigkeit zugesagt worden sind; (bb) Leistungen, die dem Vorstandsmitglied für den Fall der regulären Beendigung seiner Tätigkeit zugesagt worden sind, mit ihrem Barwert sowie den von der Gesellschaft während des Geschäftsjahrs hierfür aufgewandten oder zurückgestellten Betrag; (cc) während des Geschäftsjahrs vereinbarte Änderungen dieser Zusagen; (dd) Leistungen, die einem früheren Vorstandsmitglied, das seine Tätigkeit

---

34 OLG Frankfurt ZIP 2006, 614 (615).

35 OLG Frankfurt AG 2009, 543 (545); OLG Frankfurt ZIP 2006, 610 (612).

36 Empfehlung der Kommission zur Einführung einer angemessenen Regelung für die Vergütung von Mitgliedern der Unternehmensleitung börsennotierter Gesellschaften vom 14.12.2004 (2004/913/EG), ABl. Nr. L 385 v. 29.12.2004, S. 55 (57) Ziff. 5.

37 *Hüffer*, in: Bayer/Habersack, Aktienrecht, 7. Kap. Rn. 72; *Bayer*, ZG 2008, 313 (320); *Thüsing*, in: Fleischer, Hdb. VorstandsR., § 6 Rn. 103.

38 *Ellrott*, in: Beck Bilanz-Komm., § 285 Rn. 183.

im Laufe des Geschäftsjahrs beendet hat, in diesem Zusammenhang zugesagt und im Laufe des Geschäftsjahrs gewährt worden sind. Auch diese Leistungen sind in die Kategorien erfolgsunabhängige Leistungen, erfolgsbezogene Leistungen sowie Leistungen mit langfristiger Anreizwirkung zu unterteilen[39].

Während es sich bei den genannten Vergütungsbestandteilen ausschließlich um solche handelt, die vonseiten der Gesellschaft zugesagt oder gewährt werden, erweitern §§ 285 S. 1 Nr. 9 lit. a) S. 7, 314 Abs. 1 Nr. 6 lit. a) S. 7 HGB den Umfang der anzugebenden Leistungen nochmals auf solche, die von einem Dritten stammen. Die Leistungen müssen jedoch im Hinblick auf die Tätigkeit als Vorstandsmitglied zugesagt oder im Geschäftsjahr gewährt worden sein[40].

Zu guter Letzt bestimmen §§ 285 S. 1 Nr. 9 lit. a) S. 8, 314 Abs. 1 Nr. 6 lit. a) S. 8 HGB, dass auch weitergehende Angaben, die der Jahresabschluss bzw. Konzernabschluss zu bestimmten Bezügen enthält, individualisiert anzugeben sind. Dies betrifft zum einen die Angabe der Anzahl und des Zeitwerts aktienbasierter Vergütungsbestandteile nach S. 4 der genannten Vorschriften[41]. Zum anderen sind bei einer freiwilligen Offenlegung eines IFRS-Einzelabschlusses nach § 325 Abs. 2a HGB die Angaben nach IAS 24.17 zur Vergütung der Mitglieder des Managements und des IFRS 2.44–52 in Bezug auf die Gewährung von Aktienoptionen und ähnliche Gestaltungen für jedes Vorstandsmitglied zu machen[42].

Wie im Falle der Offenlegung der Gesamtbezüge bestehen auch hinsichtlich der Angaben zur individuellen Entlohnung Ausnahmetatbestände. Die §§ 286 Abs. 5, 314 Abs. 2 S. 2 HGB erlauben ein *Opting-Out* der Hauptversammlung. Danach können die gemäß §§ 285 S. 1 Nr. 9 lit. a) S. 5 bis 8, 314 Abs. 1 Nr. 6 S. 5 bis 8 HGB zu machenden Angaben für maximal fünf Jahre unterbleiben, wenn die Hauptversammlung dies mit drei Viertel des vertretenen Grundkapitals beschließt, § 286 Abs. 5 S. 2, 314 Abs. 2 S. 2 HGB. Die betroffenen Vorstandsmitglieder haben gemäß § 286 Abs. 5 S. 3 HGB i. V. m. § 136 Abs. 1 AktG kein Stimmrecht.

Als weitere Ausnahmen von der Offenlegungspflicht kommen bei Kleinstkapitalgesellschaften i. S. d. § 267a Abs. 1 HGB, kleinen Kapitalgesellschaften i. S. d. § 267 Abs. 1 HGB und bei Konzernsachverhalten (größenabhängig) wiederum die Ausnahmetatbestände der §§ 264 Abs. 1 S. 5, 288 Abs. 1 293 HGB zum Tragen.

Der DCGK sieht seit Neuestem in Ziff. 4.2.5 Abs. 3 weitergehende Empfehlungen für die Offenlegung der Individualbezüge vor. Diese erst seit 2014 geltenden Empfehlungen betreffen weitestgehend Informationen, die ohnehin in der einen oder anderen Form zu veröffentlichen sind. Sie sollen nunmehr lediglich zusammengeführt und einheitlich dargestellt werden, um die Vergleichbarkeit in zeitlicher

---

39 *Ellrott*, in: Beck Bilanz-Komm., § 285 Rn. 184.
40 §§ 285 S. 1 Nr. 9 lit. a) S. 7, 314 Abs. 1 Nr. 6 lit. a) S. 7 HGB.
41 *Ellrott*, in: Beck Bilanz-Komm., § 285 Rn. 193.
42 *Ellrott*, in: Beck Bilanz-Komm., § 285 Rn. 193.

Hinsicht und zu anderen Unternehmen zu verbessern[43]. Ziff. 4.2.5 Abs. 3 S. 1 DCGK fordert für jedes Vorstandsmitglied eine Darstellung

- der „für das Berichtsjahr gewährten Zuwendungen einschließlich der Nebenleistungen, bei variablen Vergütungsteilen ergänzt um die erreichbare Maximal- und Minimalvergütung“,
- des im bzw. für das Berichtsjahr erfolgten Zuflusses „aus Fixvergütung, kurzfristiger variabler Vergütung und langfristiger variabler Vergütung mit Differenzierung nach den jeweiligen Bezugsjahren“ sowie
- des Versorgungsaufwands im bzw. für das Berichtsjahr aufgrund von Altersversorgung und sonstigen Versorgungsleistungen.

Was die Art der Darstellung betrifft, so sollen dem DCGK als Anlage beigefügte Mustertabellen verwendet werden[44].

b) Offenlegung der Grundzüge des Vergütungssystems

Einen wesentlichen Beitrag zur Vergütungstransparenz leistet die in § 289 Abs. 2 Nr. 5 HGB bzw. § 315 Abs. 2 Nr. 4 HGB angeordnete Offenlegung der Grundzüge des Vergütungssystems für die Gesamtbezüge des Vorstands sowie der früheren Mitglieder des Vorstands und ihrer Hinterbliebenen im Lage- bzw. Konzernbericht. Ohne dies im technischen Sinne zu empfehlen, spezifiziert der DCGK den Ort der Offenlegung, indem er sie in einem Vergütungsbericht als Teil des Lageberichts vorsieht[45]. Gemäß Ziff. 4.2.5 Abs. 1 S. 3 DCGK soll die Offenlegung in allgemein verständlicher Form erfolgen. Die Angaben bezwecken eine Erläuterung und dadurch eine bessere Verständlichkeit der einzelnen Vergütungsparameter und der Zusammensetzung der Vorstandsbezüge, auch im Hinblick auf bestehende Anreizpläne[46]. Die gesetzliche Anordnung ist als „Soll“-Vorschrift gefasst. Die Unverbindlichkeit soll der Praxis ermöglichen, selbst Vorgaben – unter Berücksichtigung gemeinschaftsrechtlicher Empfehlungen – zu entwickeln[47]. Von einer Darstellung der Vergütungsstruktur darf jedoch ausweislich der Gesetzesmaterialien nur abgesehen werden, soweit die Angaben „nach vernünftiger kaufmännischer Beurteilung geeignet sind, der Gesellschaft einen erheblichen Nachteil zuzufügen“[48]. Dies betrifft vornehmlich

---

43 Vgl. Regierungskommission Deutscher Corporate Governance Kodex, Pressemitteilung vom 14.5.2013, abrufbar unter www.corporate-governance-code.de/ger/news/index.html (Abruf v. 11.8.2013).

44 Ziff. 4.2.5 Abs. 3 S. 2 DCGK in der Fassung vom 13. Mai 2013.

45 Ziff. 4.2.5 Abs. 1 S. 2 DCGK in der Fassung vom 13. Mai 2013.

46 Begründung des Gesetzentwurfs der Bundesregierung zum VorstOG vom 27.5.2005 (BegrRegE VorstOG), BR-Drucks. 398/05, S 12; *Ellrott*, in: Beck Bilanz-Komm., § 289 Rn. 93; *Fleischer* DB 2005, 1611 (1616).

47 Beschlussempfehlung und Bericht des Rechtsausschusses zum VorstOG, BT-Drucks. 15/5860, S. 10; *Spindler*, in: MünchKomm. AktG, § 87 Rn. 123.

48 BegrGesE VorstOG, BT-Drucks. 15/5577, S. 8.

Angaben zu anreizorientierten Vergütungselementen, die Rückschlüsse auf vertrauliche Unternehmensziele erlauben[49]. Ob einer unterlassenen Veröffentlichung tatsächlich der beschriebene Ausnahmesachverhalt zugrunde liegt, wird sich in der Praxis schwerlich feststellen lassen. Denn die Gesellschaft ist nicht verpflichtet, ihre Entscheidung zu begründen oder die befürchteten Nachteile darzulegen[50]. Kleine Aktiengesellschaften i. S. v. § 267 Abs. 1 HGB müssen zudem nach § 264 Abs. 1 S. 4 HGB keinen Lagebericht aufstellen und sind schon deshalb von der Bekanntgabe der Grundzüge des Vergütungssystems befreit[51].

Neben der Offenlegung der Grundzüge des Vergütungssystems im Lage- bzw. Konzernbericht soll zudem gemäß Ziff. 4.2.3 Abs. 6 DCGK der Vorsitzende des Aufsichtsrats die Hauptversammlung darüber einmalig und bei Veränderungen informieren.

Was genau unter den Grundzügen des Vergütungssystems zu verstehen ist und in welchem Umfang die Berichterstattung zu erfolgen hat, lassen sowohl die Gesetzesnorm als auch der DCGK offen[52]. Aus dem Begriff „Grundzüge" kann jedenfalls gefolgert werden, dass eine verbale Darstellung und Erläuterung, die konkrete Zahlen und Einzelheiten ausspart, ausreichen dürfte[53]. „Grundzüge des Vergütungssystems" meint sodann einen Überblick über die Vergütungspolitik und das allgemeine Konzept für die Gestaltung der Organverträge, Erläuterungen von Form (Geld-, Sachleistungen), Struktur (fest, variabel) und Höhe der Vergütung sowie eine Darlegung der Zusammensetzung der Bezüge nach den drei in § 285 Nr. 9 lit. a S. 5 HGB genannten Komponenten (erfolgsabhängig, erfolgsbezogen, langfristige Anreizwirkung) und ihrem Verhältnis zueinander[54]. Insbesondere die langfristig angelegten Anreizsysteme bedürfen der näheren Erläuterung[55]. Des Weiteren ist auch anzugeben, wie Bezüge Dritter im Rahmen der Gesamtbezüge behandelt werden und wie sich das System der Versorgungs-, Vorruhestands- und Ruhegehaltsleistungen darstellt[56].

---

49 BegrGesE VorstOG, BT-Drucks. 15/5577, S. 8.

50 *Ellrott*, in: Beck Bilanz-Komm., § 289 Rn. 94.

51 *Mertens/Cahn*, in: Kölner Komm. AktG, § 87 Rn. 91.

52 *Morck*, in: *Koller/Roth/Morck*, HGB, § 289 Rn. 8; *Hüffer*, AktG, § 87 Rn. 15.

53 *Morck*, in: *Koller/Roth/Morck*, HGB, § 289 Rn. 8; *Ellrott*, in: Beck Bilanz-Komm., § 289 Rn. 94; *Rieckhoff*, AG 2010, 617 (618).

54 *Lange*, in: MünchKomm. HGB, § 289 Rn. 124; *Ellrott*, in: Beck Bilanz-Komm., § 289 Rn. 98.

55 *Lange*, in: MünchKomm. HGB, § 289 Rn. 124.

56 *Lange*, in: MünchKomm. HGB, § 289 Rn. 124; *Ellrott*, in: Beck Bilanz-Komm., § 289 Rn. 98.

c) *Offenlegung von Entschädigungsvereinbarungen für den Fall eines Übernahmeangebots*

Die Vorschriften der §§ 289 Abs. 4 S. 1 Nr. 9, 315 Abs. 4 S. 1 Nr. 9 HGB ordnen eine Offenlegung von Entschädigungsvereinbarungen im Lagebericht bzw. Konzernlagebericht an, welche für den Fall eines Übernahmeangebots mit den Vorstandsmitgliedern getroffen sind. Verpflichtet sind jedoch nur solche Gesellschaften, die einen organisierten Markt im Sinne des § 2 Abs. 7 WpÜG[57] durch von ihnen ausgegebene stimmberechtigte Aktien in Anspruch nehmen. Vom Vorliegen eines Übernahmeangebots ist im vorliegenden Kontext nicht nur dann auszugehen, wenn die Erlangung von Kontrolle in Form von mindestens 30 % der Stimmrechte an der Zielgesellschaft[58] angestrebt ist[59]. Denn die insoweit maßgebliche EU-Übernahmerichtlinie[60] gibt diese starre Grenze in ihrer Definition eines Übernahmeangebots in Art. 2 Abs. 1 lit. a) nicht vor. In richtlinienkonformer Auslegung ist somit auch eine Entschädigungsvereinbarung für einen geringer oder höher ausfallenden Erwerb an Aktien der Gesellschaft offenlegungspflichtig[61].

Hinsichtlich des Umfangs der Offenlegungspflicht kann es ausweislich der Begründung des Regierungsentwurfs zum Übernahmerichtlinie-Umsetzungsgesetz im Einzelfall genügen, wenn der wesentliche Inhalt der Vereinbarung im Rahmen einer zusammenfassenden Darstellung angegeben wird[62]. Davon umfasst sind wohl auch eine Namensnennung der betroffenen Vorstandsmitglieder sowie Angaben zur Höhe oder Berechnung der Entschädigung[63].

Die Entschädigungsvereinbarungen für Übernahmeangebote können zugleich Gegenstand der im Anhang bzw. Konzernanhang zu machenden Angaben nach §§ 285 S. 1 Nr. 9 lit. a) S. 6, 314 Abs. 1 Nr. 6 lit. a) S. 6 HGB sein[64]. Dies berücksichtigen § 289 Abs. 4 S. 1 Nr. 9 a. E. HGB bzw. § 315 Abs. 4 S. 1 Nr. 9 a. E. HGB, wonach in diesem Fall die Offenlegung im Lagebericht unterbleiben kann. Der Lagebericht muss sodann jedoch nach Satz 2 auf die Angaben im Anhang bzw. Konzernanhang verweisen.

In kleinen Kapitalgesellschaften i. S. d. § 267 Abs. 1 HGB besteht keine originäre Pflicht zur Offenlegung von Entschädigungsvereinbarungen. Gesellschaften dieser Art müssen nach § 264 Abs. 1 S. 4 HGB keinen Lagebericht aufstellen und gemäß § 288 Abs. 1 HGB auch keine entsprechenden Angaben im Anhang machen. Als

---

57 I.e. Regulierter Markt an einer Börse im Inland, in einem Mitgliedstaat der EU oder einem Vertragsstaat des Abkommens über den Europäischen Wirtschaftsraum.

58 Vgl. § 29 Abs. 1 und 2 WpÜG.

59 *Ellrott*, in: Beck Bilanz-Komm., § 289 Rn. 144; *Sailer*, AG 2006, 913 (917).

60 Richtlinie 2004/25/EG des Europäischen Parlaments und des Rates v. 21.4.2004 betreffend Übernahmeangebote, ABl. L 142 v. 30.4.2004, S. 12.

61 *Ellrott*, in: Beck Bilanz-Komm., § 289 Rn. 144; *Sailer*, AG 2006, 913 (917).

62 BT-Drucks. 16/1003, S. 25.

63 *Ellrott*, in: Beck Bilanz-Komm., § 289 Rn. 149.

64 S. oben 2. Kapitel E I 3 a.

weiterer Fall, in dem die Entschädigungsvereinbarungen nicht angegeben werden müssen, wird der *Opting-Out*-Beschluss der Hauptversammlung nach §§ 286 Abs. 5, 314 Abs. 2 S. 2 HGB diskutiert[65].

Soweit keine der beschriebenen Ausnahmen zu der Offenlegungspflicht der §§ 289 Abs. 4 S. 1 Nr. 9, 315 Abs. 4 S. 1 Nr. 9 HGB vorliegt, muss der Vorstand einer börsennotierten Aktiengesellschaft zudem nach § 176 Abs. 1 S. 1 AktG i. V. m. §§ 289 Abs. 4 S. 1 Nr. 9, 315 Abs. 4 S. 1 Nr. 9 HGB der Hauptversammlung einen erläuternden Bericht über die Entschädigungsvereinbarungen vorlegen.

d) Offenlegung der Art von Nebenleistungen

Der DCGK empfiehlt in Ziff. 4.2.5 Abs. 2, im Vergütungsbericht Angaben zur Art der von der Gesellschaft erbrachten Nebenleistungen zu machen. Damit ist freilich keine über die gesetzlichen Anforderungen hinausgehende individualisierte Offenlegung der Nebenleistungen gemeint und bezweckt[66]. Vielmehr sollen die Nebenleistungen im Allgemeinen beschrieben werden, was sodann in die Beurteilung der Angemessenheit der Vergütungsstruktur einfließen kann[67].

e) Offenlegung von wertpapierorientierten Anreizsystemen

Der DCGK spricht in Ziff. 7.1.3 die Empfehlung aus, im Corporate Governance Bericht konkrete Angaben über Aktienoptionsprogramme und ähnliche wertpapierorientierte Anreizsysteme zu machen. Dies gilt allerdings nur soweit, als die Angaben nicht schon im Jahresabschluss, Konzernabschluss oder Vergütungsbericht erfolgen. Die Empfehlung ist nicht auf wertpapierorientierte Anreizsysteme für Organmitglieder beschränkt, sondern erfasst sämtliche derartigen Systeme der Gesellschaft[68].

II. Australien

1. Einleitung

Die Offenlegung von Informationen zur Geschäftsleitervergütung ist seit vielen Jahren verpflichtender Bestandteil des australischen Gesellschaftsrechts. Im Jahre 1998 wurde erstmals eine Pflicht zur individuellen Ausweisung der Vergütungspakete eingeführt[69]. Seitdem wurde das Regelwerk zur Offenlegung von Geschäftsleitervergütungen stetig ausgebaut und fortentwickelt. Hervorzuheben sind etwa das im Jahre 2004 eingeführte Erfordernis zur Erstellung eines eigenständigen

---

65 Für ein entfallen der Offenlegungspflicht *Ellrott*, in: Beck Bilanz-Komm., § 289 Rn. 149; a.A. *Sailer*, AG 2006, 913 (924).
66 Vgl. *Ringleb*, in: Ringleb/Kremer/Lutter/v. Werder, DCGK, Rn. 800.
67 *Ringleb*, in: Ringleb/Kremer/Lutter/v. Werder, DCGK, Rn. 800.
68 *Ringleb*, in: Ringleb/Kremer/Lutter/v. Werder, DCGK, Rn. 1193.
69 Vgl. Schedule 1, sec. 300A Company Law Review Act 1998.

Vergütungsberichts und das darauf bezogene Fragerecht der Aktionäre[70]. Heute finden sich die maßgeblichen Publizitätsvorgaben in den nach secs. 292 (1) (b), 296 (1) CA 2001 verbindlichen Rechnungslegungsstandards des *Australian Accounting Standards Board (AASB)*, im CA 2001 selbst, in der konkretisierenden *Corporations Regulation 2M.3.03*, in den *Listing Rules* sowie in den *ASX Corporate Governance Principles and Recommendations*. Die vielen unterschiedlichen Rechtsquellen machen das Regelwerk überaus komplex und die Vorgaben überschneiden sich teilweise[71]. Das Regelwerk weiter auszubauen ist Ziel eines Gesetzentwurfs aus der Feder des australischen Finanzministeriums (*Treasury*)[72]. Die Erweiterung der Offenlegungspflichten bezieht sich insbesondere auf die tatsächlich im Geschäftsjahr gezahlten individuellen Vergütungsgesamtsummen, Details zu Abfindungsvereinbarungen, den unternehmensinternen Prozesses zur Vergütungsfestsetzung (*remuneration governance framework*) sowie erfolgte und ausstehende *clawbacks*. Die neuen Vorgaben sollten ursprünglich ab 01. Juli 2013 Anwendung finden, jedoch wurde der Entwurf bislang nicht im australischen Parlament eingebracht. Ob und ggf. wann mit Erlass des Gesetzes zu rechnen ist, ist zum gegenwärtigen Zeitpunkt nicht abzusehen.

Das australische Offenlegungsregime soll die Vergütung der *executive directors* und *senior executives* transparent machen[73]. Indem frühzeitig und detailliert über die Vergütung berichtet wird, soll es den Aktionären ermöglicht werden, die Vergütungsentscheidungen des *boards* zu kontrollieren[74]. Damit zusammenhängend werden die Informationen als notwendig erachtet, um fundierte Entscheidungen über die Angemessenheit der Vergütung treffen zu können[75]. Dies beansprucht insbesondere Geltung im Hinblick auf das Vergütungsvotum der Hauptversammlung nach sec. 250R (2) CA 2001[76]. Gleichzeitig verschafft die Transparenz der Bezüge Einblick in die für das Management gesetzten Vergütungsanreize[77]. Neben den

---

70 Vgl. Schedule 5 Corporate Law Economic Reform Program (Audit Reform and Corporate Disclosure) Act 2004, Act No. 103 of 2004, 30.6.2004, abrufbar unter www.comlaw.gov.au (Abruf v. 11.8.2013).

71 Productivity Commission, S. 268.

72 Vgl. Corporations Legislation Amendment (Remuneration Disclosures and Other Measures) Bill 2012, abrufbar unter: www.treasury.gov.au/ConsultationsandReviews/Submissions/2012/Improving-disclosure-requirements.

73 Corporate Law Economic Reform Program (Audit Reform and Corporate Disclosure) Bill 2003, Explanatory Memorandum, abrufbar unter www.comlaw.gov.au (Abruf v. 11.8.2013), Ziff. 4.352.

74 Corporate Law Economic Reform Program (Audit Reform and Corporate Disclosure) Bill 2003, Explanatory Memorandum, abrufbar unter www.comlaw.gov.au (Abruf v. 11.8.2013), Ziff. 4.352.

75 Corporate Law Economic Reform Program (Audit Reform and Corporate Disclosure) Bill 2003, Explanatory Memorandum, abrufbar unter www.comlaw.gov.au (Abruf v. 11.8.2013), Ziff. 4.352.

76 S. zum australischen Vergütungsvotum unten 2. Kapitel F II 1 a.

77 Corporate Law Economic Reform Program (Audit Reform and Corporate Disclosure) Bill 2003, Explanatory Memorandum, abrufbar unter www.comlaw.gov.au (Abruf v. 11.8.2013), Ziff. 4.352.

Aktionären dient dies den Anlegern am Kapitalmarkt, die hieraus gegebenenfalls Rückschlüsse auf die zukünftige Unternehmensentwicklung zu ziehen vermögen und die Informationen im Aktienkurs einpreisen können[78]. Auf diesem Wege und durch gesteigertes Anlegervertrauen vermag die Offenlegung der Geschäftsleitervergütung somit die Kapitalmarkteffizienz zu steigern[79]. Allerdings wird auch im australischen Kontext erkannt, dass den Vorteilen erhöhter Transparenz die durch sie verursachten Compliance-Kosten als Nachteil gegenüberstehen[80]. Zudem kann die Offenlegung zur Preisgabe von Unternehmensstrategien und somit zu Wettbewerbsnachteilen führen[81].

2. *Allgemeine Offenlegungspflichten*

a) Offenlegung der Summe der Gesamtbezüge

Australische *public companies* sind nach §§ 3, 17 AASB 124 verpflichtet, die Gesamtbezüge (*compensation in total*) der Mitglieder ihres Managements in Schlüsselpositionen im Jahres- bzw. Konzernabschluss offenzulegen. Die Verbindlichkeit dieses und aller anderen australischen Rechnungslegungsstandards folgt aus secs. 292 (1) (b), 296 (1) CA 2001. Dabei haben die australischen Rechnungslegungsstandards die internationalen Rechnungslegungsstandards IFRS und IAS vollständig und wortgetreu inkorporiert und ergänzen sie lediglich an einigen Stellen.

Welche Personen als Mitglieder des Managements in Schlüsselpositionen gelten, lässt sich § 9 AASB 124 entnehmen:

> *„Key management personnel are those persons having authority and responsibility for planning, directing and controlling the activities of the entity, directly or indirectly, including any director (whether executive or otherwise) of that entity.“*

Was von dem Begriff der Bezüge umfasst ist, lässt sich wiederum (wie im Fall der sec. 211 (1) CA 2001) § 9 AASB 124 entnehmen[82]. Zur Klarstellung sei jedoch erwähnt, dass Leistungen Dritter grundsätzlich auch zu den Bezügen zählen, soweit damit eine an das Unternehmen erbrachte Organtätigkeit vergütet wird[83].

Neben den Gesamtbezügen an sich müssen die Gesellschaften nach § 17 AASB 124 selbige auch aufgesplittet in die Kategorien kurzfristig fällige Leistungen, Leistungen nach Beendigung des Arbeitsverhältnisses, andere langfristig fällige Leistungen, Leistungen aus Anlass der Beendigung des Arbeitsverhältnisses und anteilsbasierte Vergütungen angeben.

---

78 Productivity Commission, S. 242.
79 Productivity Commission, S. 242.
80 Productivity Commission, S. 242; vgl. dazu auch oben 1. Kapitel A II 3.
81 Productivity Commission, S. 242.
82 Eingehend hierzu schon die Ausführungen oben 2. Kapitel B II 2 b aa.
83 § 9 AASB 124.

b) Offenlegungen bezüglich anteilsbasierter Vergütung

Australische *public companies* müssen für jedes Geschäftsjahr einen sog. *directors' report* erstellen[84]. In ihm sind nach sec. 300 (1) (d) CA 2001 unter anderem Angaben zu Aktienoptionen zu machen, und zwar in dreifacher Hinsicht. Zum einen müssen allgemein alle Optionen über noch nicht ausgegebene Aktien aufgeführt werden, die während oder seit dem Ende eines Jahres gewährt wurden[85]. Bei einer Konzernrechnungslegung müssen auch die Optionen auf Aktien beherrschter Unternehmen angegeben werden[86]. Zum anderen müssen Optionen offengelegt werden, die den *directors* oder den fünf bestverdienenden Angestellten des Unternehmens gewährt wurden[87]. Zuletzt sind Optionen aufzuführen, die den genannten Personen als Teil ihrer Vergütung gewährt wurden[88]. Zu sämtlichen Optionen sind das gewährende Unternehmen, der Name des Begünstigten und die Zahl und Gattung der gewährten Aktien anzugeben[89]. Der Grund der Optionsgewährung muss, abgesehen von den Optionen der dritten Gruppe, nicht offengelegt werden. Ebenso wenig ist eine Angabe der Bedingungen für die Ausübung der Optionen erforderlich[90]. Ergänzend muss der *directors' report* weitere Angaben über die den Optionen zugrunde liegenden Aktien machen. Dies gilt sowohl für die bisher nicht ausgegebenen Aktien[91] als auch für Aktien, die bei Ausübung von Optionen gewährt wurden[92].

Zu anteilsbasierten Vergütungsvereinbarungen und -elementen fordert auch der *Accounting Standard AASB 2* in §§ 44–52 eine umfangreiche Informationsdarlegung. Soweit schon in diesem Zusammenhang die von sec. 300 CA 2001 geforderten Angaben gemacht werden, erübrigt sich eine erneute Darstellung im *directors' report* und es genügt ein Verweis[93].

c) Auskunftsrecht bezüglich der Einzelbezüge der directors

Die Einzelvergütungen der *directors* einer Gesellschaft können ebenfalls unabhängig von einer Börsennotierung Gegenstand einer Offenlegungspflicht sein. Nach sec. 202B (1) CA 2001 muss eine Gesellschaft auf Antrag die an jeden ihrer *directors* oder an *directors* einer Tochtergesellschaft durch sie oder ein beherrschtes Unternehmen gezahlte Vergütung offenlegen. Dabei spielt es keine Rolle, ob die Vergütung in Bezug auf die Funktion als *director* oder aus anderem Grund gezahlt wurde. Den Antrag stellen müssen mindestens 5 % oder mindestens 100 der stimmberechtigten

---

84 Secs. 292 (1) (b), 298 (1) CA 2001.
85 Sec. 300 (1) (d) (i) CA 2001.
86 Sec. 300 (3) (b) CA 2001.
87 Sec. 300 (1) (d) (ii) CA 2001.
88 Sec. 300 (1) (d) (iii) CA 2001.
89 Sec. 300 (1) (d), (5) CA 2001.
90 *Austin/Ramsay*, Ford's Principles, [11.232].
91 Sec. 300 (1) (e), (6) CA 2001.
92 Sec. 300 (1) (f), (7) CA 2001.
93 Sec. 300 (2), (2A) CA 2001.

Aktionäre[94]. Um der Offenlegungspflicht zu genügen, hat die Gesellschaft einen Bericht über die Vergütung der *directors* im zurückliegenden Geschäftsjahr zu erstellen und diesen nach externer Prüfung jedem Aktionär in Kopie zukommen zu lassen[95].

3. Zusätzliche Offenlegungspflichten bei Börsennotierung

a) Offenlegungen im Vergütungsbericht

Der *directors' report* muss bei Börsennotierung einer *public company* in einem separaten Abschnitt einen Vergütungsbericht (*remuneration report*) enthalten[96]. In ihm sind Angaben zu Einzelvergütungen, zu den Vergütungsgrundsätzen des *boards*, zur Reaktion des *boards* auf ein negatives Vergütungsvotum und zu Vergütungsberatern zu machen.

aa) Informationen zu individuellen Bezügen

Die Bezüge eines jeden Mitglieds des Managements in Schlüsselpositionen müssen im Vergütungsbericht detailliert offengelegt werden. Die entsprechenden Vorgaben finden sich in sec. 300A (1) (c) CA 2001 sowie in der *Regulation 2M3.03.* Die Offenlegung der Bezüge hat dabei unter namentlicher Nennung und Angabe der jeweiligen Position im Unternehmen als Summe sowie aufgeschlüsselt zu erfolgen[97]. Der Umfang der angabepflichtigen Vergütung ergibt sich aus sec. 9 CA 2001 i. V. m. § 9 AASB 124 und ist folglich deckungsgleich mit dem Umfang der im Rahmen der Gesamtbezüge zu berücksichtigenden Vergütung.

Die Aufschlüsselung der Einzelbezüge hat nach kurzfristigen Vergütungsbestandteilen, Ruhestandsleistungen, anderen langfristigen Vergütungsbestandteilen, Abfindungen und aktienbasierten Vergütungsbestandteilen zu erfolgen[98]. Zu Vergleichszwecken sind auch jeweils die entsprechenden Informationen des Vorjahres anzugeben[99]. Die einzelnen Vergütungsgruppen sind zum Teil noch weiter aufzuschlüsseln und/oder müssen mit Detailangaben unterlegt werden. So müssen die kurzfristig fälligen Leistungen an den Geschäftsleiter ihrer Art nach aufgeschlüsselt werden[100]. Gleiches gilt für Ruhestandsleistungen[101]. Langfristig fällige Leistungen müssen unter Hervorhebung der Bestandteile eines langfristigen Anreizplans angegeben werden[102]. Sodann sind Antritts- und Abfindungszahlungen[103] sowie sämtliche

94 Sec. 202B (1) (a), (b) CA 2001.
95 Sec. 202B (2) CA 2001.
96 Secs. 300A (1), (1A), (2) CA 2001.
97 Regulation 2M.3.03 (1) Items 1, 2.
98 Regulation 2M.3.03 (1) Items 6–11.
99 Regulation 2M.3.03 (2).
100 Regulation 2M.3.03 (1) Item 6.
101 Regulation 2M.3.03 (1) Item 7.
102 Regulation 2M.3.03 (1) Item 8.
103 Regulation 2M.3.03 (1) Items 10, 9.

aktienbasierte Vergütungen[104] offenzulegen. Bei Letzteren ist eine Unterteilung nach den verschiedenen Ausgleichsarten (Ausgleich durch Eigenkapitalinstrumente, durch Optionen und Rechte, durch Barzahlung oder auf sonstige Weise) vorzunehmen[105]. Sind Wertpapiere Bestandteil der Vergütung und werden sie erfolgsunabhängig gewährt, muss Letzteres begründet werden[106]. Stellen Aktienoptionen einen Teil des Vergütungspakets dar, sind der Wert der gewährten Optionen, der Wert der ausgeübten Optionen, der Wert der verfallenen Optionen sowie der relative Anteil der Optionen an der Gesamtvergütung darzulegen[107]. Die Verordnung 2M.3.03 weitet die Berichtspflichten für die Gewährung von Optionen und sonstigen Rechten an Eigenkapitalinstrumenten nochmals aus. Unter anderem sind die Anzahl der gewährten Optionen und Rechte, ihr Wert zum Zeitpunkt der Gewährung, ihr Ausübungspreis, ihr Verfallsdatum, Ausübungsfristen sowie eine Zusammenfassung der Ausübungsbedingungen darzulegen[108]. Werden die Optionen oder Rechte im Laufe des Geschäftsjahres ausgeübt, so müssen die Anzahl der gewährten Eigenkapitalinstrumente und die jeweils darauf geleisteten oder noch offenen Zahlungen angegeben werden[109].

Hinsichtlich jedes Vergütungsempfängers ist zu erläutern, in welcher Relation erfolgsabhängige und nicht-erfolgsabhängige Vergütungselemente gewährt werden[110]. Soweit ein Vergütungsbestandteil erfolgsabhängig ausgestaltet ist, bedarf es einer Darlegung und Begründung des gewählten Erfolgsparameters, einer erklärenden Darstellung der Methoden zur Erfolgsmessung sowie im Fall eines Leistungsvergleichs anhand unternehmensexterner Faktoren deren Darlegung[111]. Für Boni und aktienbasierte Vergütungselemente mit Ausnahme von Aktienoptionen müssen gemäß der Verordnung 2M.3.03 weitere umfangreiche Angaben gemacht werden, beginnend mit dem Zeitpunkt der Gewährung, bis hin zu Schätzungen der möglichen Minimal- und Maximalwerte[112].

Auch müssen bestimmte Konditionen des Anstellungsvertrags bekannt gemacht werden, namentlich die Vertragsdauer, Kündigungsfristen und vertraglich vorgesehene Abfindungsleistungen[113].

bb) Informationen zu Vergütungsgrundsätzen des boards

Im Vergütungsbericht müssen des Weiteren die Grundsätze des *boards* (*board policy*) für die Festsetzung bzw. in Bezug auf, die Art und Höhe der Vergütung der

104 Regulation 2M.3.03 (1) Item 11.
105 Regulation 2M.3.03 (1) Item 11 (a)–(c).
106 Sec. 300A (1) (d) CA 2001.
107 Sec. 300A (1) (e) (ii)-(vi) CA 2001.
108 Regulation 2M.3.03 (1) Item 15.
109 Regulation 2M.3.03 (1) Item 16.
110 Sec. 300A (1) (e) (i) CA 2001.
111 Sec. 300A (1) (ba) CA 2001.
112 Regulation 2M.3.03 (1) Item 12.
113 Sec. 300A (1) (e) (vii) CA 2001.

Mitglieder des Managements in Schlüsselpositionen (*key management personnel*)[114] erläutert werden[115]. Zusätzlich bedarf es einer Erklärung, in welcher Beziehung die angewandten Grundsätze zum Unternehmenserfolg (*company's performance*) stehen[116]. Dabei ist beachtlich, dass der CA 2001 einen Bezug der Vergütungsgrundsätze zum Unternehmenserfolg an sich nicht vorschreibt. Ein Erfordernis hierfür wird jedoch unter Verweis auf *best practice*-Grundsätze angenommen[117]. Auch deuten die weiteren Ausführungen des CA 2001 zur Offenlegung darauf hin. Danach ist im vorliegenden Zusammenhang unter dem Schlagwort des Unternehmenserfolgs auf die Ertragslage des Unternehmens sowie die Wertschöpfung für die Aktionäre im aktuellen Geschäftsjahr und in den vier zurückliegenden Geschäftsjahren einzugehen[118]. Soweit die Wertschöpfung für die Aktionäre im konkreten Fall von externen Faktoren beeinflusst wurde und somit nur bedingt den Unternehmenserfolg widerspiegelt, ist auch dies zu erläutern[119].

cc) Erklärung des boards zu negativem Vergütungsvotum

Wurde auf der letzten Jahreshauptversammlung der damalige Vergütungsbericht kontrovers diskutiert und erfuhr der Bericht im Rahmen des Vergütungsvotums eine Ablehnung durch mindestens 25 % der abgegebenen Stimmen, so muss sich das *board* im Vergütungsbericht dazu erklären[120]. Dabei muss das *board* insbesondere darlegen, welche Schritte es in Reaktion auf die Ablehnung einzuleiten gedenkt. Beabsichtigt das *board* nicht darauf zu reagieren, muss es diese Entscheidung begründen.

dd) Informationen zu Vergütungsberatern

Hat die Gesellschaft für die Geschäftsleitervergütung die Dienste eines Vergütungsberaters in Anspruch genommen, müssen gemäß sec. 300A (1) (h) CA 2001 diesbezügliche Informationen in den Vergütungsbericht aufgenommen werden. Neben der namentlichen Nennung des Beraters und einer Erklärung, dass er eine Vergütungsempfehlung abgegeben hat, muss auch offengelegt werden, welche weiteren Beratungsdienste er gegenüber dem Unternehmen erbracht hat[121]. Bezüglich aller Beratungsleistungen müssen die dafür aufgewendeten Beträge und die Art der Bezahlung angegeben werden[122]. Zudem muss der Vergütungsbericht ausweisen, welche Vorkehrungen die Gesellschaft getroffen hat, um sicherzustellen,

---

114 S. zur Begrifflichkeit oben 2. Kapitel E II 2 a.
115 Sec. 300A (1) (a) CA 2001.
116 Sec. 300A (1) (b) CA 2001.
117 *Moodie*, in: CCH Company Law Commentary, [103–050].
118 Sec. 300A (1AA) CA 2001.
119 *Austin/Ramsay*, Ford's Principles, [11.236.6].
120 Sec. 300A (1) (g) CA 2001.
121 Sec. 300A (1) (h) (iii) CA 2001.
122 Sec. 300A (1) (h) (iv) und (v) CA 2001.

dass die Vergütungsempfehlung frei von ungebührlichem Einfluss des Geschäftsleiters zustande kam[123]. Das *board* hat diesbezüglich zu erklären, ob und ggf. weshalb es von einem redlichen Zustandekommen der Vergütungsempfehlung überzeugt ist[124].

b) *Offenlegung auf Anfrage der Aktionäre*

Nach sec. 250SA S. 1 CA 2001 muss der Versammlungsleiter im Rahmen der Jahreshauptversammlung den Aktionären hinreichend Möglichkeit (*reasonable opportunity*) einräumen, Fragen zum Vergütungsbericht zu stellen und diesen zu kommentieren. Gleichzeitig besteht jedoch keine Pflicht der *directors*, auf die Fragen der Aktionäre zu antworten[125]. Wann von einer hinreichenden Möglichkeit zur Fragestellung ausgegangen werden kann, ist von den Umständen der jeweiligen Versammlung abhängig[126]. Jedenfalls muss nach sec. 250SA S. 1 CA 2001 nicht jedem einzelnen Aktionär die Möglichkeit gegeben werden, Fragen zu stellen, sondern nur den Aktionären „*as a whole*".

c) *Offenlegungen im corporate governance statement und öffentliche Bekanntmachungen*

Die *ASX Corporate Governance Principles and Recommendations* sehen im Zusammenhang mit den in *Principle* 8 niedergelegten Grundsätzen zur Geschäftsleitervergütung vor, dass die Unternehmen bestimmte Informationen offenlegen. Nach Empfehlung 8.4 sollen Angaben zu den im „*Guide to reporting on Principle 8*" aufgeführten Punkten gemacht werden. Einige der Angaben oder ein Verweis auf sie sind im Rahmen des *corporate governance statement* im Jahresbericht zu machen, für andere Angaben ist eine öffentliche Bekanntmachung, idealerweise auf der Internetseite des Unternehmens in einer klar gekennzeichneten Corporate Governance Sektion, vorgesehen[127].

Der Jahresbericht soll die Mitglieder des Vergütungsausschusses sowie ihre Anwesenheit bei den Sitzungen des Ausschusses ausweisen[128]. Gibt es im Unternehmen keinen Vergütungsausschuss, soll erklärt werden, wie die üblicherweise von einem

---

123 Sec. 300A (1) (h) (vi) CA 2001.

124 Sec. 300A (1) (h) (vii) und (viii) CA 2001.

125 *Moodie*, in: CCH Company Law Commentary, [66–200]; Company Law Review Bill 1997, Explanatory Memorandum, abrufbar unter www.comlaw.gov.au (Abruf v. 11.8.2013), Ziff. 10.77.

126 Company Law Review Bill 1997, Explanatory Memorandum, abrufbar unter www.comlaw.gov.au (Abruf v. 11.8.2013), Ziff. 10.78.

127 Vgl. ASX Corporate Governance Principles and Recommendations, S. 39, Guide to reporting on Principle 8.

128 ASX Corporate Governance Principles and Recommendations, S. 39, Guide to reporting on Principle 8.

solchen Ausschuss wahrgenommenen Funktionen anderweitig erfüllt werden[129]. Im Jahresbericht sollen zudem sämtliche Abweichungen von den Vergütungsempfehlungen des *ASX Corporate Governance Councils* erläutert werden[130]. Eine diesbezügliche Pflicht besteht jedoch schon nach LR 4.10.3.

Öffentlich bekannt gemacht werden soll die Satzung des Vergütungsausschusses oder eine zusammenfassende Darstellung seiner Funktion, Rechte, Pflichten und Mitgliedschaftsvoraussetzungen[131]. Des Weiteren soll die Gesellschaft die unternehmensintern bestehenden Richtlinien zum Verbot von Deckungsgeschäften (*hedging*) hinsichtlich Sperrfristen unterliegender, aktienbasierter Vergütungsbestandteile erläutern[132].

d) Ad-hoc-Publizität

Neben den genannten Offenlegungspflichten und -obliegenheiten besteht nach LR 3.1 für börsennotierte Unternehmen eine allgemeine Publikationspflicht hinsichtlich solcher sie betreffenden Informationen, denen eine verständige Person wesentliche Kurs- oder Wertrelevanz beimessen würde. Bei der Bestellung bzw. Anstellung eines *chief executive directors* qualifiziert man die wichtigsten Konditionen der Vergütungsvereinbarung als derart bedeutende Informationen[133]. Die entsprechende Meldung ist unverzüglich gegenüber der ASX zu machen[134]. Nach der seit Mai 2013 bestehenden LR 3.16.4 sind die Angaben auch unabhängig von der Kursrelevanz zu machen.

III. Vergleich und Bewertung

1. Einleitung

In beiden Rechtsordnungen wurde die Vergütungstransparenz über die Jahre stetig ausgebaut. Besonders markant ist die Einführung einer individuellen Ausweisung der Bezüge in börsennotierten Gesellschaften, zu der es in Australien schon ungleich früher als in Deutschland kam. Die maßgeblichen Vorgaben zur Offenlegung der Geschäftsleitervergütung nehmen zum Teil Gesetzesform an, ergeben sich aber auch aus den einschlägigen Corporate Governance Kodizes und Rechnungslegungsstandards. Im australischen Recht kommen zudem die *Listing Rules* zur Anwendung

---

129 ASX Corporate Governance Principles and Recommendations, S. 39, Guide to reporting on Principle 8.
130 ASX Corporate Governance Principles and Recommendations, S. 39, Guide to reporting on Principle 8.
131 ASX Corporate Governance Principles and Recommendations, S. 39, Guide to reporting on Principle 8.
132 ASX Corporate Governance Principles and Recommendations, S. 39, Guide to reporting on Principle 8.
133 Vgl. ASX Companies Update 03/03.
134 LR, Chapter 3, Explanatory Note.

und die gesetzlichen Vorgaben werden per Verordnung konkretisiert. Der Herbeiführung von Vergütungstransparenz liegt somit in beiden Rechtsordnungen ein als überaus komplex zu bewertendes Regelungsgeflecht zugrunde.

Die mit den Transparenzanforderungen verfolgten Zwecke gleichen sich im Wesentlichen. Die neben der Kontroll- und Informationsfunktion stehende Präventionsfunktion wird zwar im australischen Zusammenhang nicht direkt genannt. Aber auch in Australien soll die Offenlegung der Vereinbarung unangemessener Vergütungen vorbeugen. Dies wird nicht zuletzt dadurch deutlich, dass Verschärfungen des Offenlegungsregimes oft in Reaktion auf „Vergütungsexzesse" erfolgten[135]. Soweit ersichtlich, wird in Australien nicht diskutiert und problematisiert, dass die Offenlegung individueller Vergütungen einen Eingriff in die Rechte der *executives* darstellen kann.

Neben den mit der Offenlegung verfolgten Zwecken gleichen sich auch die jeweils offenzulegenden Aspekte in weiten Teilen. Unterschiede bestehen im Detail. Daneben finden sich im australischen Recht noch weitergehende Offenlegungspflichten.

2. *Grundsätzliche Gemeinsamkeiten*

a) *Summe der Gesamtbezüge*

Die Gesamtbezüge der Geschäftsleiter sind in ihrer Gesamtheit in beiden Rechtsordnungen unabhängig von einer Börsennotierung offenzulegen. Der Umfang der zu erfassenden Bezüge ist dabei sehr weit. In Australien sind auch stets die Leistungen aus Anlass der Beendigung der Geschäftsleitertätigkeit (*termination payments*) mit umfasst. In Deutschland hingegen ist dies nach den Vorschriften des HGB nicht der Fall. Lediglich wenn die Rechnungslegung nach den internationalen Rechnungslegungsstandards erfolgt, schließt die Offenlegungspflicht Abfindungen mit ein. Ebenso verhält es sich mit der im australischen Recht erforderlichen Aufsplittung der Gesamtbezüge in kurzfristig fällige Leistungen, Leistungen nach Beendigung des Arbeitsverhältnisses, andere langfristig fällige Leistungen, Leistungen aus Anlass der Beendigung des Arbeitsverhältnisses und anteilsbasierte Vergütungen. Eine derartig aufgeschlüsselte Offenlegung der Gesamtbezüge ist in Deutschland nur zwingend, soweit internationale Rechnungslegungsstandards Anwendung finden.

Nach deutschem Recht müssen im Unterschied zur australischen Rechtslage neben den Gesamtbezügen der jeweils aktuell tätigen Vorstandsmitglieder auch die Gesamtbezüge früherer Vorstandsmitglieder und deren Hinterbliebener offengelegt werden. Da letztere Gesamtbezüge nicht selten einen bedeutenden Kostenfaktor für ein Unternehmen darstellen dürften, ist die geforderte Transparenz sinnvoll. Die Ausnahmetatbestände der §§ 264 Abs. 1 S. 5, 288 Abs. 1, 293 Abs. 1und 286 Abs. 4 HGB finden im australischen Recht keine Entsprechung.

135 Vgl. *Austin/Ramsay*, Ford's Principles, [11.236].

b) *Anteilsbasierte Vergütungen*

In beiden Rechtsordnungen bestehen im Zusammenhang mit der Gewährung von Aktienoptionen umfangreiche Offenlegungspflichten unabhängig von einer Börsennotierung. Bezüglich der im Detail bestehenden Unterschiede fällt beispielsweise auf, dass im australischen Recht im Unterschied zur deutschen Rechtslage die Ausübungsbedingungen für Optionen nicht anzugeben sind. Dies fordert das australische Recht vielmehr nur im Rahmen der Offenlegung der Individualvergütungen bei börsennotierten Gesellschaften. In anderer Hinsicht sind die australischen Anforderungen jedoch höher. So müssen hier auch umfangreiche Angaben zu den Aktien gemacht werden, die aufgrund ausgeübter Optionen gewährt wurden. Die deutsche Ausnahme von der Offenlegungspflicht für Kleinstkapitalgesellschaften findet im australischen Recht keine Entsprechung. Soweit deutsche Aktiengesellschaften nach internationalen Rechnungslegungsstandards bilanzieren, gleichen sich die Offenlegungsvorgaben für anteilsbasierte Vergütungsvereinbarungen und -elemente in Deutschland und Australien.

c) *Individuelle Bezüge*

Die individuellen Bezüge der Geschäftsleiter müssen in börsennotierten Gesellschaften beider Rechtsordnungen unter Namensnennung offengelegt werden. Auch die weitere Aufschlüsselung der individuellen Vergütung in ihre einzelnen Bestandteile stellt eine Gemeinsamkeit dar. Insbesondere sind in beiden Rechtsordnungen Angaben zu Leistungszusagen für den Fall der Beendigung der Geschäftsleitertätigkeit zu machen. Das australische Recht statuiert darüber hinausgehend zu den einzelnen Vergütungselementen weitere, teils sehr umfangreiche Darlegungs- und Begründungspflichten. Dies findet nur bedingt Entsprechung im deutschen Recht, das weitere Angaben allein hinsichtlich aktienbasierter Vergütungselemente und im Falle der freiwilligen Offenlegung eines IFRS-Einzelabschlusses zwingend verlangt.

In beiden Rechtsordnungen gibt es Bestrebungen, die Publizitätsvorgaben um Elemente zu erweitern, nach denen bestimmte Daten zum Zwecke einer besseren Vergleichbarkeit einheitlich und überblicksartig aufzubereiten sind. In Deutschland haben diese Bestrebungen in Ziff. 4.2.5 Abs. 3 DCGK in Form einer Empfehlung Niederschlag gefunden. Danach sind die für das jeweilige Berichtsjahr gewährten Zuwendungen, der Zufluss und der Versorgungsaufwand in vorgegebenen Tabellen anzugeben. In Australien sind im Rahmen des *Corporations Legislation Amendment (Remuneration Disclosures and Other Measures) Bill 2012* funktional vergleichbare Vorgaben geplant. Solche Verbesserungen der Anschaulichkeit und Vergleichbarkeit der Vergütungsangaben sind zu begrüßen. Sie bewirken, dass die „wahre Vergütung“ nicht hinter komplexen, mehrjährigen Vergütungsgestaltungen verschleiert bleibt. Dass das australische Recht bislang nicht explizit eine tabellarische Darstellung der Angaben verlangt, ist vor dem Hintergrund der ohnehin weitverbreiteten Verwendung von Übersichten und Tabellen in australischen Vergütungsberichten verständlich. Allerdings hat eine Vorgabe wie die des DCGK den Vorteil, dass in allen Unternehmen identische Tabellen verwendet werden und die Informationen somit einheitlich und besser vergleichbar dargestellt werden.

Die Empfehlung des DCGK, bei der Gewährung von variablen Vergütungsteilen die erreichbare Maximal- und Minimalvergütung offenzulegen, findet keine Entsprechung im australischen Recht. Regulation 2M.3.03 (1) Item 12 (h) fordert lediglich – unter Ausklammerung von Aktienoptionen – eine Schätzung dieser Werte. Dies ist insoweit konsequent, als das australische Recht nicht entsprechend Ziff. 4.2.3 Abs. 2 S. 6 DCGK die Unternehmen dazu anhält, betragsmäßige Höchstgrenzen für die variablen Vergütungsteile vorzusehen. Ohne die Festlegung von Caps kann aber die maximale Höhe der variablen Vergütungsteile allenfalls geschätzt werden.

Leistungen Dritter an ein Mitglied der Geschäftsleitung sind in beiden Rechtsordnungen Gegenstand der individuellen Vergütungsoffenlegung, soweit sie die Tätigkeit des Geschäftsleiters für die Gesellschaft abgelten. Ein wesentlicher Unterschied besteht darin, dass die Zuwendungen Dritter in Deutschland im Einzelnen anzugeben sind. In Australien zählen sie lediglich in die Gesamtsumme der Individualvergütung mit hinein, müssen aber nicht einzeln ausgewiesen werden. In diesem Punkt erweist sich das deutsche Recht als vorteilhafter, ist hier doch dafür gesorgt, dass mögliche Interessenkonflikte durch Zuwendungen Dritter sichtbar werden.

Die im deutschen Recht anzutreffenden Ausnahmetatbestände, die ein Absehen von der individuellen Vergütungsoffenlegung erlauben, finden sich im australischen Recht nicht. Insbesondere ein *Opting-Out* der Hauptversammlung nicht zuzulassen überzeugt, soll die Vergütungstransparenz doch (auch) eine Informationsfunktion gegenüber den Anlegern am Kapitalmarkt erfüllen. Demnach läge eine Streichung dieses Ausnahmetatbestands im deutschen Recht nahe.

d) Vergütungsgrundsätze

In beiden Rechtsordnungen müssen in börsennotierten Gesellschaften die unternehmensinternen Grundsätze für die Vergütung der Geschäftsleiter offengelegt werden, in Deutschland in Form der Grundzüge des Vergütungssystems, in Australien in Form der Vergütungsgrundsätze des *boards*. Zwar ist die entsprechende Vorgabe im deutschen Recht nur als „Soll-Vorschrift" ausgestaltet, jedoch kommen Ausnahmen nur in engen Grenzen in Betracht. Eine Ausnahme für kleine Aktiengesellschaften kennt das australische Recht nicht. Die deutsche Offenlegungspflicht geht zudem insofern weiter, als sie auch die Grundzüge des Systems für die Vergütung der früheren Vorstandsmitglieder und ihrer Hinterbliebenen umfasst.

Zu den inhaltlichen Anforderungen an die Offenlegung der Vergütungsgrundsätze schweigt das Gesetz in beiden Rechtsordnungen, wenngleich die australische sec. 300A (1) (a) CA 2001 Art und Höhe der Vergütung als Bezugspunkte nennt. Im Wesentlichen dürfte mit „Grundzüge des Vergütungssystems" und „Vergütungsgrundsätze des *boards*" dasselbe gemeint sein. Allerdings müssen in Australien im Rahmen der Vergütungsgrundsätze des *boards* etwa keine Erläuterungen zu den variablen Vergütungsbestandteilen gemacht werden. Entsprechende Angaben sind jedoch an anderer Stelle des Vergütungsberichts, im Kontext der Individualvergütungen, gefordert.

Ein bedeutender Unterschied ist, dass in Australien die Vergütungsgrundsätze auch vor dem Hintergrund des Unternehmenserfolgs der letzten vier Geschäftsjahre diskutiert werden müssen und diesbezügliche Zusammenhänge zu beschreiben sind. Eine derartige In-Bezug-Setzung sehen die deutschen Publizitätsvorschriften nicht vor. Sie ist jedoch vorteilhaft, weil dadurch eine Art Rechtfertigungspflicht des *boards* für die Vergütungsgrundsätze besteht, die das *board* letztlich dazu zwingt, die Vergütung der Geschäftsleitung stark am Unternehmenserfolg auszurichten. In der Folge empfiehlt es sich, die deutschen Publizitätsvorgaben entsprechend zu erweitern und vorzusehen, dass im Rahmen der Grundzüge des Vergütungssystems auch der Unternehmenserfolg der letzten vier Jahre in Bezug zu setzen ist.

Die Empfehlung aus Ziff. 4.2.5 Abs. 2 DCGK, wonach im Vergütungsbericht Angaben zur Art der von der Gesellschaft erbrachten Nebenleistungen gemacht werden sollen, findet in dieser Form keine Entsprechung im australischen Recht. Jedoch zählen die sog. *non-monetary benefits* zu den angabepflichtigen Gesamtbezügen und sind zudem im Zuge der Aufschlüsselung der Individualbezüge anzugeben.

e) *Entschädigungsvereinbarungen für den Fall eines Übernahmeangebots*

Entschädigungsvereinbarungen für den Fall eines Übernahmeangebots sind in beiden Rechtsordnungen offenlegungspflichtig. Die dies fordernde australische Norm, sec. 300A (1) (e) (vii) CA 2001, geht darüber noch hinaus und schreibt zusätzlich die Offenlegung weiterer Details der Anstellungsverträge der *directors* und *senior executives* vor.

f) *Offenlegung auf Initiative der Aktionäre*

Die Möglichkeiten der Aktionäre, die Gesellschaft zur Offenlegung von Informationen zur Vergütung zu verpflichten, sind in beiden Rechtsordnungen begrenzt. Dies liegt nicht zuletzt daran, dass die bestehenden Publizitätspflichten in beiden Ländern, zumindest was börsennotierte Gesellschaften anbelangt, recht umfassend sind. Ein Auskunftsrecht ist aber nur bezüglich solcher Informationen sinnvoll, die nicht ohnehin schon offenliegen. Das wird vornehmlich in geschlossenen Gesellschaften relevant werden. Im Übrigen kommt dem Auskunftsrecht allenfalls eine ergänzende Funktion zu.

Ungeachtet dessen können Aktionäre in beiden Rechtsordnungen nur sehr eingeschränkt Auskünfte zur Geschäftsleitervergütung verlangen. Zwar steht in Deutschland den Aktionären unter Umständen das allgemeine Auskunftsrecht des § 131 AktG zu, das es in dieser Form in Australien nicht gibt. Allerdings besteht das Recht nur insoweit, als die Auskunft zur sachgemäßen Beurteilung eines Tagesordnungspunkts erforderlich ist. In Australien gibt es anderweitige Schranken. Die Offenlegung nach sec. 202B (1) CA 2001 bezieht sich ausschließlich auf die Bezüge der *directors* und kann nur von einer Mindestanzahl an Aktionären beantragt werden. Zwar besteht in sec. 250S (1) CA 2001 ein in Ansätzen dem deutschen Auskunftsrecht vergleichbares Fragerecht der Aktionäre. Es lässt sich jedoch für die Erlangung von Informationen zur Geschäftsleitervergütung nicht nutzen, da es nur Fragen zum Management der Gesellschaft zulässt und zudem keine Antwortpflicht begründet. Letzteres kennzeichnet auch die den Aktionären nach sec. 250SA CA 2001 einzuräumende Möglichkeit, Fragen zum Vergütungsbericht zu stellen. Die Norm gilt zudem nur für börsennotierte Gesellschaften und ermöglicht allein Fragen in Bezug auf den Vergütungsbericht. Anderweitige Vergütungsdetails können nicht erfragt werden.

3. *Weitergehende Anforderungen des australischen Rechts*

Das australische Recht geht in seinen Anforderungen an die Vergütungstransparenz über die in Deutschland bestehenden Grundsätze hinaus. Dies betrifft beispielsweise die im australischen Recht vorgeschriebenen bzw. durch die *ASX Corporate Governance Principles and Recommendations* empfohlenen Offenlegungen zu Vergütungsberatern und Vergütungsausschüssen, die im deutschen Recht keine Entsprechung finden. Die Notwendigkeit hierfür tut sich aber auch – wenn überhaupt – nur in begrenztem Maße auf. Denn zum einen schreibt das Gesetz die Zuständigkeit des Aufsichtsratsplenums vor. Zum anderen ist der Vergütungsfestsetzung in deutschen Aktiengesellschaften aufgrund der Zuständigkeit des Aufsichtsrats, der ein vom Vorstand formell unabhängiges Organ darstellt, kein dem in monistisch verwalteten australischen *public companies* bestehenden vergleichbarer Interessenkonflikt immanent, dem durch weitreichende Publizität zu begegnen wäre.

Gleichfalls eine Besonderheit des australischen Rechts ist die Offenlegungspflicht zur Reaktion des *boards* auf ein negatives Vergütungsvotum. Eine derartige Pflicht hat den Vorteil, dass sie die Rechenschaftspflicht des vergütungsfestlegenden Organs erhöht. Besonders aufgrund der an sich konsultativen Ausgestaltung des Vergütungsvotums ist dies zu begrüßen. In der Folge empfiehlt sich auch in Deutschland, die Einführung einer entsprechenden Pflicht des Aufsichtsrats vorzusehen. Auch eine der LR 3.1 entsprechende Ad-hoc-Publizitätspflicht hinsichtlich der Konditionen des Anstellungsvertrags mit dem Vorsitzenden der Geschäftsleitung besteht in Deutschland nicht. Im Rahmen des § 15 Abs. 1 S. 1 WpHG dürfte es hierfür an der erheblichen Kursrelevanz der Informationen fehlen. Die abweichende Rechtslage in Australien überzeugt vor dem Hintergrund, dass auf einen australischen CEO sehr viel mehr Macht und Einfluss konzentriert sind, als auf einen deutschen Vorstandsvorsitzenden, der nach den Grundsätzen der Gesamtverantwortung und Gleichberechtigung der Vorstandsmitglieder lediglich *primus inter pares* ist. Insoweit besteht für australische Anleger und Aktionäre ein erhöhtes Informationsinteresse an den Konditionen der Vergütungsvereinbarung mit dem CEO, insbesondere im Hinblick auf die durch die Vergütung gesetzten Anreize.

4. *Fazit*

Grundsätzlich stellt das australische Recht innerhalb der einzelnen Aspekte, insbesondere die individuellen Bezüge betreffend, strengere und weiter reichende Anforderungen als das deutsche Recht. Indem zugleich über die genannten Aspekte hinaus weitere Offenlegungspflichten bestehen, zeigt sich das australische Recht insgesamt als fordernder und verlangt eine umfangreichere Berichterstattung. In der Praxis hat dies zur Folge, dass australische Vergütungsberichte regelmäßig 20, teilweise sogar bis zu 50 Seiten lang sind[136], während in Deutschland ein 13-seitiger Bericht schon als relativ lang bewertet werden muss.

Beachtlich ist, dass in beiden Rechtsordnungen die Mehrzahl der Offenlegungspflichten nur für börsennotierte Gesellschaften gilt und es in Deutschland zahlreiche Ausnahmen für kleine und Kleinstkapitalgesellschaften gibt. Da die Vergütungstransparenz der Information der Anleger am Kapitalmarkt dienen soll, ist dies stimmig, nicht jedoch soweit ihr auch eine allgemeine Kontroll- und Präventionsfunktion zukommen soll. Allerdings ist zu berücksichtigen, dass die Vergütungsexzesse, die durch die Publizität verhindert werden sollen, vorwiegend in großen Publikumsgesellschaften verortet werden. Zudem ist eine ausführliche Vergütungsberichterstattung mit enormem Aufwand und Kosten verbunden, die bei kleinen Gesellschaften schnell in einem Missverhältnis zu den Vorteilen der Transparenz stehen können.

Der mit hohen Transparenzanforderungen verbundene Kostenfaktor lässt sich grundsätzlich gegen eine Angleichung des deutschen an das eine umfangreichere Berichterstattung fordernde australische Offenlegungsregime anführen. Eine Empfehlung, den Umfang anzugleichen, verbietet sich auch deshalb, weil nicht abschließend beurteilt werden kann, inwieweit sich die australischen Transparenzanforderungen im Hinblick auf die allgemein mit der Vergütungstransparenz verfolgten Zwecke[137] als effektiver erweisen. Zumindest sind diesbezüglich Zweifel angebracht, zumal sich das australische Offenlegungsregime selbst nachvollziehbarer Kritik ausgesetzt sieht. Zum einen verleite es die Unternehmen dazu, standardisierte Klauseln und Textbausteine zu verwenden (sog. *boiler-plating*)[138]. Zum anderen leide die Verständlichkeit der Berichte unter ihrem enormen Umfang und ihrer Komplexität[139]. Allenfalls lässt sich die in australischen Vergütungsberichten vielfach vorgenommene Darstellung der Vergütungsdetails in Schaubildern und Tabellen zum Vorbild nehmen, weil sie der besseren Verständlichkeit und Vergleichbarkeit der Daten dienlich ist. Die neue Empfehlung des DCGK in Ziff. 4.2.5 Abs. 3 S. 2, wonach für wesentliche Vergütungsangaben vorgegebene Mustertabellen verwendet werden sollen, ist demnach als ein Schritt in die richtige Richtung zu werten.

---

136 Productivity Commission, S. 247.

137 S. dazu oben 1. Kapitel A II 3.

138 Productivity Commission, S. 247.

139 Productivity Commission, S. 247 m.w.N.

F. Einflussnahmemöglichkeiten der Aktionäre

Die umfassende Kompetenz des Aufsichtsrats bzw. *boards* zur Festsetzung der Geschäftsleitervergütung[1] steht in einem gewissen Spannungsverhältnis zu der Tatsache, dass die finanziellen Konsequenzen der Vergütungsentscheidung letztlich die Aktionäre als die wirtschaftlichen Eigentümer der Gesellschaft treffen. Jedoch stellt dies keinesfalls etwas Außergewöhnliches dar. Es ist lediglich Ausfluss der für Aktiengesellschaften typischen und im Interesse einer professionellen Führung erforderlichen Trennung von Kapital und Management[2]. Der dieser Situation immanente Prinzipal-Agenten-Konflikt wurde bereits an anderer Stelle eingehend beleuchtet[3]. Auch wurde bereits darauf hingewiesen, dass als Mittel zur Überwindung oder zumindest Eindämmung der Konflikte eine unternehmensinterne Kontrolle durch die Aktionäre in Betracht kommt[4]. Inwieweit die deutsche und die australische Rechtsordnung davon Gebrauch machen und den Aktionären Einfluss im Bereich der Geschäftsleitervergütungen gewähren, ist im Folgenden zu untersuchen.

I. Deutschland

Aus der zwingenden und ausschließlichen Zuständigkeit des Aufsichtsrats für die Festsetzung der Vorstandsbezüge zu folgern, dass der Hauptversammlung bei dem gesamten „Themenkomplex" Vorstandsvergütungen keine oder eine nur untergeordnete Bedeutung zukomme, wäre zu kurz gegriffen. Ausgangspunkt einer Diskussion über die Einflussnahmemöglichkeiten der Hauptversammlung muss die Kompetenznorm des § 119 AktG sein[5]. Danach ist die Hauptversammlung zum einen zuständig, wenn eine Beschlussfassung ihrerseits im Gesetz (Abs. 1, Alt. 1) oder in der Satzung (Abs. 1, Alt. 2) ausdrücklich vorgesehen ist. Zum anderen kann die Hauptversammlung auf Verlangen des Vorstands über Fragen der Geschäftsführung entscheiden (Abs. 2). Darüber hinausgehend hat die Rechtsprechung ungeschriebene Hauptversammlungskompetenzen anerkannt[6]. Vor dem Hintergrund dieser Kompetenzzuteilung besteht für die Hauptversammlung die Möglichkeit, Einfluss im Bereich der Vorstandsvergütung zu nehmen in Form von Vergütungsvoten und der Entlastung von Vorstand und Aufsichtsrat sowie bei der Gewährung von aktienbasierten Vergütungsbestandteilen. Zudem steht den Aktionären ein Fragerecht aus § 131 Abs. 1 AktG zu.

---

1 S. oben 2. Kapitel A I 1 und A II 1.
2 Vgl. hierzu *Hoffmann-Becking*, in: MünchHdb. AG, § 2 Rn. 6.
3 S. oben 1. Kapitel A I.
4 S. oben 1. Kapitel A I 1 letzter Absatz.
5 *Hupka*, Vergütungsvotum, S. 211.
6 Vgl. zusammenfassend *Kubis*, MünchKomm. AktG, §119 Rn. 31 ff.

1. *Votum zum Vergütungssystem*

Mit dem VorstAG wurde in § 120 Abs. 4 AktG ein Vergütungsvotum der Hauptversammlung eingeführt[7]. Der Anwendungsbereich der Norm ist auf börsennotierte Aktiengesellschaften im Sinne des § 3 Abs. 2 AktG beschränkt. Daneben stellt sich die Frage nach der Zulässigkeit von Vergütungsvoten in geschlossenen Gesellschaften und unter Rückgriff auf § 119 Abs. 2 AktG.

a) Das Votum nach § 120 Abs. 4 AktG

aa) Regelungsgegenstand

Der Hauptversammlung einer börsennotierten AG wird in § 120 Abs. 4 Satz 1 AktG die Möglichkeit eröffnet, einen Beschluss über die Billigung des Systems zur Vergütung der Vorstandsmitglieder zu fassen. Der Beschluss bedarf, ob positiv oder negativ, der einfachen Stimmenmehrheit gemäß § 133 Abs. 1 AktG[8]. § 120 Abs. 4 Satz 2 AktG bestimmt sodann, dass der Beschluss weder Rechte noch Pflichten begründet, insbesondere die Verpflichtungen des Aufsichtsrats nach § 87 AktG betreffend. Er ist folglich rein konsultativ. Zudem schließt § 120 Abs. 4 Satz 3 AktG die Anfechtbarkeit des Beschlusses aus.

bb) Ziel und Hintergrund

Die in § 120 Abs. 4 S. 1 AktG angeordnete Hauptversammlungskompetenz soll ausweislich der Gesetzesmaterialien den Aktionären die Kontrolle des bestehenden Systems zur Vorstandsvergütung ermöglichen[9]. Der sich aus dieser Prämisse erschließende repressive Charakter des Vergütungsvotums wird flankiert von einer zukunftsbezogenen, präventiven Kontrollfunktion. Namentlich erhofft sich der Gesetzgeber, dass der Aufsichtsrat besonders gewissenhaft seiner aus § 87 AktG folgenden Pflicht zur Festsetzung der Vorstandsvergütung nachkommt[10]. Dies beinhaltet eine intensive Abstimmung mit den Aktionären[11]. Als Motivationsfaktor hält der Gesetzgeber die rein tatsächlichen Wirkungen eines ablehnenden Vergütungsvotums in der Öffentlichkeit für ausreichend[12]. Mit der in § 120 Abs. 4 S. 2 AktG angeordneten rechtlichen Unverbindlichkeit des Beschlusses soll zudem eine Haftungsbefreiung des Aufsichtsrats verhindert und Minderheitenschutz gewährleistet werden[13].

---

7 S. Art. 1 Nr. 6b VorstAG, BGBl. I, 2509.
8 *Schick*, ZIP 2011, 593; *Hüffer*, AktG, § 120 Rn. 21.
9 BeschlEmpf VorstAG, BT-Drucks. 16/13433, S. 12.
10 BeschlEmpf VorstAG, BT-Drucks. 16/13433, S. 12.
11 *Fleischer/Bedkowski*, AG 2009, 677 (681).
12 BeschlEmpf VorstAG, BT-Drucks. 16/13433, S. 12.
13 BeschlEmpf VorstAG, BT-Drucks. 16/13433, S. 12.

Mit der Regelung des § 120 Abs. 4 AktG trägt der Gesetzgeber empfehlenden Vorgaben der Europäischen Kommission Rechnung[14]. So sieht eine Empfehlung der Kommission aus dem Jahre 2004 die Vergütungspolitik als eigenen Tagesordnungspunkt der Hauptversammlung sowie ein Vergütungsvotum vor:

> *„[...]*
> *4.1. Unbeschadet der Rolle und Organisation der für die Festlegung der Vergütung zuständigen Gremien sollten die Vergütungspolitik und erhebliche Änderungen daran Gegenstand eines eigenen Tagesordnungspunkts der Jahreshauptversammlung sein.*
> *4.2. Unbeschadet der Rolle und Organisation der für die Festlegung der Vergütung zuständigen Gremien sollte die Vergütungserklärung der Jahreshauptversammlung zur Abstimmung vorgelegt werden. Die Abstimmung könnte bindenden oder beratenden Charakter haben. [...]“*[15]

In einer zweiten, insbesondere als Reaktion auf die Finanzmarktkrise zu verstehenden Empfehlung aus dem Jahre 2009 unterstreicht die Kommission sodann ihre bisherigen Ausführungen:

> *„[...]*
> *6.1. Aktionäre und insbesondere institutionelle Aktionäre sollten dazu ermutigt werden, an den Hauptversammlungen teilzunehmen und bei Fragen der Vergütung von Mitgliedern der Unternehmensleitung angemessenen Gebrauch von ihrem Stimmrecht gemäß den Grundsätzen dieser Empfehlung sowie der Empfehlungen 2004/913/EG und 2005/162/EG zu machen. [...]“*[16]

Der deutsche Gesetzgeber ist diesen Empfehlungen insoweit nachgekommen, als § 120 Abs. 4 S. 1 AktG nunmehr eine Abstimmung der Hauptversammlung über das Vergütungssystem vorsieht. Diese wird auch regelmäßig durch einen eigenen Tagesordnungspunkt bekannt gemacht. Jedoch hat sich die Hauptversammlung nach gegenwärtiger Rechtslage nicht in festen turnusmäßigen Abständen mit dem Vergütungssystem zu befassen.

Neben der Erfüllung gemeinschaftsrechtlicher Vorgaben soll durch die Einführung des § 120 Abs. 4 S. 1 AktG die Befolgung der Ziff. 4.2.3 Abs. 6 und 4.2.5 DCGK,

---

14 BeschlEmpf VorstAG, BT-Drucks. 16/13433, S. 12; *Spindler*, in: K. Schmidt/Lutter, AktG, § 120 Rn. 56.

15 Empfehlung der Kommission zur Einführung einer angemessenen Regelung für die Vergütung von Mitgliedern der Unternehmensleitung börsennotierter Gesellschaften vom 14.12.2004 (2004/913/EG), ABl. Nr. L 385 v. 29.12.2004, S. 55 (57).

16 Empfehlung der Kommission zur Ergänzung der Empfehlungen 2004/913/EG und 2005/162/EG zur Regelung der Vergütung von Mitgliedern der Unternehmensleitung börsennotierter Gesellschaften (2009/385/EG) endg. vom 30.4.2009, ABl. Nr. L 120 v. 15.5.2009, S. 28 (30); vgl. aus neuerer Zeit auch die Ankündigung einer weitergehenden Initiative durch die Kommission: Europäische Kommission, Aktionsplan: Europäisches Gesellschaftsrecht und Corporate Governance, 12.12.2012, COM (2012) 740, S. 10; dazu insbesondere *Verse*, EuZW 2013, 336 (342f.).

wonach der Vorsitzende des Aufsichtsrats die Hauptversammlung in einem Vergütungsbericht über die Grundzüge des Vergütungssystems informieren soll, forciert werden[17]. Der Gesetzgeber geht davon aus, dass eine unzureichend informierte Hauptversammlung das Vergütungssystem möglicherweise missbilligen wird und sich hieraus ein Anreiz für den Aufsichtsrat ergibt, seinen Informationsobliegenheiten nachzukommen[18].

Der deutsche Gesetzgeber nahm sich bei der Ausgestaltung des § 120 Abs. 4 AktG in weiten Teilen die britische Regelung des sec. 439 *Companies Act 2006* zum Vorbild[19], die ebenfalls ein rechtlich unverbindliches Vergütungsvotum der Hauptversammlung vorsieht[20]. Die Parallelen in den Grundzügen dürfen jedoch nicht darüber hinwegtäuschen, dass bedeutende Unterschiede im Detail bestehen. So ist der deutsche Gesetzgeber beispielsweise bei der Ausgestaltung des Vergütungsvotums als nicht in turnusmäßigen Abständen zwingend abzuhaltendes Votum eigene Wege gegangen[21]. Im Übrigen haben die Briten ihren Ansatz mittlerweile im Zuge des *UK Enterprise and Regulatory Reform Act 2013* weiter ausgebaut und sehen in börsennotierten Gesellschaften zum einen ein mindestens alle drei Jahre abzuhaltendes, rechtsverbindliches Votum über das zukünftige Vergütunssystem vor[22], zum anderen ein alljährliches, unverbindliches Votum über den Vergütungsbericht (exklusive des Teils, der das Vergütungssystem beschreibt) und damit über die Umsetzung des Vergütungssystems[23].

cc) Initiativrecht

Indem § 120 Abs. 4 AktG der Hauptversammlung das Recht einräumt, über das Vergütungssystem zu beschließen, gewährt er ihr nicht zugleich das Recht, von sich aus tätig zu werden. Vielmehr bedarf es eines entsprechenden Tagesordnungspunkts[24]. Das Recht, einen Punkt auf die Tagesordnung zu setzen, leitet sich von dem Recht zur Einberufung der Hauptversammlung ab und steht primär dem Vorstand zu[25]. Dies gilt auch für den Fall des Vergütungsvotums, bei dem es um seine eigenen Bezüge geht. Zugleich ist der Vorstand nicht verpflichtet, diesen Punkt auf die

---

17 BeschlEmpf VorstAG, BT-Drucks. 16/13433, S. 12.

18 BeschlEmpf VorstAG, BT-Drucks. 16/13433, S. 12.

19 *Fleischer/Bedkowski*, AG 2009, 677 (680); *Hoffmann*, in: Spindler/Stilz, AktG, § 120 Rn. 52; *Spindler*, in: K. Schmidt/Lutter, AktG, § 120 Rn. 56.

20 *Davies/Worthington*, in: Gower/Davies, Company Law, S. 401 Rn. 14–17.

21 *Fleischer/Bedkowski*, AG 2009, 677 (680).

22 Vgl. sec. 439A Companies Act 2006, eingefügt durch sec. 79 (4) Enterprise and Regulatory Act 2013.

23 Vgl. sec. 439 Companies Act 2006, geändert durch sec. 79 (3) Enterprise and Regulatory Reform Act 2013.

24 *Fleischer/Bedkowski*, AG 2009, 677 (681); *Hoffmann-Becking/Krieger*, NZG 2009, Beil. zu Heft 26, Tz. 83; *Vetter*, ZIP 2009, 2136 (2138).

25 *Semler*, in: MünchHdb. AG, § 35 Rn. 38.

Tagesordnung zu setzen[26]. Etwas anderes gilt nur dann, wenn gemäß § 121 Abs. 1 AktG das Gesellschaftswohl dies erfordert, beispielsweise wenn die Vorstandsvergütung Gegenstand heftiger Kritik in der Öffentlichkeit geworden ist und dies der Gesellschaft schwer zu schaden droht[27]. Neben dem Vorstand ist in solchen Fällen zudem ausnahmsweise der Aufsichtsrat nach § 111 Abs. 3 S. 1 AktG verpflichtet, den Punkt auf die Tagesordnung zu setzen. Auch ohne Verpflichtung stellt es in DAX-30-Unternehmen mittlerweile eher die Regel dar, dass Vorstände die Hauptversammlung mit dem Vergütungssystem befassen, um dieses erstmalig oder nach erfolgten Änderungen billigen zu lassen[28].

Dagegen verzichtet die Verwaltung in kleinen Aktiengesellschaften häufiger darauf, das Vergütungssystem auf die Tagesordnung zu setzen und darüber abstimmen zu lassen[29]. Im Jahr 2010 sahen im M-DAX 17 von 46 Unternehmen davon ab, im TEC-DAX 14 von 25 und im S-DAX 33 von 45 Unternehmen[30]. In solchen Fällen kann jedoch eine qualifizierte Aktionärsminderheit gemäß § 122 Abs. 2 AktG die Abstimmung verlangen. Die Anteile der beantragenden Aktionäre müssen zusammen den zwanzigsten Teil des Grundkapitals oder den anteiligen Betrag von € 500.000 erreichen und das Verlangen muss der Gesellschaft mindestens 30 Tage vor der Versammlung zugehen[31]. Dass dieses Quorum im Vergleich zur Situation bei anderen Minderheitsrechten[32] recht hoch anmutet, liegt in § 120 Abs. 4 AktG begründet, der nicht primär auf Minderheitenschutz, sondern vielmehr auf das Zustandekommen eines Dialogs zwischen institutionellen Investoren und Verwaltung über das Vergütungssystem abzielt[33].

Falls der Beschluss über die Billigung des Vorstandsvergütungssystems nicht aufgrund eines Ergänzungsverlangens der Aktionäre, sondern durch eine Entscheidung der Verwaltung auf die Tagesordnung gesetzt wurde, haben Aufsichtsrat und Vorstand gemäß § 124 Abs. 3 S. 1 AktG der Hauptversammlung einen Beschlussvorschlag

---

26 BeschlEmpf VorstAG, BT-Drucks. 16/13433, S. 12.

27 *Spindler*, in: K. Schmidt/Lutter, AktG, § 120 Rn. 58; *Fleischer/Bedkowski*, AG 2009, 677 (680).

28 *Hüffer*, AktG, § 120 Rn. 21; *Schüppen*, ZIP 2010, 905 (908); *v. Falkenhausen/Kocher*, AG 2010, 623 (625); vgl. aber die Studienergebnisse von *Drefahl/Pelger*, FAZ vom 8.7.2013, S. 18, wonach in den Jahren 2010 und 2011 in mehr als zwei Dritteln der 551 untersuchten Jahreshauptversammlungen kein Vergütungsvotum stattfand.

29 *v. Falkenhausen/Kocher*, AG 2010, 623 (625).

30 *v. Falkenhausen/Kocher*, AG 2010, 623 (625), wobei nur solche Gesellschaften berücksichtigt sind, bei denen Zahlen vorlagen und auf die das AktG Anwendung findet.

31 Vgl. § 122 Abs. 2 S. 1 und 3 AktG.

32 Vgl. etwa die Bestellung eines Sonderprüfers nach § 142 Abs. 2 AktG und das Klagezulassungsverfahren nach § 148 AktG, die beide lediglich 1% des Grundkapitals oder einen anteiligen Betrag von € 100.000 erfordern.

33 *Fleischer/Bedkowski*, AG 2009, 677 (681).

zu unterbreiten[34]. Ein Teil des Schrifttums möchte unter analoger Anwendung des § 124 Abs. 3 S. 1 AktG den Vorstand dieser Pflicht entbinden, sei er doch hinsichtlich seiner eigenen Vergütung „funktional unzuständig“[35]. Der Abgabe eines Beschlussvorschlags durch den Vorstand ist zweifelsohne ein Interessenkonflikt inhärent. Jedoch stellt ein solcher Interessenkonflikt im Rahmen der Regeln über Beschlussvorschläge keine Besonderheit dar. Als Beispiele lassen sich die Vorschlagsrechte des Vorstands bei der Entlastung und bei der Abwahl von Aufsichtsratsmitgliedern anführen[36]. Auch der Aufsichtsrat ist nicht gänzlich unabhängig, wenn er der Hauptversammlung hinsichtlich des von ihm festgesetzten Vergütungssystems einen Beschlussvorschlag macht[37]. Ausnahmen zum Erfordernis eines Beschlussvorschlags sieht das Gesetz lediglich in § 124 Abs. 3 S. 1 AktG bei der Wahl von Aufsichtsratsmitgliedern und Prüfern vor. Daneben für den vorliegenden Fall eine planwidrige Regelungslücke anzunehmen, erscheint nicht sachgerecht[38]. In diesem Sinne verfährt auch die überwiegende Praxis[39].

dd) Inhalt des Hauptversammlungsbeschlusses

Inhalt des Beschlusses nach § 120 Abs. 4 S. 1 AktG ist die Billigung des Systems zur Vergütung der Vorstandsmitglieder. Was hierunter genau zu verstehen ist, wird im Folgenden näher untersucht.

(1) Vergütungssystem

Das Gesetz verwendet in § 120 Abs. 4 S. 1 AktG den Begriff des „Systems“ der Vergütung, bleibt jedoch eine unmittelbare Klärung seines Inhalts schuldig[40]. Diese Unklarheit ist bisweilen auf Kritik in der Literatur gestoßen[41], an deren Berechtigung jedoch vor dem Hintergrund der durch die Gesetzesmaterialien gegebenen Hinweise Zweifel angebracht sind[42]. Die Formulierung „System zur Vergütung“ lehnt sich nach dem Willen des Gesetzgebers an Ziff. 4.2.3 und 4.2.5 DCGK an[43]. Gemäß Ziff. 4.2.3 Abs. 6 DCGK soll der Aufsichtsrat die Hauptversammlung über

---

34 *Drinhausen*, in: Hölters, AktG, § 120 Rn. 42; *v. Falkenhausen/Kocher*, AG 2010, 623 (626); *Döll*, WM 2010, 103 (107); *Vetter*, ZIP 2009, 2136 (2139).

35 *Redenius-Hövermann*, Der Aufsichtsrat 2009, 173 (174); *Bosse*, BB 2009, 1650 (1653).

36 *v. Falkenhausen/Kocher*, AG 2010, 623 (626).

37 *v. Falkenhausen/Kocher*, AG 2010, 623 (626).

38 So auch *Vetter*, ZIP 2009, 2136 (2139), *Spindler*, in: K. Schmidt/Lutter, § 120 Rn. 58; *v. Falkenhausen/Kocher*, AG 2010, 623 (626).

39 Vgl. *v. Falkenhausen/Kocher*, AG 2010, 623 (626), der als Ausnahmen lediglich die BASF SE und die TUI AG nennt.

40 *Vetter*, ZIP 2009, 2136 (2137).

41 Vgl. *Hohenstatt*, ZIP 2009, 1349 (1356); *Döll*, WM 2010, 103 (108 f.); *Thüsing*, AG 2009, 517 (525).

42 Vgl. *Schick*, ZIP 2011, 593 (596).

43 BeschlEmpf VorstAG, BT-Drucks. 16/13433, S. 12.

die Grundzüge des Vergütungssystems und über deren Veränderung informieren. Selbige sind nach Ziff. 4.2.5 Abs. 1 S. 2 DCGK Gegenstand des Vergütungsberichts. Das Vergütungssystem ist zudem Gegenstand der im Jahre 2005 durch das VorstOG eingeführten Offenlegungsvorschriften der §§ 289 Abs. 2 Nr. 5 S. 1, 315 Abs. 2 Nr. 4 S. 1 HGB[44].

Vor diesem Hintergrund wird deutlich, dass unter „System" i. S. d. § 120 Abs. 4 S. 1 AktG das abstrakte und generelle Gesamtkonzept zu verstehen ist, nach dem der Aufsichtsrat die Vergütung der Vorstandsmitglieder festlegt, und dass nur dieses Gesamtkonzept Gegenstand des Beschlusses nach § 120 Abs. 4 S. 1 AktG sein kann[45]. Das Gesamtkonzept umfasst dabei die Form (Geld-, Sachleistungen) und Struktur (fest, variabel) der Vergütung sowie das Verhältnis von fester und variabler Vergütung[46]. Hinsichtlich der variablen Vergütungsbestandteile sind neben den Maßstäben für ihre Gewährung (zugrunde liegende Indizes, zeitliche Bemessungsgrundlage) auch die erwarteten Anreizwirkungen und die Folgen für die nachhaltige Unternehmensentwicklung zu erläutern[47]. Ebenfalls Teil des Vergütungssystems sind die Grundzüge der Altersversorgung sowie vorgesehene Sondervergütungen bei vorzeitigem Ausscheiden aus dem Vorstand[48].

Aus dem Dargelegten wird auch deutlich, was nicht Gegenstand des Beschlusses nach § 120 Abs. 4 S. 1 AktG sein kann. So kann die Hauptversammlung nicht über die Höhe der Vorstandsvergütung, insbesondere nicht über deren Deckelung beschließen[49]. Dass nicht über die konkrete Vergütung eines einzelnen Vorstandsmitglieds beschlossen werden kann[50], ergibt sich ebenfalls aus dem Wortlaut des § 120 Abs. 4 S. 1 AktG[51]. Diesbezüglich ist jedoch zu konstatieren, dass der Grund für einen missbilligenden Beschluss zum Vergütungssystem in der Praxis häufig im

---

44 *Vetter*, ZIP 2009, 2136 (2137 ff.).

45 Allgemeine Meinung, vgl statt aller *Fleischer/Bedkowski*, AG 2009, 677 (682).

46 *Fleischer*, NZG 2009, 801 (805); *Fleischer/Bedkowski*, AG 2009, 677 (682); *Vetter*, ZIP 2009, 2136 (2138); *Spindler*, in: K. Schmidt/Lutter, AktG, § 120 Rn. 60; vgl. zu § 289 Abs. 2 Nr. 5 HGB: *Ellrott*, in: Beck Bilanz-Komm., § 289 Rn. 98; *Lange*, in: MünchKomm. HGB, § 289 Rn. 124; vgl. zum DCGK *Ringleb*, in: Ringleb/Kremer/Lutter/v. Werder, DCGK, Rn. 697.

47 *Hoffmann*, in: Spindler/Stilz, AktG, § 120 Rn. 53; *Vetter*, ZIP 2009, 2136 (2138); *Fleischer/Bedkowski*, AG 2009, 677 (682); *Spindler*, in K. Schmidt/Lutter, AktG, § 120 Rn. 60; vgl. zu § 289 Abs. 2 Nr. 5 HGB: *Ellrott*, in: Beck Bilanz-Komm., § 289 Rn. 98; vgl. zum DCGK *Ringleb*, in: Ringleb/Kremer/Lutter/v. Werder, DCGK, Rn. 697.

48 *Vetter*, ZIP 2009, 2136 (2138); *Fleischer*, NZG 2009, 801 (805); *Fleischer/Bedkowski*, AG 2009, 677 (682); *Spindler*, in: K. Schmidt/Lutter, AktG, § 120 Rn. 60; vgl. zu § 289 Abs. 2 Nr. 5 HGB: *Ellrott*, in: Beck Bilanz-Komm., § 289 Rn. 98; *Lange*, in: MünchKomm. HGB, § 289 Rn. 124; vgl. zum DCGK *Ringleb*, in: Ringleb/Kremer/Lutter/v. Werder, DCGK, Rn. 697.

49 *Vetter*, ZIP 2009, 1307 (1308); *Schick*, ZIP 2011, 593 (594); *Hüffer*, AktG, § 120 Rn. 20.

50 *Vetter*, ZIP 2009, 2136 (2138); *Hohenstatt*, ZIP 2009, 1349 (1356); *Spindler*, in: K. Schmidt/Lutter, AktG, § 120 Rn. 60.

51 *Vetter*, ZIP 2009, 2136 (2138).

Unmut der Aktionäre hinsichtlich der (Einzel-)Vergütung eines Vorstandsmitglieds zu finden sein wird[52].

(2) Informationsgrundlage

Als Informationsgrundlage für das Vergütungsvotum dient den Aktionären regelmäßig die schriftliche und im Internet zugängliche[53] Darstellung des Vergütungssystems im Lage- und/oder Vergütungsbericht[54]. Dies gilt jedoch nur, soweit die Gesellschaft den Vorgaben des § 289 Abs. 2 Nr. 5 HGB und der Ziff. 4.2.5 DCGK nachkommt. Denn der Aufsichtsrat ist von Gesetzes wegen nicht verpflichtet, ein für alle Vorstandsmitglieder einheitlich geltendes Vergütungssystem zu etablieren und offenzulegen[55]. Die Vergütung jedes Vorstandsmitglieds kann auch gänzlich individuell ausgestaltet werden[56]. Diese Tatsache ist Ansatzpunkt für kritische Stimmen in der Literatur, die § 120 Abs. 4 S. 1 AktG deswegen für zu eng geraten halten[57]. Zu Recht wird darauf hingewiesen, dass es in Anlehnung an das englische Vorbild vorteilhafter wäre, dem Aufsichtsrat die Erstattung eines Vergütungsberichts zwingend aufzuerlegen[58] und das Vergütungsvotum hieran anknüpfen zu lassen[59].

(3) Billigung und Missbilligung

Die Hauptversammlung kann das Vergütungssystem mit der einfachen Stimmenmehrheit des § 133 Abs. 1 AktG billigen. Ein Stimmverbot für Aufsichtsrats- und Vorstandsmitglieder analog § 136 AktG besteht dabei nicht[60]. Wird das Mehrheitserfordernis nicht erreicht, so gilt dies als eine Missbilligung. Streitig diskutiert wird, inwieweit das Vergütungssystem in einzelne Elemente aufgespaltet und sodann darüber jeweils separat abgestimmt werden kann[61]. Für diese Möglichkeit spricht aus teleologischer Sicht, dass die Hauptversammlung somit viel deutlicher und konkreter die von ihr gewünschten Aspekte der Vergütung kommunizieren könnte[62]. Zudem ist eine Aufspaltung von Beschlussgegenständen nicht grundsätzlich

---

52 *v. Falkenhausen/Kocher*, AG 2010, 623 (625); *Fleischer/Bedkowski*, AG 2009, 677 (682); *Döll*, WM 2010, 103 (108).

53 Vgl. § 124a Nr. 3 i. V. m. §§ 175 Abs. 2, 176 Abs. 1 AktG.

54 *Fleischer/Bedkowski*, AG 2009, 677 (682).

55 *Thüsing*, AG 2009, 517 (525); *Fleischer/Bedkowski*, AG 2009, 677 (682).

56 *Thüsing*, AG 2009, 517 (525); *Annuß/Theusinger*, BB 2009, 2434 (2439).

57 *Thüsing*, AG 2009, 517 (525); *Hoffmann*, in: Spindler/Stilz, AktG, § 120 Rn. 53; wohl auch *Spindler*, NJOZ 2009, 3282 (3290).

58 Sec. 420 (1) Companies Act 2006.

59 *Thüsing*, AG 2009, 517 (525).

60 *Schick*, ZIP 2011, 593; *Mutter/Kruchen*, AG-Report 2010, R 78.

61 Befürwortend: *Thüsing*, AG 2009, 517 (525); *Döll*, WM 2010, 103 (108); *Vetter*, ZIP 2009, 2136 (2139); ablehnend: *Fleischer/Bedkowski*, AG 2009, 677 (683); *Spindler*, in: K. Schmidt/Lutter, AktG, § 120 Rn. 62.

62 *Thüsing*, AG 2009, 517 (525).

unzulässig[63]. So ist in § 120 Abs. 1 S. 2 AktG eine Einzelentlastung und in Ziff. 5.4.3 DCGK eine Einzelwahl von Aufsichtsratsmitgliedern vorgesehen[64]. Zugleich können im Rahmen einer Gesamtentlastung eigenständige Vorgänge ausgeklammert werden[65]. Eine „Teilbilligung" ist im Rahmen des § 120 Abs. 4 AktG jedoch nicht sachgerecht. Zum einen zeigen die Erfahrungen aus dem Vereinigten Königreich, dass die Verwaltung durchaus anderweitig[66], etwa durch gezieltes Zugehen auf die Anteilseigner, effektiv in Erfahrung bringen kann, an welchem Vergütungselement die Aktionäre Anstoß nehmen[67]. Zum anderen können die einzelnen Vergütungselemente nicht losgelöst voneinander betrachtet werden, da sie in gegenseitiger Wechselbeziehung stehen und nur in ihrem Zusammenspiel ein stimmiges System ergeben[68]. Zuletzt würde eine Aufspaltung in mehrere Beschlussgegenstände die ohnehin zeitlich sehr aufgeblähten Hauptversammlungen unnötig belasten.

(4) Zeitlicher Bezug des Votums

Aus § 120 Abs. 4 AktG ist nicht ersichtlich, über welches Vergütungssystem in zeitlicher Hinsicht abzustimmen ist. Ausweislich der Gesetzesmaterialien fällt jedenfalls das *bestehende* System darunter[69]. Demnach bezieht sich der Beschluss auf die Vergangenheit[70]. Ob die Hauptversammlung auch ein vom Aufsichtsrat erarbeitetes *zukünftiges* Vergütungssystem billigen oder missbilligen kann, wird in der Literatur unterschiedlich beurteilt[71]. Gesetzgeberisch intendiert ist es jedenfalls nicht[72].

ee) Rechtsfolgen

Die Rechtsfolgen eines Vergütungsvotums nach § 120 Abs. 4 AktG erschließen sich weitestgehend direkt aus dem Wortlaut der Norm. So begründet der Beschluss nach § 120 Abs. 4 S. 2 AktG weder Rechte noch Pflichten und lässt insbesondere die Verpflichtungen des Aufsichtsrats nach § 87 AktG unberührt. Zudem ist in

63 Vgl. *Vetter*, ZIP 2009, 2136 (2139); *Fleischer/Bedkowski*, AG 2009, 677 (683).

64 *Fleischer/Bedkowski*, AG 2009, 677 (683).

65 *Spindler*, in: K. Schmidt/Lutter, AktG, § 120 Rn. 41; *Kubis*, in: MünchKomm. AktG, § 120 Rn. 24.

66 Siehe zu den einzelnen Informationskanälen *Institutional Shareholder Services*, Say on Pay, S. 13.

67 *Fleischer/Bedkowski*, AG 2009, 677 (683).

68 *Spindler*, in: K. Schmidt/Lutter, AktG, § 120 Rn. 62; *Fleischer/Bedkowski*, AG 2009, 677 (683).

69 Vgl. BeschlEmpf VorstAG, BT-Drucks. 16/13433, S. 12.

70 *Fleischer/Bedkowski*, AG 2009, 677 (681); *Spindler*, in: K. Schmidt/Lutter, AktG, § 120 Rn. 61.

71 Dafür: *Hüffer*, AktG, § 120 Rn. 20; *Schick*, ZIP 2011, 593 (596); dagegen: *Spindler*, in: K. Schmidt/Lutter, AktG, § 120 Rn. 61.

72 Vgl. BeschlEmpf VorstAG, BT-Drucks. 16/13433, S. 12, wo nur von dem „bestehenden" Vergütungssystem die Rede ist.

§ 120 Abs. 4 S. 3 AktG die Anfechtbarkeit ausgeschlossen. Auf die Einzelheiten wird im Folgenden eingegangen.

(1) Keine Begründung von Rechten und Pflichten

Die Anordnung der Unverbindlichkeit des Vergütungsvotums in § 120 Abs. 4 S. 2 AktG ähnelt der Vorgabe des § 120 Abs. 2 S. 2 AktG, wonach der Entlastung der Verwaltung kein Verzichtscharakter hinsichtlich etwaiger Ersatzansprüche zukommt[73]. So wird durch die Billigung des Vergütungssystems die Haftung des Aufsichtsrats nach § 116 S. 3 AktG nicht gemäß § 116 S. 1 i. V. m. § 93 Abs. 4 AktG ausgeschlossen[74]. Die Billigung stellt vielmehr eine rein „platonische Vertrauenskundgabe" dar[75]. Für den umgekehrten Fall eines ablehnenden Votums gilt, dass dieses keinesfalls eine Pflichtverletzung des Aufsichtsrats impliziert[76]. Auch bleiben in diesem Fall bestehende Vergütungszusagen unberührt[77]. Uneinigkeit herrscht hinsichtlich der Frage, ob der Aufsichtsrat die Gewährung bestimmter Vergütungselemente unter die Bedingung eines positiven Vergütungsvotums stellen darf. Während man dies im Vereinigten Königreich für zulässig hält[78], bestehen in Deutschland Bedenken im Hinblick auf die Pflicht des Aufsichtsrats aus §§ 84 Abs. 1, 87 Abs. 1 AktG[79], wonach der Aufsichtsrat die Vorstandsbezüge eigenverantwortlich festzulegen hat. Ob dies durch eine Bindung an das Votum der Hauptversammlung noch gewährleistet ist, wird vereinzelt in Zweifel gezogen[80]. In praktischer Hinsicht begegnet eine solche Bindung hingegen keinen Bedenken[81]. Sofern es zur Abhaltung des Votums mangels zwingenden Charakters des § 120 Abs. 4 S. 1 AktG erst gar nicht kommen sollte (was aufgrund des Interesses des Vorstands am Bedingungseintritt kaum einmal der Fall sein würde), läge eben – eine dies vorsehende Vertragsklausel unterstellt – kein positives Votum vor und die Bedingung wäre, wie im Fall eines missbilligenden Votums, nicht eingetreten.

---

73 BeschlEmpf VorstAG, BT-Drucks. 16/13433, S. 12.

74 BeschlEmpf VorstAG, BT-Drucks. 16/13433, S. 12; vgl. auch statt vieler: *Fleischer*, NZG 2009, 801 (805).

75 *Fleischer*, NZG 2009, 801 (805).

76 *v. Falkenhausen/Kocher*, AG 2010, 623 (627).

77 *Fleischer*, NZG 2009, 801 (805).

78 Vgl. *Davies/Worthington*, in: Gower/Davies, Company Law, S. 405 Fn. 102: „*The director and company could agree of course that some item of the remuneration package should be so conditional.*"

79 *Fleischer/Bedkowski*, AG 2009, 677 (684).

80 *Fleischer/Bedkowski*, AG 2009, 677 (684); a.A. *Spindler*, in: K. Schmidt/Lutter, AktG, § 120 Rn. 66; *Schüppen*, ZIP 2010, 905 (910 f.).

81 A.A. *Fleischer/Bedkowski*, AG 2009, 677 (684).

(2) Ausschluss der Anfechtbarkeit

Der Hauptversammlungsbeschluss über die Billigung des Vergütungssystems ist gemäß § 120 Abs. 4 S. 3 AktG nicht nach § 243 AktG anfechtbar. Entgegen dieser Vorschrift erhobene Anfechtungsklagen sind unzulässig[82]. Dies gilt nach herrschender Meinung sowohl für Klagen, die vergütungsspezifische, also materielle Mängel rügen, als auch für solche, die verfahrensrechtliche Mängel zum Gegenstand haben[83]. Als überzeugendes Argument hierfür lässt sich anführen, dass § 120 Abs. 4 S. 3 AktG im Gegensatz zu vergleichbaren Vorschriften den Ausschluss gerade nicht an bestimmte Mängel, sondern an eine bestimmte Klageart anknüpft[84].

Nicht ausgeschlossen ist nach dem Wortlaut des § 120 Abs. 4 S. 3 AktG ein Vorgehen gegen den Billigungsbeschluss im Wege der Nichtigkeitsklage gemäß § 249 AktG. Gleichwohl gibt es Stimmen in der Literatur, die dies unter Fortführung des Rechtsgedankens der Vorschrift, missbräuchliche Klagen von räuberischen Aktionären auszuschließen[85], nicht zulassen wollen[86]. Unabhängig davon, wie rechtspolitisch sinnvoll ein Ausschluss auch der Nichtigkeitsklage sein mag, ist jedoch zu konstatieren, dass sich ein derartiger Wille des Gesetzgebers den Gesetzesmaterialien nicht entnehmen lässt[87]. In Betracht kommen daher vor allem auf die formellen Gründe des § 241 Nr. 1 und 2 AktG gestützte Nichtigkeitsklagen[88]. Zudem können die materiellen Nichtigkeitsgründe des § 241 Nr. 3 und 4 AktG einschlägig sein[89].

ff) Geplante Änderung des § 120 Abs. 4 AktG

An der Ausgestaltung des Vergütungsvotums könnte sich in Zukunft zunächst aufgrund europarechtlicher Vorgaben Änderungsbedarf ergeben. Denn die Europäische Kommission hat bereits Ende 2012 in einem Aktionspapier eine Initiative zum Ausbau des *Say on Pay* in Europa angekündigt[90]. Welche Vorgaben die Initiative – voraussichtlich unter Änderung der Aktionärsrechterichtlinie (2007/36/EG) – machen wird, insbesondere ob sie ein verbindliches Votum vorsehen wird, lässt sich zum gegenwärtigen Zeitpunkt jedoch noch nicht absehen[91].

---

82 *Hüffer*, AktG, § 120 Rn. 22.

83 *Fleischer/Bedkowski*, AG 2009, 677 (685); *Hüffer*, AktG, § 120 Rn. 22; *Spindler*, in: K. Schmidt/Lutter, AktG, § 120 Rn. 65; *v. Falkenhausen/Kocher*, AG 2010, 623 (628); *Vetter*, ZIP 2009, 2136 (2140); a.A. *Redenius-Hövermann*, Der Aufsichtsrat 2009, 173 (175).

84 *Fleischer/Bedkowski*, AG 2009, 677 (685); *Vetter*, ZIP 2009, 2136 (2140).

85 Vgl. *Fleischer/Bedkowski*, AG 2009, 677 (685); *Vetter*, ZIP 2009, 2136 (2140).

86 *Schick*, ZIP 2011, 593 (594); *Hüffer*, AktG, § 120 Rn. 22; *Kubis*, in: MünchKomm. AktG, § 120 Rn. 51.

87 Ebenso *Vetter*, ZIP 2009, 2136 (2140).

88 *Fleischer/Bedkowski*, AG 2009, 677 (685); *Spindler*, in: K. Schmidt/Lutter, AktG, § 120 Rn. 65.

89 *Fleischer/Bedkowski*, AG 2009, 677 (685); *Vetter*, ZIP 2009, 2136 (2140).

90 Europäische Kommission, Aktionsplan: Europäisches Gesellschaftsrecht und Corporate Governance, 12.12.2012, COM(2012) 740, S. 10.

91 Vgl. *Verse*, NZG 2013, 921 (924).

Auf nationaler Ebene sieht der am 27. November 2013 zwischen CDU, CSU und SPD geschlossene Koalitionsvertrag unter der Überschrift „Transparenz bei Managergehältern“ eine Ausweitung der Aktionärsmitsprache in Vergütungsfragen vor[92]. Zukünftig soll die Hauptversammlung auf Vorschlag des Aufsichtsrats über die Vorstandsvergütung entscheiden.

Während sich dies noch als wenig konkrete Zielvorgabe erweist, war ein in dieselbe Richtung zielendes Gesetzesvorhaben in der vorangegangenen Legislaturperiode schon sehr viel weiter fortgeschritten[93]. Letztlich scheiterte das vom Bundestag beschlossene „Gesetz zur Verbesserung der Kontrolle der Vorstandsvergütung und zur Änderung weiterer aktienrechtlicher Vorschriften“ (VorstKoG) am Widerstand des von der Opposition mehrheitlich besetzten Bundesrats, der in einer zwei Tage vor der Bundestagswahl 2013 anberaumten Sitzung den Vermittlungsausschuss anrief[94], womit das Gesetzesvorhaben dem Grundsatz der Diskontinuität zum Opfer fiel.

Konkret sah das VorstKoG vor, dass die Hauptversammlung börsennotierter Gesellschaften jährlich über die Billigung des vom Aufsichtsrat vorgelegten Systems zur Vergütung der Vorstandsmitglieder beschließt[95]. Im Rahmen des vorgelegten Vergütungssystems sollten auch die höchstens erreichbaren Gesamtbezüge für den Vorstandsvorsitzenden, dessen Stellvertreter und die einfachen Vorstandsmitglieder ausgewiesen werden[96]. Klarstellend sollte § 120 Abs. 4 AktG den Zusatz erhalten, dass der Beschluss der Hauptversammlung nicht die Wirksamkeit der Vergütungsverträge mit den Vorstandsmitgliedern berührt und – wie schon nach bisheriger Rechtslage – nicht nach § 243 AktG anfechtbar ist[97]. Die wesentlichen Neuerungen des VorstKoG beliefen sich somit auf die Pflicht zur alljährlichen Abhaltung des Votums, die zwingende Ausweisung potenzieller Höchstvergütungen bei der Darstellung des Vergütungssystems (und damit deren Einbezug in den Beschlussgegenstand), die inzidenter vorausgesetzte Pflicht des Aufsichtsrats zur Etablierung eines Vergütungssystems und, als wohl einschneidendste Neuerung, die Verbindlichkeit des Votums[98]

Die Verbindlichkeit des Votums nach dem VorstKoG bedeutete jedenfalls nicht zugleich ein Recht der Aktionäre, selbst ein Vergütungssystem zur Beschlussfassung

---

92 Vgl. Koalitionsvertrag zwischen CDU, CSU und SPD vom 27.11.2013, 18. Legislaturperiode, „Deutschlands Zukunft gestalten“, S. 17, abrufbar unter www. http://www.bundestag.de/dokumente/textarchiv/2013/48077057_kw48_koalitionsvertrag/koalitionsvertrag.pdf (Abruf v. 3.1.2014).

93 Vgl. „Gesetz zur Verbesserung der Kontrolle der Vorstandsvergütung und zur Änderung weiterer aktienrechtlicher Vorschriften“ (VorstKoG), Beschluss und Bericht des Rechtsausschusses vom 26.6.2013 (BeschlEmpfRA VorstKoG), BT-Drucks. 17/14214, S. 7, 16 ff.

94 Art. 77 Abs. 2 S. 1 GG.

95 BeschlEmpfRA VorstKoG 2012, BT-Drucks. 17/14214, S. 7.

96 BeschlEmpfRA VorstKoG, BT-Drucks. 17/14214, S. 7.

97 BeschlEmpfRA VorstKoG, BT-Drucks. 17/14214, S. 7.

98 Eingehend *Verse*, NZG 2013, 921 (922 f.).

vorzulegen oder Gegenanträge zu stellen[99]. Zudem sollte die Verbindlichkeit des Votums die Vertretungsmacht des Aufsichtsrats nicht einschränken[100]. Allerdings sollte der Beschluss eine Bindung des Aufsichtsrats im Innenverhältnis begründen, bei deren Missachtung er sich gegenüber der Gesellschaft schadensersatzpflichtig machen würde[101].

Ist die nunmehrige Ausführung im Koalitionsvertrag auch sehr knapp und allgemein gehalten, so lässt sie zumindest den Schluss zu, dass auch ein neues Gesetzesvorhaben als zentrale Merkmale die obligatorische Abhaltung des Vergütungsvotums und seine Verbindlichkeit vorsehen wird. Zudem ist wohl davon auszugehen, dass als Beschlussgegenstand des Votums auch künftig das Vergütungssystem vorgesehen werden wird. Zwar könnte man die Ausführung des Koalitionsvertrags, die von einer Entscheidung der Hauptversammlung „über die Vorstandsvergütung" spricht, auch so verstehen, dass die Hauptversammlung nunmehr die konkreten Bezüge der Vorstandsmitglieder festsetzen soll. Aus den an anderer Stelle ausgearbeiteten Gründen, die gegen eine derartige Kompetenz der Hauptversammlung sprechen[102], ist dies jedoch eher fernliegend. Zum Ausdruck kommt wohl lediglich, dass das Votum zukunftsbezogen sein soll, was – im Einklang mit der Konzeption des VorstKoG – für das Vergütungssystem als Beschlussgegenstand spricht.

Eine kritische Auseinandersetzung mit der geplanten Novellierung des § 120 Abs. 4 AktG ist im Zuge des Vergleichs zum australischen Recht vorzunehmen[103].

b) Votum in nicht-börsennotierter AG

Wie oben dargelegt, ist der Anwendungsbereich des § 120 Abs. 4 AktG auf börsennotierte Aktiengesellschaften beschränkt[104]. Es stellt sich die Frage, ob daneben auch in nicht-börsennotierten Gesellschaften Vergütungsvoten möglich sind. Zum Teil wird dies verneint. Aus der Beschränkung des § 120 Abs. 4 AktG auf börsennotierte Gesellschaften folge, dass in anderen Gesellschaften ein Beschluss über das Vergütungssystem stets unzulässig sei[105]. Dem zuwider gefasste Beschlüsse seien nichtig[106]. § 120 Abs. 4 AktG einen derart abschließenden Charakter i. S. d. § 23 Abs. 5 S. 2 AktG zuzuweisen, überzeugt jedoch nicht. Wie *Döll* richtig erkennt, würde dies auf das eigenartige Ergebnis hinauslaufen, dass die Aktionärsrechte in

---

99 BeschlEmpfRA VorstKoG, BT-Drucks. 17/14214, S. 17 li. Sp.; *Verse*, NZG 2013, 921 (923).

100 BeschlEmpfRA VorstKoG, BT-Drucks. 17/14214, S. 18 li. Sp.

101 BeschlEmpfRA VorstKoG, BT-Drucks. 17/14214, S. 18 li. Sp.

102 S. oben 1. Kapitel A II 1 und 4 a aa (2).

103 S. unten 2. Kapitel F III 2.

104 S. oben 2. Kapitel F I 1.

105 *Döll*, WM 2010, 103 (106); *Vetter*, ZIP 2009, 2136 (2141); *Schüppen*, ZIP 2010, 905 (911); a.A. *Kubis*, in: MünchKomm. AktG, § 120 Rn. 51.

106 *Vetter*, ZIP 2009, 2136 (2140).

geschlossenen Gesellschaften begrenzter wären als in Publikumsgesellschaften[107]. Den Aktionären nicht-börsennotierter Gesellschaften eine Mitsprache über das Vergütungssystem gänzlich zu versagen, überzeugt auch vor dem Hintergrund des in solchen Gesellschaften oftmals ausgeprägteren Näheverhältnisses zur Verwaltung nicht[108]. Einen entscheidenden Hinweis geben zudem die Gesetzesmaterialien. Darin heißt es, dass es im Falle geschlossener Gesellschaften derart differenzierter Regelungen nicht bedürfe[109]. Der Gesetzgeber geht folglich davon aus, dass sich nicht-börsennotierte Gesellschaften sehr wohl selbst, ohne sein Zutun, zu helfen wissen. Ihnen bleibt es unbenommen, im Wege der Satzung ein Vergütungsvotum der Hauptversammlung vorzusehen[110]. Dem steht § 23 Abs. 5 AktG auch im Hinblick auf das Kompetenzgefüge in der Aktiengesellschaft nicht entgegen, denn soweit das Votum unverbindlich ausgestaltet ist, bleibt die Vergütungskompetenz des Aufsichtsrats ohne Einschränkung gewahrt.

c) Votum nach § 119 Abs. 2 AktG

Nach § 119 Abs. 2 AktG kann die Hauptversammlung über Fragen der Geschäftsführung entscheiden, soweit der Vorstand dies verlangt. Im Schrifttum wird es zum Teil für möglich erachtet, dass der Aufsichtsrat der Hauptversammlung unter Rückgriff auf diese Vorschrift das Vorstandsvergütungssystem zur Entscheidung vorlegt[111]. Im Unterschied zu dem Vergütungsvotum nach § 120 Abs. 4 AktG hätte ein daraufhin ergehender Beschluss der Hauptversammlung Bindungswirkung[112] und würde zur Enthaftung des Aufsichtsrats nach §§ 116 S. 1, 93 Abs. 4 S. 1 AktG führen[113].

Problematisch an einer Vorlage nach § 119 Abs. 2 AktG erscheint zunächst, dass die Norm ihrem Wortlaut nach lediglich den Vorstand und nicht den Aufsichtsrat zur Vorlage berechtigt und somit allenfalls analog anwendbar wäre. Zumindest für den hier einschlägigen Fall der Entscheidung über die Vergütung wird von Teilen des Schrifttums[114] diese analoge Anwendung auf den Aufsichtsrat befürwortet. Dem stehen überzeugende Bedenken entgegen, nach denen das Vergütungssystem als abstrakte und generelle Festlegung keine vorlagefähige Geschäftsführungsmaßnahme i. S. d. § 119 Abs. 2 AktG darstellt[115]. Denn der

---

107 *Döll*, WM 2010, 103 (106) – aber unter Ziehung anderer Schlüsse.

108 *Spindler*, in: K. Schmidt/Lutter, AktG, § 120 Rn. 63.

109 BeschlEmpf VorstAG, BT-Drucks. 16/13433, S. 12.

110 *Spindler*, in: K. Schmidt/Lutter, AktG, § 120 Rn. 57, 63; ein Vergütungsvotum unter analoger Anwendung des § 120 Abs. 4 AktG befürwortend *Kubis*, in: MünchKomm. AktG, § 120 Rn. 51.

111 *Schüppen*, ZIP 2010, 905 (909); *Spindler*, in: K. Schmidt/Lutter, AktG, § 119 Rn. 15; *Döll*, WM 2010, 103 (105).

112 Vgl. statt aller *Hüffer*, AktG, § 119 Rn. 15

113 *v. Falkenhausen/Kocher*, AG 2010, 623 (627); *Schüppen*, ZIP 2010, 905 (910).

114 *Spindler*, in: K. Schmidt/Lutter, AktG, §119 Rn. 15; *Schüppen*, ZIP 2010, 905 (909).

115 *v. Falkenhausen/Kocher*, AG 2010, 623 (627).

Aufsichtsrat bindet sich sonst hinsichtlich aller zukünftig zu treffenden (konkreten) Vergütungsvereinbarungen an die Vorgaben der Hauptversammlung[116]. Als denkbare Vorlagegegenstände bleiben daher nur die einzelnen mit den Vorstandsmitgliedern getroffenen oder noch zu treffenden Vergütungsvereinbarungen. Dies dürfte jedoch in der Praxis kaum relevant werden. Zum einen käme es für den Aufsichtsrat einem Eingeständnis eigenen Unvermögens gleich, wenn er eine seiner vornehmlichsten Aufgaben an die Hauptversammlung delegiert[117]. Zum anderen kann mit dem Abschluss von Vergütungsvereinbarungen schwerlich bis zur Abhaltung der nächsten Hauptversammlung abgewartet werden[118]. Ganz allgemein lässt sich gegen eine Entscheidungskompetenz der Hauptversammlung bezüglich konkreter Vergütungsfragen ihre zu schwerfällige Organisation, sowie ihre auf Zustimmung oder Ablehnung beschränkte Fähigkeit zur Willensbildung anführen[119].

2. Entlastung

Es stellt sich die Frage, inwieweit Vorstandsvergütungen im Rahmen des Tagesordnungspunkts „Entlastung des Aufsichtsrats" erörtert und zum Gegenstand der Entlastungsentscheidung i. S. d. § 120 Abs. 1 bis 3 AktG gemacht werden können. In Erinnerung zu rufen ist in diesem Zusammenhang, dass die Festsetzung der Vorstandsvergütung nach § 87 Abs. 1 AktG zu den originären Aufgaben des Aufsichtsrats gehört[120]. Folglich fließt die ordnungsgemäße Erfüllung dieser Aufgabe in die Beurteilung der Amtsführung des Aufsichtsrats mit ein[121] und die Aktionäre können ihre Zustimmung oder ihren Unmut hinsichtlich des Vergütungssystems oder einzelner gewährter Vergütungen im Wege der Entlastungsentscheidung zum Ausdruck bringen[122]. Die Einführung des § 120 Abs. 4 AktG hat hieran nichts geändert[123].

Im Einklang mit den Rechtsfolgen des Vergütungsvotums nach § 120 Abs. 4 AktG ordnet § 120 Abs. 2 S. 2 AktG an, dass die Entlastung keinen Verzicht auf Ersatzansprüche begründet. Auch an den umgekehrten Fall der Versagung der Entlastung sind keine unmittelbaren Rechtsfolgen geknüpft[124]. Im Unterschied zum Vergütungsvotum ist die Anfechtung des Beschlusses jedoch nicht gesetzlich ausgeschlossen.

---

116 *v. Falkenhausen/Kocher*, AG 2010, 623 (627).
117 Vgl, *v. Falkenhausen/Kocher*, AG 2010, 623 (627).
118 Vgl, *v. Falkenhausen/Kocher*, AG 2010, 623 (627).
119 *Martens*, FS Hüffer, S. 647 (657, 658).
120 S. oben 2. Kapitel A I 1.
121 *Schüppen*, ZIP 2010, 905 (907).
122 *Vetter*, ZIP 2009, 2136 (2138); *Martens*, FS Hüffer, S. 647 (658).
123 *Hüffer*, AktG, § 120 Rn. 21; *Vetter*, ZIP 2009, 2136 (2138).
124 Allg. Meinung, vgl. nur *Hüffer*, AktG, § 120 Rn. 16.

3. *Hauptversammlungsbeschluss bei aktienbasierter Vergütung*

Aktienoptionen sind oftmals bedeutender Bestandteil der an Vorstände gewährten Vergütung. Mit ihnen erlangt das Vorstandsmitglied das Recht, zu einem bestimmten Zeitpunkt Aktien der Gesellschaft zu einem festgelegten Preis zu erwerben. Die Haltefrist von Aktienoptionen beträgt gemäß § 193 Abs. 2 Nr. 4 AktG mindestens vier Jahre. Die Rolle der Hauptversammlung bei der Gewährung von Aktienoptionen ist darin zu sehen, dass sie in der Regel von Gesetzes wegen im Vorfeld der Gewährung Beschluss fassen muss. Dies hat seinen Grund nicht etwa darin, dass den Aktionären auf diese Weise Einfluss auf Vergütungsfragen ermöglicht werden soll[125]. Dies ist lediglich eine mittelbare Folge. Zuvorderst ist die Hauptversammlungskompetenz der Finanzverfassung der Aktiengesellschaft geschuldet[126]. Denn die zur Erfüllung der oben beschriebenen Bezugsrechte erforderlichen Aktien erlangt die Gesellschaft regelmäßig im Wege einer (bedingten) Kapitalerhöhung gemäß § 192 AktG oder durch einen Erwerb eigener Aktien nach § 71 Abs. 1 Nr. 8 AktG[127]. Beides hat Auswirkungen auf das Grundkapital und somit auf die Gesellschaftersphäre, weshalb das Gesetz eine Hauptversammlungszuständigkeit vorsieht. Ein Optionsprogramm ohne Beteiligung der Hauptversammlung ist nur unter der besonderen Gestaltung möglich, dass die Gesellschaft von einem Dritten Kaufoptionen auf eigene Aktien erwirbt und diese dem Vorstandsmitglied zuwendet (sog. Programmkauf)[128] oder wenn für die Optionsausübung ein Barausgleich vereinbart ist[129].

Bei der bedingten Kapitalerhöhung ist nach § 192 Abs. 1 AktG ein Zustimmungs- oder Ermächtigungsbeschluss erforderlich, der nach § 193 Abs. 1 S. 1 AktG in Ermangelung einer anderslautenden Satzungsbestimmung einer Mehrheit von drei Vierteln des bei der Beschlussfassung vertretenen Grundkapitals bedarf. Inhaltlich muss sich der Beschluss gemäß § 193 Abs. 2 Nr. 4 AktG mit der Aufteilung der Bezugsrechte auf Mitglieder der Geschäftsführung und Arbeitnehmer, den Erfolgszielen, den Erwerbs- und Ausübungszeiträumen und der mindestens vierjährigen Wartezeit für die erstmalige Ausübung befassen. Hieraus wird deutlich, dass die Hauptversammlung – im Rahmen des Beschlussvorschlags der Verwaltung – durchaus im Detail über die Vergütung des Vorstands in Form von Bezugsrechten bestimmen kann[130].

---

125 *Langenbucher*, Aktien- und Kapitalmarktrecht, S. 36, Rn. 26.

126 *Langenbucher*, Aktien- und Kapitalmarktrecht, S. 36, Rn. 26.

127 *Schüppen*, ZIP 2010, 905 (910); *Langenbucher*, Aktien- und Kapitalmarktrecht, S. 36, Rn. 26.

128 *Kort*, in: Großkomm. AktG, § 87 Rn. 157; *Fuchs*, in: MünchKomm. AktG, § 192 Rn. 84; Weiß, Aktienoptionspläne, S. 254 ff., 260; *Wulff*, Aktienoptionen, S. 31; *Martens*, FS Ulmer, S. 399 (408 f.); *Stenzel*, Vorstandsvergütung, S. 121; *Mertens/Cahn*, in: Kölner Komm. AktG, § 87 Rn. 49; *Fuchs*, in: MünchKomm. AktG, § 192 Rn. 84.

129 *Cahn*, in: Spindler/Stilz, AktG, § 71 Rn. 208; *Ihrig*, FS Ulmer, S. 829 (843 f.); *Mick*, DB 1999, 1201 (1204); *Mertens/Cahn*, in: Kölner Komm. AktG, § 87 Rn. 49

130 *Schüppen*, ZIP 2010, 905 (910).

Der Erwerb eigener Aktien zum Zwecke der Bedienung von Bezugsrechten setzt nach § 71 Abs. 1 Nr. 8 AktG ebenfalls einen Ermächtigungsbeschluss der Hauptversammlung voraus, für den die einfache Stimmenmehrheit der Hauptversammlung gemäß § 133 Abs. 1 AktG ausreichend ist[131]. Da vorliegend keine Veräußerung der erworbenen Aktien an der Börse, sondern eine Ausgabe an die Vorstandsmitglieder erfolgt, muss diese Art der Verwendung nach § 71 Abs. 1 Nr. 8 S. 5 AktG ebenso von der Hauptversammlung beschlossen werden. Hinsichtlich der inhaltlichen Anforderungen ist § 193 Abs. 2 Nr. 4 AktG entsprechend anzuwenden[132]. Ob darüber hinaus im Fall von Stock Options die Verweisung auf § 186 Abs. 3 und 4 AktG greift, was unter anderem das Erfordernis einer Dreiviertelmehrheit begründen würde, ist streitig[133].

Sofern man eine nachträgliche Herabsetzung der Erfolgsziele oder des Ausgabebetrags der Aktien (Repricing) für zulässig erachtet, ist hierfür in aller Regel ein mit qualifizierter Mehrheit zu fassender Beschluss der Hauptversammlung erforderlich[134].

Neben Aktienoptionen können auch andere Formen aktienbasierter Vergütung vereinbart werden. Namentlich kommen virtuelle Optionsprogramme wie Phantom Stocks oder Stock Appreciation Rights (SARs) in Betracht. Nach herrschender Meinung bedürfen diese keines Hauptversammlungsbeschlusses, sondern der Aufsichtsrat ist allein zuständig[135]. Aufgrund des rein schuldrechtlichen Charakters sind die §§ 71 ff. und §§ 192 ff. AktG weder direkt noch analog anwendbar[136]. Teilweise wird jedoch vertreten, es handle sich um Genussrechte i. S. d. § 221 Abs. 3 AktG mit der Folge einer Hauptversammlungszuständigkeit und der Notwendigkeit eines Bezugsrechtsausschlusses nach § 221 Abs. 4 Satz 2 i. V. m. § 186 AktG[137].

---

131 *Hüffer*, AktG, § 71 Rn. 19d; *Oechsler*, in: MünchKomm. AktG, § 71 Rn. 193; teilw. a.A. *Merkt*, in: Großkomm. AktG, § 71 Rn. 298.

132 *Wieneke*, in: Heidelberger Komm. AktG, § 71 Rn. 42.

133 Für eine parallele Anwendung von § 193 Abs. 2 Nr. 4 und § 186 Abs. 3, 4 AktG: *Oechsler*, in: MünchKomm. AktG, § 71 Rn. 259; *Cahn*, in: Spindler/Stilz, AktG, § 71 Rn. 139; a.A. – Alternativitätsverhältnis – *Weiß*, WM 1999, 353 (362); *Friedrichsen*, Aktienoptionsprogramme, S. 216 ff.

134 *Mertens/Cahn*, in: Kölner Komm. AktG, § 87 Rn. 71.

135 *Spindler*, in: MünchKomm. AktG, § 87 Rn. 59; *Kort*, in: Großkomm. AktG, § 87 Rn. 193; *Rieckers*, in: Spindler/Stilz, AktG, § 192 Rn. 57; *Krieger*, in: MünchHdb. AG, § 63 Rn. 55; *Fonk*, in: Semler/v. Schenck, ArbHdb. AR, § 9 Rn. 153; *Martens*, FS Ulmer, S. 399 (403); *Marsch-Barner*, FS Röhricht, S. 401 (413); *Frey*, in: Großkomm. AktG, § 192 Rn. 108; *Mertens/Cahn*, in: Kölner Komm. AktG, § 87 Rn. 80.

136 *Rieckers*, in: Spindler/Stilz, AktG, § 192 Rn. 57; *Fuchs*, in: MünchKomm. AktG, § 192 Rn. 86.

137 *Fuchs*, in: MünchKomm. AktG, § 192 Rn. 86; *Frey*, in: Großkomm. AktG, § 192 Rn. 108; wohl auch *Hirte*, in: K. Schmidt/Riegger, Gesellschaftsrecht 1999, 211 (221); a.A. *Krieger*, in: MünchHdb. AG, § 63 Rn. 55; *Kessler/Suchan*, in: Kessler/Sauter, Hdb. Stock Options, Rn 686; *Rieckers*, in: Spindler/Stilz, AktG, § 192 Rn. 57.

Werden Restricted Shares gewährt, so ist für den Rückerwerb und die Wiederausgabe eigener Aktien ein Hauptversammlungsbeschluss nach § 71 Abs. 1 Nr. 8 S. 1, 5 i. V. m. § 186 Abs. 3, 4 AktG erforderlich. Gleichfalls bedarf es eines Hauptversammlungsbeschlusses, wenn die Aktien mittels regulärer Kapitalerhöhung oder genehmigten Kapitals beschafft werden, §§ 182 Abs. 1 S. 1, 186 Abs. 3, 4 bzw. §§ 202 Abs. 1, 203 Abs. 1, 186 Abs. 3, 4 AktG.

4. Fragerecht der Aktionäre

Ein im Allgemeinen sehr bedeutsames Recht der Aktionäre ist ihr Auskunftsrecht aus § 131 AktG. Wie im Rahmen der Untersuchung zu den Offenlegungspflichten schon festgestellt, ist seine Relevanz im Kontext der Vorstandsvergütungen jedoch eher begrenzt[138].

II. Australien

In einer *public company* ist für gewöhnlich das *board of directors* für die Vergütung der Geschäftsleitung zuständig[139]. Entgegen dies anordnende Gesetzes- oder Satzungsbestimmungen können die Aktionäre nicht über Höhe und Zusammensetzung der Einzelvergütungen oder über das Vergütungssystem bestimmen[140]. Das Gesetz gibt jedoch den Aktionären an verschiedenen Stellen und auf unterschiedliche Weise die Möglichkeit, auf Vergütungsfragen Einfluss zu nehmen. Grundsätzlich sind Mitspracherechte der Aktionäre in Form von Hauptversammlungsbeschlüssen im australischen Gesellschaftsrecht immer dann vorgesehen, wenn es zu einer Beeinträchtigung von Aktionärsinteressen durch eigennütziges oder Aktionärsvermögen minderndes Verhalten der *directors* kommen kann[141]. Zugleich gelten Aktionärsabstimmungen als ein letztes, restriktiv zu handhabendes Kontrollmittel[142]. Keinesfalls sollen die Aktionäre hierüber Einfluss auf das operative Geschäft der Gesellschaft nehmen können[143].

Im Einklang mit diesen Grundsätzen stehen die bereits an anderer Stelle erwähnten Zustimmungserfordernisse der Hauptversammlung für die Gewährung von *related party benefits* und von Abfindungen an die Geschäftsleiter[144]. Daneben bestehen weitere Zustimmungserfordernisse für die Gewährung von Aktien und Bezugsrechten sowie für Vorteilsgewährungen im Zusammenhang mit Übernahmeangeboten. Auf die den Aktionären im Hinblick auf die Geschäftsleitervergütung

---

138 S. oben 2. Kapitel E I 2 c.
139 S. oben 2. Kapitel A II 1.
140 *Chapple/Christensen*, 18 Australian Journal of Corporate Law (2005), 263 (266).
141 Productivity Commission, S. 277 f.
142 *Bainbridge*, 53 UCLA Law Review (2006), 601 (627).
143 Productivity Commission, S. 278.
144 S. oben 2. Kapitel B II 2 a bzw. C II 1 b.

zustehenden Auskunftsrechte wurde bereits an anderer Stelle eingegangen[145]. Besondere Beachtung verdient die Einflussnahmemöglichkeit der Aktionäre in Form des Vergütungsvotums nach sec. 250R (2) CA 2001.

1. Votum zum Vergütungsbericht

a) Das Votum nach sec. 250R (2) CA 2001

aa) Regelungsgegenstand

Sec. 250R (2) CA 2001 ordnet für börsennotierte Gesellschaften an, dass in der Jahreshauptversammlung ein Beschluss über die Annahme des Vergütungsberichts gefasst werden muss. Mangels anderslautender ausdrücklicher Anordnung bedarf der Beschluss der einfachen Stimmenmehrheit der anwesenden Aktionäre. Der Beschluss ist gemäß gesetzlicher Bestimmung nur konsultativer Art und bindet weder die *directors*, noch die Gesellschaft[146]. Auf diese Weise wird der Prämisse, dass Aktionären nur sehr begrenzt Einfluss auf das operative Geschäft der Gesellschaft zu gewähren ist[147], Rechnung getragen[148].

bb) Ziel und Hintergrund

Das Vergütungsvotum soll primär den Aktionärsaktivismus und die Rechenschaftspflicht des *boards* in Vergütungsfragen fördern[149]. Insbesondere ist eine Intensivierung der Konsultationen und des Informationsflusses zwischen den *directors* und den Aktionären schon vor Abhaltung des Votums intendiert[150]. Im Rahmen der Abstimmung sollen die Aktionäre sodann ihre Zustimmung oder Ablehnung zu den bisherigen Vergütungsentscheidungen des *board* zum Ausdruck bringen und auf diesem Wege (indirekt) Einfluss auf die zukünftig zu treffenden Entscheidungen ausüben[151]. Das Regelwerk ist weitgehend an das im Jahre 2002 im Vereinigten Königreich eingeführte Vergütungsvotum angelehnt[152].

---

145 S. oben 2. Kapitel E II 2 c und 3 b.

146 Sec. 250R (3) CA 2001.

147 S. oben 2. Kapitel F II.

148 Vgl. Productivity Commission, S. 278.

149 Corporate Law Economic Reform Program (Audit Reform and Corporate Disclosure) Bill 2003, Explanatory Memorandum, abrufbar unter www.comlaw.gov.au (Abruf v. 11.8.2013), Ziff. 5.435.

150 Vgl. Corporate Law Economic Reform Program (Audit Reform and Corporate Disclosure) Bill 2003, Explanatory Memorandum, abrufbar unter www.comlaw.gov.au (Abruf v. 11.8.2013), Ziff. 4.353.

151 Productivity Commission, S. 278.

152 Productivity Commission, S. 278.

cc) Ausschluss des Stimmrechts

Nachdem der CA 2001 lediglich zwei Sätze über das Vergütungsvotum an sich enthält, folgen in sec. 250R (4)-(10) CA 2001 ausführliche Regelungen, die einen Ausschluss des Stimmrechts zum Gegenstand haben. Die Regelungen sind zwingend, können also nicht per Satzung abbedungen werden[153].

Zunächst statuiert sec. 250R (4) CA 2001 für das Vergütungsvotum ein allgemeines Stimmverbot für Mitglieder des Managements in Schlüsselpositionen (vgl. sec. 9 CA 2001 i. V. m. § 9 AASB 124), deren Vergütung Gegenstand des Vergütungsberichts ist, sowie für deren nähere Angehörige und für von ihnen kontrollierte Gesellschaften (*closely related parties*[154]). Unter bestimmten Umständen kann jedoch eine Stimmabgabe als Vertreter einer nicht von der Stimmausübung ausgeschlossenen Person erfolgen. Dies kommt zum einen dann in Betracht, wenn eine schriftliche Vollmacht erteilt wurde, welche vorschreibt, in welchem Sinne abzustimmen ist[155]. Zum anderen ist eine stellvertretende Stimmabgabe durch eine ausgeschlossene Person möglich, wenn es sich bei dieser um den Versammlungsleiter handelt und die Vollmacht ausdrücklich zur Abstimmung über die Vergütung der Mitglieder des Managements in Schlüsselpositionen ermächtigt[156]. Weiterhin kann in Einzelfällen eine Befreiung von dem Stimmverbot durch schriftliche Erklärung der ASIC erfolgen, wenn dadurch keine unbillige Beeinträchtigung von Aktionärsinteressen eintritt[157].

Stimmt eine nicht stimmberechtigte Person bei dem Beschluss über den Vergütungsbericht mit ab, so stellt dies, unabhängig vom Ausgang des Votums, ein Vergehen (*offence*) dar[158]. Die Stimmabgabe wird als nicht erfolgt betrachtet, was bedeutet, dass die Stimme im Hinblick auf die Gesamtzahl der abgegebenen Stimmen und bei der Frage, ob der Beschluss zur Annahme des Vergütungsberichts zustande gekommen ist, nicht gezählt wird[159]. An der Wirksamkeit des Beschlusses vermag die ungültige Stimmabgabe nichts zu ändern[160].

dd) Rechtsfolgen

An den Ausgang des Vergütungsvotums sind keine unmittelbaren Rechtsfolgen geknüpft. Wie eingangs erwähnt, ist der Beschluss gemäß sec. 250R (3) CA 2001 nicht bindend und ihm kommt lediglich eine konsultative Funktion zu. Er lässt bestehende Vergütungsvereinbarungen unberührt. Rechtlich zulässig erscheint es jedoch – entsprechend der Rechtslage im Vereinigten Königreich[161] – aufgrund

153 Sec. 250R (10) CA 2001.
154 Vgl. sec. 9 CA 2001.
155 Sec. 250R (5) (a) CA 2001.
156 Sec. 250R (5) (b) CA 2001.
157 Sec. 250R (6) CA 2001.
158 Sec. 250R (7) CA 2001.
159 Sec. 250R (8) CA 2001.
160 Sec. 250R (8) CA 2001.
161 Vgl. oben 2. Kapitel F I 1 a ee (2) Fn. 75.

der letztlich nur von den Anteilseignern abgeleiteten Vergütungskompetenz des *boards*, die Gewährung bestimmter Vergütungsbestandteile unter die Bedingung eines positiven Vergütungsvotums zu stellen. Die rechtliche Unverbindlichkeit des Votums drückt sich auch derart aus, dass in einer Billigung des Vergütungsberichts keinesfalls zugleich eine Zustimmung zu einer Vergütungsgewährung im Sinne der secs. 208 und 200B CA 2001 gesehen werden kann[162].

Dazu, wie sich Beschlussmängel des Vergütungsvotums auswirken und inwieweit Aktionäre dies rügen können, findet sich weder im CA 2001 eine spezielle Anordnung, noch wird es im australischen Gesellschaftsrecht diskutiert. Letztlich kann dies darauf zurückgeführt werden, dass es weder im statuierten australischen Gesellschaftsrecht noch im *common law* ein allgemeines Recht einzelner Aktionäre zur Geltendmachung von Beschlussmängeln gibt[163]. Grundsätzlich führen prozessuale Mängel nach sec. 1322 (2) CA 2001 nicht zur Nichtigkeit von Beschlüssen. Eine Ausnahme und damit eine Möglichkeit, die Nichtigkeit im Wege einer *declaration of invalidity* gerichtlich feststellen zu lassen, besteht für Mängel, die *substantial injustice* begründen[164]. Dies darzulegen und zu beweisen obliegt dem Antragsteller[165] und wird wohl aufgrund der Unverbindlichkeit des Vergütungsvotums kaum einmal gelingen. Als weitere Rechtsschutzmöglichkeit eher theoretischer Art muss ein gerichtliches Vorgehen gegen das Vergütungsvotum nach secs. 232 ff. CA 2001 bezeichnet werden. Es setzt voraus, dass der Beschluss den Interessen der Anteilseigner in ihrer Gesamtheit widerspricht oder „*oppressive to, unfairly prejudicial to, or unfairly discriminatory against, a member or members whether in that capacity or in any other capacity*“ ist.

Im Jahre 2011 erfolgte Gesetzesänderungen lassen die gesetzlich angeordnete Unverbindlichkeit des Vergütungsvotums in einem anderen Licht erscheinen. Durch den *Corporations Amendment (Improving Accountability on Director and Executive Remuneration) Act 2011* wurde in secs. 250U ff. CA 2001 die eingangs bereits erwähnte *two strikes rule* eingeführt, die in letzter Konsequenz zu einer fast vollständigen Neubesetzung des *board of directors* führen kann.

(1) Two strikes rule

Die *two strikes rule* knüpft an die zweimalige Ablehnung des Vergütungsberichts durch die Hauptversammlung bestimmte Rechtsfolgen. Dabei entfalten sich die Rechtsfolgen Schritt für Schritt und bauen aufeinander auf. Eine erstmalige Ablehnung des Vergütungsberichts durch 25 % oder mehr der abgegebenen Stimmen auf einer Jahreshauptversammlung bleibt zunächst folgenlos. Erst wenn es in der unmittelbar darauf folgenden Jahreshauptversammlung erneut zu einer solchen

162 *Griffin/Standon*, in: Aust. Corp. Law [3.3.0027].
163 Ebenso zur englischen Rechtslage: *Fleischer*, AG 2012, 765 (768 f.) m.w.N.
164 Sec. 1322 (2) CA 2001.
165 *Austin/Ramsay*, Ford's Principles, [7.581].

Ablehnung kommt, treten Rechtsfolgen ein[166]. Noch im Rahmen dieser Hauptversammlung muss darüber abgestimmt werden, ob die bisherigen *directors*, mit Ausnahme des *managing directors*, durch neue ersetzt werden sollen (*spill resolution*)[167].

Ursprünglich sahen die Vorschläge zur Einführung einer *two strikes rule* in Australien vor, dass die zweite Ablehnung des Vergütungsberichts unmittelbar zu einem Austausch der *directors* (*board spill*) führt. Man fürchtete jedoch, dann könnten vor allem institutionelle Investoren aus Sorge um die Stabilität des Unternehmens und mögliche Kursverluste von einem zweiten Negativvotum abgehalten werden[168]. Um dies zu verhindern und den Aktionären die Möglichkeit zu geben, frei von derlei strategischen Überlegungen ihren (abermaligen) Missmut über die Geschäftsleitervergütung zum Ausdruck zu bringen, machte man den Austausch der *directors* von einer zusätzlichen Abstimmung, der *spill resolution*, abhängig[169]. In ihr müssen sich nicht nur 25 %, sondern die Mehrheit der anwesenden Aktionäre für ein *board spill* aussprechen. Allerdings finden die für die Abstimmung über den Vergütungsbericht bestehenden Stimmverbote der sec. 250R (4)-(10) CA 2001 analoge Anwendung[170], sodass an der Gesellschaft beteiligte *directors*, *executives* und ihnen nahestehende Personen nicht mit abstimmen dürfen.

Im Detail entscheiden die Aktionäre im Rahmen der *spill resolution* darüber, ob innerhalb von 90 Tagen eine weitere Aktionärsversammlung, das sog. *spill meeting*, abgehalten werden soll[171], in der die aktuellen *directors* ihre Ämter niederlegen müssen[172] und neue *directors* gewählt werden[173]. Zu beachten ist, dass das Gesetz in sec. 250V (1) (b) (ii) CA 2001 i. V. m. LR 14.4 S. 3 eine Ausnahme für den *managing director* (gleichbedeutend mit *executive director*) einer Gesellschaft statuiert. Sein Austausch ist nicht vorgesehen. Hat eine Gesellschaft mehr als einen *managing director*, kommt das Privileg gemäß den genannten Vorgaben jedoch nur einem von ihnen zu. Der *managing director* nimmt allgemein in börsennotierten Gesellschaften eine Sonderstellung ein, da er sich nicht wie die übrigen *directors* alle drei Jahre zur Wiederwahl stellen muss[174]. Daran anknüpfend sieht das Gesetz einen Austausch seiner Person auch im Rahmen des *two strikes*-Verfahrens nicht vor. Die Ausnahme ist insoweit stimmig, als mit der *two strikes rule* die für die Festsetzung der Geschäftsleitervergütung verantwortlichen Personen zur Rechenschaft gezogen

---

166 Vgl. sec. 250U CA 2001.

167 Vgl. sec. 250V (1) CA 2001.

168 Vgl. *Fels*, 20 Australian Accounting Review (2010), 76 (80 f.).

169 Vgl. *Fels*, 20 Australian Accounting Review (2010), 76 (81); Corporations Amendment (Improving Accountability on Director and Executive Remuneration) Bill 2011, Explanatory Memorandum, abrufbar unter www.comlaw.gov.au (Abruf v. 11.8.2013), Ziff. 1.14.

170 Sec. 250V (2) CA 2001.

171 Sec. 250V (1) (a) CA 2001.

172 Sec. 250V (1) (b) CA 2001.

173 Sec. 250V (1) (c) CA 2001.

174 Vgl. LR 14.4 S. 3.

werden sollen, nicht aber die Vergütungsempfänger. Die Begrenzung der Ausnahme auf einen einzelnen *managing director* lässt sich damit rechtfertigen, dass andernfalls die Möglichkeit bestünde, den *board spill* ins Leere laufen zu lassen, indem man möglichst viele oder alle *directors* als geschäftsleitend ausweist. Findet die *spill resolution* die (einfache) Mehrheit der Stimmen der anwesenden Aktionäre, so ist die Gesellschaft verpflichtet, ein *spill meeting* innerhalb von 90 Tagen abzuhalten[175]. Die Pflicht besteht nur dann nicht, wenn bis zum Ende dieser Frist keiner der *directors* mehr im Amt ist[176].

Bei der Einberufung des *spill meetings* sind die allgemeinen Regeln für die Einberufung von Hauptversammlungen zu beachten[177]. Verständlicherweise werden die *directors* nur begrenzt motiviert sein, der Aktionärsentscheidung über das eigene Schicksal den Weg zu bereiten. Dem begegnet sec. 250W (5) CA 2001, indem er die Nichtabhaltung des *spill meetings* innerhalb von 90 Tagen nach Fassung der *spill resolution* als ein verschuldensunabhängiges Vergehen all jener Personen qualifiziert, die innerhalb der 90-Tages Frist das Amt eines *directors* der Gesellschaft innehatten. Unerheblich ist, wenn das Amt erst nach Fassung der *spill resolution* angetreten wurde[178]. Die individuelle Verantwortlichkeit der *directors* für die Abhaltung des *spill meetings* rechtfertigt sich aus der in sec. 249CA CA 2001 jedem einzelnen *director* eingeräumten Möglichkeit zur Einberufung einer Aktionärsversammlung[179].

Im *spill meeting* werden durch Beschlüsse, die der einfachen Stimmenmehrheit der anwesenden Aktionäre bedürfen, die neuen *directors* bestellt. Stimmverbote für unternehmensbeteiligte *directors, executives* und ihnen nahestehende Personen bestehen hierbei keine. Unmittelbar vor Beendigung der Versammlung verlieren die früheren *directors* ihre Amtsstellung[180]. Mit Beendigung der Versammlung treten die neu bestellten Personen ihre Ämter an[181]. Wird ein *director* im Zuge eines *spill meetings* zunächst seines Amtes enthoben, jedoch umgehend wiedergewählt, so läuft seine (angebrochene) Amtszeit unbeschadet weiter, als hätte es keine Zäsur durch das *spill meeting* gegeben[182]. Im Sinne der Kontinuität soll keine neue Amtszeit in Gang gesetzt werden[183].

---

175 Sec. 250W (2) CA 2001.

176 Sec. 250W (4) CA 2001.

177 Sec. 250W (3) CA 2001.

178 Sec. 250W (5) Note CA 2001.

179 Vgl. Corporations Amendment (Improving Accountability on Director and Executive Remuneration) Bill 2011, Explanatory Memorandum, abrufbar unter www.comlaw.gov.au (Abruf v. 11.8.2013), Ziff. 1.18.

180 Sec. 250W (9) S. 1 CA 2001.

181 Sec. 250W (9) S. 1 CA 2001.

182 Sec. 250Y CA 2001.

183 Corporations Amendment (Improving Accountability on Director and Executive Remuneration) Bill 2011, Explanatory Memorandum, abrufbar unter www.comlaw.gov.au (Abruf v. 11.8.2013), Ziff. 1.22.

Das australische Gesellschaftsrecht sieht in sec. 201A (2) CA 2001 für *public companies* mindestens drei *directors* vor. Für den Fall, dass im Rahmen des *spill meetings* diese Zahl nicht erreicht wird, etwa weil bestimmte Kandidaten nicht genügend Stimmen auf sich vereinigen können, trifft sec. 250X CA 2001 eine Sonderregelung. Es gelten dann der Reihe nach diejenigen Personen als bestellt, die zur Wahl standen und prozentual die meisten Stimmen für sich verbuchen konnten[184]. Das gilt selbst dann, wenn sich bei dem Bestellungsbeschluss weniger als die Hälfte der abgegebenen Stimmen für die Bestellung dieser Person ausgesprochen haben. Bei Stimmengleichheit obliegt es den regulär bestellten *directors* zu entscheiden, welchem oder welchen der gleichauf liegenden Kandidaten der Vorzug zu geben ist[185]. Eine derartige Bestellung muss sodann auf der nächsten Jahreshauptversammlung durch Beschluss bestätigt werden[186]. Kommt es dazu nicht, endet die Amtsstellung der betreffenden Person als *director*[187].

(2) Die two strikes rule in der Praxis

Unmittelbar nach Einführung der *two strikes rule* im Jahre 2011 kam es in den Jahreshauptversammlungen von mehr als 100 australischen Unternehmen zu einer Ablehnung des Vergütungsberichts (durch mindestens 25 % der abgegebenen Stimmen) und somit zu einem *first strike*[188]. In den 100 größten australischen Unternehmen (i. e. solchen im ASX100-Index) kam es jedoch nur in drei Fällen zu einem *first strike*[189]. Die Hauptversammlungssaison des Jahres 2012 wurde sodann mit großer Spannung erwartet, konnte es doch nun bei abermaliger Ablehnung des Vergütungsberichts erstmalig zu einem *board spill* kommen. Einen *second strike* gab es allerdings in nur 13 Unternehmen, wovon keines im ASX100 war[190]. In den 13 betroffenen Unternehmen stimmten die Aktionäre sodann im Rahmen der *spill resolution* in nur zwei Unternehmen mit der erforderlichen Mehrheit für einen Austausch der *directors*[191]. Bei den in der Folge stattfindenden *spill meetings* wurden in beiden Fällen die ursprünglichen *directors* wiedergewählt. Zu einem *board spill* hat die *two strikes rule* somit in Australien bisher nicht geführt. In der Hauptversammlungssaison 2013 kam es im ASX100 überhaupt nur in zwei Gesellschaften zu einem *first strike*[192] und in keinem zu einem *second strike*[193]. In den

---

184 Sec. 250X (2), (3) CA 2001.
185 Sec. 250X (4) CA 2001.
186 Sec. 250X (5) S.1 CA 2001.
187 Sec. 250X (5) S.2 CA 2001.
188 *McCrann*, The Australian vom 15.12.2012.
189 PWC Executive remuneration, S. 8.
190 *Dannawi*, Two Strikes; PWC Executive remuneration, S. 8.
191 *Dannawi*, Two Strikes.
192 *Bennet*, The Australian vom 22.1.2014, unter Verweis auf die Studie „Company Reports“ von Macquarie Research.
193 *Corporate HQ Advisory*, Two Strikes Rule.

übrigen Gesellschaften kamen missbilligende Vergütungsvoten hingegen öfter vor: Ihre Anzahl stieg von 8,29 % im Vorjahr auf 9,6 % leicht an[194].

Die Einführung der *two strikes rule* wurde mit viel negativer Kritik begleitet, die zum Teil immer noch aufrechterhalten wird. In den Führungsebenen der Unternehmen wird die Regel mehrheitlich abgelehnt[195], wobei die ins Feld geführten Argumente vielfältig sind: ein Missbrauch der Regel durch die Einbringung sachfremder, vergütungsunabhängiger Erwägungen[196], ein zu großer Einfluss kleiner Aktionärskreise, Zusatzkosten für die Unternehmen (vor allem durch die Abhaltung des *spill meetings*)[197], negative Auswirkungen ablehnender Voten auf den Aktienkurs[198], drohende Amtsniederlegungen schon vor Eintritt des zweiten *strikes* sowie Probleme bei der Rekrutierung neuer Kandidaten[199]. Auch wurde die Befürchtung geäußert, dass die *two strikes rule* die Effektivität des unverbindlichen Vergütungsvotums als ein Signal des Aktionärsunmuts untergraben könnte[200]. Schnell hatte sich in australischen *boards* zudem die Erkenntnis verbreitet, dass es gegen den Mehrheitswillen der Aktionäre auch im Wege der *two strikes rule* nicht zu einem Austausch der *directors* kommen kann[201].

In jüngster Zeit mehren sich jedoch die Stimmen, welche die *two strikes rule* als positiv bewerten und dabei neben Verbesserungen in der Vergütungspublizität[202] vor allem auf ein höheres Maß an Kommunikation und Abstimmung zwischen Aktionären und *board* im Vorfeld der Vergütungsvoten verweisen[203]. Dabei können sich diese Stimmen auf die eingangs erwähnte geringe Zahl an *first strikes* und die noch viel geringere Zahl an *second strikes* berufen. Dass die *two strikes rule* positive Auswirkungen auf die Vergütungspraxis in den Unternehmen hat, wird mittlerweile von nicht wenigen Praktikern bescheinigt[204]. Zudem belegen dies aktuelle Studien. So haben seit 2011 24 der größten 100 australischen Unternehmen ihre Vergütungssysteme grundlegend reformiert[205]. Die drei ASX100-Unternehmen, in

194 *Bennet*, The Australian vom 22.1.2014 unter Verweis auf die Studie „Company Reports“ von Macquarie Research.

195 *Mallesons*, Directions 2012, S. 14.

196 *Koeck/d'Oliveyra/Lewis*, Keeping good companies 2010, 343 (345).

197 *Daveson/O'Hara*, Executive Remuneration.

198 *Koeck/d'Oliveyra/Lewis*, Keeping good companies 2010, 343 (345).

199 Vgl. *Robin*, two-strike rule; *Featherstone*, Two strikes health check.

200 *Sheehan*, Regulation, S. 176.

201 Vgl. *Sheehan*, Regulation, S. 176.

202 Vgl. *Ulysses Chioatto*, in: *Bennet*, The Australian vom 22.1.2014.

203 Australian Council of Superannuation Investors (ACSI), Research Paper Sept. 2012, S. 3; AMP Capital, Corporate Governance 2012 full year report, S. 1; *Dannawi*, Two Strikes; *Time Base*, Executive Pay Trends; *Alembakis*, Sustainability Report.

204 Vgl. etwa das Zitat von *Ulysses Chioatto* in *Bennet*, The Australian vom 22.1.2014: *„The two-strikes regime has coincided with general improvements in remuneration disclosure and practice across the board, especially among strike recipients“*.

205 Business Spectator, Labor's 'two strikes' rule forces pay reforms: analysis, 19.08.2012, abrufbar unter www.businessspectator.com.au (Abruf v. 11.8.2013).

denen es 2011 zu einem *first strike* kam, reagierten hierauf mit einem Einfrieren der Fixvergütung, einer Reduzierung oder Aufschiebung von Boni, einer Umstrukturierung der mehrjährigen Vergütungspläne bzw. mit erweiterter Offenlegung[206]. Damit im Einklang steht das Ergebnis einer ausführlichen Studie von *Monem* und *Chew Ng*, wonach sich das Verhältnis von Unternehmenserfolg und Vergütung in den seit Einführung der *two strikes rule* von ablehnenden Vergütungsvoten betroffenen Unternehmen verbessert hat[207]. Aus den Zahlen der Hauptversammlungssaison 2013, die für Unternehmen außerhalb des ASX100 eine höhere und sogar zunehmende Anzahl an *strikes* im Vergleich zu den ASX100-Unternehmen aufzeigen[208], ist freilich zu schließen, dass kleine Unternehmen bislang weniger empfänglich für die Vergütungsvorstellungen der Aktionäre sind als große Unternehmen[209]. Es ist anzunehmen, dass in den kleinen Unternehmen im Allgemeinen schwächere Corporate Governance Strukturen vorhanden sind, die sich etwa durch das Fehlen eines Vergütungsausschusses oder mangelnde Unabhängigkeit der vergütungsfestsetzenden *board*-Mitglieder ausdrücken[210]. Diese Strukturen zu ändern, stellt die kleinen Unternehmen vor besondere Herausforderungen und bedarf Zeit. Auf lange Sicht werden sich aber auch diese Unternehmen durch die *two strikes rule* zu einer Änderung ihrer Vergütungspolitik gezwungen sehen.

b) Vergütungsvotum in nicht-börsennotierten Gesellschaften

Ob ein Vergütungsvotum auch in einer nicht-börsennotierten Gesellschaft möglich ist, wird, soweit ersichtlich, im australischen Gesellschaftsrecht nicht diskutiert und scheint auch keine Praxisrelevanz zu haben[211]. Es muss aber davon ausgegangen werden, dass mangels entgegenstehenden zwingenden Rechts die Satzung ein Vergütungsvotum vorsehen kann. Das ist auch unter dem Gesichtspunkt stimmig, dass die Kompetenz des *boards* zur Vergütungsfestsetzung erst durch eine Übertragung dieser Kompetenz mittels Gesellschaftsbeschlusses oder Satzungsbestimmung entsteht[212]. Dann muss die Satzung auch ein Vergütungsvotum der Hauptversammlung vorsehen können[213]. Ohne eine entsprechende Satzungsbestimmung besteht

---

206 PWC Executive remuneration, S. 8.

207 *Monem,/Ng*, Two strikes rule of Australia and the pay-performance link: Are shareholders judicious?, abrufbar unter http://papers.ssrn.com (Abruf v. 24.1.2014), S. 36; ebenso *Walker*, The Conversation.

208 Ähnlich *Monem,/Ng*, Two strikes rule of Australia and the pay-performance link: Are shareholders judicious?, abrufbar unter http://papers.ssrn.com (Abruf v. 24.1.2014), S. 36.

209 Zitat Macquarie, in: *Bennet*, The Australian vom 22.1.2014.

210 *Monem/Ng*, Two strikes rule of Australia and the pay-performance link: Are shareholders judicious?, abrufbar unter http://papers.ssrn.com (Abruf v. 24.1.2014), S. 36.

211 Mit gleichem Befund für das britische Recht: *Fleischer*, Gutachten, S. 23.

212 S. oben 2. Kapitel A II 1.

213 Ebenso zur Rechtslage in Großbritannien: *Fleischer*, Gutachten, S. 22 f.

zudem die – wohl ebenfalls nur theoretisch relevante – Möglichkeit einer Aktionärsminderheit, eine Beschlussfassung nach sec. 249N CA 2001 zu erwirken.

2. *Zustimmungserfordernisse und -möglichkeiten*

a) Gewährung von Aktien und Bezugsrechten

Soll die Vergütung der Geschäftsleiter aus Aktien oder Bezugsrechten bestehen, so kann auf verschiedenen Ebenen die Zustimmung der Hauptversammlung erforderlich werden. Zunächst können nach allgemeinen Grundsätzen die Maßnahmen zur Beschaffung der zu gewährenden Aktien, namentlich eine Begebung neuer Aktien sowie der Erwerb eigener Aktien, eine Zustimmung der Hauptversammlung verlangen[214]. Das ist jedoch nur bei Überschreitung bestimmter Größenordnungen innerhalb eines Jahres und unter der Voraussetzung, dass keine der zahlreichen Ausnahmen[215] greift, der Fall.

Auf einer zweiten, im Hinblick auf die Geschäftsleitervergütung spezielleren Ebene dürfen in einer börsennotierten Gesellschaft den *directors* grundsätzlich ohne Zustimmung der Hauptversammlung keine Aktien der Gesellschaft gewährt werden[216]. Eine Sonderregel gilt für Aktien, auf die ein Bezugsrecht im Rahmen eines *employee incentive scheme* besteht[217]. Für die Auferlegung eines solchen Programms bedarf es jedoch wiederum eines zustimmenden Hauptversammlungsbeschlusses[218]. Für gewöhnlich wird er im Zweijahresrhythmus eingeholt[219]. Entbehrlich ist der Beschluss nur, wenn die Gesellschaft die Aktien am Markt erwirbt[220].

Für die Einberufung der Aktionärsversammlung, in der die Zustimmung der Aktionäre zur Einräumung von Bezugsrechten eingeholt werden soll, bestehen detaillierte Vorgaben. In der Einberufung sind unter anderem Angaben zu machen zur maximalen Anzahl der Aktien, die von den *directors* erworben werden können (samt Berechnungsformel), zum Wert und zur Wertberechnung der zu gewährenden Aktien, zur Identität der unter dem *incentive scheme* Begünstigten, zu bisher schon gewährten Aktien und deren Erwerbspreis, zu von der Abstimmung ausgeschlossenen Personen und zum veranschlagten Zeitpunkt der Begebung der Wertpapiere, welcher innerhalb einer Dreijahresfrist nach Abhaltung der Versammlung liegen muss[221].

Der Hauptgrund für die im vorliegenden Fall grundsätzlich vorgeschriebene Zustimmung der Aktionäre ist darin zu sehen, dass durch die Gewährung eigener

---

214 Vgl. für die Begebung neuer Aktien LR 7.1, für den Erwerb eigener Aktien secs. 257C, 257D CA 2001.

215 Vgl. etwa für die Begebung neuer Aktien LR 7.2.

216 LR 10.11.

217 Vgl. LR 10.12 no. 4, 10.14.

218 LR 10.14 S. 1.

219 *Sheehan*, Regulation, S. 96.

220 LR 10.14 S. 3.

221 Vgl. LR 10.14 S. 2 i. V. m. LR 10.15, 10.15A.

Aktien die Beteiligungen der übrigen Aktionäre in Gefahr geraten, verwässert zu werden[222]. Ungeachtet der Auswirkungen auf sonstige Mitgliedschaftsrechte bedeutet die Ausgabe neuer Aktien in finanzieller Hinsicht – vereinfacht ausgedrückt –, dass die Aktionäre für die Geschäftsleitervergütung aus eigener Tasche aufkommen müssen. Neben der Gefahr der Verwässerung werden zudem der Schutz des Gesellschaftskapitals und der Interessenkonflikt der *directors* bei der Festsetzung der (eigenen) Vergütung als Argumente für das Zustimmungserfordernis der Hauptversammlung herangezogen[223]. Dass letztere zwei Argumente jedoch nur von geringem Gewicht sind, wird durch die Ausnahme von dem Zustimmungserfordernis deutlich. Werden die Aktien von der Gesellschaft am Markt erworben, besteht kein Verwässerungseffekt und dies allein rechtfertigt die Ausnahme[224]. In der Praxis legen einige Gesellschaften trotz Aktienerwerbs am Markt ihre aktienbasierten Vergütungspläne freiwillig der Hauptversammlung zur Entscheidung vor[225].

Vereinzelt wird an LR 10.14 kritisiert, dass das Zustimmungserfordernis der Hauptversammlung nur für Aktiengewährungen an *directors* gilt[226]. Gewöhnliche *senior executives* sind nicht erfasst. Die *ASX Corporate Governance Principles and Recommendations* greifen dies in einem (unverbindlichen) Kommentar zu *Recommendation* 8.3 auf, der es den Gesellschaften nahelegt, auch die für *senior executives* veranschlagten aktienbasierten Vergütungspläne der Hauptversammlung zur Zustimmung vorzulegen[227]. Auf diese Weise lasse sich von vornherein ein Konflikt mit dem Angemessenheitsgebot der sec. 211 (1) (b) CA 2001 vermeiden[228]. Ein weiterer Kritikpunkt entzündet sich an der Entbehrlichkeit des Hauptversammlungsbeschlusses bei einem Erwerb der erforderlichen Aktien auf dem Markt. Hierbei bestehe eine nicht zu vernachlässigende Gefahr von Insidergeschäften[229].

b) Gewährung (unangemessener) Vergütung

Bereits an anderer Stelle wurde festgestellt, dass Vergütungsgewährungen an *directors* nach sec. 208 (1) CA 2001 grundsätzlich der Zustimmung der Hauptversammlung bedürfen[230]. Etwas anderes gilt nur dann, wenn sich die Gewährung als

---

222 Productivity Commission, S. 289 m.w.N.
223 ASX Submission, S. 7.
224 ASX Submission, S. 6.
225 Productivity Commission, S. 290.
226 Vgl. die zusammenfassende Darstellung des Meinungsbilds bei Productivity Commission, S. 288.
227 Recommendation 8.3 ASX Corporate Governance Principles and Recommendations, Commentary, S. 37.
228 Recommendation 8.3 ASX Corporate Governance Principles and Recommendations, Commentary, S. 37.
229 Productivity Commission, S. 290.
230 S. oben 2. Kapitel B II 2 a.

angemessen darstellt[231]. Anders ausgedrückt muss die Hauptversammlung unangemessenen Vergütungsgewährungen per Beschluss zustimmen. Einzelheiten und das für den Beschluss vorgesehene Verfahren sind detailliert in secs. 217 ff. CA 2001 beschrieben. Danach kann sich der Beschluss sowohl auf eine spezielle als auch auf eine der Art oder Klasse nach bestimmte Vergütungsgewährung beziehen[232]. Letzteres ermöglicht beispielsweise eine jährliche Zustimmung zu Aktienplänen[233].

Letztlich muss konstatiert werden, dass die Einholung eines Zustimmungsbeschlusses der Hauptversammlung nach sec. 208 (1) (a) (i) CA 2001 in der Praxis äußerst selten vorkommen dürfte und daher der Hauptversammlung auf diesem Wege kein nennenswerter Einfluss auf Vergütungsfragen zukommt[234]. Die Gründe hierfür erschließen sich unschwer: Selbst wenn das *board* die Vergütungsgewährung nicht von vornherein gegenüber der Hauptversammlung als unangemessen bezeichnen würde und vorgäbe, sich mit der Zustimmung lediglich absichern zu wollen, ließe allein die Vorlage den Verdacht der Unangemessenheit aufkommen. Eine unangemessene Vergütungsgewährung den Aktionären gegenüber zu rechtfertigen, geschweige denn ihre Zustimmung hierzu einzuholen, dürfte aber nur schwerlich gelingen. Denkbar ist dies allenfalls in Fällen, in denen die *board*-Mitglieder mehrheitlich an der Gesellschaft beteiligt sind. Vor diesem Hintergrund präferieren australische *boards* denn auch regelmäßig, Vergütungsgewährungen als angemessen zu klassifizieren und gegebenenfalls dies mit einem bestätigenden Gutachten eines Vergütungsberaters zu untermauern[235].

c) Gewährung von Abfindungen

Bereits an anderer Stelle wurde ausgeführt, dass nach sec. 200B (1) CA 2001 *executive directors* und *senior executives* grundsätzlich keine Abfindungen ohne Zustimmung der Hauptversammlung gewährt werden dürfen[236]. Soweit das Gesetz Ausnahmen von diesem Grundsatz zugesteht, bestehen zumeist Beschränkungen was den Umfang der nachträglichen Sonderzahlungen anbelangt. Nur wenn die Sonderzahlungen bestimmte Obergrenzen (im Regelfall den Wert einer durchschnittlichen Jahresgrundvergütung) nicht überschreiten, ist ein Hauptversammlungsbeschluss entbehrlich. Ebenfalls bereits an anderer Stelle erörtert wurde die Möglichkeit, mit Zustimmung der Hauptversammlung Abfindungen über die Beschränkung der LR 10.19 S. 1 hinaus zu gewähren[237].

---

231 Sec. 211 (1) (b) CA 2001.
232 Sec. 217 CA 2001.
233 *Austin/Ramsay*, Ford's Principles, [9.550.6].
234 So auch *Chapple/Christensen*, 18 Australian Journal of Corporate Law (2005), 263 (267).
235 Vgl. *Thomas*, Vanderbilt University Law School, Law and Economics Working Paper No. 11–18, 2011, S. 4; *Sheehan*, Regulation, S. 96.
236 S. oben 2. Kapitel C II 1.
237 S. oben 2. Kapitel C II 2.

d) *Vorteilsgewährungen im Zusammenhang mit Übernahmeangeboten*

Während eines Übernahmeangebots darf die Zielgesellschaft ihren *directors* grundsätzlich nur sehr begrenzt Vorteile gewähren oder vertraglich zusichern[238]. Damit sollen *golden parachutes* verhindert werden[239]. Die Beschränkung gilt jedoch nicht, soweit die Hauptversammlung – unter Ausschluss der Stimmen des oder der Begünstigten – zustimmt[240].

3. *Auskunftsrechte der Aktionäre*

Im Kontext der Offenlegungspflichten wurde bereits angesprochen, dass unabhängig von einer Börsennotierung eine Aktionärsminderheit nach sec. 202B (1) CA 2001 die Offenlegung der jedem einzelnen *director* gewährten Vergütung verlangen kann[241]. In börsennotierten Gesellschaften steht den Aktionären darüber hinaus das ebenfalls schon erörterte Frage- und Kommentarrecht aus sec. 250SA CA 2001 in Bezug auf den Vergütungsbericht zu[242].

III. Vergleich und Bewertung

1. *Grundsätzliches*

In beiden Rechtsordnungen ist nicht die Hauptversammlung, sondern der Aufsichtsrat bzw. das *board* das für die Vergütung der Geschäftsleiter primär zuständige Organ. Im Sinne einer Wahrung der Kompetenzordnung bleibt der Einfluss der Hauptversammlung folglich begrenzt. Die vorangegangene Gegenüberstellung der Einflussnahmemöglichkeiten der Aktionäre hat jedoch gezeigt, dass sowohl das deutsche als auch das australische Recht an verschiedenen Stellen zum Teil weitgehende Kompetenzen und Mitspracherechte der Hauptversammlung vorsehen. Als prominentestes Beispiel lässt sich das in beiden Rechtsordnungen zu findende Vergütungsvotum der Hauptversammlung anführen. Daneben bestehen Zustimmungserfordernisse der Hauptversammlung bei der Gewährung aktienbasierter Vergütungen. Das australische Recht kennt weitere Fälle im Bereich der Geschäftsleitervergütungen, in denen die Hauptversammlung ihre Zustimmung erteilen kann oder muss. So bedürfen Vorteilsgewährungen an *related parties* grundsätzlich der Zustimmung der Hauptversammlung. Gleiches gilt für die Gewährung von Abfindungen bestimmter Größenordnungen. Zudem können Vorteilsgewährungen im Zusammenhang mit Übernahmeangeboten durch die Hauptversammlung legalisiert werden. Die aus deutscher Sicht zusätzlichen Hauptversammlungskompetenzen zeigen, dass das australische Recht die an Geschäftsleiter gewährte Vergütung primär

238 Vgl. sec. 1325C (1) CA 2001 und s. oben 2. Kapitel C II 3.
239 CAMAC Report, S. 18.
240 Sec. 1325C (3) CA 2001.
241 S. oben 2. Kapitel E II 2 c.
242 S. oben 2. Kapitel E II 3 b.

als einen Abfluss an Gesellschaftsmitteln begreift, der die Interessen der wirtschaftlichen Eigentümer der Gesellschaft, der Aktionäre, berührt. Folglich überlässt das australische Recht den Aktionären weit mehr Verantwortung und Entscheidungshoheit als das deutsche Recht. Besonders deutlich wird dies dadurch, dass es nicht mehr auf die Angemessenheit der Vergütungsgewährung ankommt, sofern die Hauptversammlung einer Vorteilsgewährung an einen *director* zustimmt. Anders ausgedrückt vermag die Hauptversammlung der Gewährung einer unangemessenen Vergütung zur Rechtmäßigkeit zu verhelfen; auch wenn es hierzu in der Praxis nur selten kommen dürfte.

Während die Entlastung der Aufsichtsratsmitglieder im australischen Recht kein Äquivalent hat, gibt es in beiden Rechtsordnungen Auskunftsrechte der Aktionäre bezüglich der Vergütung. Auf sie wurde bereits an anderer Stelle vergleichend eingegangen[243].

2. *Zustimmungserfordernis bei aktienbasierter Vergütung*

Beiden Rechtssystemen ist gemein, dass es im Zuge der Gewährung von Aktien bzw. Aktienoptionen an Geschäftsleiter, nicht jedoch im Fall der Gewährung virtueller Rechte, im Allgemeinen einer vorherigen Beschlussfassung der Hauptversammlung bedarf. Ein bedeutender Unterschied ist, dass das deutsche Aktienrecht ausschließlich an die jeweilige Kapitalmaßnahme anknüpft, die zur Beschaffung der Aktien dient. Das australische Recht sieht zwar auch allgemein Hauptversammlungsbeschlüsse für die Begebung neuer Aktien und den Erwerb eigener Aktien vor. Zusätzlich fordert jedoch LR 10.14 einen Hauptversammlungsbeschluss für Aktiengewährungen an *directors*. Geschuldet ist dieses spezielle Erfordernis wohl der Grobmaschigkeit der allgemeinen Zustimmungserfordernisse, greifen sie doch nur bei Transaktionen gewisser Größenordnungen und unterliegen zahlreichen Ausnahmen.

Indem aber auch die spezielle Regel der LR 10.14 zum einen ausschließlich für Aktiengewährungen an *directors* und nicht für solche an sonstige *executives* gilt und zum anderen – im Gegensatz zu der im deutschen Recht grundsätzlich erforderlichen Dreiviertelmehrheit – nur einen einfachen Mehrheitsbeschluss des *general meeting* voraussetzt, ist die Gewährung aktienbasierter Vergütungen in Australien weniger umfassend und streng an eine Mitwirkung der Hauptversammlung gebunden als in Deutschland. Als weiteres Beispiel hierfür mag gelten, dass sowohl das Zustimmungserfordernis bei der Begebung neuer Aktien als auch jenes für Aktiengewährungen an *directors* in den *Listing Rules* statuiert sind und demnach nur für börsennotierte Gesellschaften gelten. Da allerdings aktienbasierte Vergütungen vermehrt in großen, börsennotierten Gesellschaften vorkommen, ist diese australische Lösung konsequent. Auch mögen die mit den Zustimmungserfordernissen verfolgten Zwecke in großen Publikumsgesellschaften erhöhte Relevanz haben.

---

243 S. oben 2. Kapitel E III 2 f.

Dabei sind die Zwecke weitgehend identisch. Die Aktionäre sollen vor einer Verwässerung ihrer Beteiligungen geschützt werden und das Grundkapital soll erhalten bleiben. Letzteres gilt in Australien jedoch allenfalls in abgeschwächter Form, sieht LR 10.14 S. 3 doch eine Ausnahme von dem Zustimmungserfordernis für den Erwerb der Aktien am Markt vor. Das in Australien eher beiläufig mitverfolgte Ziel, dem Interessenkonflikt innerhalb der Verwaltung bei der Vergütungsfestsetzung zu begegnen, wird in Deutschland im vorliegenden Zusammenhang nicht verfolgt. Geschuldet ist dies letztlich dem dualistischen System, in dem – zumindest in der Theorie – ein vergleichbarer Interessenkonflikt erst gar nicht aufkommt.

3. Vergütungsvotum

Beide Rechtsordnungen sehen als relativ neue Erscheinung im jeweiligen Aktienrecht ein Vergütungsvotum der Hauptversammlung vor. Während Australien allerdings schon kurz nach Einführung eines Vergütungsvotums im Vereinigten Königreich diesem Beispiel folgte (im Jahre 2005), wurde der deutsche Gesetzgeber erst vier Jahre später unter dem Eindruck der Finanzmarktkrise im Rahmen des VorstAG aktiv. Dabei nahm er sich ebenso wie die Australier die einschlägige britische Regel der sec. 439 CA 2006 zum Vorbild. Allerdings kommt auf deutscher Seite der Einfluss der einschlägigen EU-Empfehlung hinzu.

In Anbetracht der gemeinsamen Wurzeln der Regelung ist es wenig verwunderlich, dass auch die mit ihr verfolgten Ziele weitgehend identisch sind. Die Aktionäre sollen im Bereich der Geschäftsleitervergütungen bereits im Vorfeld der Abstimmung aktiv werden und in gewissem Maße Kontrolle ausüben. Das *board* bzw. der Aufsichtsrat als das für die Vergütung jeweils primär zuständige Organ, soll dadurch einer erhöhten Rechenschaftspflicht unterliegen und zu besonderer Sorgfalt angehalten werden. In beiden Rechtsordnungen geht es folglich nicht nur um nachträgliche Kontrolle, sondern vor allem auch darum, eine verbesserte Informationspolitik im Verhältnis der Unternehmensleitung zu den Aktionären zu erreichen und den Aktionären Einfluss auf die in der Zukunft liegenden Vergütungsentscheidungen zu gewähren.

a) Anwendungsbereich

Sowohl in Deutschland als auch in Australien ist das Vergütungsvotum von Gesetzes wegen nur in börsennotierten Gesellschaften vorgesehen. Das ist unter Berücksichtigung der gesetzgeberischen Zielsetzung stringent, da ein (faktisches) Informations- und Kontrolldefizit zwischen Aktionären und Verwaltung in großen Publikumsgesellschaften häufiger zu finden sein wird als in geschlossenen Gesellschaften.

b) Optionale bzw. zwingende Abhaltung und Beschlussgegenstand

Einen wesentlichen Unterschied in der gesetzlichen Ausgestaltung des Vergütungsvotums stellt die Tatsache dar, dass die Abstimmung in Australien zwingend jedes

Jahr zu erfolgen hat, während sie in Deutschland bislang optional ist. Indem es in Deutschland grundsätzlich dem Vorstand obliegt, das Votum auf die Tagesordnung zu setzen und (zusammen mit dem Aufsichtsrat) der Hauptversammlung einen Beschlussvorschlag zu unterbreiten, kommt es zu den oben beschriebenen Interessenkonflikten[244]. Der Vorstand muss einer Aktionärsabstimmung über die eigene Vergütung den Weg bereiten. Das ist misslich, ungeachtet der Ausnahmen, unter denen der Vorstand zur Initiierung des Votums verpflichtet sein kann, und ungeachtet der Tatsache, dass zumindest in Dax-Gesellschaften auch ohne Zwang regelmäßig Vergütungsvoten abgehalten werden[245]. Bei einem zwingend abzuhaltenden Vergütungsvotum besteht das gesamte Problem nicht, weshalb die australische Regelung vorzugswürdig ist. Eine isolierte Übernahme der zwingenden Abhaltung des Votums ins deutsche Recht empfiehlt sich deshalb jedoch nicht. Vielmehr muss der jeweilige Beschlussgegenstand berücksichtigt werden. Die bislang optionale Ausgestaltung des deutschen Vergütungsvotums im Gegensatz zum zwingenden australischen Vergütungsvotum wird dann verständlich. In Deutschland bezieht sich das Vergütungsvotum allein auf das System zur Vergütung der Vorstandsmitglieder. In Australien erfolgt die Abstimmung über den Vergütungsbericht, der neben den Vergütungsgrundsätzen des *boards* auch Angaben zu den Einzelvergütungen, zur Reaktion des *boards* auf ein negatives Vergütungsvotum und zu Vergütungsberatern enthält. Diese (tatsächlichen) Aspekte ändern sich von Jahr zu Jahr, sodass stets ein inhaltlich veränderter Vergütungsbericht als Beschlussgegenstand vorliegt. Das Vergütungssystem hingegen bleibt gegebenenfalls über mehrere Jahre unverändert. Soweit in einem abgelaufenen Geschäftsjahr keine Änderungen am Vergütungssystem vorgenommen wurden, wäre eine erneute, nicht selten sehr emotional geführte Debatte und Abstimmung hierüber überflüssig und würde die ohnehin sehr zeitintensiven Aktionärstreffen unnötig aufblähen[246].

Diese Argumente sollten auch bei der geplanten Neufassung des § 120 Abs. 4 AktG Berücksichtigung finden. Die Einschätzung des Rechtsausschusses zum VorstKoG, nach der es sich bei dem Beschluss über ein zum Vorjahr unverändertes Vergütungssystem lediglich um einen die Hauptversammlung nicht belastenden Routinebeschluss handelt[247], vermag nicht zu überzeugen. Zu begrüßen wäre es, das Votum nur zwingend abhalten zu müssen, wenn sich Veränderungen ergeben haben[248].

---

244 S. oben 1. Kapitel A II 4 a aa (1) und 2. Kapitel F I 1 a cc.

245 Vgl. oben 2. Kapitel F I 1 a cc und die dort gegebenen Nachweise.

246 So auch zur geplanten Neufassung des § 120 Abs. 4 AktG *Koch*, Stellungnahme Rechtsausschuss, S. 5.

247 Vgl. BeschlEmpfRA VorstKoG, BT-Drucks. 17/14214, S. 17 li. Sp.

248 Zum VorstKoG ebenso *Koch*, Stellungnahme Rechtsausschuss, S. 5; *Hoffmann-Becking*, Stellungnahme Rechtsausschuss, S. 6; *Hemeling*, Stellungnahme Rechtsausschuss, S. 4, der hilfsweise eine maximal alle drei Jahre stattfindende Beschlussfassung vorschlägt; *Simon*, Stellungnahme Rechtsausschuss, S. 10, der eine Beschlussfassung nur bei wesentlichen Änderungen vorschlägt.

Das Problem würde sich freilich erst gar nicht stellen und es wäre vorteilhafter, wenn man wie in Australien als Beschlussgegenstand einen verbindlich zu erstellenden und im Wesentlichen sämtliche Offenlegungen zur Geschäftsleitervergütung enthaltenden Vergütungsbericht anstelle des Vergütungssystems vorsehen würde. Denn die nach gegenwärtiger Gesetzeslage vorzunehmende Abstimmung allein über das Vergütungssystem birgt mehrere Nachteile. Zum einen mag in einer Gesellschaft gar kein Vergütungssystem existieren, weil der Aufsichtsrat nicht zur Etablierung eines solchen Systems gesetzlich verpflichtet ist. Zum anderen ist es nicht von der Hand zu weisen, dass der Begriff des Vergütungssystems an einer gewissen Konturlosigkeit leidet. Mag dies auf Unternehmensseite, im Kontext der Pflicht zur Offenlegung des Vergütungssystems, unter Zugrundelegung von Fachliteratur sowie interner und externer Expertise in den Griff zu bekommen sein, stellt sich die Ausgangslage für den einzelnen Aktionär gegebenenfalls anders dar. Zwar ist für ihn in der Regel aus dem Lage- und/oder Vergütungsbericht erkenntlich, was Gegenstand des Vergütungssystems und damit Gegenstand der Abstimmung ist. Es darf aber bezweifelt werden, dass er bei seiner Stimmabgabe andere Gesichtspunkte der Vorstandsvergütung stets völlig außen vor lassen wird. Vielmehr sind es – wie bereits erwähnt – in der Praxis oftmals hohe Individualvergütungen, an denen Aktionäre Anstoß nehmen[249]. Insofern erscheint die Beschränkung des Beschlussgegenstands des Vergütungsvotums auf das Vergütungssystem wenig sinnvoll. Eine Ausweitung des Beschlussgegenstands auf die erreichbare Gesamtvergütung, wie sie das VorstKoG vorsah, ist hingegen auch nicht zielführend. Denn bei einer verbindlichen „Absegnung" von Höchstvergütungen durch die Hauptversammlung besteht die Gefahr, dass die gebilligten Werte zu Richtwerten für die zukünftigen Vergütungsverhandlungen verkommen[250].

c) Stimmrecht und Mehrheitserfordernis

Der *de lege lata* unterschiedliche Beschlussgegenstand der Vergütungsvoten bringt es mit sich, dass es in Australien ausführliche Regelungen zu einem Ausschluss des Stimmrechts für die Geschäftsleiter und ihnen nahestehende Personen im Rahmen des Vergütungsvotums gibt, in Deutschland hingegen unternehmensbeteiligte Vorstands- und Aufsichtsratsmitglieder nach herrschender Meinung mit abstimmen dürfen. Im deutschen Recht ist eine Analogie zum Stimmrechtsausschluss des § 136 Abs. 1 AktG mangels vergleichbarer Interessenlage zu verneinen[251]. Denn indem lediglich über das (abstrakte) System der Vorstandsvergütung abgestimmt wird, richten Vorstände oder Aufsichtsräte weder in eigener Sache, noch liegt der

249 Mit gleicher Einschätzung *Fleischer/Bedkowski*, AG 2009, 677 (682).

250 Vgl. auch den generellen Einwand gegen die Festlegung von Vergütungshöchstgrenzen, oben 1. Kapitel A II 2.

251 *Kubis*, MünchKomm. AktG, § 120 Rn. 49; *Rieckers*, in: Spindler/Stilz, AktG, § 136 Rn. 7; *Mutter/Kruchen*, AG-Report 2010, R 78.

Rechtsgedanke eines Insichgeschäfts nahe[252]. Die australische Abstimmung über den Vergütungsbericht vermag dagegen sehr wohl einen Interessenkonflikt aufseiten der Verwaltungsmitglieder zu begründen, da der Vergütungsbericht auch ihre jeweilige Individualvergütung ausweist.

Eine weitere Gemeinsamkeit der Vergütungsvoten beider Länder stellt das Mehrheitserfordernis dar. Für eine Billigung des Vergütungssystems bzw. des Vergütungsberichts bedarf es der einfachen Stimmenmehrheit.

d) Zeitlicher Bezug und Rechtsfolgen

Der zeitliche Bezug und die Rechtsfolgen des Vergütungsvotums sind *de lege lata* vom Ausgangspunkt her in beiden Rechtsordnungen gleich. Das Votum ist vergangenheitsbezogen, unverbindlich und man vertraut auf seine faktische Wirkung. Das deutsche Recht besagt in § 120 Abs. 4 S. 2 AktG auch ausdrücklich, dass der Beschluss keine Rechte begründet und nicht etwa eine Abweichung von § 87 AktG ermöglicht. Im Übrigen wäre ein auf Vorlage des Aufsichtsrats gefasster Beschluss, der Abweichungen von § 87 AktG erlaubt, als vom Aufsichtsrat pflichtwidrig selbst herbeigeführt zu qualifizieren, was nach herrschender Meinung[253] eine Berufung auf § 93 Abs. 4 S. 1 AktG (vorliegend i. V. m. § 116 S. 1 AktG) ausschließt[254].

Der *Federal Court of Australia* hat jüngst eine dem § 120 Abs. 4 S. 2 AktG vergleichbare Festlegung getroffen, wonach die Billigung des Vergütungsberichts nicht zugleich eine Zustimmung zur Gewährung von Vermögensvorteilen, wie sie der CA 2001 an verschiedenen Stellen zwingend vorschreibt, darstellt[255].

Für die deutsche Kontroverse darüber, ob die Gewährung bestimmter Vergütungen von einem positiven Vergütungsvotum abhängig gemacht werden kann, besteht in Australien kein Raum. Vor dem Hintergrund, dass die Vergütungskompetenz des *boards* letztlich auf einer Übertragung bzw. Überlassung dieser durch die Anteilseigner beruht[256], kann hierin keine unzulässige Kompetenzverlagerung zugunsten der Hauptversammlung gesehen werden. Eine gerichtliche Überprüfung des Hauptversammlungsbeschlusses kommt in beiden Rechtsordnungen nur in sehr engen Grenzen in Betracht, was vor dem Hintergrund der Unverbindlichkeit des Beschlusses überzeugt, sich gleichwohl bei Einführung eines verbindlichen Beschlusses nicht mehr überzeugend begründen lässt[257].

---

252 Siehe zu den dogmatischen Grundlagen des § 136 AktG: *Hüffer*, AktG, § 136 Rn. 3.

253 *Hüffer*, AktG, § 93 Rn. 26; *Hopt*, in: Großkomm. AktG, § 93 Rn. 325; *Mertens/Cahn*, in: Kölner Komm. AktG, § 93 Rn. 154; *Hefermehl*, FS Schilling, S. 159 (172); *Canaris*, ZGR 1978, 207 (213).

254 *Verse*, NZG 2013, 921 (930).

255 Re White v Norman, Forest Enterprises Australia Ltd (recs and mgrs appted) (in admin) (2012) 199 FCR 488, [2012] FCA 33, at [86].

256 Vgl. oben 2. Kapitel A II 1.

257 So zum VorstKoG *Habersack*, Stellungnahme Rechtsausschuss, S. 8; *Koch*, Stellungnahme Rechtsausschuss, S. 6.

e) *Die two strikes rule als wesentlicher Unterschied*

Gegenwärtig knüpft das deutsche Recht keine weiteren Rechtsfolgen an das Vergütungsvotum. Das australische Recht hingegen geht mit der an eine Ablehnung des Vergütungsberichts geknüpften *two strikes rule* sehr viel weiter und sieht als letzte Konsequenz den Austausch fast aller *directors* vor. Damit beschreitet das australische Recht einen Mittelweg zwischen einem unverbindlichen und einem verbindlichen Votum. Dieser Mittelweg erweist sich sowohl gegenüber dem gegenwärtigen, rechtlich völlig unverbindlichen Vergütungsvotum als auch gegenüber dem geplanten zukunftsbezogenen, verbindlichen Vergütungsvotum als vorzugswürdig. Während sich im ersten Fall die Vorzüge aus einer Abwägung der Vor- und Nachteile der *two strikes rule* und den mit ihr in der Praxis gemachten Erfahrungen ergeben, resultieren sie im zweiten Fall zusätzlich aus den generell unverbindlichen Voten zugeschriebenen Vorteilen[258] sowie aus den zahlreichen Folgeproblemen, die insbesondere mit der Verbindlichkeit des Votums einhergehen.

aa) Allgemeine Vorteilhaftigkeit der two strikes rule

Die Vorteilhaftigkeit der *two strikes rule* nach australischem Vorbild darf keineswegs vorschnell angenommen werden. Die Regel gibt einer Minderheit von nur einem Viertel der bei einer Hauptversammlung anwesenden Aktionäre bedeutenden Einfluss. Vor dem Hintergrund niedriger Hauptversammlungspräsenzen[259] kann sich dieser Machtzuwachs faktisch noch verstärken. Zudem lässt sich nicht ausschließen, dass ein Negativvotum in Einzelfällen auf sachfremde Erwägungen gestützt wird oder es zu ähnlichen Missbräuchen kommt. Nicht unberücksichtigt bleiben dürfen ferner der immense Aufwand und die enormen Kosten, die durch eine dem *spill meeting* entsprechende außerordentliche Hauptversammlung für die betroffene Gesellschaft entstehen. Zu guter Letzt stellt die Abberufung von Aufsichtsratsmitgliedern ein scharfes Schwert dar, welches in Deutschland von Gesetzes wegen grundsätzlich einer Drei-Viertel-Mehrheit vorbehalten ist[260].

Vor dem Hintergrund der in Australien zu beobachtenden praktischen Auswirkungen der *two strikes rule* wiegen derlei Bedenken jedoch weniger schwer. Zu nennen sind an dieser Stelle die geringe Anzahl an *first strikes* und die noch viel geringere Anzahl an *second strikes* und *board spills*. Dass es bisher noch kein einziges Mal zu einem Austausch des *boards* kam, die alten *directors* vielmehr alle wiedergewählt wurden, könnte man freilich auch als Schwäche der *two strikes rule* nach australischem Vorbild begreifen. So könnte man sagen, dass man den Aktionären ein Schwert in die Hand gibt, mit dem sie allerhand Schaden anzurichten vermögen, etwa die Verursachung erheblicher Kosten für die Gesellschaft, eine negative Öffentlichkeitswirkung und eine Negativentwicklung des Aktienkurses, dieses Schwert

258 S. oben 1. Kapitel A II 4 a (4).

259 Vgl. nur FAZ vom 29.5.2013, S. 21; *Atzler*, Handelsblatt vom 16.5.2013, S. 30.

260 Vgl. § 103 Abs. 1 S. 2 AktG.

sich aber in letzter Konsequenz als stumpf erweist. Denn gegen den Willen der Aktionärsmehrheit kann es auch nach der Neuregelung nicht zu einem Austausch der *directors* kommen. Besonders plastisch wird dies in Fällen, in denen die Verwaltungsmitglieder oder von ihnen kontrollierte Unternehmen selbst bedeutende Anteilseigner der Gesellschaft sind. Ihre Stimmen bleiben bei der Abstimmung über den Vergütungsbericht und die *spill resolution* außen vor, sodass das 25 %-Erfordernis für einen *strike* und auch eine Mehrheit für die *spill resolution* in vielen Fällen leicht zu erreichen sein wird. Im *spill meeting* besteht sodann jedoch kein Stimmverbot mehr für die Verwaltungsmitglieder, so dass die (ursprünglichen) *directors* mit einfacher Stimmenmehrheit wieder in ihre Ämter gewählt werden können. Dieser vermeintlichen Schwäche der *two strikes rule* lassen sich jedoch wiederum die in der Praxis gemachten und oben bereits im Detail dargelegten Erfahrungen entgegenhalten. Die *two strikes rule* hat, trotz des wenig wahrscheinlichen Austauschs der *directors*, zu einer verbesserten Kommunikation und Abstimmung in Vergütungsfragen zwischen Verwaltung und Aktionären geführt. Nicht wenige Unternehmen haben ihre Vergütungssysteme reformiert und die Unternehmen, in denen es zu einem *first strike* kam, nahmen daraufhin tief greifende Einschnitte bei der Vergütung vor. Die Gründe für die positiven Praxiserfahrungen dürften darin liegen, dass ein *strike* aufgrund seiner Eigenschaft als „Vorstufe" zu einem (wenngleich weitestgehend auf die Theorie beschränkten) Austausch der Verwaltung eine ungleich größere Öffentlichkeitswirkung entfaltet als ein gewöhnliches Negativvotum und zugleich einen größeren Reputationsschaden bedeutet. Zudem dürfte den Gesellschaften daran gelegen sein, den mit der Abhaltung des *spill meetings* verbundenen Zeit- und Kostenaufwand zu vermeiden. Die Furcht der *directors* vor einem vereinfachten Amtsverlust kann hingegen nur insoweit als Grund angenommen werden, als man den *directors* Unkenntnis hinsichtlich der „wahren" Funktionsweise der *two strikes rule* unterstellen möchte.

bb) Vorzugswürdigkeit gegenüber der geplanten Neufassung des § 120 Abs. 4 AktG

Der Grund, weshalb sich die *two strikes rule* auch gegenüber dem in Deutschland geplanten verbindlichen Votum als vorzugswürdig erweist, ist in den zahlreichen Folgeproblemen zu sehen, die eine derartige Neuregelung mit sich brächte. Diese sind, soweit die Hauptversammlung nur auf Vorschlag des Aufsichtsrats und nur über das Vergütungssystem entscheidet, nicht etwa der Art, dass die Personalhoheit des Aufsichtsrats und damit seine Stellung gegenüber Hauptversammlung und Vorstand so massiv geschwächt würden, dass eine nachhaltige Störung des Kompetenzgefüges der Aktiengesellschaft droht[261]. Ebenfalls schief ist das gezeichnete Bild einer gravierenden Machtverschiebung von den Arbeitnehmern hin zu den Anteilseignern bzw.

261 *Habersack*, Stellungnahme Rechtsausschuss, S. 7; *Verse*, NZG 2013, 921 (925); a.A. *Hoffmann-Becking*, Stellungnahme Rechtsausschuss, S. 2; *Handelsrechtsausschuss DAV*, Stellungnahme Rechtsausschuss, S. 3 f., 9.

ihrer jeweiligen Vertreter im Aufsichtsrat[262]. Denn die Vergütungskompetenz des Aufsichtsrats erführe durch die verbindliche Abstimmung der Hauptversammlung zwar eine gewisse Abschwächung, verbliebe aber im Wesentlichen beim (Gesamt-) Aufsichtsrat[263]. Die Ausführung im Koalitionsvertrag deutet – im Einklang mit der Konzeption des VorstKoG – nicht darauf hin, dass die Hauptversammlung ein Initiativrecht oder eine Befugnis, den Vorschlag des Aufsichtsrats abzuändern, erlangen soll. Auch inhaltlich ginge der Beschluss der Hauptversammlung nicht so weit, dass man von einer systemwidrigen Einschränkung der Vergütungs- oder Personalhoheit des Aufsichtsrats ausgehen müsste. Mit einer Billigung legt die Hauptversammlung lediglich einen Rahmen des Zulässigen fest, innerhalb dessen dem Aufsichtsrat weiterhin Spielraum für den Abschluss von Vergütungsverträgen verbleibt.

Die mit der Verbindlichkeit des Vergütungsvotums einhergehenden Probleme sind anderer Natur. Bleibt auch die Vergütungs- und Personalkompetenz des Aufsichtsrats weitestgehend erhalten, so wird dennoch die Handlungsfähigkeit des Aufsichtsrats und damit die der Gesellschaft über Gebühr eingeschränkt[264]. Unschwer vorstellbar kann sich die Situation ergeben, dass neue Vergütungsvereinbarungen mit Vorstandsmitgliedern geschlossen werden müssen und sich dabei Bedarf für ein neues Vergütungssystem ergibt[265]. Der Aufsichtsrat wäre dann jedoch an das alte, bestehende Vergütungssystem gebunden[266]. Ihm bliebe zum einen, die neuen Vergütungsverträge unter Vorbehalt einer späteren Billigung eines neuen Vergütungssystems durch die Hauptversammlung abzuschließen[267]. Dies erweist sich jedoch als wenig praxistauglich[268]. Anzunehmen ist, dass nicht wenige Vorstandskandidaten von der Unterzeichnung solcher, auf wackligen Füßen stehenden Vergütungsvereinbarungen Abstand nehmen würden[269]. Als Alternative bliebe dem Aufsichtsrat, schnellstmöglich ein neues Vergütungssystem zu erarbeiten, dieses in einer außerordentlichen Hauptversammlung zur Abstimmung zu stellen und es nach erfolgter Billigung zur Grundlage der neu abzuschließenden Verträge zu machen. Wegen des damit verbundenen Zeit- und Kostenaufwands ist auch dies misslich[270].

Weitere Probleme würden im Fall der Missbilligung des vorgelegten Vergütungssystems auftauchen. Es stellt sich beispielsweise die Frage, welche Folgen die

---

262 So aber *Bundesvorstand DGB*, Stellungnahme Rechtsausschuss, S. 2 f.

263 *Habersack*, Stellungnahme Rechtsausschuss, S. 7; *Verse*, NZG 2013, 921 (925).

264 *Verse*, NZG 2013, 921 (925 f.); ähnlich *Hemeling*, Stellungnahme Rechtsausschuss, S. 3.

265 *Verse*, NZG 2013, 921 (926).

266 *Verse*, NZG 2013, 921 (926); a.A. *Löbbe/Fischbach*, WM 2013, 1625 (1632), nach denen die Anwendung eines überarbeiteten, die Kritikpunkte der Hauptversammlung berücksichtigenden Vergütungssystems zulässig sein soll.

267 *Verse*, NZG 2013, 921 (926).

268 So auch *Hemeling*, Stellungnahme Rechtsausschuss, S. 4.

269 Skeptisch auch *Verse*, NZG 2013, 921 (926).

270 Ebenso *Verse*, NZG 2013, 921 (926).

Missbilligung eines zum Vorjahr unveränderten Vergütungssystems hätte[271]. Dem Aufsichtsrat wäre es dann wohl nicht möglich, wie sonst im Fall eines ablehnenden Votums, das „alte", vorhergehende Vergütungssystem weiter zu verwenden, entspricht es doch inhaltlich dem jüngst missbilligten System[272]. Gegen die Verwendung des in der Historie der Gesellschaft zuletzt gebilligten und nicht wieder in entsprechender Gestalt abgelehnten Systems sprechen rechtliche und praktische Gründe. Denn die Billigung eines dem „historischen" System nachfolgenden Systems steht einer Ablehnung des historischen Systems gleich. Selbst wenn man dies nicht annehmen möchte, wird ein gegebenenfalls seit mehreren Jahren überholtes Vergütungssystem kaum noch den aktuellen Gegebenheiten angemessen sein[273]. Dem Aufsichtsrat bliebe wiederum nur die Möglichkeit, Vergütungsverträge unter Vorbehalt zu schließen und/oder ein neues Vergütungssystem in einer außerordentlichen Hauptversammlung billigen zu lassen. Dieselbe missliche Lage würde sich letztlich in dem Fall auftun, in dem ein im Vergleich zum aktuellen System restriktiveres System missbilligt wird, beispielsweise weil es den Aktionären aufgrund einer Veränderung der Lage der Gesellschaft nicht restriktiv genug ist[274]. Die Weiterverwendung des vorherigen, „laxeren" Systems würde klar dem Aktionärswillen widersprechen: Es bedürfte folglich ebenfalls der Erarbeitung und Vorlage eines neuen Systems. Um diesen Fall gänzlich zu vermeiden, könnte der Aufsichtsrat bzw. das *board* dazu neigen, ausschließlich im Vergleich zum Vorjahr großzügigere Systeme vorzuschlagen, was zu einem ungewollten generellen Anstieg der Vorstandsvergütungen führen würde.

Als weiterer Kritikpunkt an der geplanten verbindlichen Ausgestaltung des Vergütungsvotums lässt sich anführen, dass die Aktionäre aufgrund der weitreichenden negativen Folgen einer Missbilligung eben davor zurückschrecken könnten. Ihrem Willen und ihrer Meinung über das Vergütungssystem könnten sie dann aber weniger gut Ausdruck verleihen, als das bei einem konsultativen Votum der Fall wäre.

cc) Mögliche Implementierung der two strikes rule

Die dargelegte Vorteilhaftigkeit der *two strikes rule* darf nicht vorschnell und unreflektiert zu der Forderung nach ihrer Übernahme ins deutsche Recht führen.[275] Vielmehr ist zu untersuchen, wie sich die Regelung im (fremden) deutschen Rechtsgefüge darstellen würde.

Zunächst würde sich die *two strikes rule* im deutschen Kontext als systematische Fortentwicklung des bisherigen *Say on Pay*-Regimes erweisen, was sich von der geplanten Einführung eines im Vorhinein zu fassenden, verbindlichen Vergütungsvotums nicht gleichermaßen behauptet lässt. Denn die *two strikes rule* belässt es bei

271 *Paschos*, FAZ vom 22.5.2013, S. 19; *Verse*, NZG 2013, 921 (926).
272 Ebenso *Simon*, Stellungnahme Rechtsausschuss, S. 8; *Verse*, NZG 2013, 921 (926).
273 Darauf ebenfalls hinweisend *Verse*, NZG 2013, 921 (926).
274 Vgl. *Verse*, NZG 2013, 921 (926).
275 S. hierzu die allgemeinen Ausführungen zu legal transplants, oben Einleitung A.

der Unverbindlichkeit des Votums und vertraut weiterhin auf seine faktische Wirkung. Damit kommt sie jenen Stimmen entgegen, die in einem verbindlichen Votum eine Gefahr für die Vergütungskompetenz des Aufsichtsrats und allgemein für die Kompetenzordnung der Aktiengesellschaft begründet sehen. Zugleich appelliert die *two strikes rule* an die Verantwortung des Aufsichtsrats und unterstreicht letztlich nur, was bisher ohnehin schon gilt: Aufsichtsräten, die Vorstandsvergütungen zum Missfallen der Aktionäre festlegen, droht die Abberufung. Der Zusammenhang wird durch die *two strikes rule* deutlich herausgestellt und sozusagen institutionalisiert – mit den in Australien zu beobachtenden positiven Auswirkungen. Zwar kann es auch heute schon nach § 122 Abs. 2 AktG auf Verlangen einer Minderheit zu einer Abstimmung über die Abberufung von Aufsichtsratsmitgliedern kommen. Allerdings fehlt es hier an dem der *two strikes rule* eigenen Automatismus und dem eindeutigen Bezug zur Vorstandsvergütung.

Die konkrete Ausgestaltung der *two strikes rule* müsste sich nicht sklavisch an dem australischen Vorbild orientieren. Jedenfalls wäre es aber denkbar, an dem Quorum von 25 % für einen *strike* festzuhalten. Die Abhaltung einer weiteren Abstimmung nach Vorbild der *spill resolution* nach dem zweiten *strike* ist sinnvoll, um das Vergütungsvotum selbst möglichst frei und unabhängig zustande kommen zu lassen. Für die *spill resolution* wie in Australien eine einfache Mehrheit genügen zu lassen, würde bedeuten, von dem qualifizierten Mehrheitserfordernis des § 103 Abs. 1 S. 2 AktG für eine Abberufung von Aufsichtsratsmitgliedern abzuweichen. Soweit man dies als systematischen Bruch qualifizieren möchte, ließe sich dieser mit den zwei vorangegangenen *strikes* rechtfertigen, die in Anlehnung an § 103 Abs. 3 S. 1 AktG als „wichtiger Grund" eine erleichterte Abberufung bedingen. Allerdings sollte für den Abberufungsbeschluss – in Abweichung zur australischen Rechtslage, aber um in deutscher Hinsicht systemkonform zu bleiben – kein Stimmrechtsausschluss für anteilsbeteiligte Aufsichtsratsmitglieder bestehen[276]. Gegenüber der australischen Rechtslage hätte das den Vorteil, dass sich gegebenenfalls eine außerordentliche Hauptversammlung in Form des *spill meetings* erübrigt. Denn es bestünden keine differierenden Regeln zum Stimmrecht in der *spill resolution* und bei den im Rahmen des *spill meetings* zu fassenden Beschlüssen. Es kann nicht zu der „verqueren" Situation kommen, dass eine Aktionärsmehrheit im Wege der *spill resolution* den Austausch der (von den Anteilseignern entsandten) Aufsichtsratsmitglieder fordert,

---

276 Vgl. zur herrschenden Meinung in Deutschland, wonach im Rahmen des Abberufungsbeschlusses nach § 103 Abs. 1 AktG das Stimmrecht des betroffenen Aufsichtsratsmitglieds nicht ausgeschlossen ist *Habersack*, in: MünchKomm. AktG, § 103 Rn. 13; *Hüffer*, AktG, § 103 Rn. 4; *Spindler*, in: Spindler/Stilz, AktG, § 103 Rn. 10; *Mertens/Cahn*, in: Kölner Komm. AktG, § 103 Rn. 10; *Drygala*, in: K. Schmidt/Lutter, AktG, § 103 Rn. 4; *Zimmermann*, FS Rowedder, S. 593 (604); einen Stimmrechtsausschluss bei Vorliegen eines „wichtigen Grundes" in der Person des Abzurufenden annehmend *Heller*, NZG 2009, 1170 (1171).

eine „andere" Mehrheit aber die ursprünglichen Aufsichtsratsmitglieder im *spill meeting* direkt wieder in ihre Ämter wählt[277].

Die *two strikes rule* bzw. die mit ihr einhergehende erleichterte Abberufung durch die Hauptversammlung würde im deutschen Kontext freilich nur von den Anteilseignern gewählte Aufsichtsratsmitglieder betreffen. Damit muss sich die Regel den Vorwurf gefallen lassen, mit der paritätischen Besetzung deutscher Aufsichtsräte nicht gänzlich vereinbar zu sein. Denn die Vergütungsentscheidungen werden schließlich nicht alleinverantwortlich von den Anteilseignervertretern im Aufsichtsrat, sondern auch von den übrigen Aufsichtsratsmitgliedern getragen. Zur Rechenschaft gezogen würden aber nur die Vertreter der Anteilseigner. Bedenken dieser Art lassen sich nicht restlos ausräumen. Jedoch muss den Aktionären zugetraut werden, den begrenzten Einfluss ihrer Vertreter im Aufsichtsrat zu erkennen und zu respektieren. Die Entscheidung für oder gegen ein (teilweises) *board spill* müssten die Aktionäre davon abhängig machen, wie erfolgreich die anteilseignerentsandten Mitglieder ihren Einfluss im Plenum geltend gemacht haben. Eben hieran müssten sich Letztere messen lassen.

Im Ergebnis empfiehlt es sich, die *two strikes rule* ins deutsche Recht zu übernehmen. Lediglich der Stimmrechtsausschluss für anteilsbeteiligte Aufsichtsratsmitglieder im Rahmen des Abberufungsbeschlusses sollte nicht vorgesehen werden.

G. Rechtsfolgen rechtswidriger Vergütungsgewährungen

Die Einhaltung der in beiden Rechtsordnungen bestehenden Vorgaben für die Geschäftsleitervergütung wird sicherlich durch den aufgrund der weitgehenden Offenlegungspflichten bestehenden Druck der Öffentlichkeit gefördert. Gleichfalls positiv in diesem Sinne dürften sich die Einflussnahmemöglichkeiten der Aktionäre, allen voran das Vergütungsvotum der Hauptversammlung, auswirken. Dennoch vertrauen die Rechtsordnungen nicht ausschließlich auf faktischen Druck. Die Rechtsfolgen, die sie an eine rechtswidrige Gewährung von Geschäftsleitervergütungen knüpfen, sind im Folgenden zu untersuchen.

I. Deutschland

1. Auswirkungen auf den Vergütungsanspruch

Erweist sich die Vereinbarung von Vorstandsvergütungen als rechtswidrig, stellt sich zunächst die Frage nach dem Schicksal der Vergütungsvereinbarung. Grundsätzlich bleibt sie wirksam und der Vergütungsanspruch besteht fort. Ausnahmen kommen nach §§ 134, 138 BGB und bei einem Missbrauch der Vertretungsmacht in Betracht.

---

277 Vgl. zur Praxisrelevanz dieser Situation oben 2. Kapitel F II 1 a dd (2).

a) Nichtigkeit nach § 134 BGB

Eine Vergütungsvereinbarung kann gemäß § 134 BGB wegen Verstoßes gegen ein gesetzliches Verbot nichtig sein. Als Verbotsnorm kommt zunächst § 87 Abs. 1 AktG in Betracht. Dagegen spricht jedoch die Ausgestaltung des § 87 Abs. 1 AktG („... hat ... dafür zu sorgen ...") als flexible Schranke und Konkretisierung des Aufsichtsratsermessens[1]. Anders verhält es sich mit § 84 Abs. 1 AktG. Beeinträchtigt die Vergütungsvereinbarung die Entschließungsfreiheit des Aufsichtsrats, beispielsweise indem hohe Abfindungen, Pensionszahlungen oder Übergangsgelder wirtschaftlich zu einer Wiederbestellung des (alten) Vorstandsmitglieds zwingen, so hat dies die Nichtigkeit der Vereinbarung nach § 134 BGB i. V. m. § 84 Abs. 1 AktG zur Folge[2]. Ebenfalls nichtig sind Vereinbarungen, mittels derer der Aufsichtsrat die Vergütung an besonders umfängliche und ins Detail gehende Zielvorgaben knüpft und damit die Geschäftsführungskompetenz des Vorstands aus § 76 Abs. 1 AktG missachtet, § 134 BGB i. V. m. § 111 Abs. 4 S. 1 AktG[3]. Ist durch eine Vergütungsvereinbarung aufseiten des Aufsichtsrats der Straftatbestand der Untreue (§ 266 StGB) erfüllt, so folgt daraus nicht zwingend die Nichtigkeit nach § 134 BGB. Zusätzliche Voraussetzung ist, dass das Rechtsgeschäft insgesamt auf Untreue gerichtet ist und auch dem Vorstand zumindest Anstiftung oder Beihilfe vorgeworfen werden kann[4].

b) Nichtigkeit nach § 138 BGB

Nach § 138 Abs. 1 BGB ist ein Rechtsgeschäft, das gegen die guten Sitten verstößt, nichtig. Von Sittenwidrigkeit ist bei Verstoß gegen das Anstandsgefühl aller billig und gerecht Denkenden auszugehen[5]. Auf den ersten Blick mag man dieser Definition aufgrund des regelmäßig zu vernehmenden Aufschreis der Öffentlichkeit über zu hohe Managergehälter einen breiten Anwendungsbereich im Bereich Vorstandsvergütungen unterstellen. Jedoch erweisen sich überhöhte Vorstandsvergütungen nach herrschender Meinung nur unter außergewöhnlichen Umständen als sittenwidrig[6].

---

1 *Hüffer*, AktG, § 87 Rn. 8; *Kort*, DStR 2007, 1127 f.; *Seibt*, in: K. Schmidt/Lutter, AktG, § 87 Rn. 17; *Spindler*, in: MünchKomm. AktG, § 87 Rn. 80; a.A. *Säcker/Stenzel*, JZ 2006, 1151 (1152 ff.).

2 BGHZ 8, 348 (360) BGH NJW 2000, 2983 (2984); BGH NJW-RR 2008, 1488 (1490); *Bauer/Baeck/v. Medem*, NZG 2010, 721 (726); *Schwark*, FS Raiser, S. 377 (381 f., 394); *Hüffer*, AktG, § 84 Rn. 5.

3 *Fonk*, NZG 2011, 321 (326); *Stenzel*, Vorstandsvergütung, S. 275.

4 Vgl. BGH NJW 1996, 1812 (1813); *Langenbucher*, FS Huber, S. 861 (866); *Stenzel*, Vorstandsvergütung, S. 275.

5 BGHZ 10, 228 (232); 69, 295 (297).

6 *Kort*, DStR 2007, 1127 (1129); *Spindler*, DStR 2004, 36 (42); *Hoffmann-Becking*, NZG 1999, 797 (798); a.A. *Martens*, ZHR 169 (2005), 124 (135).

Ein Verstoß gegen § 87 Abs. 1 AktG, der einen der Sittenwidrigkeit vorgeschalteten Maßstab etabliert[7], reicht jedenfalls nicht aus[8].

Der Wuchertatbestand des § 138 Abs. 2 BGB wird in aller Regel selbst bei Bejahung eines auffälligen Missverhältnisses zwischen Leistung und Gegenleistung nicht erfüllt sein. Denn in subjektiver Hinsicht ist nur schwer vorstellbar, dass ein Vorstandsmitglied überhöhte Bezüge durch die Ausbeutung der Zwangslage, der Unerfahrenheit, des Mangels an Urteilsvermögen oder der erheblichen Willensschwäche aufseiten des Aufsichtsrats erlangt[9].

c) Unwirksamkeit wegen Fehlens oder Missbrauchs der Vertretungsmacht

Entgegen der Auffassung einer Minderheit ist die Vertretungsmacht des Aufsichtsrats nach § 112 AktG nicht auf den Abschluss von im Unternehmensinteresse liegenden und die Grenzen des § 87 AktG wahrenden Verträgen mit den Vorstandsmitgliedern beschränkt[10]. Vielmehr kann der Aufsichtsrat die Gesellschaft grundsätzlich unbeschränkt und nicht beschränkbar gegenüber den Vorstandsmitgliedern vertreten[11]. Eine Überschreitung der im Innenverhältnis bestehenden Bindungen (vgl. § 87 Abs. 1 AktG) schlägt nur bei einem Missbrauch der Vertretungsmacht auf das Außenverhältnis durch. Hierfür muss der Aufsichtsrat nicht bewusst zum Nachteil der Gesellschaft handeln, eine objektive Überschreitung der internen Bindungen genügt[12]. Aufseiten des Vertragspartners, d. h. des Vorstandsmitglieds, muss die Überschreitung bekannt oder objektiv evident sein[13]. Bisweilen wird in der Literatur vertreten, dass auch einfache Fahrlässigkeit aufseiten des Vorstandsmitglieds ausreiche[14].

Die Rechtsfolge eines Missbrauchs der Vertretungsmacht ist laut der Rechtsprechung des BGH eine von Amts wegen zu beachtende Einwendung nach § 242 BGB gegen die Rechtswirkungen des Vertrags[15], was im Ergebnis die Unwirksamkeit des Vertrages bedeutet[16]. Die überwiegende Literatur präferiert eine analoge Anwendung der §§ 177 ff. BGB, was den Vorteil einer Genehmigungsmöglichkeit des Vertretenen hat. Jedoch wird hiergegen überzeugend eingewandt, dass in der

---

7 *Spindler*, in: MünchKomm. AktG, § 87 Rn. 80.

8 *Spindler*, DStR 2004, 36 (42).

9 *Kort*, DStR 2007, 1129 (1129); *Stenzel*, Vorstandsvergütung, S. 276 f.

10 So aber *Säcker/Stenzel*, JZ 2006, 1151 (1154).

11 *Hopt/Roth*, in: Großkomm. AktG, § 112 Rn. 10; *Kort*, DStR 2007, 1127 (1129).

12 Vgl. statt vieler *Schramm*, in: MünchKomm. BGB, § 164 Rn. 113; *Steinbeck*, WM 1999, 885 (891 f.); a.A. *Mertens/Cahn*, in: Kölner Komm. AktG, § 87 Rn. 5; *Cahn*, Kapitalerhaltung, S. 138 ff.

13 Vgl. BGHZ 49, 1 (5); 50, 112 (114); 113, 315; 127, 239 (241); OLG Stuttgart NZG 1999, 1009 (1010); *Kort*, DStR 2007, 1127 (1130).

14 Vgl. *Langenbucher*, FS Huber, S. 861 (864); *Spindler*, in: MünchKomm. AktG, § 87 Rn. 80; *Martens*, ZHR 169 (2005), 124 (135 f.).

15 Siehe nur BGHZ 50, 112 (114 f.).

16 *Langenbucher*, FS Huber, S. 861 (865).

vorliegenden Konstellation keines der Organe der Gesellschaft für die Vornahme der Genehmigung infrage kommt[17].

d) Rechtsfolgen einer unwirksamen Vergütungsvereinbarung

Erweist sich eine Vergütungsvereinbarung aus den dargelegten Gründen als nichtig oder unwirksam, so hat das Vorstandsmitglied jedenfalls keinen Anspruch auf den die Grenzen des Angemessenen übersteigenden Teil der Vergütung[18]. Einen Vergütungsanspruch aus der Vereinbarung in vollem Umfang zu verneinen, entspräche den Grundsätzen über die Teilnichtigkeit von Rechtsgeschäften nach § 139 BGB. Jedoch plädieren die Rechtsprechung und Teile der Literatur für eine Aufrechterhaltung der Vergütungsvereinbarung in zulässigem Umfang, sodass der Vergütungsanspruch insoweit bestehen bleibt[19]. Eine solche geltungserhaltende Reduktion ist im Aktienrecht nicht etwa wie im AGB-Recht verboten[20]. Im Übrigen träfen die Sanktionen eines derartigen Verbots vorliegend nicht den Aufsichtsrat als „Klauselverwender", sondern den Vorstand[21].

Wurden einem Vorstandsmitglied schon Bezüge auf Grundlage einer (teil-) unwirksamen Vergütungsvereinbarung gewährt, so kann die Gesellschaft die das zulässige Maß übersteigenden Bezüge nach § 812 Abs. 1 S. 1 Alt. 1 BGB zurückfordern[22]. Die Kondiktionssperren der §§ 814 Alt. 1 und 817 S. 2 BGB stehen dem nicht entgegen, weil sie vorliegend teleologisch zu reduzieren sind[23]. Auf die Ratio des § 814 Alt. 1 AktG, widersprüchliches Verhalten zu verbieten, kann sich das Vorstandsmitglied gegenüber der Gesellschaft nicht berufen, wenn die Leistung auf einem pflichtwidrigen Verhalten des Aufsichtsrats beruht[24]. Gleichermaßen sinnwidrig und wertungswidersprüchlich wäre es, der Gesellschaft unter Verweis auf die ihr gegenüber begangene Pflichtwidrigkeit die Rückforderung gemäß § 817 S. 2 BGB zu versagen[25].

Auch die Grundsätze des fehlerhaften Anstellungsvertrags stehen einer bereicherungsrechtlichen Rückforderung nicht entgegen. Denn das Vertrauen des Vorstandsmitglieds auf den Bezug überhöhter Vergütungen ist für die vorliegenden Fälle,

---

17 *Langenbucher*, FS Huber, S. 861 (865); *Spindler*, AG 2011, 725 (730).

18 *Spindler*, AG 2011, 725 (731).

19 Vgl. BGHZ 8, 348 (366 ff.); *Fleischer*, in: Spindler/Stilz, AktG, § 84 Rn. 86; *Thüsing*, in: Fleischer, Hdb. VorstandsR., § 4 Rn. 137; *Spindler*, AG 2011, 725 (732).

20 *Spindler*, AG 2011, 725 (732).

21 *Spindler*, AG 2011, 725 (732).

22 *Langenbucher*, FS Huber, S. 861 (867 ff.); *Kort*, DStR 2007, 1127 (1131 f.); *Spindler*, AG 2011, 725 (732 f.); *Schwark*, FS Raiser, S. 377 (394); *Stenzel*, Vorstandsvergütung, S. 279.

23 *Langenbucher*, FS Huber, S. 861 (868 f.); *Kort*, DStR 2007, 1127 (1131); *Spindler*, AG 2011, 725 (732 f.).

24 *Langenbucher*, FS Huber, S. 861 (868 f.).

25 *Langenbucher*, FS Huber, S. 861 (868).

in denen als Rechtsfolge die (Teil-)Unwirksamkeit der Vergütungsvereinbarung eintritt, nicht schutzwürdig[26].

2. *Haftung von Aufsichtsrat und Vorstand*

a) Haftung der Aufsichtsratsmitglieder

Einhergehend mit der Personal- und Vergütungskompetenz des Aufsichtsrats ist die Haftung seiner Mitglieder für die Festsetzung rechtswidriger Vergütungen. Als Anspruchsgrundlage dient § 116 S. 1 i. V. m. § 93 Abs. 2 S. 1 AktG, wonach die Aufsichtsratsmitglieder bei einer Verletzung ihrer Pflichten der Gesellschaft gesamtschuldnerisch zum Ersatz verpflichtet sind. Zusätzlich und rein deklaratorisch ordnet § 116 S. 3 AktG die Ersatzpflicht bei Festsetzung einer unangemessenen Vergütung an. Die im Zuge des VorstAG aufgenommene Vorschrift soll unterstreichen, „dass die angemessene Vergütungsfestsetzung zu den wichtigsten Aufgaben des Aufsichtsrats gehört und dass er für Pflichtverstöße persönlich haftet"[27]. Soweit einem Aufsichtsratsmitglied eine Untreue im Sinne des § 266 Abs. 1 StGB vorzuwerfen ist, kommt zudem ein Schadensersatzanspruch aus § 823 Abs. 2 BGB in Betracht.

Für die Haftung nach § 116 S. 1 i. V. m. § 93 Abs. 2 S. 1 AktG bedarf es einer Pflichtverletzung des Aufsichtsratsmitglieds, eines Schadens der Gesellschaft, der Ursächlichkeit zwischen Pflichtverletzung und Schaden und eines Verschuldens. Zudem bestehen Besonderheiten hinsichtlich der Darlegungs- und Beweislast.

Die Pflichtverletzung liegt im vorliegenden Kontext in einem Verstoß gegen die Vorgaben des § 87 Abs. 1 und 2 AktG. Abweichungen von den Anregungen oder Empfehlungen des DCGK stellen keine Pflichtverletzungen i. S. v. § 116 S. 1 i. V. m. § 93 Abs. 2 S. 1 AktG dar, weil der Kodex kein zwingendes Recht etabliert[28]. Im Übrigen fehlt es aus diesem Grund an der Schutzgesetzeigenschaft des DCGK i. S. d. § 823 Abs. 2 BGB[29]. Eine Missachtung der Vorgaben des DCGK begründet nach überzeugender Ansicht auch keine Vermutung für eine Sorgfaltspflichtverletzung[30]. Ebenso wenig indiziert die Einhaltung sämtlicher Corporate Governance Standards, dass allen gesetzlichen Pflichten genügt wurde[31]. Für die Annahme einer Pflichtverletzung ist äußerst bedeutsam, ob im Rahmen der Vergütungsfestsetzung

---

26 *Langenbucher*, FS Huber, S. 861 (870); *Spindler*, AG 2011, 725 (731).

27 BegrFrakE VorstAG, BT-Drucks. 16/12278, S. 6.

28 *Stenzel*, Vorstandsvergütung, S. 282; *Spindler*, in: Spindler/Stilz, AktG, § 116 Rn. 20.

29 Allgemeine Meinung, vgl. statt aller *Sester*, in: Spindler/Stilz, AktG, § 161 Rn. 70.

30 *Bachmann*, WM 2002, 2137 (2138 f.); *Berg/Stöcker*, WM 2002, 1569 (1575 ff.); *Ettinger/Grützediek*, AG 2003, 353 (355); *Theusinger/Liese*, DB 2008, 1419 (1420); a.A. *Kort*, FS K. Schmidt, S. 945 (959); wohl auch *Ulmer*, ZHR 166 (2002), 150 (166 f.).

31 *Spindler*, in: MünchKomm. AktG, § 93 Rn. 31; *ders.*, in: Spindler/Stilz, AktG, § 116 Rn. 20; *Ettinger/Grützediek*, AG 2003, 353 (355); *Ringleb*, in: Ringleb/Kremer/Lutter/v. Werder, DCGK, Rn. 71; *Hüffer*, AktG, § 161 Rn. 26; a.A. *Kort*, FS K. Schmidt, S. 945 (959); *Schüppen*, ZIP 2002, 1269 (1271).

die in § 93 Abs. 1 S. 2 AktG statuierte Business Judgement Rule zugunsten der Aufsichtsratsmitglieder zum Tragen kommt. Danach liegt eine Pflichtverletzung nicht vor, „wenn das Vorstandsmitglied bei einer unternehmerischen Entscheidung vernünftigerweise annehmen durfte, auf der Grundlage angemessener Information zum Wohle der Gesellschaft zu handeln". Wendet man diese Regel (über den Verweis in § 116 S. 1 AktG) an, so hat dies zur Folge, dass man dem Aufsichtsrat einen gewissen Spielraum bei der Festsetzung der Bezüge zugesteht[32]. Voraussetzung für die Anwendung der Business Judgment Rule ist jedoch, dass sich die Vergütungsfestsetzung als eine „unternehmerische Entscheidung" qualifizieren lässt. Zum Teil wird dies unter Verweis auf die von § 87 Abs. 1 und 2 AktG ausgehenden rechtlichen Bindungen verneint[33]. Diese Auffassung verkennt jedoch, wenngleich auch sie einen gewissen Beurteilungsspielraum bei der Vergütungsfestsetzung anerkennt[34], dass Vergütungsentscheidungen regelmäßig Unsicherheiten über zukünftige Entwicklungen in sich bergen und auf Prognosen basieren[35]. Die herrschende Meinung gewährt denn auch dem Aufsichtsrat einen Beurteilungsspielraum unter Heranziehung der Business Judgment Rule[36]. Dies hat zur Folge, dass lediglich eindeutig unangemessene Vergütungen justiziabel sind[37]. Das Zugeständnis einer geringeren Kontrolldichte geht freilich mit erhöhten Anforderungen an den vom Aufsichtsrat zu leistenden Begründungsaufwand für seine Entscheidung einher. Er muss zunächst hinreichend Informationen zusammenstellen, auf die er seine Entscheidung stützen kann[38]. In Betracht kommen hier insbesondere vergleichende Vergütungsstudien[39]. Sodann hat der Aufsichtsrat die für seine Entscheidung maßgeblichen Erwägungen und Gründe darzulegen[40]. Ein alleiniger Verweis auf die Marktüblichkeit der Vergütung dürfte hier nicht ausreichend sein[41]. Die Einschaltung eines Vergütungsberaters mag von Vorteil sein, jedoch ist sie nicht

---

32 *Spindler*, AG 2011, 725 (726).

33 *Habersack*, in: MünchKomm. AktG, § 116 Rn. 41; *Hopt/Roth*, in: Großkomm. AktG, § 93 Abs. 1 S. 2, 4 nF Rn. 56.

34 *Habersack*, in: MünchKomm. AktG, § 116 Rn. 41.

35 *Spindler*, AG 2011, 725 (726).

36 BGHSt 50, 331 (336) – Mannesmann; *Fleischer*, in: Spindler/Stilz, AktG, § 87 Rn. 39; *Mertens/Cahn*, in: Kölner Komm. AktG, § 87 Rn. 4; *Fleischer*, DB 2006, 542 (543); *Fleischer*, BB 2010, 67 (70); *Gaul/Janz*, NZA 2009, 809 (814); *Hohenstatt*, ZIP 2009, 1349 (1354); *Hoffmann-Becking*, NZG 2006, 127 (128); *Hoffmann-Becking*, ZHR 169 (2005), 155 (157 f.); *Kort*, NJW 2005, 333 (334); *Thümmel*, AG 2004, 83 (88); *Spindler*, AG 2011, 725 (726).

37 *Mertens/Cahn*, in: Kölner Komm. AktG, § 87 Rn. 4, 7; *Seibt*, in: K. Schmidt/Lutter, AktG, § 87 Rn. 16; *Hüffer*, AktG, § 87 Rn. 3.

38 *Fleischer*, DStR 2005, 1318 (1319); *Fleischer*, in: Spindler/Stilz, AktG, § 87 Rn. 39.

39 *Fleischer*, in: Spindler/Stilz, AktG, § 87 Rn. 39.

40 *Fleischer*, DStR 2005, 1318 (1319); *Fleischer*, in: Spindler/Stilz, AktG, § 87 Rn. 39; eine entsprechende Dokumentation empfehlen *Lücke*, in: Beck MandatsHdb. Vorstand, § 2 Rn. 127 und *Annuß/Theusinger*, BB 2009, 2434 (2440).

41 *Fleischer*, in: Spindler/Stilz, AktG, § 87 Rn. 39; *Thüsing*, ZGR 2003, 457 (487).

zwingend erforderlich, um den Sorgfaltspflichten bei der Vergütungsfestsetzung zu genügen[42].

Ein Vergütungsvotum der Hauptversammlung nach § 120 Abs. 4 S. 1 AktG hat auf die Frage des Vorliegens einer Sorgfaltspflichtverletzung aufseiten des Aufsichtsrats keinerlei Auswirkungen. Eine Billigung des Vergütungssystems bleibt nach § 120 Abs. 4 S. 2 Hs. 2 AktG unbeachtlich[43] und auch darüber hinausgehend lassen sich dem Vergütungsvotum aufgrund seines deklaratorischen Charakters keine Anhaltspunkte für oder gegen die Einhaltung des gebotenen Sorgfaltsmaßstabs entnehmen[44]. Zudem bezieht sich das Vergütungsvotum nur auf das Vergütungssystem und nicht unmittelbar auf die Vergütungshöhe[45]. Sollte der Aufsichtsrat einen weitergehenden Beschluss der Hauptversammlung einholen, kann ihn auch dies nicht entsprechend § 93 Abs. 4 S. 1 AktG entlasten. Bereits an anderer Stelle wurde darauf hingewiesen, dass ein derartiger Beschluss als vom Aufsichtsrat pflichtwidrig selbst herbeigeführt zu qualifizieren wäre, was nach herrschender Meinung[46] einem Haftungsausschluss entgegen steht[47].

Hinsichtlich des Vorliegens eines Schadens gelangen die allgemeinen Prinzipien des Schadensrechts zur Anwendung[48], wonach der Schaden gemäß § 249 Abs. 1 BGB in der Differenz zwischen angemessener und tatsächlicher Vergütung liegt[49]. Die konkrete Schadensbemessung gestaltet sich jedoch äußerst schwierig. Denn ist die Vergütung ihrer Höhe nach unzulässig, muss der Richter nach § 287 Abs. 1 S. 1 ZPO schätzen und entscheiden, bis zu welcher Grenze noch von einer angemessenen Vergütung auszugehen ist[50]. Wurden durch die Vergütung falsche Anreize gesetzt, kommen als Schaden solche Einbußen der Gesellschaft in Betracht, die Folge des incentivierten Verhaltens des Vorstandsmitglieds sind[51]. Dabei stellen sich jedoch erhebliche Probleme im Rahmen der Kausalität[52].

Die Pflichtwidrigkeit muss für den eingetretenen Schaden nach den allgemeinen schadensrechtlichen Grundsätzen kausal sein[53]. Bei einer unzulässig hohen

---

42 S. oben 2. Kapitel A I 2 e letzter Absatz.

43 *Fleischer/Bedkowski*, AG 2009, 677 (684); *Stenzel*, Vorstandsvergütung, S. 286 f.; *Döll*, WM 2010, 103 (110).

44 *Cannivé/Seebach*, Der Konzern 2009, 593 (596); *Stenzel*, Vorstandsvergütung, S. 287.

45 *Cahn*, FS Hopt, S. 431 (448).

46 *Hüffer*, AktG, § 93 Rn. 26; *Hopt*, in: Großkomm. AktG, § 93 Rn. 325; *Mertens/Cahn*, in: Kölner Komm. AktG, § 93 Rn. 154; *Hefermehl*, FS Schilling, S. 159 (172); *Canaris*, ZGR 1978, 207 (213).

47 S. oben 2. Kapitel F III 2 d einschließlich der dortigen Nachweise.

48 *Spindler*, AG 2011, 725 (727); *Hopt*, in: Großkomm. AktG, § 93 Rn. 264.

49 BegrFrakE VorstAG, BT-Drucks. 16/12278, S. 6; *Spindler*, AG 2011, 725 (727).

50 *Cahn*, FS Hopt, S. 431 (450); *Spindler*, AG 2011, 725 (727).

51 *Cahn*, FS Hopt, S. 431 (450).

52 Vgl. *Cahn*, FS Hopt, S. 431 (450).

53 *Hopt*, in: Großkomm. AktG, § 93 Rn. 266; *Mertens/Cahn*, in: Kölner Komm. AktG, § 93 Rn. 55; *Drygala*, in: K. Schmidt/Lutter, AktG, § 93 Rn. 41; *Spindler*, in: Spindler/Stilz, AktG, § 116 Rn. 110.

Vergütung ist die Ursächlichkeit ihrer Festsetzung durch den Aufsichtsrat unschwer zu bejahen. Liegt jedoch die durch den Aufsichtsrat begangene Pflichtwidrigkeit in der Schaffung falscher Anreize für den Vorstand, so müssen diese Anreize ursächlich für ein bestimmtes Vorstandsverhalten geworden sein, welches selbst wiederum ursächlich für die eingetretene Vermögenseinbuße sein muss[54]. Dass Vorstandsverhalten und Vermögenseinbuße zumindest auch auf anderen Gründen beruhen, wird man selten ausschließen können[55]. Im Übrigen entfällt die Haftung eines Aufsichtsratsmitglieds nicht etwa allein dadurch, dass es selbst den die Vergütung festlegenden Beschluss nicht mitgetragen hat[56]. Dafür muss das Aufsichtsratsmitglied vielmehr zusätzlich geeignete Maßnahmen ergreifen, um die Beschlussfassung und -ausführung zu verhindern[57].

Die Haftung nach § 116 S. 1 i. V. m. § 93 Abs. 2 AktG setzt voraus, dass das Aufsichtsratsmitglied seine Pflichten schuldhaft, d. h. vorsätzlich oder fahrlässig verletzt hat[58]. Diesem Erfordernis kommt keine große Bedeutung zu, da der Verschuldensmaßstab typisiert ist und deshalb mit der objektiven zumeist auch die subjektive Pflichtwidrigkeit einhergeht[59]. Jedes Aufsichtsratsmitglied haftet nur für eigenes Verschulden, die Tatbeiträge anderer Aufsichtsratsmitglieder werden ihm nicht zugerechnet[60]. Haben mehrere Aufsichtsratsmitglieder schuldhaft ihre Pflichten verletzt, so haften sie der Gesellschaft als Gesamtschuldner nach §§ 421 ff. BGB[61].

Da den Kläger nach allgemeinen Grundsätzen die Darlegungs- und Beweislast hinsichtlich der für ihn günstigen Tatsachen trifft, muss die Gesellschaft das schädigende Verhalten des Aufsichtsratsmitglieds, den Schaden und den Ursachenzusammenhang zwischen Pflichtverletzung und Schaden darlegen und beweisen[62]. Für das Verschulden wie auch für die Rechtswidrigkeit gilt nach § 116 S. 1 i. V. m. § 93 Abs. 2 S. 2 AktG eine Beweislastumkehr[63].

---

54 *Cahn*, FS Hopt, S. 431 (450).

55 *Cahn*, FS Hopt, S. 431 (450).

56 *Stenzel*, Vorstandsvergütung, S. 289.

57 *Habersack*, in: MünchKomm. AktG, § 116 Rn. 69.

58 *Spindler*, in: Spindler/Stilz, AktG, § 116 Rn. 111; *Hopt*, in: Großkomm. AktG, § 93 Rn. 252; *Mertens/Cahn*, in: Kölner Komm. AktG, § 93 Rn. 136; *Breuer/Fraune*, in: Heidel, Aktienrecht, § 116 Rn. 15.

59 *Habersack*, in: MünchKomm. AktG, § 116 Rn. 70; *Spindler*, in: Spindler/Stilz, AktG, § 116 Rn. 111; *Hopt*, in: Großkomm. AktG, § 93 Rn. 255.

60 Unstreitig, vgl. *Spindler*, in: Spindler/Stilz, AktG, § 116 Rn. 113; *Habersack*, in: MünchKomm. AktG, § 116 Rn. 70.

61 *Spindler*, in: Spindler/Stilz, AktG, § 116 Rn. 113; *Habersack*, in: MünchKomm. AktG, § 116 Rn. 73.

62 Ausführlich dazu *Goette*, ZGR 1995, 648 (671 ff.); *Krieger/Sailer*, in: K. Schmidt/Lutter, AktG, § 93 Rn. 31; *Fleck*, GmbHR 1997, 237 (239); *Spindler*, in: Spindler/Stilz, AktG, § 116 Rn. 116.

63 Herrschende Meinung, vgl. *Hüffer*, AktG, § 93 Rn. 16; *Hopt*, in Großkomm. AktG, § 93 Rn. 285; *Mertens/Cahn*, in: Kölner Komm. AktG, § 93 Rn. 140; *Spindler*, in:

b) *Haftung der Vorstandsmitglieder*

An anderer Stelle wurde bereits erkannt, dass die Vorstandsmitglieder allenfalls in begrenztem Maße für die ihnen gewährte Vergütung verantwortlich zeichnen[64]. Eine Verletzung der gegenüber der Gesellschaft bestehenden Treupflicht kommt nur in Ausnahmefällen in Betracht, namentlich wenn sich die Unzulässigkeit der Vergütungsgewährung aufgrund besonderer Kenntnisse erschließt oder die Unzulässigkeit offensichtlich ist, bei einer unzulässigen Einwirkung auf den Aufsichtsrat oder bei einer Beteiligung an einer Untreuehandlung des Aufsichtsrats. In einem solchen Fall haften die Vorstandsmitglieder gegenüber der Gesellschaft nach § 93 Abs. 2 S. 1 AktG oder bei vorvertraglicher Pflichtverletzung nach §§ 280 Abs. 1, 241 Abs. 1, 311 Abs. 2 BGB (c.i.c.) auf Schadensersatz[65]. Im Fall der Anstiftung oder Beihilfe zu einer Untreue des Aufsichtsrats besteht zudem ein Schadensersatzanspruch nach § 823 Abs. 2 BGB i. V. m. § 266 Abs. 1 StGB.

3. *Geltendmachung von Rückforderungs- und Schadensersatzansprüchen*

Die Geltendmachung der beschriebenen Ansprüche der Gesellschaft obliegt, soweit sich die Ansprüche gegen Aufsichtsratsmitglieder richten, dem Vorstand (§ 78 Abs. 1 S. 1 AktG), soweit ein Vorstandsmitglied Anspruchsgegner ist, dem Aufsichtsrat (§ 112 AktG). In der Praxis wird es jedoch kaum einmal dazu kommen. Denn es ist nicht zu erwarten, dass der Vorstand seine eigene Vergütung infrage stellt[66]. Ebenso unwahrscheinlich ist es, dass der Aufsichtsrat die zuvor durch ihn selbst festgesetzte Vergütung plötzlich für unzulässig hält und die Vorstandsmitglieder in Anspruch nimmt[67]. Allenfalls bei Personalwechseln ist eine Geltendmachung der Ansprüche durch die neuen, unbelasteten Organmitglieder vorstellbar[68].

Vor diesem Hintergrund spielen neben den Gläubigern, die unter den Voraussetzungen des § 93 Abs. 5 S. 1 und 2 AktG Ansprüche der Gesellschaft geltend machen können, die Aktionäre eine maßgebliche Rolle für die Anspruchsdurchsetzung. Zunächst kann die Hauptversammlung nach § 147 Abs. 1 S. 1 AktG mit einem Mehrheitsbeschluss (§ 133 Abs. 1 AktG) die Gesellschaft und in der Folge das jeweils vertretungsberechtigte Organ zur Anspruchsgeltendmachung verpflichten. Die Aufgabe kann auch einem besonderen Vertreter übertragen werden, § 147 Abs. 2 S. 1 und 2 AktG. Die Bestellung des besonderen Vertreters verlangt ebenfalls einen Beschluss der Hauptversammlung oder eine gerichtliche Entscheidung auf Antrag

---

MünchKomm. AktG, § 93 Rn. 163; *Wiesner*, in: MünchHdb. AG, § 26 Rn. 11; a.A. *Fleck*, GmbHR 1974, 224; *Frels*, AG 1960, 296 (297).

64 Vgl. oben 2. Kapitel D I 1.

65 Im Ergebnis ebenso: *Peltzer*, FS Lutter, S. 571 (578 f.); *Spindler*, in: MünchKomm. AktG, § 87 Rn. 79; *Fleischer*, in: Spindler/Stilz, AktG, § 87 Rn. 58.

66 *Stenzel*, Vorstandsvergütung, S. 292; *Cahn*, FS Hopt, S. 431 (451); *Cannivé/Seebach*, Der Konzern 2009, 593 (595); *Lutter*, ZIP 2003, 737 (741).

67 *Stenzel*, Vorstandsvergütung, S. 292.

68 *Cahn*, FS Hopt, S. 431 (451); *Stenzel*, Vorstandsvergütung, S. 292.

von Aktionären, deren Anteile zusammen 10 % des Grundkapitals oder den anteiligen Betrag von € 1 Mio. ausmachen.

Für Fälle, in denen weder die vertretungsberechtigten Gesellschaftsorgane die Ansprüche der Gesellschaft verfolgen noch eine Aktionärsmehrheit dies nach § 147 AktG erzwingt, hat der Gesetzgeber in § 148 AktG vorgesorgt. Im Klagezulassungsverfahren kann eine Minderheit von Aktionären, deren Anteile ein Prozent des Grundkapitals oder einen Nominalwert von € 100.000 erreichen, vor Gericht beantragen, die Ansprüche der Gesellschaft gegen ihre Organmitglieder im eigenen Namen geltend zu machen. Die Zulassung der Klage durch das Gericht ist an die Erfüllung der in § 148 Abs. 1 S. 2 Nr. 1 bis 4 AktG aufgeführten Voraussetzungen geknüpft. Besonders bedeutsam ist Nr. 3, wonach Tatsachen dargelegt werden müssen, „die den Verdacht rechtfertigen, dass der Gesellschaft durch Unredlichkeit oder grobe Verletzung des Gesetzes oder der Satzung ein Schaden entstanden ist". Bei börsennotierten Gesellschaften können die wesentlichen Informationen zur Vorstandsvergütung dem Anhang (§ 285 S. 1 Nr. 9 HGB) oder dem Lagebericht (§ 289 Abs. 2 Nr. 5 HGB) entnommen werden[69]. In anderen Fällen kann den Aktionären eine Sonderprüfung nach § 142 Abs. 2 AktG dienlich sein, die jedoch ebenfalls nur bei begründetem Verdacht einer Unredlichkeit oder einer groben Pflichtverletzung in Betracht kommt[70]. Lässt das Gericht die Klage zu, können die Aktionäre gemäß § 148 Abs. 4 AktG, nachdem sie die Gesellschaft nochmals fruchtlos zur Klageerhebung aufgefordert haben, selbst den Anspruch der Gesellschaft gegen die Organmitglieder einklagen.

Das Kostenrisiko für die Aktionäre ist bei einem Vorgehen nach § 148 AktG begrenzt[71]. Zwar müssen sie bei einer Abweisung des Zulassungsantrags die Kosten des Zulassungsverfahrens tragen, § 148 Abs. 6 S. 1 AktG. Hat der Antrag jedoch Erfolg, so trifft selbst bei Abweisung der späteren Klage die Gesellschaft die Kostentragungspflicht hinsichtlich Zulassungsverfahren und Klage, sofern die Klagezulassung nicht auf vorsätzlich oder grob fahrlässig unrichtigen Angaben beruht, § 148 Abs. 6 S. 5 AktG. Trotz derartiger Zugeständnisse an die Aktionäre fristet das Klagezulassungsverfahren in der Praxis ein Schattendasein[72].

4. *Anfechtbarkeit von Entlastungsbeschlüssen*

Soweit Aufsichtsratsmitglieder im Zusammenhang mit der Vergütungsgewährung einen Pflichtenverstoß begehen und die Hauptversammlung sie dessen ungeachtet entlastet, stellt sich die Frage, inwieweit der Entlastungsbeschluss nach § 243

---

69 *Cahn*, FS Hopt, S. 431 (451 f.).

70 *Cahn*, FS Hopt, S. 431 (451).

71 Vgl. *Cahn*, FS Hopt, S. 431 (452).

72 *Mock*, in: Spindler/Stilz, AktG, § 148 Rn. 29; *Cahn*, FS Hopt, S. 431 (452); *Lutter*, FS U.H. Schneider, S. 763 (765); *Peltzer*, FS U.H. Schneider, S. 953 ff.; *J. Vetter*, FS Hoffmann-Becking, S. 1317 (1319 f.);

Abs. 1 AktG anfechtbar ist. Die Rechtsprechung verlangt hierfür im Allgemeinen einen eindeutigen und schwerwiegenden Gesetzes- oder Satzungsverstoß der Verwaltungsmitglieder[73]. Ob überhaupt und ggf. wann ein solcher Verstoß im Kontext der Vergütungsfestsetzung vorliegen kann, ist bislang ungeklärt. Soweit jedoch eine strafbare Handlung begangen wurde, dürfte davon auszugehen sein[74]. Davon abgesehen ist stets zu bedenken, dass die Vorstandsvergütung oftmals nur einen vergleichsweise geringen Teil der Gesamtverbindlichkeiten des Unternehmens ausmacht und sich die Tragweite der Vergütungsentscheidungen deshalb in Grenzen hält.

5. *Abberufung von Aufsichtsratsmitgliedern*

Die Festsetzung überhöhter Vorstandsvergütungen kann unter Umständen auch zur Abberufung von Aufsichtsratsmitgliedern führen. Der Mehrheit der Hauptversammlung steht diese Möglichkeit nach § 103 Abs. 1 AktG ohnehin auch ohne einen besonderen Grund offen. Gemäß § 103 Abs. 3 AktG kann ein Aufsichtsratsmitglied zudem bei Vorliegen eines wichtigen Grundes in seiner Person auf Antrag des Aufsichtsrats oder auf Antrag von Aktionären, deren Anteile zusammen 10 % des Grundkapitals oder den anteiligen Betrag von € 1 Mio. erreichen, gerichtlich abberufen werden. Der Aktionärsantrag ist jedoch nur bei satzungsmäßig entsandten Aufsichtsratsmitgliedern statthaft, § 103 Abs. 3 S. 3 AktG.

Die im vorliegenden Kontext maßgebliche Frage ist, ob die Festsetzung einer unzulässigen Vorstandsvergütung einen wichtigen Grund i. S. d. § 103 Abs. 3 S. 1 AktG darstellt. Wie im Rahmen des § 84 Abs. 3 S. 2 AktG muss unter Abwägung aller Umstände des Einzelfalls abgewogen werden, ob die Fortsetzung des Amtsverhältnisses der Gesellschaft noch zumutbar ist[75]. Dabei sind Schwere und Häufigkeit der Pflichtverletzung sowie das Ausmaß des möglichen Schadens für die Gesellschaft zu berücksichtigen[76]. Ein Verschulden des Aufsichtsratsmitglieds ist nicht erforderlich[77]. Unter diesen Prämissen und unter Berücksichtigung der dazu bestehenden Kasuistik wiegt die Festsetzung einer unzulässigen Vorstandsvergütung

73 Vgl. BGHZ 153, 47 (50 f.).

74 Vgl. *Hoffmann*, in: Spindler/Stilz, AktG, § 120 Rn. 49.

75 OLG Frankfurt NZG 2008, 272; OLG Hamburg WM 1990, 311 (314); LG Frankfurt/M. NJW 1987, 505 (506); *Hopt/Roth*, in: Großkomm. AktG, § 103 Rn. 54; *Habersack*, in: MünchKomm. AktG, § 103 Rn. 40; *Spindler*, in: Spindler/Stilz, AktG, § 103 Rn. 33; *Vetter*, DB 2005, 875 (876); *U.H. Schneider/Nietsch*, FS Westermann, S. 1447 (1461); *Spindler*, AG 2011, 725 (727).

76 *Spindler*, in: Spindler/Stilz, AktG, § 103 Rn. 33; *Spindler*, AG 2011, 725 (727); *Simon*, in: Hölters, AktG, § 103 Rn. 34; *Henssler*, in: Henssler/Strohn, Gesellschaftsrecht, § 103 AktG Rn. 13.

77 *Habersack*, in: MünchKomm. AktG, § 103 Rn. 40; *Hopt/Roth*, in: Großkomm. AktG, § 103 Rn. 53; *Jehner*, Abberufung, S. 39; *Drygala*, in: K. Schmidt/Lutter, AktG, § 103 Rn. 14; *Spindler*, AG 2011, 725 (727 f.).

für sich genommen nicht schwer genug, um einen wichtigen Grund i. S. d. § 103 Abs. 3 S. 1 AktG annehmen zu können[78]. Unzumutbar kann die Mandatsfortführung aber beispielsweise dann sein, wenn die Vergütungsfestsetzung unter grober Missachtung der bestehenden Pflichten erfolgt ist und besonders hohe Schäden für die Gesellschaft verursacht[79].

6. *Strafrechtliche Sanktionen*

a) *Aufsichtsratsmitglieder*

Legt der Aufsichtsrat eine unzulässige Vorstandsvergütung fest, kann dies den Straftatbestand der Untreue nach § 266 StGB erfüllen. Das Strafmaß reicht dabei von einer Geldstrafe bis zu einer Freiheitsstrafe von maximal fünf Jahren, § 266 Abs. 1 StGB. In besonders schweren Fällen droht sogar eine Freiheitsstrafe von mindestens sechs Monaten bis zu zehn Jahren, §§ 266 Abs. 2, 263 Abs. 3 S. 1 StGB. Im vorliegenden Zusammenhang hat die Mannesmann-Entscheidung[80] des BGH neue Maßstäbe gesetzt. Jedoch darf diese Entscheidung selbst unter Außerachtlassung der teils heftigen Kritik aus dem Schrifttum[81] aufgrund neuerer bundesverfassungsgerichtlicher Klarstellungen – auf die im Folgenden näher einzugehen sein wird – nicht mehr unreflektiert als Darstellung des geltenden Rechts verstanden werden[82].

Weitgehende Einigkeit besteht zunächst dahin gehend, dass die Aufsichtsratsmitglieder bei der Entscheidung über die Bezüge der Vorstandsmitglieder einer Vermögensbetreuungspflicht i. S. d. § 266 Abs. 1 StGB unterliegen[83]. Bei allen Vergütungsentscheidungen müssen sie demnach im Unternehmensinteresse handeln[84]. Tun sie dies nicht, so liegt grundsätzlich eine Verletzung der Vermögensbetreuungspflicht vor. Dabei ist jedoch zu beachten, dass der BGH die Vergütungsentscheidung als unternehmerische Führungs- und Gestaltungsaufgabe qualifiziert und den Aufsichtsratsmitgliedern deshalb einen weiten „Beurteilungs- und Ermessensspielraum“ zugesteht[85]. Entsprechend der Business Judgement Rule aus § 93 Abs. 1 S. 2 AktG ist eine Pflichtwidrigkeit zu verneinen, „solange die Grenzen, in denen sich ein von Verantwortungsbewusstsein getragenes, ausschließlich am Unternehmenswohl orientiertes, auf sorgfältiger Ermittlung der Entscheidungsgrundlagen beruhendes

78 *Spindler*, AG 2011, 725 (728).
79 *Spindler*, AG 2011, 725 (728).
80 BGHSt 50, 331 ff.
81 Vgl nur *Hoffmann-Becking*, NZG 2006, 127 ff.; *Krause*, StV 2006, 307 (308 ff.); *Peltzer*, ZIP 2006, 205 ff.
82 In diesem Sinne auch *Wessing/Krawczyk*, NZG 2010, 1121 (1123); *Stenzel*, Vorstandsvergütung, S. 299 f.
83 BGHSt 47, 187 (201); 50, 331 (335 f.); *Patzina*, in: Patzina/Bank/Schimmer/Simon-Widmann, Haftung, 7. Kap. Rn. 89.
84 BGHSt 50, 331 (335 f.).
85 BGHSt 50, 331 (336).

unternehmerisches Handeln bewegen muss, nicht überschritten sind“[86]. Für den Fall nachträglicher Sonderzahlungen an Vorstandsmitglieder kommt die bereits in anderem Kontext dargestellte Drei-Stufen-Theorie des BGH zum Tragen[87].

Bejaht man vor dem Hintergrund des Gesagten eine Pflichtverletzung, stellt sich die Frage, ob diese allein, mithin der „simple“ Verstoß gegen eine außerstrafrechtliche Norm, auch eine Pflichtverletzung i. S. d. § 266 Abs. 1 StGB darstellen kann. In Entscheidungen zum Sponsoring und zur Kreditvergabe verlangte der BGH zusätzlich, dass die Pflichtverletzung der Organmitglieder *gravierend* sein müsse[88]. In der Mannesmann-Entscheidung rückte er hingegen wieder von diesem Erfordernis ab[89]. Aus verfassungsrechtlicher Sicht ist dies überaus bedenklich. Das BVerfG hat alsdann in einer Entscheidung aus dem Jahr 2010 auch klargestellt, dass das Erfordernis einer *gravierenden* Pflichtverletzung eine zur Wahrung des Bestimmtheitsgebots aus Art. 103 Abs. 2 GG notwendige Konkretisierung des sehr weiten Wortlauts des § 266 Abs. 1 StGB darstellt[90]. Daher ist davon auszugehen, dass künftig nur gravierende, das heißt evidente Pflichtverletzungen von Organmitgliedern für den Tatbestand der Untreue relevant sind[91]. Als in diesem Sinne qualifizierend dürfte im Bereich der Festsetzung von Vorstandsvergütungen gelten, wenn die Vorgaben des § 87 Abs. 1 und 2 AktG gröblich missachtet wurden, trotz Bedarfs keine (Vergütungs-)Berater eingeschaltet wurden, der Festsetzung keine vertiefte Auseinandersetzung mit den maßgeblichen Gesichtspunkten vorausging, das Gesellschaftsvermögen als frei verteilbare Masse betrachtet wurde oder Sonderinteressen verfolgt wurden[92].

Der im Rahmen des § 266 Abs. 1 StGB erforderliche Vermögensnachteil ist bei unzulässigen Vorstandsvergütungen in dem eintretenden Vermögensabfluss aufseiten der Gesellschaft zu sehen, bzw. in dem Versprechen, entsprechende Zuwendungen an das Vorstandsmitglied zu tätigen.

Ob ein Einverständnis oder eine Einwilligung der Aktionäre die Untreuestrafbarkeit der Aufsichtsratsmitglieder auszuschließen vermag, ist bislang nicht abschließend geklärt. Während der BGH dies zunächst unter der Voraussetzung eines Hauptversammlungsbeschlusses über die Verwendung des Bilanzgewinns, der keine rechtlichen Vorgaben verletzt oder aus sonstigen Gründen unwirksam ist, bejahte[93], ließ er die Frage jüngst offen[94].

---

86 BGHSt 50, 331 (336).
87 S. oben 2. Kapitel C I 2.
88 Vgl. zum Sponsoring BGHSt 47, 187 (197); zur Kreditvergabe BGHSt 47, 148 (150).
89 Vgl. BGHSt 50, 331 (343).
90 BVerfG NZG 2010, 1143 (1150 Rn. 112); in diesem Sinne auch *Dierlamm*, MünchKomm. StGB, § 266 Rn. 155.
91 *Wessing/Krawczyk*, NZG 2010, 1121 (1123); *Krause*, NStZ 2011, 57 (63).
92 *Stenzel*, Vorstandsvergütung, S. 301.
93 BGHSt 50, 331 (342); so wohl auch *Schaal*, in: MünchKomm. AktG, Bd 6, Vorbem. §§ 399–410 Rn. 38.
94 BGHSt 55, 266 (280 f.)

In subjektiver Hinsicht muss das Aufsichtsratsmitglied vorsätzlich (§ 15 StGB) gehandelt haben, wobei jedoch Eventualvorsatz ausreichend ist. Fehlvorstellungen des Täters können je nachdem, ob sie sich auf Merkmale des objektiven Tatbestands oder auf rechtliche Wertungen beziehen, entweder einen Tatbestandsirrtum nach § 16 Abs. 1 S. 1 StGB oder einen Verbotsirrtum nach § 17 S. 1 StGB darstellen. Im Mannesmann-Fall nahm der BGH an, dass die Präsidiumsmitglieder Kenntnis hinsichtlich aller Tatsachen und der Verletzung ihrer Vermögensbetreuungspflicht hatten und die Fehlvorstellung über die Rechtmäßigkeit der gewährten Sonderzahlungen lediglich einen Verbotsirrtum begründen könne[95]. Zumindest seit Ergehen des Mannesmann-Urteils wird man die Vermeidbarkeit eines solchen Irrtums schwerlich in Zweifel ziehen können.

b) Vorstandsmitglieder

Vorstandsmitglieder, die sich eine unzulässige Vergütung gewähren lassen, machen sich nicht wegen Untreue strafbar. Denn bezüglich ihrer eigenen Vergütung obliegt ihnen keine Vermögensbetreuungspflicht[96]. Jedoch kann in Ausnahmefällen eine Anstiftung (§ 26 StGB) oder Beihilfe (§ 27 StGB) zur Untreue des Aufsichtsrats vorliegen[97].

II. Australien

Das australische Recht knüpft grundsätzlich an jede Vorgabe zur Vergütung der Geschäftsleiter eigene, spezielle Rechtsfolgen für den Fall eines Zuwiderhandelns. Diese behandeln das Schicksal der Vergütungsabrede und des Vermögensvorteils und enthalten Sanktionen. Allerdings bedeutet das nicht, dass stets eine konkrete Rechtsfolge vorgegeben ist. Oftmals beschränkt sich das Gesetz darauf, eine Norm als *civil penalty provision* zu qualifizieren, wodurch Verstöße auf besondere Weise verfolgt werden können und ein Gericht bestimmte Anordnungen treffen kann.

1. Verstöße gegen die Vorgaben des Corporations Act 2001

a) Verletzung von Sorgfaltspflichten und Treupflichten

Der Verletzung von allgemeinen Sorgfaltspflichten und der Verletzung von Treupflichten ist gemein, dass sie die Wirksamkeit der Vergütungsabrede unberührt lassen. Im Übrigen unterscheiden sich die Rechtsfolgen. Zunächst ist jedoch hinsichtlich der Treupflichten beachtlich, dass die Aktionäre einen Verstoß gegen diese Pflichten legitimieren können. An anderer Stelle wurde bereits auf die Möglichkeit der Aktionäre eingegangen, den Pflichteninhalt zu modifizieren[98]. Alternativ dazu

95 BGH NJW 2006, 522 (531 Rn. 85).
96 BGH NJW 2006, 522 (530 Rn. 80).
97 *Stenzel*, Vorstandsvergütung, S. 297.
98 S. oben 2. Kapitel B II 1.

können sie ein an sich pflichtwidriges Verhalten genehmigen[99]. Die Zustimmung muss einstimmig erfolgen, es sei denn, die Satzung lässt einen Mehrheitsbeschluss genügen[100]. Einen Verstoß gegen die allgemeinen Sorgfaltspflichten können die Aktionäre nach sec. 199A (1) CA 2001 hingegen nicht legitimieren[101]. Für den Fall, dass sich die Pflichtenkreise überschneiden, wurde in einem *obiter dictum* eine Genehmigung der Pflichtverletzung für möglich gehalten[102]. Mit Verweis auf den Rechtscharakter der allgemeinen Sorgfaltspflichten, die in ihrer kodifizierten Form zugleich behördlicher Durchsetzung unterliegende sog. *civil penalty provisions* darstellen, wird diese Möglichkeit angezweifelt[103].

Eine Verletzung der allgemeinen Sorgfaltspflichten kann zunächst einen Schadensersatzanspruch der Gesellschaft gemäß dem *general law* begründen (*common law damages*)[104]. Zudem handelt es sich – wie bereits angedeutet – bei den die allgemeinen Sorgfaltspflichten enthaltenden secs. 180 bis 182 CA 2001 um *civil penalty provisions*[105], wodurch ein Verstoß nicht lediglich Gegenstand eines Zivilverfahrens im herkömmlichen Sinne sein kann. Vielmehr sieht der Gesetzgeber öffentliche Belange tangiert und ordnet deshalb eine behördliche Verfolgung und besondere Sanktionen an. In der Regel initiiert die ASIC als zuständige Verwaltungsbehörde ein Verfahren vor einem Zivilgericht, welches sodann unter Anwendung zivilprozessualer Regeln, insbesondere unter Anwendung des im Vergleich zu seinem strafrechtlichen Pendant weniger strengen *civil standard of proof*, entscheidet[106]. Als Sanktionen kommen ein Bußgeld nach sec. 1317G CA 2001, der zeitweilige Ausschluss von der Geschäftsleitung (*disqualification*) nach sec. 206C CA 2001 sowie die Auferlegung von Entschädigungsleistungen nach sec. 1317H CA 2001 in Betracht.

Ein Bußgeld wird im Wege einer *pecuniary penalty order* angeordnet, die in materieller Hinsicht voraussetzt, dass der Gesetzesverstoß wesentlich die Interessen der Gesellschaft oder ihrer Aktionäre beeinträchtigt, die Zahlungsfähigkeit der Gesellschaft wesentlich beeinträchtigt oder schwerwiegend (*serious*) ist[107]. Das Bußgeld kann bis zu A$ 200.000 betragen[108].

---

99 *Austin/Ramsay*, Ford's Principles, [8.370], [8.385].

100 Regal (Hastings) Ltd v Gulliver [1967]2 AC 134n at [139, 150, 157]; Furs Ltd v Tomkies (1936) 54 CLR 583 at [592].

101 Forge v ASIC (2004) 213 ALR 574, 52 ACSR 1, (2005) 23 ACLC 1011, [2004] NSWCA 448 at [378]–[384]; ASIC v Australian Investors Forum Pty Ltd (No 2) (2005) 53 ACSR 305, 23 ACLC 929, [2005] NSWSC 267 at [30]–[35].

102 Pascoe Ltd (in liq) v Lucas (1998) 27 ACSR 737 at [772].

103 *Austin/Ramsay*, Ford's Principles, [8.385].

104 *Austin/Ramsay*, Ford's Principles, [8.355.3].

105 Vgl. secs. 180 (1) Note, 181 (1) Note 1, 182 (1) Note CA 2001.

106 *Austin/Ramsay*, Ford's Principles, [3.390.12].

107 Sec. 1317G (1) (b) CA 2001.

108 Sec. 1317G (1) CA 2001.

Einen Ausschluss von der Geschäftsleitung kann das Gericht anordnen, soweit es dies für angebracht hält[109]. Dabei soll es unter anderem das Verhalten der betreffenden Person in Bezug auf die Leitung, die Geschäftstätigkeit und das Vermögen der Gesellschaft berücksichtigen[110]. Die Dauer des Ausschlusses von der Geschäftsleitung liegt hierbei im Ermessen des Gerichts[111].

Die als dritte Maßnahme in Betracht kommende Auferlegung von Entschädigungsleistungen setzt voraus, dass der Gesellschaft durch den Verstoß gegen die *civil penalty provision* ein Schaden entstanden ist[112]. Der Ursachenzusammenhang muss gemäß dem *common law test of causation* bestehen, im Gegensatz zu dem weiteren *but for test*[113]. Als Schaden der Gesellschaft gelten auch die Gewinne, die eine Person durch den Gesetzesverstoß erlangt hat[114]. Die Entschädigungsanordnung muss die Höhe der zu leistenden Entschädigung nennen[115]. Ob auch nur eine teilweise Entschädigung angeordnet werden kann, wird bezweifelt[116], wenngleich sich die Rechtsprechung[117] über solche Bedenken bisweilen hinweggesetzt hat. Bei mehreren Schädigern kann das Gericht in Abhängigkeit vom individuellen Tatbeitrag unterschiedlich hohe Entschädigungsverpflichtungen vorsehen[118]. Neben den *civil penalties* kann eine Verletzung der allgemeinen Sorgfaltspflichten auch Strafen nach sich ziehen. Lässt sich das Verhalten der *directors* als „*reckless*“[119] oder „*intentionally dishonest*“[120] einordnen, steht hierauf eine Geldstrafe von bis zu A$ 220.000 oder eine Freiheitsstrafe von bis zu fünf Jahren[121].

Die Rechtsfolgen eines Verstoßes gegen die Treupflichten hängen von der Art des jeweiligen Rechtsverstoßes ab[122]. Vorliegend kommen die Anfechtung und Rückabwicklung von Verträgen in Betracht, weil der Empfänger der Leistung regelmäßig von der Pflichtverletzung aufseiten des *directors* wissen dürfte, sowie Entschädigungsansprüche (*equitable compensation*) der Gesellschaft[123].

---

109 Sec. 206C (1) (b) CA 2001.
110 Sec. 206C (2) CA 2001.
111 Sec. 206C (1) CA 2001.
112 Sec. 1317H (1) 1 CA 2001.
113 *Austin/Ramsay*, Ford's Principles, [3.400.12].
114 Sec. 1317H (2) CA 2001.
115 Sec. 1317H (1) 2 CA 2001.
116 *Austin/Ramsay*, Ford's Principles, [3.400.12].
117 ASIC v Loiterton (2004) 50 ACSR 693, [2004] NSWSC 897 at [109 ff.].
118 *Austin/Ramsay*, Ford's Principles, [3.400.12].
119 Vgl. sec. 5.4 Criminal Code Act 1995.
120 Vgl. sec. 5.2 Criminal Code Act 1995.
121 Sec. 184 (1) CA 2001 i. V. m. Schedule 3, Item 30 CA 2001.
122 *Austin/Ramsay*, Ford's Principles, [9.350].
123 *Austin/Ramsay*, Ford's Principles, [9.350], [9.360].

b) Verstoß gegen sec. 208 CA 2001

aa) Auswirkungen auf Rechtsgeschäfte

Der CA 2001 äußert sich in sec. 209 (1) (a) zu den Auswirkungen eines Verstoßes gegen sec. 208 CA 2001 auf die im Zusammenhang mit der Vorteilsgewährung geschlossenen Rechtsgeschäfte. Wörtlich heißt es: „*The contravention does not affect the validity of any contract or transaction connected with the giving of the benefit.*" Auf Antrag der ASIC oder einer Person, deren Interessen tangiert sind, kann jedoch ein Gericht die (weitere) Vorteilsübertragung mittels einer sog. *injunction* nach sec. 1324 (1) CA 2001 stoppen[124].

bb) Sanktionen

Das Gesetz ordnet ausdrücklich an, dass eine gegen sec. 208 CA 2001 verstoßende Vorteilsgewährung kein Vergehen *(offence)* vonseiten der Gesellschaft darstellt[125]. Sanktionsmöglichkeiten bestehen vielmehr nur bezüglich beteiligter Einzelpersonen. Diese verstoßen dann gegen sec. 209 (2) CA 2001, der eine *civil penalty provision* darstellt, wenn sie in eine Zuwiderhandlung der Gesellschaft gegen 208 CA 2001 involviert (*involved*) sind. Die genaue Bedeutung von „involviert" ergibt sich aus sec. 79 CA 2001[126]. Es kann sowohl auf die *board*-Mitglieder als auch auf die Vergütungsempfänger zutreffen. Neben den *civil penalties* kommen für die Involvierung in einen Verstoß gegen sec. 208 CA 2001 auch noch schärfere, strafrechtliche Sanktionen in Betracht. Ist das Verhalten als unredlich (*dishonest*) einzustufen, liegt ein Vergehen vor[127] und es drohen Geldstrafen von bis zu A$ 220.000 oder Freiheitsentzug von bis zu fünf Jahren[128].

c) Verstoß gegen sec. 200B (1) CA 2001

aa) Auswirkungen auf Rechtsgeschäfte

Nach sec. 200B (1) CA 2001 darf eine Gesellschaft grundsätzlich keine Abfindungen ohne Zustimmung der Hauptversammlung gewähren. Die Rechtsprechung hat klargestellt, dass die Vorschrift lediglich die Gewährung des Vermögensvorteils verbietet und als rechtswidrig erachtet, nicht hingegen die einer solchen Gewährung zugrunde liegende Vereinbarung[129]. Denn sofern ein Hauptversammlungsbeschluss

---

124 Sec. 209 (1) (Note) CA 2001; vgl. etwa Leawell Pty Ltd as Trustee for Garton Smith Trust v Watershed Premium Wines Ltd [2009] FCA 26, BC200900120.

125 Sec. 209 (1) (b) CA 2001.

126 Eingehend oben 2. Kapitel D II 1.

127 Sec. 209 (3) CA 2001.

128 Schedule 3, Item 50 CA 2001.

129 Silver v Dome Resources NL [2007] NSWSC 455 at [85 f.]; Fox v GIO Australia (2002) 56 NSWLR 512, 120 IR 401 at [78 f.]; Orrong Strategies Pty Ltd v Village Roadshow Limited [2007] VSC 1 at [657].

eingeholt wird, kann der Vereinbarung gemäß geleistet werden[130]. Gewährt eine Gesellschaft entgegen sec. 200B CA 2001 einen Vermögensvorteil, so wird der entsprechende Betrag oder Wert als vom Begünstigten treuhänderisch für die Gesellschaft erhalten betrachtet[131]. Nach sec. 200J (1) (b) CA 2001 trifft den Begünstigten die Pflicht, den Vermögensvorteil unverzüglich wieder zurückzugewähren. Der Vermögensvorteil muss dabei in seiner Gesamtheit zurückgewährt werden, selbst wenn sich die Gewährung dem Grunde nach als zulässig und lediglich in ihrer Höhe als unzulässig erweist[132]. Kommt der Begünstigte seiner Rückgewährpflicht nicht nach, kann die Gesellschaft den geschuldeten Betrag gemäß sec. 200J (1A) (b) CA 2001 gerichtlich einfordern.

bb) Sanktionen

Eine Missachtung des Verbots nach sec. 200B (1) CA 2001 stellt zunächst ein Vergehen der für die Vorteilsgewährung verantwortlichen Personen dar[133]. Die Feststellung eines Zusammenhangs zwischen Vorteilsgewährung und Ausscheiden aus dem Amt erfolgt dabei verschuldensunabhängig[134]. Aufseiten des Begünstigten liegt ebenfalls ein Vergehen vor, wenn er einen entgegen sec. 200B (1) CA 2001 gewährten Vermögensvorteil annimmt[135]. Auf ein Verschulden seinerseits kommt es dabei nicht an[136]. In beiden Fällen droht eine Geldbuße von bis zu A$ 19.800 und/oder Freiheitsentzug von bis zu sechs Monaten[137].

d) Geltendmachung von Ansprüchen und Initiierung von Sanktionen

Soweit sich die Gewährung von Vermögensvorteilen als rechtswidrig erweist und diese an die Gesellschaft zurückzugewähren sind oder die *directors* Entschädigungen leisten müssen, stehen die entsprechenden Ansprüche der Gesellschaft zu und diese kann sie im Wege eines Zivilverfahrens (*civil proceedings*) einklagen[138]. Macht die Gesellschaft Ansprüche nicht geltend, kann die ASIC diese im Namen der Gesellschaft, auch gegen deren Willen, einklagen, soweit dies im öffentlichen Interesse ist[139]. Daneben besteht die Möglichkeit, dass ein Aktionär Ansprüche für die Gesellschaft im Wege der sog. *statutory derivative action* aus sec. 236 CA 2001 im Namen der Gesellschaft einklagt. Hierfür bedarf es einer gerichtlichen Zulassung

---

130 Silver v Dome Resources NL [2007] NSWSC 455 at [87].
131 Sec. 200J (1) (a) CA 2001.
132 Sec. 200J (2) CA 2001.
133 Vgl. sec. 1311 (1) i. V. m. sec. 200B (1) CA 2001.
134 Sec. 200B (1A) CA 2001.
135 Vgl. sec. 1311 (1) i. V. m. sec. 200D (1) CA 2001; *Stapledon/Webster*, 27 Company and Securities Law Journal (2009), 458 (463).
136 Sec. 200D (2) CA 2001.
137 Schedule 3, Items 35, 37 CA 2001.
138 *Adams*, Keeping Good Companies 2004, 592.
139 Sec. 50 ASIC Act.

(*leave of the court*), die nur unter bestimmten Voraussetzungen erteilt wird: Es muss wahrscheinlich sein, dass die Gesellschaft nicht selbst klagt, der Antragsteller muss *„in good faith"* handeln[140], die Zulassung muss im besten Interesse der Gesellschaft sein[141], die behaupteten Ansprüche müssen glaubhaft gemacht worden sein[142] und der Antragsteller muss für gewöhnlich die Gesellschaft 14 Tage vor Antragstellung über sein Vorhaben in Kenntnis gesetzt haben[143]. Hinsichtlich der Frage, ob die Zulassung dem besten Interesse der Gesellschaft entspricht, besteht eine widerlegbare Vermutung dafür, dass dem nicht so ist[144]. Dies gilt zumindest dann, wenn die *directors* der Gesellschaft bei der Entscheidung zur Nichtverfolgung des Anspruchs *in good faith* handelten, sie dabei keine wesentlichen persönlichen Interessen verfolgten, auf angemessener Informationsgrundlage handelten und annehmen durften, im besten Interesse der Gesellschaft zu handeln[145].

Die im Rahmen der *statutory derivative action* anfallenden Prozesskosten hat grundsätzlich der Aktionär zu tragen[146]. Jedoch kann das Gericht gemäß sec. 242 CA 2001 auch davon abweichende Anordnungen treffen, wenn es dies für angemessen hält. Im Gegensatz zu der seit dem Jahr 2000 in Australien nicht mehr Anwendung findenden *common law derivative action*[147] schließt eine Zustimmung der Hauptversammlung zu den streitgegenständlichen Maßnahmen die *statutory derivative action* nicht aus[148]. Trotzdem kam es seit der Neuerung nicht zu einem zahlenmäßigen Anstieg derartiger Verfahren, vielmehr blieb die Gesamtzahl gering[149]. Zwischen 2000 und 2006 hatten die Anträge von Aktionären auf eine Klagezulassung zur Verfolgung von Ansprüchen der Gesellschaft in nur 61 % der Fälle Erfolg[150]. In nur 21 % dieser erfolgreichen Fälle befreiten die Gerichte die Aktionäre auch vollumfänglich von ihrer

---

140 Vgl. hierzu Swansson v RA Pratt Properties Pty Ltd (2002) 42 ACSR 313, [2002] NSWSC 583 at [35]-[43]; Chahwan v Euphoric Pty Ltd t/as Clay & Michel (2008) 65 ACSR 661, [2008] NSWCA 52 at [74]: *„...as a current or former shareholder or director of the company, the [applicant] would suffer a real and substantive injury if a derivative action were not permitted provided that that injury was dependant upon or connected with the applicant's status as such shareholder or director."*

141 Vgl. hierzu Swansson v RA Pratt Properties Pty Ltd (2002) 42 ACSR 313, [2002] NSWSC 583 at [55]-[60]; Ragless v IPA Holdings Pty Ltd (in liq) (2008) 65 ACSR 700, [2008] SASC 90 at [35].

142 Näher hierzu Debelle J, in: Ragless v IPA Holdings Pty Ltd (in liq) (2008) 65 ACSR 700, [2008] SASC 90 at [40]; South Johnstone Mill Ltd v Dennis (2007) 163 FCR 343, [2007] FCA 1448 at [77]-[79].

143 Sec. 237 (2) CA 2001.

144 Sec. 237 (3) CA 2001.

145 Sec. 237 (3) (c) CA 2001.

146 *Harris/Hargovan/Adams*, Australian Corporate Law, S. 599.

147 Vgl. sec. 236 (3) CA 2001.

148 Sec. 239 CA 2001.

149 *Harris/Hargovan/Adams*, Australian Corporate Law, S. 603.

150 *Ramsay/Saunders*, University of Melbourne Legal Studies Research Paper No. 250 2006, S. 32, Table 10.

grundsätzlichen Kostentragungspflicht im Rahmen des Zulassungsverfahrens[151]. In keinem Fall verpflichteten die Gerichte die Gesellschaft zur finanziellen Unterstützung des Aktionärs im späteren (Haupt-)Verfahren[152].

Bei einem Verstoß gegen eine *civil penalty provision* obliegt es der ASIC, den Verstoß zunächst gerichtlich in Form einer *declaration of contravention* feststellen zu lassen[153]. Trifft das Gericht die begehrte Feststellung, kann die ASIC in einem zweiten Schritt bei dem Gericht eine *pecuniary penalty order*, eine *disqualification order* oder eine *compensation order* beantragen[154]. Letztere kann auch von der Gesellschaft selbst beantragt werden, ohne dass es dafür einer vorherigen *declaration of contravention* bedürfte[155]. Soweit die Verstöße gegen den CA 2001 Vergehen (*offences*) darstellen, werden sie von der ASIC, Delegierten der ASIC oder von ministeriell hierzu befugten Institutionen gerichtlich verfolgt[156]. Daneben bleiben die allgemeinen staatsanwaltlichen Befugnisse unberührt[157].

2. Oppression Remedy

Unter Umständen können sich die Anteilseigner einer *public company* gegen die Gewährung exzessiver Geschäftsleitervergütungen mit der sog. *oppression remedy* aus secs. 232 bis 235 CA 2001 zur Wehr setzen. Diese stellt den bedeutendsten Rechtsbehelf der Aktionäre im australischen Gesellschaftsrecht dar[158]. Er setzt voraus, dass ein Verhalten der Gesellschaft entweder gegen die Interessen der Aktionärsgesamtheit verstößt oder einen einzelnen Aktionär in besonders schwerwiegender Weise benachteiligt: „*[...] oppressive to, unfairly prejudicial to, or unfairly discriminatory against, a member or members whether in that capacity or in any other capacity.*“[159] Sind diese Voraussetzungen erfüllt, kann das Gericht gegenüber der Gesellschaft solche Anordnungen treffen, die es für angemessen hält[160]. Die in sec. 233 (1) CA 2001 beispielhaft aufgezählten Rechtsfolgen sind vielseitig und reichen bis zur Anordnung, die Gesellschaft abzuwickeln.

---

151 *Ramsay/Saunders*, University of Melbourne Legal Studies Research Paper No. 250 2006, S. 35, Table 15.
152 *Ramsay/Saunders*, University of Melbourne Legal Studies Research Paper No. 250 2006, S. 35, Table 16.
153 Sec. 1317J (1), (4) CA 2001.
154 Sec. 1317J (1) CA 2001.
155 Sec. 1317J (2) CA 2001.
156 Sec. 1315 (1) CA 2001.
157 Vgl. sec. 1315 (3) CA 2001.
158 *Harris/Hargovan/Adams*, Australian Corporate Law, S. 609.
159 Sec. 232 (d), (e) CA 2001; vgl. auch im Vereinigten Königreich sec. 994 Companies Act 2006; eingehend (zur identischen Vorgängervorschrift) *Verse*, Gleichbehandlungsgrundsatz, S. 141 ff.
160 Sec. 233 (1) CA 2001.

In einer Entscheidung aus dem Jahre 1986 nahm der Supreme Court von New South Wales die Voraussetzungen der *oppression remedy* bei der Gewährung exzessiver Vergütungen an und verurteilte die Gesellschaft zum Abkauf der Aktien des Aktionärs[161]. Allerdings muss konstatiert werden, dass der Fall keine *public company*, sondern eine *proprietary company* betraf und diese nur drei Anteilseigner hatte, welche zugleich *directors* der Gesellschaft waren. Berücksichtigt man zudem das Alter der Entscheidung und die seitdem durchlaufene Entwicklung des australischen Gesellschaftsrechts, muss die heutige Relevanz der Entscheidung für die Geschäftsleitervergütung in *public companies* bezweifelt werden[162].

3. *Verstoß gegen sec. 1325C (1) CA 2001*

Gewährt eine Gesellschaft während eines Übernahmeangebots einem *director* einen Vermögensvorteil oder verpflichtet sie sich hierzu und stellt sich dies als „*unfair or unconscionable having regard to the interests of the body corporate*" dar, so kann hiergegen nach sec. 1325C (1) CA 2001 ein gerichtlicher Beschluss beantragt werden. Antragsbefugt sind die Gesellschaft selbst, die ASIC oder eine Gruppe von Aktionären, deren Anteile zusammen mindestens 10 % der Stimmrechte ausmachen[163]. Das Gericht kann solche Anordnungen treffen, die es für angemessen hält; insbesondere kann es den einer Vorteilsgewährung zugrunde liegenden Vertrag für ungültig erklären und den Vorteilsempfänger zur Rückzahlung oder sonstigen Wiedergutmachung verpflichten[164].

4. *Verstoß gegen Listing Rules*

Verstößt die Gewährung einer Vergütung gegen Vorgaben der *Listing Rules*, kann zunächst die ASX selbst Maßnahmen ergreifen und in einem ersten Schritt von dem jeweiligen Unternehmen Abhilfe verlangen[165]. Dabei ist zu beachten, dass die *Listing Rules* kein Gesetz im formellen oder materiellen Sinn darstellen und die ASX Zuwiderhandlungen nicht mit hoheitlichen Mitteln, etwa der Verhängung von Bußgeldern, durchsetzen kann[166]. Vielmehr ist sie darauf verwiesen, gegebenenfalls den Handel mit den Aktien des Unternehmens auszusetzen[167] oder in extremen Fällen die Börsennotierung aufzuheben[168]. Bei Verhängung dieser Sanktionen und auch schon im Vorfeld, wenn die ASX schwerwiegende Verstöße gegen die *Listing*

---

161 Vgl. Sanford v Sanford Courier Service Pty Ltd (1987) 10 ACLR 549.

162 In diesem Sinne auch *Murray*, 23 Australian Journal of Corporate Law (2009), 178 (192).

163 Sec. 1325C (4) CA 2001.

164 Sec. 1325C (2) CA 2001.

165 LR 18.8.

166 ASX Compliance, Monitoring, S. 2.

167 LR 17.3.1.

168 LR 17.12.

Rules oder den CA 2001 nur vermutet, muss sie hierüber die ASIC informieren, die dann gegebenenfalls weitere Maßnahmen einleitet[169]. Zudem hat die ASX die Möglichkeit, bei Verstößen gegen die *Listing Rules* gerichtliche Anordnungen gegenüber dem jeweiligen Unternehmen zu erwirken[170].

Letzteres setzt einen Antrag an das Gericht voraus, den neben der ASX auch die ASIC, ein betroffener Clearing- und Abwicklungsdienstleister sowie jeder durch die Zuwiderhandlung Geschädigte stellen kann[171]. Als Geschädigte im letztgenannten Sinne gelten unter anderem alle Inhaber von auf dem Markt handelbaren Wertpapieren der Gesellschaft[172]. Nachdem das Gericht sowohl dem Antragsteller als auch dem Antragsgegner rechtliches Gehör gewährt hat, kann es per Beschluss den *directors* der Gesellschaft Anordnungen zur Einhaltung der *Listing Rules* erteilen[173]. Bei der Wahl der Anordnung kommt dem Gericht ein gewisser Ermessensspielraum zu[174]. Die Nichtbefolgung der gerichtlichen Anordnung stellt ein Vergehen dar[175].

5. *Nichtbeachtung der ASX Corporate Governance Principles and Recommendations*

An anderer Stelle wurde bereits ausgeführt, dass die Prinzipien und Empfehlungen des *ASX Corporate Governance Councils* nicht verbindlich sind[176]. Abweichungen haben demnach keine unmittelbaren Rechtsfolgen. Sie müssen lediglich nach LR 4.10.3 angezeigt und begründet werden. Kommt ein Unternehmen dem nicht nach, greifen die allgemeinen Rechtsfolgen eines Verstoßes gegen die *Listing Rules*[177].

III. Vergleich und Bewertung

Ein Vergleich der Rechtsfolgen, welche die beiden Rechtsordnungen an eine rechtswidrige Gewährung von Geschäftsleitervergütungen knüpfen, offenbart zunächst, dass das australische Recht für jeden Verstoß spezielle Rechtsfolgen vorsieht, wohingegen im deutschen Recht eher allgemeine Grundsätze über die Wirksamkeit von Rechtsgeschäften und die Haftung von Organmitgliedern zur Anwendung kommen. Letztlich offenbart sich darin ein grundsätzlicher Unterschied im Kodifikationsstil angloamerikanischer und kontinentaleuropäischer Prägung, wonach ersterer eher einzelfallorientiert ist, letzterer hingegen durch verallgemeinernde, abstahierende Regeln gekennzeichnet ist. Da in Australien einige Vorgaben für die

169 Sec. 792B (2) (b), (c) CA 2001.
170 Vgl. secs. 793C, 1101B CA 2001.
171 Sec. 793C (1) CA 2001.
172 Sec. 793C (5) CA 2001.
173 Sec. 793C (2) (b) CA 2001.
174 Sec. 1101B (1) CA 2001.
175 Secs. 1101B (10), 1311 (1) CA 2001.
176 S. oben 1. Kapitel B II 4.
177 S. oben 2. Kapitel G II 4.

Geschäftsleitervergütung in börseneigenen Regeln zu finden sind, kommt es bei Verstößen hiergegen zu besonderen Rechtsfolgen.

1. *Schicksal der Vergütungsabrede und Haftung des Vergütungsempfängers*

Stellt sich eine Vergütungsabrede oder die Gewährung einer Vergütung als rechtswidrig dar, so bleibt die Vergütungsabrede sowohl im deutschen als auch im australischen Recht grundsätzlich wirksam. Sec. 208 CA 2001 ordnet dies sogar explizit an. Dies überzeugt, wenn man sich vergegenwärtigt, dass es sich bei der Vergütungsabrede dem Grunde nach, und zweifellos im Fall einer Erstanstellung, um ein Rechtsgeschäft der Gesellschaft mit einem außenstehenden Dritten handelt, dem ein Überschreiten des rechtlichen Dürfens durch den Vertreter der Gesellschaft grundsätzlich nicht zum Nachteil gereichen darf. Allerdings gibt es Fälle, in denen sich der Dritte als weniger schützenswert erweist. Das deutsche Recht trägt dem Rechnung, indem es bei einem Verstoß gegen ein gesetzliches Verbot, bei Sittenwidrigkeit oder einem Missbrauch der Vertretungsmacht die Nichtigkeit bzw. die Unwirksamkeit des Vertrags vorsieht und somit einen bereicherungsrechtlichen Anspruch ermöglicht. Zudem kommen in engen Grenzen Schadensersatzansprüche gegen das Vorstandsmitglied in Betracht. Zwar bestehen auch im australischen Recht allgemeine Grundsätze, nach denen Rechtsgeschäfte nichtig sein können[178]. Jedoch spielen sie im Kontext der Gewährung von Geschäftsleitervergütungen praktisch keine Rolle. Eine (ausnahmsweise) Inanspruchnahme des Vergütungsempfängers stellt das australische Recht auf andere Weise sicher. Ein Beispiel hierfür ist die Anordnung in sec. 200J (1) (b) CA 2001, wonach eine rechtswidrig erhaltene Abfindung umgehend an die Gesellschaft zurückzugewähren ist. Auch hier ist der Vergütungsempfänger nicht schutzwürdig, kann er doch unschwer erkennen, ob die Abfindung die zulässige Höchstgrenze von einer Jahresgrundvergütung einhält oder überschreitet. Bei einer Überschreitung drängt sich eine Nachfrage nach der erforderlichen Zustimmung der Hauptversammlung auf. Vor diesem Hintergrund sieht das australische Recht sogar eine vollumfängliche Rückgewähr des Vermögensvorteils vor, wohingegen sich der Kondiktionsanspruch des deutschen Rechts stets auf den die Rechtmäßigkeit überschreitenden Betrag beschränkt. Der australischen Ausgestaltung wohnt zweifelsohne ein gewisser punitiver Charakter inne, über dessen Berechtigung man streiten kann. Ins deutsche Kondiktionsrecht will er jedenfalls nicht recht passen.

Neben der ausdrücklichen Rückgewähranordnung bei rechtswidrigen Abfindungsgewährungen kann der australische Empfänger einer unangemessenen Vergütung zudem bei Involvierung i. S. d. sec. 79 CA 2001 in die Gewährung dieser Vergütung selbst gegen die entsprechende *civil penalty provision* verstoßen und als Folge zur Entschädigung der Gesellschaft gerichtlich verpflichtet werden. Das Merkmal der

178 Vgl. Halsbury's Laws – Contract, [110–7001].

Involvierung deckt dabei im weitesten Sinne die Fälle ab, die im deutschen Recht einen Missbrauch der Vertretungsmacht begründen. Eine gerichtliche Anordnung zur Rückgewähr von Vermögensvorteilen kommt zudem bei rechtswidrigen Zuwendungen im Zuge eines Übernahmeangebots in Betracht. Beide Rechtsordnungen sehen außerdem in schwerwiegenden Fällen strafrechtliche Sanktionen für die Vergütungsempfänger vor.

2. *Haftung der Aufsichtsrats- bzw. der board-Mitglieder*

Verletzen die für die Vereinbarung und Gewährung der Geschäftsleitervergütung verantwortlichen Organmitglieder – in Deutschland die Aufsichtsratsmitglieder, in Australien die *directors* – ihre Sorgfaltspflichten, kann dies Schadensersatzansprüche der Gesellschaft begründen. Unbeachtlich bleiben dagegen Abweichungen von Empfehlungen des jeweiligen Corporate Governance Kodex. Hinsichtlich der Sorgfaltspflichten erkennen beide Rechtsordnungen den Organmitgliedern in Form der Business Judgment Rule einen gewissen Handlungsspielraum zu, innerhalb dessen die persönliche Haftung ausgeschlossen ist. Allgemein besteht bei Ansprüchen der Gesellschaft gegen Organmitglieder das Problem, dass die für die Gesellschaft Handelnden geneigt sein können, von der Geltendmachung der Ansprüche abzusehen. Dem begegnen die Rechtsordnungen zunächst damit, dass sie auch den Anteilseignern bestimmte Rechte hinsichtlich der Geltendmachung zugestehen. In Deutschland sind dies die Rechte aus §§ 147, 148 AktG, in Australien die Rechte aus secs. 236 und 232 bis 235 CA 2001. Ein wesentlicher Unterschied besteht darin, dass in Deutschland die Aktionäre nur mittels eines Mehrheitsbeschlusses oder bei Erreichung des Quorums aus § 148 Abs. 1 S. 1 AktG tätig werden können, wohingegen die *derivative action* aus sec. 236 CA 2001 solchen Beschränkungen nicht unterliegt. Ob damit verallgemeinernd gesagt werden kann, dass es für Aktionäre in Australien leichter als in Deutschland ist, die Geltendmachung von Ansprüchen der Gesellschaft zu erwirken, mag bezweifelt werden. Denn diese Frage hängt wesentlich von den materiellen Voraussetzungen der jeweiligen Klagezulassungsverfahren und deren praktischer Handhabung ab. In der Praxis kommen beide Klagen eher selten vor. Im australischen Kontext ließe sich dies auf die grundsätzliche Kostentragungspflicht des klagenden Aktionärs zurückführen. Unter Berücksichtigung der Tatsache, dass in Deutschland das Kostenrisiko bei einem Vorgehen nach § 148 AktG stark begrenzt ist, die Aktionäre jedoch ähnlich apathisch sind, mag der wahre Grund jedoch eher in dem geringen Vorteil liegen, den ein Aktionär im Erfolgsfalle für sich verbuchen kann. Lohn aller Mühen ist lediglich eine Leistung an die Gesellschaft, von welcher der Aktionär nur mittelbar und bruchstückhaft profitiert[179]. Das Aktionärsvorgehen attraktiver auszugestalten, etwa indem man den Aktionären im Erfolgsfall einen Teil der erstrittenen Leistung als „Erfolgshonorar“ zubilligt, begegnet

179 Für das deutsche Recht *Cahn*, FS Hopt, S. 431 (452); *Thüsing*, ZGR 2003, 457 (466).

Bedenken[180]. Zum einen widerspräche dies der dem Gläubigerschutz dienenden Vermögensbindung, zum anderen bestünde die Gefahr, dass letztlich unbegründete Klagen aus Eigennutz angestrengt werden und diese den Aufsichtsrat von der Erfüllung seiner Überwachungsaufgaben ablenken[181]. Da sich demnach Reformen zur Überwindung der Aktionärsapathie erheblichen Schwierigkeiten ausgesetzt sehen, verdient der Gang des australischen Rechts besondere Beachtung. Es vertraut in erheblichem Maße auf behördliche Einflussnahme. Anstelle der Aktionäre kann hier auch die ASIC als staatliche Behörde den Anspruch der Gesellschaft in deren Namen einklagen, soweit dies im öffentlichen Interesse ist. Zudem qualifiziert das australische Gesellschaftsrecht viele seiner Vorgaben als *civil penalty provisions* und ermöglicht somit bei Verstößen eine Verfolgung durch die ASIC. Die Frage, ob sich das australische Beispiel als Vorbild eignet, ist als Teil einer (rechtspolitischen) Grundsatzdebatte über die Vorteilhaftigkeit staatlicher Eingriffe in grundsätzlich privatautonome Rechtsbeziehungen zu werten. Derlei Eingriffe sind grundsätzlich kritisch zu bewerten und würden im vorliegenden Fall einen wenig wünschenswerten Paradigmenwechsel im deutschen Aktienrecht bedeuten.

Die den Aufsichtsratsmitgliedern und *directors* drohenden Rechtsfolgen für die Verletzung ihrer vergütungsspezifischen Pflichten gleichen sich insoweit, als eine Schadensersatzpflicht besteht bzw. eine Verurteilung zur Leistung von Schadensersatz möglich ist. Zudem sehen beide Rechtsordnungen für gravierende Verstöße strafrechtliche Sanktionen vor. Diese knüpfen im australischen Recht stets direkt an die jeweilige gesellschaftsrechtliche Norm an und sind damit weitaus konkreter und bestimmter als der deutsche Untreuetatbestand. Zudem ist es somit möglich, für jeden Tatbestand einen eigenen Verschuldensmaßstab und ein eigenes Strafmaß festzulegen. Ob der australische Ansatz auch effektiver ist, kann nicht abschließend beurteilt werden. Jedenfalls birgt er die Gefahren, nicht jede potentielle Sachverhaltskonstellation abzudecken und in einer ausufernden Kodifikation zu resultieren. Im maximalen Strafmaß von fünf Jahren Freiheitsentzug gleichen sich die strafrechtlichen Sanktionen in Deutschland und Australien. Neben der Verpflichtung zur Leistung von Schadensersatz und den strafrechtlichen Sanktionen sind im australischen Recht noch weitere Rechtsfolgen möglich, was, da sie als *civil penalties* vom Gericht verhängt werden und in dessen Ermessen stehen, eine flexiblere Ahndung von Rechtsverstößen als in Deutschland ermöglicht. Zu nennen sind hier die Auferlegung eines Bußgelds und der Ausschluss von der Geschäftsleitung. Letzteres ist freilich auch in Deutschland in Form einer gerichtlichen Abberufung von Aufsichtsratsmitgliedern nach § 103 Abs. 2 AktG möglich, setzt jedoch den Antrag eines Aufsichtsratsmitglieds oder eines Quorums der Aktionäre sowie einen nur in Ausnahmefällen anzunehmenden wichtigen Grund voraus. Die Frage der Anfechtbarkeit von Entlastungsbeschlüssen stellt sich im australischen Recht mangels eines der Entlastung vergleichbaren Instituts nicht.

---

180 Vgl. *J. Vetter*, FS Hoffmann-Becking, S. 1317 (1337 f.).
181 *Cahn*, FS Hopt, S. 431 (452).

3. *Quantifizierung von Ansprüchen*

Soweit Leistungen an die Gesellschaft zurückzugewähren sind oder Schadensersatz an die Gesellschaft zu leisten ist, besteht in beiden Rechtsordnungen die Schwierigkeit, die Höhe des Anspruchs zu quantifizieren. Indem das australische Recht die Rechtmäßigkeit bestimmter Vergütungsgewährungen von der Einhaltung bestimmter Höchstgrenzen oder der Zustimmung der Hauptversammlung abhängig macht, wie im Fall von Abfindungen, ist das Problem entschärft. Soweit ein Verstoß jedoch in der Überschreitung einer wertungsoffenen Grenze wie der Angemessenheit bzw. der *reasonableness* liegt, ist die Höhe des Sekundäranspruchs vom Verlauf dieser Grenze im Einzelfall abhängig.

H. Besondere Vergütungsreglementierung im Finanzsektor

Die Geschäftsleitervergütung in Unternehmen des Finanzsektors nimmt aus mehreren Gründen eine Sonderstellung ein. Zum einen zählten sowohl in Deutschland als auch in Australien die im Finanzsektor gezahlten Geschäftsleitervergütungen regelmäßig zu den höchsten ihrer Art. Erst in den letzten Jahren hat sich dies in Deutschland unter dem Eindruck der Finanzmarktkrise geändert, jedoch bislang nicht in Australien[1]. Zugleich sind die Geschäftsleiter der Institute oftmals nicht die Spitzenverdiener innerhalb ihrer jeweiligen Organisation. Zum anderen kommt der von Vergütungen ausgehenden Anreizwirkung in Finanzinstituten unter dem Stichwort der Systemrelevanz[2] besondere Bedeutung zu. Schenkt man einer weitverbreiteten Auffassung Glauben, haben falsche Vergütungsanreize nicht unwesentlich zum Entstehen der weltweiten Finanzmarktkrise beigetragen[3]. Vor dem Hintergrund dieser Besonderheiten der Vergütung in Unternehmen des Finanzsektors ist im Folgenden zu untersuchen, inwieweit die Finanzinstitute beider Rechtsordnungen einer speziellen Vergütungsreglementierung unterliegen.

I. Deutschland

1. *Einleitung*

Für das Thema Vergütungen im Finanzsektor gilt zunächst, dass auf Institute in der Rechtsform einer Aktiengesellschaft die allgemeinen aktienrechtlichen Vorgaben zur Vorstandsvergütung Anwendung finden. Sind die Institute zudem börsennotiert, so gelten auch die dies voraussetzenden Regelungen des Aktiengesetzes (beispielsweise § 87 Abs. 1 S. 2 AktG) und der DCGK. Im Zuge der weltweiten Finanzmarktkrise

---

1 Vgl. oben 1. Kapitel C III 1.

2 Eingehend *Mülbert*, FS U.H. Schneider, S. 855 ff.; *Günther*, WM 2010, 825 ff.; *U.H. Schneider*, ZRP 2009, 119 ff.

3 Vgl. die Nachweise oben in Einleitung A, Fn. 6.

sah sich der deutsche Gesetzgeber sodann dazu veranlasst, Vergütungen im Finanzsektor zusätzlich besonderen Regeln zu unterstellen. Einige dieser Vergütungsregeln sind der Tatsache geschuldet und knüpfen daran an, dass Institute nur mittels staatlicher Finanzhilfen gerettet werden konnten. Im Gegenzug fordert man von den betroffenen Instituten Zugeständnisse im Hinblick auf die Vorstandsvergütung[4]. Die Vorstände solcher Institute sollen keine zu hohe Vergütung aus öffentlicher Hand erhalten. Soweit die Hilfsmaßnahmen durch eine Bankenabgabe finanziert werden, soll mit den Vergütungsregeln einem Wettbewerbsvorteil des unterstützten Instituts vorgebeugt werden[5]. Zum anderen wurden und werden die ehemals gängigen Vergütungsstrukturen im Finanzsektor in Deutschland und Europa häufig dafür verantwortlich gemacht, die Finanzmarktakteure zur Eingehung übermäßiger Risiken verleitet zu haben[6].

In weiten Teilen setzte der Gesetzgeber mit den Vergütungsregeln auf internationaler und gemeinschaftsrechtlicher Ebene geschaffene Vorgaben um. Zu nennen sind hier die vom Rat für Finanzstabilität (Financial Stability Board – FSB) entwickelten Prinzipien für solide Vergütungspraktiken („Principles for Sound Compensation Practices" vom 2. April 2009), sowie die darauf aufbauenden konkreten Standards für solide Vergütungspraktiken („Principles for Sound Compensation Practices – Implementation Standards" vom 25. September 2009). Auf gemeinschaftsrechtlicher Ebene hatte die Kommission in einer Empfehlung ebenfalls Leitlinien für die Vergütung in Unternehmen des Finanzsektors aufgestellt[7]. Daneben berücksichtigte der deutsche Gesetzgeber beim Erlass aufsichtsrechtlicher Vergütungsvorschriften den bereits absehbaren Inhalt der Richtlinie 2010/76/EU vom 24.11.2010[8]. Schließlich flossen auch die vom Ausschuss der europäischen Bankenaufsichtsbehörden (CEBS) entwickelten Leitlinien für eine solide Vergütungspolitik („High-level Principles for

4 Vgl. BT-Plenarprotokoll 16/182 v. 15.10.2008, 19350 C.

5 Vgl. Bericht des Finanzausschusses vom 28.10.2010 zum Entwurf der Bundesregierung eines Restrukturierungsgesetzes, BT-Drucks. 17/3547, S. 9

6 Empfehlung der Kommission zur Vergütungspolitik im Finanzdienstleistungssektor vom 30.04.2009 (2009/384/EG), ABl. v. 15.05.2009, L 120, S. 22 (2. Erwägungsgrund); Begründung der Bundesregierung zum Entwurf des Gesetzes über die aufsichtsrechtlichen Anforderungen an die Vergütungssysteme von Instituten und Versicherungsunternehmen (VergAnfG) vom 31.3.2010, BT-Drucks. 17/1291, S. 1; *Mosch/Rosenau*, NJW-Spezial 2010, 498.

7 Siehe Empfehlung der Kommission zur Vergütungspolitik im Finanzdienstleistungssektor vom 30.4.2009 (2009/384/EG), ABl. v. 15.5.2009, L 120, S. 22 ff.

8 S. die Begründung zum Regierungsentwurf eines Gesetzes über die aufsichtsrechtlichen Anforderungen an die Vergütungssysteme von Instituten und Versicherungsunternehmen vom 31.3.2010 (BT-Drucks. 17/1291), S. 9, wo Bezug genommen wird auf die geplante Richtlinie 2010/76/EU des Europäischen Parlaments und des Rates vom 24.11.2010 zur Änderung der Richtlinien 2006/48/EG und 2006/49/EG im Hinblick auf die Eigenkapitalanforderungen für Handelsbuch und Wiederverbriefungen und im Hinblick auf die aufsichtsrechtliche Überprüfung der Vergütungspolitik, ABl. v. 14.12.2010, L 329, S. 3.

Remuneration Policies“ vom 20. April 2009) in den Gesetzgebungsprozess mit ein[9]. Zuletzt wurde vonseiten der Europäischen Union zur Umsetzung von Basel III eine neue Eigenkapitalrichtlinie (Capital Requirements Directive IV – CRD IV)[10] sowie eine Eigenkapitalverordnung (Capital Requirements Regulation – CRR)[11] erlassen, die unter anderem neue Anforderungen an die Vergütungspraxis in Finanzinstituten stellen. Der deutsche Gesetzgeber hat die Richtlinie mittlerweile in Form des CRD IV-Umsetzungsgesetzes[12] umgesetzt[13]. Zudem wurde auf Grundlage des § 25a Abs. 6 KWG die Institutsvergütungs-Verordnung (InstitutsVergV) neu gefasst[14]. Sowohl die Vorgaben des CRD IV-Umsetzungsgesetzes und der (neuen) InstitutsVergV als auch die der CRR finden erst seit dem 1. Januar 2014 Anwendung.

Das nationale gesetzliche Regelwerk wurde in mehreren Schritten immer weiter ausgebaut und lässt sich wie folgt grob unterteilen: Es bestehen zunächst aufsichtsrechtliche Regelungen, die grundsätzlich für alle Institute gelten und mit Eingriffsbefugnissen der Bundesanstalt für Finanzdienstleistungsaufsicht (BaFin) einhergehen[15]. Institute, die Hilfsmaßnahmen in Anspruch nehmen, müssen zusätzliche Anforderungen hinsichtlich der Vergütung ihrer Geschäftsleiter erfüllen,

---

9 S. die Begründung zum Regierungsentwurf eines Gesetzes über die aufsichtsrechtlichen Anforderungen an die Vergütungssysteme von Instituten und Versicherungsunternehmen vom 31.3.2010 (BT-Drucks. 17/1291), S. 9.

10 Richtlinie 2013/36/EU des Europäischen Parlaments und des Rates vom 26.6.2013 über den Zugang zur Tätigkeit von Kreditinstituten und die Beaufsichtigung von Kreditinstituten und Wertpapierfirmen, zur Änderung der Richtlinie 2002/87/EG und zur Aufhebung der Richtlinien 2006/48/EG und 2006/49/EG, ABl. v. 27.6.2013, L 176, S. 338.

11 Verordnung (EU) Nr. 575/2013 des Europäischen Parlaments und des Rates vom 26.6.2013 über Aufsichtsanforderungen an Kreditinstitute und Wertpapierfirmen und zur Änderung der Verordnung (EU) Nr. 646/2012, ABl. v. 27.6.2013, L 176, S. 1.

12 Gesetz zur Umsetzung der Richtlinie 2013/36/EU über den Zugang zur Tätigkeit von Kreditinstituten und die Beaufsichtigung von Kreditinstituten und Wertpapierfirmen und zur Anpassung des Aufsichtsrechts an die Verordnung (EU) Nr. 575/2013 über Aufsichtsanforderungen an Kreditinstitute und Wertpapierfirmen (CRD IV-Umsetzungsgesetz) vom 28.8.2013, BGBl I, 3395.

13 Vgl. die Beschlussempfehlung des Finanzausschusses vom 15.5.2013 (BT-Drucks. 17/13524), deren Annahme durch den Bundestag (BT-PlPr 17/240, S. 30212D, die Beschlussempfehlung des Vermittlungsausschusses (BT-Drucks. 17/14122), deren Annahme durch den Bundestag (BR-Drucks. 544/13), sowie den Beschluss des Bundesrates, keinen Einspruch gegen das Gesetz einzulegen (BR-Drucks. 544/13 Beschluss).

14 Verordnung über die aufsichtsrechtlichen Anforderungen an Vergütungssysteme von Instituten (Institutsvergütungsverordnung – InstitutsVergV) vom 16.12.2013, BGBl. I, S. 4270.

15 Weitestgehend identische Vorschriften finden sich für den Versicherungssektor, vgl. § 64b VAG und die konkretisierende VersVergV; dazu etwa *Armbrüster*, KSzW 2013, 10 (15 ff.).

die ihnen vonseiten der Bundesanstalt für Finanzmarktstabilisierung (FMSA) aufgegeben werden. Durchläuft ein Institut ein Sanierungs- oder Restrukturierungsverfahren, unterliegen seine Vergütungs- und Bonusregelungen gerichtlicher Kontrolle.

2. *Allgemeine aufsichtsrechtliche Regeln*

a) *Systematik der Vorgaben*

Die aufsichtsrechtlichen Regeln zur Geschäftsleitervergütung gelten für Institute im Sinne des § 1 Abs. 1b KWG und betreffen die dortigen Vergütungssysteme im weitesten Sinne. Im Einzelnen finden sich auch Vorgaben zur (Gesamt-)Vergütung der Vorstandsmitglieder, zur Ausgestaltung der variablen Vergütungsbestandteile sowie zur Offenlegung. Die maßgeblichen Vorschriften finden sich in §§ 25a Abs. 1 S. 3 Nr. 6, 45 Abs. 2 S. 1 Nr. 5a und 6 und Abs. 5 KWG sowie in der InstitutsVergV. Bedeutsam ist, dass der Gesetzgeber nicht nur die Vergütung der Geschäftsleiter i. S. d. § 1 Abs. 2 KWG, sondern auch die der sonstigen Mitarbeiter diesen Regeln unterstellt, soweit nicht tarifvertragliche Regelungen zur Anwendung kommen oder die Vergütung aufgrund eines Tarifvertrags in einer Betriebs- oder Dienstvereinbarung vereinbart ist, § 25a Abs. 1 S. 3 Nr. 6 KWG, § 1 Abs. 1 S. 1 und Abs. 3 InstitutsVergV. Die InstitutsVergV nimmt Differenzierungen hinsichtlich der Bedeutung der Institute vor. So werden in Abschnitt 2 InstitutsVergV allgemeine Anforderungen gestellt, die von allen Instituten zu beachten sind. Daneben bestehen in Abschnitt 3 InstitutsVergV spezielle Anforderungen für „bedeutende" Institute. Hierunter fallen zunächst Institute, die nach Artikel 6 Absatz 4 der Verordnung (EU) Nr. 1024/2013[16] von der Europäischen Zentralbank beaufsichtigt werden, Institute, die als potentiell systemgefährdend im Sinne des § 47 Abs. 1 KWG eingestuft wurden, und Finanzhandelsinstitute im Sinne des § 25 f Abs. 1 KWG[17]. Vermutet wird die Bedeutsamkeit eines Instituts nach § 17 Abs. 1 InstitutsVergV, wenn seine Bilanzsumme im Durchschnitt der letzten drei Geschäftsjahre bei mindestens € 15 Milliarden lag. Die Institute können diese Vermutung mittels einer Risikoanalyse, die unter anderem die Größe des Instituts, die Vergütungsstruktur sowie „Art, Umfang, Komplexität, Risikogehalt und Internationalität der betriebenen Geschäftsaktivitäten" berücksichtigt[18], widerlegen. Unter Berufung auf entsprechende Aspekte kann die BaFin zuletzt auch Institute, deren Bilanzsumme unterhalb der Schwelle von € 15 Milliarden liegt, als bedeutend einstufen[19]. Wann eine solche Einstufung insbesondere geboten ist, lässt sich den Regelbeispielen des § 17 Abs. 3 S. 2 InstitutsVergV entnehmen. Für Institutsgruppen, Finanzholding-Gruppen, gemischte Finanzholding-Gruppen und Finanzkonglomerate gilt, dass sofern ein Institut innerhalb der Gruppe als bedeutend eingestuft wird, alle anderen Institute, deren

16 Vom 15.10.2013 (ABl. L 287 vom 29. 10. 2013, S. 63).
17 § 17 Abs. 2 InstitutsVergV.
18 § 17 Abs. 5 S. 1 InstitutsVergV.
19 § 17 Abs. 3 S. 1 InstitutsVergV.

Bilanzsumme in den letzten drei Jahren € 15 Milliarden erreicht oder überschritten hat, ebenfalls als bedeutend gelten[20]. Grundsätzlich gilt für Gruppen, dass sie eine gruppenweite Vergütungsstrategie etablieren müssen[21].

b) Allgemein verbindliche Vorgaben

Hinsichtlich der Vergütungssysteme von Instituten ordnet die InstitutsVergV im Einklang mit der aktienrechtlichen Kompetenzordnung an, dass das Verwaltungs- oder Aufsichtsorgan eines Instituts für die Ausgestaltung des Vergütungssystems der Geschäftsleitung verantwortlich ist[22]. Abhängig von der Größe, der internen Organisation und der Art, des Umfangs, der Komplexität und dem Risikogehalt der Geschäfte eines Instituts, muss das Verwaltungs- oder Aufsichtsorgan einen sog. Vergütungskontrollausschuss bestellen[23]. In bedeutenden Instituten i. S. d. § 17 InstitutsVergV muss dies nach Auffassung des Gesetzgebers immer geschehen[24]. Der Vergütungskontrollausschuss soll im Wesentlichen die angemessene Ausgestaltung der Vergütungssysteme der Geschäftsleiter und Mitarbeiter überwachen[25] und Beschlüsse des Verwaltungs- oder Aufsichtsorgans zur Geschäftsleitervergütung vorbereiten[26]. Zudem hat er das Verwaltungs- oder Aufsichtsorgan bei dessen vergütungsspezifischen Überwachungsaufgaben zu unterstützen[27].

Die Grundsätze zu den Vergütungssystemen müssen in den Organisationsrichtlinien des Instituts festgelegt sein[28]. Die Grundsätze müssen insbesondere angeben, wie die Vergütungssysteme ausgestaltet und angepasst sind und wie sich die Vergütung zusammensetzt. Hinsichtlich der Vergütungssysteme gibt § 25a Abs. 1 S. 3 Nr. 6 KWG vor, dass sie angemessen, transparent und auf eine nachhaltige Entwicklung des Instituts auszurichten sind. Dies konkretisiert die InstitutsVergV insoweit, als die Vergütungssysteme auf die Erreichung der strategischen Unternehmensziele ausgerichtet sein müssen[29]. Die Vergütungsparameter haben sich an den Geschäfts- und Risikostrategien des jeweiligen Instituts zu orientieren und

20 § 17 Abs. 4 InstitutsVergV.

21 § 27 InstitutsVergV.

22 § 3 Abs. 2 InstitutsVergV; für die Ausgestaltung der Vergütungssysteme der Mitarbeiter ist jedoch die Geschäftsleitung verantwortlich, vgl. § 3 Abs. 1 InstitutsVergV.

23 § 25d Abs. 12 S. 1 i. V. m. § 25d Abs. 7 S. 1 KWG.

24 Entwurf eines Gesetzes zur Umsetzung der Richtlinie 2012/…/EU über den Zugang zur Tätigkeit von Kreditinstituten und die Beaufsichtigung von Kreditinstituten und Wertpapierfirmen und zur Anpassung des Aufsichtsrechts an die Verordnung (EU) Nr. …/2012 über die Aufsichtsanforderungen an Kreditinstitute und Wertpapierfirmen (CRD IV-Umsetzungsgesetz), BT-Drucks. 17/10974, S. 88 re. Sp.

25 § 25d Abs. 12 S. 2 Nr. 1 KWG.

26 § 25d Abs. 12 S. 2 Nr. 2 KWG.

27 § 25d Abs. 12 S. 2 Nr. 1 und 3 KWG.

28 § 11 S. 1 InstitutsVergV.

29 § 4 S. 1 InstitutsVergV.

müssen das Erreichen der strategischen Ziele unterstützen[30]. Die Vergütungsstrategie bzw. die Vergütungsparameter und die Ausgestaltung der Vergütungssysteme müssen überprüft und gegebenenfalls angepasst werde, wenn sich Änderungen der Geschäfts- oder der Risikostrategie ergeben, mindestens jedoch einmal jährlich[31].

Als angemessen gelten Vergütungssysteme, wenn sie zum einen nicht der Überwachungsfunktion der institutsinternen Kontrolleinheiten zuwiderlaufen, was beispielsweise anzunehmen wäre, wenn sich die Vergütung von Überwacher und Überwachtem nach gleichlaufenden Parametern bestimmte und Interessenkonflikte bestünden[32]. Zum anderen dürfen für die Geschäftsleiter keine Anreize bestehen, unverhältnismäßig hohe Risiken einzugehen[33]. Solche Anreize sieht die Verordnung insbesondere bei einer „signifikanten Abhängigkeit der Geschäftsleiter [...] von der variablen Vergütung" und bei Abfindungsvereinbarungen, die negative Leistungen des Geschäftsleiters unberücksichtigt lassen[34]. Die InstitutsVergV statuiert zudem, dass Vergütungssysteme regelmäßig dann nicht angemessen ausgestaltet sind, wenn die Höhe der variablen Vergütung von negativen Erfolgsbeiträgen unberührt bleibt[35].

Soweit die Vergütung fixe und variable Bestandteile enthält, müssen die Institute eine Obergrenze für die variable Vergütung im Verhältnis zur fixen Vergütung festlegen[36]. Zudem muss das Verhältnis der beiden Bestandteile zueinander angemessen sein[37]. Dies ist nach § 6 Abs. 1 S. 1 InstitutsVergV der Fall, wenn die variable Vergütung einen wirksamen Verhaltensanreiz zu setzen vermag und das Verhältnis zur Fixvergütung zugleich den Anforderungen des § 25a Abs. 5 KWG genügt. Nach § 25a Abs. 5 S. 2 KWG darf die variable Vergütung für jeden Geschäftsleiter und Mitarbeiter grundsätzlich nicht höher ausfallen als seine Festvergütung. Wird ein Teil der variablen Vergütung über mindestens fünf Jahre zurückbehalten, kann zusätzlich eine Abzinsung für bis zu 25 % der variablen Vergütung vorgenommen werden[38]. Auf Vorschlag des Verwaltungs- und Aufsichtsorgans eines Instituts können die Anteilseigner eines Instituts auch eine bis maximal 200 % des Festgehalts betragende variable Vergütung billigen[39]. Neben formellen Anforderungen an die Beschlussvorlage setzt der Billigungsbeschluss eine Mehrheit von 66 % der abgegebenen Stimmen voraus, sofern mindestens die Hälfte der Stimmrechte bei der Beschlussfassung vertreten sind, andernfalls eine Mehrheit von 75 % der abgegebenen

---

30 § 4 S. 2 InstitutsVergV.
31 § 12 InstitutsVergV.
32 § 5 Abs. 1 Nr. 2, Abs. 4 InstitutsVergV.
33 § 5 Abs. 1 Nr. 1 InstitutsVergV.
34 § 5 Abs. 3 InstitutsVergV.
35 § 5 Abs. 2 InstitutsVergV.
36 § 6 Abs. 2 S. 1 InstitutsVergV.
37 § 25a Abs. 5 S. 1 KWG, § 6 Abs. 1 S. 1 InstitutsVergV.
38 § 25a Abs. 5 S. 3 KWG.
39 § 25a Abs. 5 S. 5 KWG.

Stimmen[40]. Betroffene anteilsbeteiligte Mitarbeiter oder Geschäftsleiter unterliegen einem Stimmrechtsausschluss[41].

Für die variable Vergütung an sich schreibt die InstitutsVergV vor, dass diese nur in sehr beschränktem Maße garantiert werden darf: Zum einen nur für die Höchstdauer von einem Jahr bei Aufnahme des Dienstverhältnisses[42], zum anderen nur unter der Bedingung, dass das Institut zum Auszahlungszeitpunkt über eine angemessene Eigenmittel- und Liquiditätsausstattung sowie ausreichend Kapital zur Sicherstellung der Risikotragfähigkeit verfügt[43]. Dem einer variablen Vergütung immanenten Risiko darf zudem nicht durch Absicherungs- oder Gegenmaßnahmen entgegengewirkt werden, was die Institute durch angemessene Compliance-Strukturen sicherzustellen haben[44].

Hinsichtlich der Einzelvergütung beschränkt sich die Verordnung darauf, in § 10 InstitutsVergV weitestgehend die Vorgaben des § 87 Abs. 1 AktG zu wiederholen. Die Erfordernisse einer mehrjährigen Bemessungsgrundlage für variable Vergütungsbestandteile und einer Begrenzungsmöglichkeit für außergewöhnliche Entwicklungen hängen jedoch nicht von einer Börsennotierung des Instituts ab[45].

Abfindungen dürfen nach der InstitutsVergV nur insoweit gewährt werden, als sie die Leistungen der ausscheidenden Person berücksichtigen und negative Erfolgsbeiträge oder Fehlverhalten nicht belohnen[46].

Zuletzt bestehen in § 16 InstitutsVergV weitgehende Pflichten zur Offenlegung von Vergütungsinformationen im Internet. Insbesondere sind Informationen über die Erfüllung der Vorgaben der InstitutsVergV, die Ausgestaltung der Vergütungssysteme und der Gesamtbetrag aller Vergütungen zu veröffentlichen[47]. Für Institute, die dem Anwendungsbereich der Eigenkapitalverordnung CRR unterfallen, gelten ausschließlich die dort in Art. 450 niedergelegten Offenlegungspflichten[48].

c) Weitergehende Vorgaben für bedeutende Institute

Bedeutende Institute müssen neben den genannten noch weitere Vorgaben hinsichtlich der Vergütung ihrer Geschäftsleiter und solcher Mitarbeiter beachten, deren Tätigkeiten einen wesentlichen Einfluss auf das Gesamtrisikoprofil haben (*Risk Taker*). Den Kreis dieser Mitarbeiter müssen die Institute mittels einer Risikoanalyse festlegen, deren Kriterien sich nach einem technischen Regulierungsstandard richten, der gemäß Art. 94 Abs. 2 der Richtlinie 2013/36/EU von der Europäischen

40 § 25a Abs. 5 S. 8 KWG.
41 § 25a Abs. 5 S. 9 KWG.
42 § 5 Abs. 6 Nr. 1 InstitutsVergV.
43 § 5 Abs. 6 Nr. 2 InstitutsVergV.
44 § 8 Abs. 1 und 2 InstitutsVergV.
45 Vgl. § 10 Abs. 2 InstitutsVergV.
46 § 5 Abs. 7 S. 1 InstitutsVergV.
47 § 16 Abs. 2 S. 1 InstitutsVergV.
48 § 16 Abs. 1 InstitutsVergV.

Bankenaufsichtsbehörde (EBA) entworfen und von der Europäischen Kommission erlassen wird[49]. Dieser Aspekt soll jedoch in Anbetracht der Fokussierung der vorliegenden Untersuchung auf Geschäftsleitervergütungen nicht weiter vertieft werden.

Zunächst muss die variable Vergütung neben dem Gesamterfolg des Instituts und dem Erfolgsbeitrag der Organisationseinheit grundsätzlich auch den individuellen Erfolgsbeitrag des Geschäftsleiters bzw. *Risk Takers* angemessen berücksichtigen[50]. Wesentliches Beurteilungskriterium für die jeweiligen „Erfolge" ist ihre Nachhaltigkeit. Letzteres sollen die Institute gewährleisten, indem sie auf nachhaltige Erfolge abzielende Vergütungsparameter verwenden[51]. Konkret muss sich der individuelle Erfolgsbeitrag an quantitativen und qualitativen Parametern messen lassen und ist danach zu beurteilen, inwieweit vereinbarte Ziele erreicht wurden[52]. Gemäß § 19 Abs. 2 S. 3 InstitutsVergV hat sitten- oder pflichtwidriges Verhalten zwingend zu einer Verringerung der variablen Vergütung zu führen[53]. An anderer Stelle führt die InstitutsVergV erweiternd aus, dass auch negative Erfolgsbeiträge des Geschäftsleiters, seiner Organisationseinheit und des Instituts die variable Vergütung zwingend verringern müssen[54]. Ein vollständiger Verlust der variablen Vergütung soll dann eintreten, wenn ein Geschäftsleiter „an einem Verhalten, das für das Institut zu erheblichen Verlusten geführt hat, beteiligt war oder dafür verantwortlich war" oder „er externe oder interne Regelungen in Bezug auf Eignung und Verhalten nicht erfüllt hat"[55].

Um sicherzustellen, dass die Vergütung auch an gegebenenfalls erst Jahre später eintretenden negativen Entwicklungen teilnimmt, müssen mindestens 60 % der variablen Geschäftsleitervergütung über einen Zurückbehaltungszeitraum von mindestens drei Jahren gestreckt werden[56]. Über diese Untergrenzen ist hinauszugehen (im Fall des Zurückbehaltungszeitraums auf bis zu fünf Jahre), soweit die Stellung, die Aufgaben und die Tätigkeiten des Geschäftsleiters dies gebieten[57]. Auch sind die Höhe der variablen Vergütung und die Risiken, die der Geschäftsleiter begründen kann, zu berücksichtigen[58].

---

49 Vgl. § 18 Abs. 2 S. 2 InstitutsVergV; EBA FINAL draft regulatory technical standards on criteria to identify categories of staff whose professional activities have a material impact on an institution's risk profile under Article 94(2) of Directive 2013/36/EU vom 16.12.2013, abrufbar unter http://www.eba.europa.eu (Abruf v. 18.1.2014).

50 § 19 Abs. 1 InstitutsVergV.

51 § 19 Abs. 3 S. 1 InstitutsVergV.

52 § 19 Abs. 2 S. 1 InstitutsVergV.

53 § 19 Abs. 2 S. 3 InstitutsVergV.

54 § 20 Abs. 5 S. 1 InstitutsVergV.

55 § 20 Abs. 5 S. 3 InstitutsVergV.

56 § 20 Abs. 2 i. V. m. Abs. 1 S. 1 InstitutsVergV.

57 § 20 Abs. 2 S. 2 i. V. m. Abs. 1 S. 2 InstitutsVergV.

58 § 20 Abs. 2 S. 2 i. V. m. Abs. 1 S. 2 InstitutsVergV.

Zusätzlich sind sowohl mindestens die Hälfte des zurückbehaltenen als auch mindestens die Hälfte des übrigen Teils der variablen Vergütung von einer nachhaltigen Wertentwicklung des Instituts abhängig zu machen und mit einer angemessenen Frist bis zur freien Verfügung zu versehen[59]. Das bedeutet im Ergebnis, dass höchstens 20 % der variablen Geschäftsleitervergütung auf Grundlage einer jährlichen Evaluation in bar ausgezahlt werden können[60].

Für Ausgleichs- oder Abfindungszahlungen für entgangene Ansprüche aus vorherigen Beschäftigungsverhältnissen ordnet § 21 InstitutsVergV an, dass auch sie den beschriebenen Anforderungen über die Auszahlung variabler Vergütungselemente genügen müssen und in Einklang mit den langfristigen Interessen des jeweiligen Instituts zu stehen haben.

Für bedeutende Institute bestehen auch besondere Regeln ermessensabhängige Leistungen an Vorstandsmitglieder zur Altersversorgung betreffend. Bei einer nicht ruhestandsbedingten Beendigung der Tätigkeit müssen die Leistungen von einer nachhaltigen Wertentwicklung des Instituts abhängen, über einen Zurückbehaltungszeitraum von mindestens fünf Jahren gestreckt und bei mangelnder Nachhaltigkeit des Erfolgs gegebenenfalls verringert werden[61]. Bei einer ruhestandsbedingten Beendigung müssen die Leistungen ebenfalls von einer nachhaltigen Wertentwicklung des Instituts abhängen und daneben mit einer Haltefrist von mindestens fünf Jahren versehen werden[62].

Wie bereits oben festgestellt, fungiert in sämtlichen Instituten ein Vergütungskontrollausschus des Verwaltungs- oder Aufsichtsorgans als Überwachungsinstanz für die Geschäftsleiter- und Mitarbeitervergütung. In bedeutenden Instituten ist seit der Neufassung der InstitutsVergV darüber hinaus von der Geschäftsleitung ein sog. Vergütungsbeauftragter zu bestellen. Seine Aufgaben beschränken sich jedoch auf die Kontrolle und Überwachung der Vergütungssysteme der Mitarbeiter des jeweiligen Instituts. Für die Geschäftsleitervergütung ist er nicht zuständig.

d) Aufsicht

Nach § 6 Abs. 1 KWG überwacht die BaFin die Einhaltung der genannten Regeln. Sie kann, um Verstöße zu unterbinden und Missstände zu verhindern oder zu beseitigen, zunächst informelle Maßnahmen ergreifen, aber auch gemäß § 6 Abs. 3 S. 1 KWG Anordnungen in Form von Verwaltungsakten gegenüber dem betreffenden Institut und dessen Geschäftsleitern treffen. Daneben besteht in § 25a Abs. 2 S. 2 KWG eine besondere Anordnungsbefugnis, um eine ordnungsgemäße Geschäftsorganisation, die eine Beachtung der gesetzlichen Anforderungen an die Vergütungssysteme

---

59 § 20 Abs. 4 InstitutsVergV.

60 *Heuchemer/Kloft*, WM 2010, 2241 (2246); *Kramarsch/Filbert*, in: Hopt/Wohlmannstetter, Hdb. CorpGov. Banken, S. 506.

61 § 22 Abs. 1 InstitutsVergV.

62 § 22 Abs. 2 InstitutsVergV.

umfasst, in den Instituten sicherzustellen. Bei sämtlichen Anordnungen ist die BaFin dem Verhältnismäßigkeitsgrundsatz verpflichtet.

Vor dem Hintergrund, dass die Vergütungspolitik eines Instituts auch dessen Finanzkraft schwächen kann, sind die weitergehenden Kompetenzen der BaFin aus § 45 Abs. 2 und Abs. 5 KWG zu sehen[63]. Nach § 45 Abs. 2 S. 1 Nr. 6 KWG kann die BaFin die Auszahlung variabler Vergütungsbestandteile beschränken oder gänzlich untersagen, wenn die aufsichtsrechtlichen Mindestanforderungen an die Eigenmittel bzw. die Liquidität nicht erfüllt werden oder dies droht. Unter den gleichen Voraussetzungen kann die BaFin Beschränkungen oder Streichungen des Jahresgesamtbetrags, den ein Institut für die variable Vergütung aller Geschäftsleiter und Mitarbeiter vorsieht, anordnen[64]. Beide Anordnungen können auch getroffen werden, sofern ein Institut außerordentliche staatliche Unterstützung bezieht und die Anordnung einer soliden Eigenkapital- oder Liquiditätsausstattung und der frühzeitigen Beendigung der staatlichen Hilfe dienlich ist[65].

Bei Beendigung der Beschränkungs- oder Untersagungsanordnung können die Vorstandsmitglieder die Auszahlung der „zurückgehaltenen" variablen Vergütungsbestandteile verlangen[66]. Hierfür sprechen neben Verhältnismäßigkeitserwägungen[67] nicht zuletzt systematische Gründe, denn der Gesetzgeber hat das endgültige Erlöschen von Vergütungsansprüchen explizit in § 45 Abs. 5 S. 5, 6, 8 KWG geregelt[68]. Eine Erlöschensanordnung stellt besondere, in § 45 Abs. 5 S. 5 Nr. 1 bis 3 KWG beschriebene Anforderungen an die Lage des jeweiligen Instituts. So müssen entweder bei oder innerhalb von zwei Jahren nach einer Untersagungsanordnung staatliche Hilfsleistungen in Anspruch genommen worden sein, erneut Anordnungen der BaFin erfolgt sein (oder fortbestehen) oder Maßnahmen nach § 46 oder § 48a KWG getroffen worden sein. Insbesondere ist eine Erlöschensanordnung dann zulässig, wenn die Ansprüche auf einen Verstoß gegen aufsichtsrechtliche Pflichten zurückzuführen sind oder das Institut die Vergütung ohne staatliche Hilfsleistungen nicht hätte gewähren können[69].

Den dargelegten Anordnungsbefugnissen der BaFin müssen die Institute gemäß § 45 Abs. 5 S. 11 KWG in den Anstellungsverträgen mit ihren Geschäftsleitern und Mitarbeitern Rechnung tragen. Freilich können Altverträge nicht einseitig abgeändert werden[70]. Doch können auch in Fällen, in denen eine Vertragsanpassung unterbleibt, aus Vereinbarungen, die einer Anordnung der BaFin entgegenstehen, keine Rechte hergeleitet werden[71].

---

63 *Lindemann*, in: Boos/Fischer/Schulte-Mattler, KWG, § 45 Rn. 30.
64 § 45 Abs. 2 S. 1 Nr. 5a KWG.
65 § 45 Abs. 5 S. 7 KWG.
66 So auch *Heuchemer/Kloft*, WM 2010, 2241 (2245); *Otto*, Vorstandsvergütung, S. 153.
67 *Heuchemer/Kloft*, WM 2010, 2241 (2245).
68 *Otto*, Vorstandsvergütung, S. 153.
69 § 45 Abs. 5 S. 6 KWG.
70 *Müller-Bonanni/Mehrens*, NZA 2010, 792 (795); *Simon/Koschker*, BB 2011, 120 (126).
71 § 45 Abs. 5 S. 12 KWG.

Die BaFin kann ihre Anordnungen gemäß § 17 FinDAG mit Zwangsmitteln nach den Bestimmungen des Verwaltungsvollstreckungsgesetzes durchsetzen. Zuwiderhandlungen gegen vollziehbare Anordnungen nach § 25a Abs. 2 S. 2 und § 45 Abs. 2 S. 1 und Abs. 5 S. 5 KWG sind zudem nach § 56 Abs. 2 Nr. 3a bzw. 3j KWG bußgeldbewehrt.

3. Besondere (krisenbedingte) Vergütungsregeln

Im Zuge der Finanzmarktkrise entschied sich der deutsche Gesetzgeber dazu, strauchelnde Institute durch Stabilisierungsmaßnahmen zu unterstützen. Mit Erlass des Finanzmarktstabilisierungsfondsgesetzes (FMStFG) und der konkretisierenden Finanzmarktstabilisierungsfonds-Verordnung (FMStFV) wurde hierfür eine rechtliche Grundlage geschaffen. Neben dem Finanzmarktstabilisierungsfonds (FMS oder SoFFin[72]) wurde sodann, ebenfalls zur Abwendung bzw. Überwindung von Bestandsgefährdungen von Instituten, ein weiterer Fonds, der sog. Restrukturierungsfonds, eingerichtet. Dieser finanziert sich im Gegensatz zum SoFFin nicht aus staatlichen Mitteln, sondern ausschließlich aus Beiträgen der Institute. Des Weiteren schuf der Gesetzgeber das Kreditinstitute-Reorganisationsgesetz (KredReorgG), das alternativ zur Insolvenz Verfahren zur Sanierung und Reorganisation von Instituten vorsieht.

Die von Maßnahmen des SoFFin und des Restrukturierungsfonds betroffenen bzw. profitierenden Institute haben im Gegenzug bestimmte Vorgaben hinsichtlich der Vergütung ihrer Organmitglieder und Geschäftsleiter zu beachten. Die Vorgaben werden den Instituten in Form öffentlich-rechtlicher Nebenbestimmungen zu einem Verwaltungsakt oder als privatrechtliche Bedingungen und Verpflichtungen durch die Bundesanstalt für Finanzmarktstabilisierung (FMSA) auferlegt[73]. In bestimmten Fällen soll die FMSA die Abgabe von Verpflichtungserklärungen verlangen[74]. Dass die Auferlegung der Vorgaben verschiedene Formen annehmen kann, resultiert daraus, dass der FMSA ein Wahlrecht[75] hinsichtlich ihrer Handlungsform für die Umsetzung der Stabilisierungsmaßnahmen zukommt. Für die Durchsetzung der Bedingungen und Auflagen bedeutet dies, dass die FMSA, je nach Handlungsform, auf allgemeine verwaltungsrechtliche Mittel zurückgreifen kann oder nur zivilrechtliche Handlungsmöglichkeiten hat. Damit auch Letztere effektiv sind, soll die FMSA bei einer vertraglichen Vereinbarung der Bedingungen auch die Rechtsfolgen bei Verstößen – insbesondere Kündigungsrechte, Schadensersatzansprüche und Vertragsstrafen – regeln[76].

---

72 Sonderfonds Finanzmarktstabilisierung.

73 Vgl. § 4 Abs. 2 S. 2 RStruktFG, der dies für Stabilitätsmaßnahmen des Restrukturierungsfonds ausdrücklich normiert, sowie § 5 Abs. 7 S. 2 und 4, Abs. 8 S. 1 FMStFV; *Jaletzke/Denzer*, in: Jaletzke/Verannemann, FMStG, § 4 Rn. 23.

74 Vgl. § 5 Abs. 7 S. 1 FMStFV.

75 *Jaletzke/Denzer*, in: Jaletzke/Verannemann, FMStG, § 4 Rn. 4.

76 Vgl. § 5 Abs. 8 S. 1 und 2 FMStFV.

Welche Vorgaben die FMSA letztlich auferlegen muss oder kann, geben das FMStFG, die FMStFV und das RStruktFG vor. Daneben bestehen von der FMSA erlassene Vergütungsgrundsätze. Im Rahmen des KredReorgG kann es zu einer gerichtlichen Überprüfung der Vorstandsvergütung kommen.

a) Vergütungsobergrenze von € 500.000

Als wohl einschneidendste Vorgabe schreiben die Maßnahmen des SoFFin und des Restrukturierungsfonds eine Vergütungsobergrenze von € 500.000 vor. Bei einer Rekapitalisierung durch den SoFFin nach § 7 FMStFG oder bei Maßnahmen des Restrukturierungsfonds nach § 5 Abs. 2 oder § 7 RStruktFG darf gemäß § 10 Abs. 2a S. 1 und Abs. 2b S. 1 FMStFG bzw. gemäß § 4 Abs. 3 S. 1 und Abs. 4 S. 1 RStruktFG grundsätzlich die monetäre Vergütung der Organmitglieder und Angestellten des Instituts jeweils € 500.000 pro Jahr nicht übersteigen. Zudem sind variable Vergütungen unzulässig[77]. Hält der Fonds jedoch weniger als 75 % der Anteile des Instituts, sind zum einen variable Vergütungen zulässig, soweit die feste und die variable Vergütung in der Summe € 500.000 nicht übersteigen[78]. Zum anderen darf die Vergütungsobergrenze überschritten werden, wenn mindestens die Hälfte der Rekapitalisierungen zurückgezahlt ist oder das zugeführte Kapital voll verzinst wird[79].

Die dargelegten Grundsätze zur Vergütungsobergrenze sind gemäß § 10 Abs. 2c S. 2 FMStFG bzw. § 4 Abs. 5 S. 2 RStruktFG bei Vertragsänderungen und -neuabschlüssen zu berücksichtigen. Für Altverträge gilt, dass aus ihnen keine den Grundsätzen widersprechenden Rechte hergeleitet werden können[80].

Die Vergütungsobergrenze von € 500.000 ist bei einer Risikoübernahme durch den SoFFin gemäß § 8 FMStFG weniger starr. Für diesen Fall gilt eine über € 500.000 liegende monetäre Vergütung lediglich grundsätzlich als unangemessen und der Fonds hat auf eine entsprechende Herabsetzung nach § 87 Abs. 2 AktG hinzuwirken[81].

b) Weitere Vorgaben

Gemäß § 5 Abs. 2 Nr. 4 S. 1 und 2 lit. a) FMStFV sollen die Institute bei einer Rekapitalisierung oder einer Risikoübernahme (über den Verweis in § 5 Abs. 4 FMStFV) durch den Soffin zu einer angemessene Ausgestaltung der Vergütung ihrer Organmitglieder und Geschäftsleiter verpflichtet werden. Diesbezüglich und hinsichtlich der näheren Ausführungen des § 5 Abs. 2 Nr. 4 lit. a) FMStFV bestehen keine nennenswerten inhaltlichen Abweichungen zu den ohnehin für die Vergütung von Vorstandsmitgliedern geltenden Vorgaben des § 87 Abs. 1 AktG. Besonderheiten stellen jedoch die Festlegung der Vergütungsobergrenze von € 500.000, ab der die Vergütung als nicht mehr angemessen gilt, sowie die Tatsache, dass der Fonds als

---

77 § 10 Abs. 2a S. 2 FMStFG bzw. § 4 Abs. 3 S. 2 RStruktFG.
78 § 19 Abs. 2b S. 2 FMStFG bzw. § 4 Abs. 4 S. 2 RStruktFG.
79 § 10 Abs. 2b S. 3 FMStFG bzw. § 4 Abs. 4 S. 3 RStruktFG.
80 § 10 Abs. 2c S. 4 FMStFG, bzw. § 4 Abs. 5 S. 4 RStruktFG.
81 § 5 Abs. 2 Nr. 4 lit. a) S. 6 FMStFV.

weiterer Akteur neben dem Aufsichtsrat der Angemessenheit der Vorstandsbezüge verpflichtet ist, dar.

Abfindungen sollen bei einer Rekapitalisierung oder einer Risikoübernahme unterbleiben, soweit sie nicht rechtlich geboten sind[82]. In Neuverträgen sollen keine Abfindungen für einen Kontrollwechsel oder für eine vorzeitige Beendigung der Tätigkeit vereinbart werden[83]. Grundsätzlich dürfen für die Zeit, in der Stabilisierungsmaßnahmen in Anspruch genommen werden, auch keine Bonifikationen und andere ermessensabhängige Vergütungsbestandteile gewährt werden[84]. Hinsichtlich erfolgsabhängiger Vergütungen gilt, dass die ihnen zugrunde liegenden Parameter nicht nachträglich zulasten des Instituts geändert werden dürfen[85].

Nach § 5 Abs. 2 Nr. 3 FMStFV bestehen Anforderungen an die Vergütungssysteme von Instituten und den von ihnen beherrschten Unternehmen, sofern sich der Fonds an einer Rekapitalisierung beteiligt oder er Garantien übernimmt (im letzteren Fall über den Verweis in § 5 Abs. 3 FMStFV). Die betroffenen Institute müssen die Vergütungssysteme auf ihre Anreizwirkung und Angemessenheit überprüfen und darauf hinwirken, dass keine Anreize zur Eingehung unangemessener Risiken bestehen, die Vergütungssysteme vielmehr an langfristigen und nachhaltigen Zielen ausgerichtet und transparent sind[86]. Diesen Vorgaben widersprechende Systeme oder Vergütungsbestandteile sind, soweit zivilrechtlich möglich, zu beenden[87].

Die FMSA-Vergütungsgrundsätze bestimmen zusätzlich, dass sämtliche Institute, die Maßnahmen des SoFFin und/oder des Restrukturierungsfonds in Anspruch nehmen, die für bedeutende Institute im Sinne des § 1 Abs. 2 InstitutsVergV geltenden Anforderungen gemäß §§ 5, 6 und 8 InstitutsVergV zu erfüllen haben[88]. Des Weiteren verlangen die FMSA-Vergütungsgrundsätze von den betroffenen Instituten, in einem formalisierten, transparenten und reproduzierbaren Prozess ein Budget für alle variablen Vergütungsbestandteile des Unternehmens, der Geschäftsbereiche und der Geschäftseinheiten aufzustellen[89]. Das Budget soll den Erfolg des Unternehmens, der Geschäftsbereiche und der Geschäftseinheiten widerspiegeln, gegebenenfalls reduziert werden sowie alle eingegangenen Risiken und verursachten Kosten berücksichtigen[90].

Für die Ermittlung der Höhe von vom Geschäftserfolg abhängigen variablen Vergütungsbestandteilen ist nach den FMSA-Vergütungsgrundsätzen davon auszugehen, dass mit ungewöhnlichen Erfolgen gegebenenfalls unerkannte Risiken

82 § 5 Abs. 2 Nr. 4 lit. b) S. 1 FMStFV.
83 § 5 Abs. 2 Nr. 4 lit. b) S. 2 FMStFV.
84 § 5 Abs. 2 Nr. 4 lit. c) FMStFV.
85 § 5 Abs. 2 Nr. 4 lit. d) FMStFV.
86 § 5 Abs. 2 Nr. 3 S. 1 FMStFV.
87 § 5 Abs. 2 Nr. 3 S. 2 FMStFV.
88 Vgl. FMSA-Grundsatz I S. 3.
89 Vgl. FMSA-Grundsatz VI S. 1.
90 FMSA-Grundsatz VI S. 1.

einhergehen[91]. Fällt ein Anspruch auf variable Vergütung außergewöhnlich hoch aus, so soll das Aufsichts- oder Geschäftsführungsorgan des Instituts die Angemessenheit des Anspruchs prüfen und die Möglichkeit haben, aufgrund der Risikolage und drohender Reputationsschäden den Anspruch zu reduzieren[92].

Den Angestellten der Institute dürfen nach FMSA-Grundsatz X S. 1 grundsätzlich keine monetären Leistungen mit der Maßgabe gewährt werden, sie von einer Kündigung des Anstellungsvertrags abzuhalten (sog. Halteboni). Ausnahmen sind zu begründen und dem Vergütungsausschuss mitzuteilen[93].

Hinsichtlich Abfindungs- und Übergangsgeldvereinbarungen verlangen die FMSA-Vergütungsgrundsätze, dass zwischen dem Grund bzw. Anlass der Vertragsbeendigung in Form von „Good leaver/Bad leaver"-Klauseln differenziert wird[94]. Die Gewährung und Bemessung sonstiger Vergütungsbestandteile, die aus Anlass oder im Zusammenhang mit der Vertragsbeendigung fällig werden, soll in Abhängigkeit bzw. unter Berücksichtigung der erbrachten Leistungen und deren Zukunftswirkung erfolgen[95].

c) *Gerichtliche Vergütungsprüfung nach dem KredReorgG*

Das KredReorgG stellt außerhalb des Insolvenzrechts ein Sanierungs- und ein Reorganisationsverfahren für Institute bereit. Die Verfahren dienen letztlich der Stabilisierung des Finanzmarkts[96] und werden durch eine institutseigene Anzeige bei der BaFin eingeleitet[97]. Soweit es zur Sanierung des Instituts erforderlich ist und das Institut seine Verpflichtungen gegenüber den Gläubigern nicht zu erfüllen droht, können auf Vorschlag der BaFin von Gerichts wegen Maßnahmen ergriffen werden[98]. So kann das zuständige Oberlandesgericht unter anderem die Anreizwirkung und Angemessenheit von Vergütungs- und Bonusregelungen der Geschäftsleitung überprüfen und bei Bedarf anpassen[99]. Die Auszahlung nicht geschuldeter Leistungen kann es verbieten[100].

---

91 Vgl. FMSA-Grundsatz VIII S. 1.
92 FMSA-Grundsatz VIII S. 2.
93 FMSA-Grundsatz X S. 1 und 2.
94 Vgl. FMSA-Grundsatz XI S. 1.
95 FMSA-Grundsatz XI S. 2 und 3.
96 § 1 Abs. 1 S. 1 KredReorgG.
97 §§ 2 Abs. 1 S. 1, 7 Abs. 1 S. 1 KredReorgG.
98 §§ 5 Abs. 1 S. 1, 7 Abs. 5 S. 1 KredReorgG.
99 §§ 5 Abs. 1 S. 2 Nr. 4 KredReorgG.
100 §§ 5 Abs. 1 S. 2 Nr. 4 KredReorgG.

II. Australien

1. Einleitung

Für australische Finanzinstitute in der Rechtsform einer *public company limited by shares* gelten zunächst die allgemeinen Regeln über die Vergütung von *executive directors* und *senior executives*[101], wie sie bereits aufgezeigt wurden. Neben dem CA 2001 gelten im Fall einer Börsennotierung auch die *Listing Rules* und die *ASX Corporate Governance Principles and Recommendations.* Zusätzlich unterliegen Finanzinstitute speziellen Vergütungsvorschriften.

Kredit- und Finanzdienstleistungsinstitute (im Folgenden „Institute“) sowie Versicherungsunternehmen unterstehen in Australien der Regulierung und Aufsicht der APRA. Die APRA ist gesetzlich dazu ermächtigt, aufsichtsrechtliche Normen, sog. *prudential standards*, für die ihr unterstehenden Institute zu erlassen[102]. Für die Vergütungspraxis in den Instituten maßgeblich sind die Vorgaben des *APRA Prudential Standard CPS 510-Governance* sowie des *APRA Prudential Practice Guide PPG 511-Remuneration.* Daneben statuiert der *APRA Prudential Standard APS 330-Public Disclosure* umfangreiche Publizitätsvorgaben für die Vergütung von *senior managers* und sog. *material risk-takers* in Instituten. Der Unterschied zwischen den *Standards* und dem *Guide* besteht darin, dass Erstere verbindlich[103] und durchsetzbar sind, wohingegen es sich bei dem *Guide* um einen bloßen Leitfaden handelt, der eine *best practice* für Institute aufzeigt.

Der *APRA Prudential Standard CPS 510* hat zum Ziel, Mindeststandards für eine gute Corporate Governance in den regulierten Instituten zu setzen[104]. Der *Guide* soll den Instituten eine Hilfestellung für die Einhaltung der *Standard*-Vorgaben geben[105]. Die APRA ist der Ansicht, dass von einer Unternehmenskultur, die von guter Unternehmensführung und -kontrolle geprägt ist, sämtliche Stakeholder eines Instituts profitierten und dass sie helfe, das öffentliche Vertrauen in das jeweilige Institut zu wahren[106]. Die Vergütungspraxis in Instituten wird dabei als ein Teil der Corporate Governance betrachtet, dessen Regulierung sich speziell daraus rechtfertigt, dass bestimmte Vergütungsgestaltungen zum Eingehen exzessiver, die Überlebensfähigkeit von Instituten gefährdender Risiken verleiten können[107]. Als zu verhindernde Szenarien gelten die Zusammenbrüche von Finanzinstituten im Ausland im Zuge

---

101 *Farrar*, 24 Australian Journal of Corporate Law (2010), 227 (230).

102 Vgl. sec. 11AF (1) Banking Act 1959; sec. 32 (1) Insurance Act 1973; sec. 230A (1) Life Insurance Act 1995.

103 Vgl. § 3 S. 1 APRA Prudential Standard CPS 510.

104 § 7 APRA Prudential Standard CPS 510; § 3 S. 1 APRA Prudential Practice Guide PPG 511.

105 § 2 Vorwort „About this guide“, APRA Prudential Practice Guide PPG 511.

106 Vorwort „Objectives and key requirements of this Prudential Standard“, APRA Prudential Standard CPS 510.

107 *Lewis*, Implementing, S. 1.

der Finanzmarktkrise[108]. Die APRA intendiert letztlich einen soliden Umgang mit den im Zusammenhang mit der Vergütung stehenden Risiken. Jedoch soll den Instituten weder ein bestimmtes Vergütungsniveau vorgeschrieben werden, noch sollen innovative Vergütungsmethoden unterbunden werden[109].

Der *APRA Prudential Standard CPS 510* und der *APRA Prudential Practice Guide PPG 511* lehnen sich an die internationalen Vorgaben des FSB aus dem Jahre 2009 an[110].

2. *Die Vorgaben im Einzelnen*

Inhaltlich erfordern der Standard und der Guide, dass die regulierten Institute Vergütungsgrundsätze (*remuneration policy*) nach bestimmten Maßgaben aufstellen und einen Vergütungsausschuss (*board remuneration committee*) einrichten.

a) Remuneration policy

Die Vergütungsgrundsätze sind nach §§ 42 S. 1, 54 APRA Prudential Standard CPS 510 als Teil des institutseigenen Risikomanagementsystems (*risk management framework*) nachweisbar zu etablieren und zu unterhalten. Das *board of directors* hat für die Einhaltung der Grundsätze zu sorgen und hierüber der APRA jährlich im Rahmen einer sog. *Risk Management Declaration* zu berichten[111]. Abhängig von der Größe und der Komplexität des jeweiligen Finanzinstituts müssen die Vergütungsgrundsätze mehr oder weniger umfangreich ausgestaltet sein[112]. Sie bedürfen der Zustimmung des *boards* und müssen auf Anfrage bei der APRA eingereicht werden[113].

aa) Erfasster Personenkreis

Die Vergütungsgrundsätze müssen sich auf bestimmte Verantwortungsträger im Unternehmen[114], Personen, die für die Risiko- und Finanzkontrolle zuständig sind sowie sonstige Personen, deren Vergütung maßgeblich erfolgsabhängig ausgestaltet ist und deren Handlungen Einfluss auf das finanzielle Wohl der Gesellschaft haben

108 *Lewis*, Implementing, S. 1.

109 § 2 S. 4 APRA Prudential Practice Guide PPG 511.

110 Vgl. die Prinzipien für solide Vergütungspraktiken („Principles for Sound Compensation Practices“ vom 2. April 2009), sowie die darauf aufbauenden konkreten Standards für solide Vergütungspraktiken („Principles for Sound Compensation Practices – Implementation Standards“ vom 25. September 2009).

111 §§ 23, 25 APRA Prudential Standard APS 310; §§ 6 S. 1, 25 APRA Prudential Standard LPS 220; § 37 APRA Prudential Standard GPS 220; § 4 S. 7 APRA Prudential Practice Guide PPG 511.

112 § 21 S. 2 APRA Prudential Practice Guide PPG 511.

113 §§ 43, 55 APRA Prudential Standard CPS 510.

114 I.e. *responsible persons* i.S.d. § 48 S. 2 APRA Prudential Standard CPS 510 i. V. m. Prudential Standard CPS 520-Fit and Proper.

können, erstrecken[115]. Zur letztgenannten Personengruppe zählen typischerweise die Händler an den Finanzmärkten, andere transaktionsorientierte Beschäftigte, auf Provisionsbasis agierendes Verkaufspersonal und Finanzintermediäre[116]. Diese Personen müssen nicht notwendigerweise direkt von der Gesellschaft beschäftigt sein, sondern können auch verbundenen Unternehmen oder unter bestimmten Voraussetzungen sonstigen Unternehmen angehören[117]. Die Vergütungsgrundsätze müssen erkennen lassen, für welche Personen im Unternehmen sie Geltung beanspruchen[118]. Letztlich entscheidend im vorliegenden Kontext ist, dass sich die Vergütungsgrundsätze auf die Vergütung der *executive directors* und *senior executives* erstrecken müssen.

bb) Inhaltliche Anforderungen

(1) Anforderungen an die Vergütungsgrundsätze an sich

In materieller Hinsicht müssen die Vergütungsgrundsätze die mit der Vergütung verfolgten Ziele sowie die Struktur der Vergütungsregelungen im Unternehmen, einschließlich der erfolgsabhängigen Vergütungselemente, beschreiben[119]. Der Begriff „Vergütungsregelungen“ (*remuneration arrangements*) umfasst die im Unternehmen verwendeten Erfolgsmaßstäbe, die Mischung verschiedener Vergütungsformen (feste und variable Bestandteile; Bar- und aktienbezogene Vergütung) sowie die Festlegung der Bezugszeitpunkte[120].

Die Vergütungsgrundsätze müssen des Weiteren ein Hedging-Verbot hinsichtlich aufgeschobener Vergütungen in Form von Aktien oder aktienbasierten Vergütungselementen vorsehen[121]. In diesem Zusammenhang ist auch das Vorgehen der Gesellschaft für den Fall eines Verstoßes gegen das Hedging-Verbot zu erläutern[122].

Bezüglich solcher Personen, die mit dem Kontroll- und Risikomanagement der Gesellschaft betraut sind, müssen die Vergütungsgrundsätze sicherstellen, dass die Vergütung eine unabhängige Aufgabenwahrnehmung nicht beeinträchtigt[123]. Dabei werden Bonuszahlungen, die auf dem Gesamterfolg des Instituts beruhen, als zulässig erachtet, solange eine unabhängige Erfolgsmessung gewährleistet ist[124]. Gleichzeitig hält es die APRA für angemessen, den mit dem Kontroll- und Risikomanagement

115 § 48 S. 2 APRA Prudential Standard CPS 510.
116 § 27 (c) S. 3 APRA Prudential Practice Guide PPG 511.
117 §§ 48 S. 3, 49 APRA Prudential Standard CPS 510.
118 § 48 S. 1 APRA Prudential Standard CPS 510.
119 § 42 S. 2 APRA Prudential Standard CPS 510.
120 § 44 APRA Prudential Standard CPS 510.
121 § 51 S. 1 APRA Prudential Standard CPS 510.
122 § 51 S. 2 APRA Prudential Standard CPS 510.
123 § 52 APRA Prudential Standard CPS 510.
124 Vgl. § 40 S. 3 APRA Prudential Practice Guide PPG 511.

betrauten Personen eine vergleichsweise hohe Fixvergütung und entsprechend weniger erfolgsbezogene Vergütungselemente zu gewähren[125].

Damit ist die Frage angesprochen, in welchem Verhältnis Grundvergütung und erfolgsabhängige Vergütung grundsätzlich stehen sollten. Die APRA macht hierzu keine festen Vorgaben. Für erstrebenswert hält sie es jedoch, wenn die Vergütungsgrundsätze eine ausreichende Grundvergütung vorschreiben, um eine unabhängige Entscheidung des *boards* über die (zusätzliche) Gewährung der erfolgsabhängigen Vergütung zu ermöglichen[126]. Sodann komme es für das *board* darauf an, die Anreize so zu setzen, dass sie zwar zu einer Leistungssteigerung, jedoch nicht zu einem Eingehen übermäßiger Risiken animieren[127]. Im Proporz der erfolgsabhängigen Vergütung sollte sich das mit der Tätigkeit des jeweiligen Beschäftigten einhergehende Risiko für das Finanzinstitut widerspiegeln[128]. Können große Risikopositionen aufgebaut werden, sollte der Anteil an erfolgsabhängiger Vergütung entsprechend gering sein[129]. In Fällen, in denen ein Beschäftigter tatsächlich übermäßige Risiken für das Unternehmen eingegangen ist, sollten die Vergütungsgrundsätze eine Kürzung der erfolgsabhängigen Vergütung (gegebenenfalls bis auf Null) vorsehen[130].

(2) Erfolgsabhängige Vergütungselemente

Neben den genannten Anforderungen an die Vergütungsgrundsätze im Allgemeinen bestehen Vorgaben hinsichtlich der erfolgsabhängigen Vergütungsbestandteile. Diese müssen so ausgestaltet sein, dass sie zu einem Verhalten ermutigen, das dem langfristigen finanziellen Wohlergehen des Instituts und dem unternehmenseigenen Risikomanagementsystem förderlich ist[131]. Des Weiteren müssen sie Vergütung und umsichtiges Risikoverhalten miteinander vereinbaren[132]. Zuletzt bedarf es im Rahmen der erfolgsabhängigen Vergütungsbestandteile Anpassungsmechanismen, um den Folgen des unternehmerischen Handelns, den eingegangenen Risiken sowie der bis zu einer verlässlichen Folgenabschätzung verstreichenden Zeit angemessen Rechnung zu tragen[133]. Dem *board* muss es durch entsprechende Vorbehalte in den Vergütungsvereinbarungen möglich sein, die Vergütung gegebenenfalls bis auf Null zu reduzieren, wenn solche Anpassungen zum Schutz der finanziellen Solidität des Instituts nötig sind, oder um auf erhebliche unerwartete oder unbeabsichtigte

125 Vgl. § 41 APRA Prudential Practice Guide PPG 511.
126 Vgl. § 69 S. 1 APRA Prudential Practice Guide PPG 511.
127 Vgl. § 69 S. 2 APRA Prudential Practice Guide PPG 511.
128 Vgl. § 51 S. 1 APRA Prudential Practice Guide PPG 511.
129 Vgl. § 51 S. 2 APRA Prudential Practice Guide PPG 511.
130 Vgl. § 51 S. 3 APRA Prudential Practice Guide PPG 511.
131 § 45 APRA Prudential Standard CPS 510; § 76 S. 2 APRA Prudential Practice Guide PPG 511.
132 § 46 APRA Prudential Standard CPS 510.
133 § 46 APRA Prudential Standard CPS 510.

Folgen zu reagieren[134]. Ebenso sollten Vorkehrungen für den Fall getroffen werden, dass die Erfolgsbilanz innerhalb des Unternehmens stark divergiert[135].

Aus Sicht der APRA zeichnen sich effektive Vergütungsregelungen dadurch aus, dass sie Risiken hinreichend berücksichtigen[136]. Werden Umsatz, Volumen- oder Marktanteilszuwachs als Maßstab für die Leistungsbewertung gewählt, könne dies die Vergütungsempfänger dazu verleiten, die mit bestimmten Geschäften verbundenen Risiken außer Acht zu lassen[137]. Der Gewinn kann aus Sicht der APRA in einigen Fällen ein geeigneter Maßstab für die Leistungsbewertung sein[138]. Jedoch sei auch hier eine Berücksichtigung der Risiken erforderlich, einschließlich der zukünftigen Risiken, die sich nicht im Buchgewinn niederschlagen[139]. Auf welche Art und Weise die Risikoberücksichtigung technisch umzusetzen ist, bleibt den Instituten überlassen[140]. Die Wahl der Aktienrendite (*total shareholder return*) als Leistungsmaßstab für die variable Vergütung hat nach Ansicht der APRA den Nachteil, dass die Rendite auf Kosten des langfristigen Unternehmenswohls kurzfristig in die Höhe getrieben werden kann[141]. Folglich biete sich die Aktienrendite vorzugsweise in Kombination mit anderen Maßstäben zur Leistungsbemessung an[142]. Insbesondere nicht-finanzielle Maßstäbe wie die Beachtung von unternehmensinternen Verhaltensregeln und Risikovorgaben sollten nach Ansicht der APRA ebenfalls zum Einsatz kommen[143].

Wie eingangs erläutert, gibt der *APRA Prudential Standard CPS 510* vor, bei der Vereinbarung erfolgsabhängiger Vergütung die bis zu einer verlässlichen Leistungsbewertung verstreichende Zeit angemessen zu berücksichtigen[144]. Die APRA hält es diesbezüglich für angebracht, die Fälligkeit der Vergütung entsprechend aufzuschieben oder alternativ zumindest eine der Unsicherheit geschuldete Kürzung der Vergütung vorzunehmen[145]. Dabei wird erkannt, dass ein sehr langer Aufschub die mit erfolgsbasierten Vergütungselementen intendierte Anreizwirkung schwächen kann und es folglich darauf ankommt, ein gesundes Mittelmaß zu finden[146]. Für den Fall eines vorzeitigen Ausscheidens aus dem Amt sollten aufgeschobene Vergütungen nach Meinung der APRA nicht automatisch fällig gestellt werden[147].

---

134 § 47 APRA Prudential Standard CPS 510; § 75 Prudential Practice Guide PPG 511.
135 Vgl. § 74 APRA Prudential Practice Guide PPG 511.
136 Vgl. § 46 APRA Prudential Practice Guide PPG 511.
137 § 47 S. 1 APRA Prudential Practice Guide PPG 511.
138 Vgl. § 48 APRA Prudential Practice Guide PPG 511.
139 Vgl. § 48 APRA Prudential Practice Guide PPG 511.
140 Vgl. § 49 APRA Prudential Practice Guide PPG 511.
141 Vgl. § 52 S. 3 APRA Prudential Practice Guide PPG 511.
142 Vgl. § 52 S. 5 APRA Prudential Practice Guide PPG 511.
143 Vgl. § 53 S. 2 APRA Prudential Practice Guide PPG 511.
144 Vgl. § 46 APRA Prudential Standard CPS 510.
145 Vgl. §§ 54 S. 2, 57 APRA Prudential Practice Guide PPG 511.
146 Vgl. § 60 S. 2, 3 APRA Prudential Practice Guide PPG 511.
147 Vgl. § 66 APRA Prudential Practice Guide PPG 511.

(3) Aktienbezogene Vergütungselemente

Aufsichtsrechtlich ist weder eine bestimmte Zusammensetzung der Vergütung, z. B. aus Aktien, Aktienoptionen, Barmitteln und anderen Elementen, vorgeschrieben, noch bestehen Verbote für bestimmte Gestaltungen[148]. Die APRA sieht jedoch in aktienbezogenen Vergütungselementen, die erst nach gewissem Zeitablauf unverfallbar werden, ein probates Mittel, um Anreize zu einem längerfristigen, verantwortungsvollen Umgang mit Risiken zu schaffen[149]. Indem das persönliche Interesse mit dem des Finanzinstituts verwoben sei, bestehe ein Anreiz zur Werterhaltung und Wertsteigerung[150].

Zugleich mahnt die APRA einen verantwortungsvollen Umgang mit Aktienoptionen als Vergütungselement an[151]. Die von ihnen ausgehende Anreizwirkung könne weitaus extremer ausfallen, als dies bei anderen Vergütungsformen der Fall sei[152]. Der Grund hierfür wird in dem Hebeleffekt bei Kursgewinnen einerseits und dem mangelnden Risiko bei Kursverlusten andererseits gesehen[153]. Auch die Länge des Aufschubzeitraums verdiene bei aktienbezogenen Vergütungselementen besondere Aufmerksamkeit, sodass bei idealer Ausgestaltung auch gegen Ende der Amtszeit noch im langfristigen Interesse des Unternehmens gehandelt werde[154].

(4) Antrittsprämien und Abfindungen

Die APRA gesteht den regulierten Unternehmen durchaus ein legitimes Interesse an der Gewährung von Antrittsprämien und Abfindungen zu[155]. Zugleich dürfe dies jedoch nicht auf Kosten einer soliden Vergütungspraxis gehen, sodass solche Zahlungen zumindest mit geeigneten Aufschub- und Erfolgshürden versehen sein müssten[156]. Antrittsprämien in Form von garantierten oder im Voraus geleisteten Geldzahlungen widersprächen demnach einer soliden Vergütungspraxis[157]. Ebenso verhalte es sich mit Vereinbarungen, die vorzeitige oder ungewöhnlich hohe Zahlungen an ausscheidende Geschäftsleiter vorsehen[158]. Solche *golden parachutes* würden zudem ein erhebliches Schadenspotential für das Unternehmen bergen[159]. Denn ein auf diese Weise abgesicherter Geschäftsleiter wird nach Ansicht der APRA gegebenenfalls sehr viel größere Risikopositionen für das Unternehmen aufbauen,

148 Vgl. § 77 S. 1 APRA Prudential Practice Guide PPG 511.
149 Vgl. § 77 S. 3 APRA Prudential Practice Guide PPG 511.
150 Vgl. § 77 S. 4 APRA Prudential Practice Guide PPG 511.
151 Vgl. § 78 S. 1, 6 APRA Prudential Practice Guide PPG 511.
152 Vgl. § 78 S. 2 APRA Prudential Practice Guide PPG 511.
153 Vgl. § 78 S. 3, 4 APRA Prudential Practice Guide PPG 511.
154 Vgl. § 79 S. 1, 2 APRA Prudential Practice Guide PPG 511.
155 Vgl. § 82 S. 2, 3 APRA Prudential Practice Guide PPG 511.
156 Vgl. § 82 S. 4 APRA Prudential Practice Guide PPG 511.
157 § 83 S. 1 APRA Prudential Practice Guide PPG 511.
158 § 84 S. 1 APRA Prudential Practice Guide PPG 511.
159 § 84 S. 1 APRA Prudential Practice Guide PPG 511.

als er dies ohne die Aussicht auf eine Abfindung für den Fall seines Scheiterns tun würde[160].

(5) Nebenleistungen

Grundsätzlich ist es aus Sicht der APRA nicht zu beanstanden, wenn ein Institut seinen Beschäftigten Nebenleistungen, beispielsweise in Form von Preisnachlässen oder der Erstattung von unternehmensbezogenen Repräsentationsaufwendungen, gewährt[161]. Bedenklich sei dies nur, wenn die Nebenleistungen einen erheblichen Teil der Gesamtvergütung ausmachen oder ungewöhnlich hoch sind[162]. Empfehlenswert erscheint es der APRA, wesentliche Nebenleistungen zum Gegenstand der Vergütungsgrundsätze zu machen[163].

b) Board remuneration committee

Grundsätzlich müssen Finanzinstitute einen den Vorgaben des *Prudential Standard CPS 510* genügenden Vergütungsausschuss des *boards* einrichten und unterhalten[164]. Eine von diesem Erfordernis befreiende Anordnung der APRA kommt nur unter außergewöhnlichen Umständen und unter der Voraussetzung, dass das *board* ebenbürtige Maßnahmen ergriffen hat, in Betracht[165]. Freilich ändert das Erfordernis nichts an der Letztverantwortlichkeit des *boards* für die Vergütung im Unternehmen[166]. Bei Konzernsachverhalten reicht es unter bestimmten Umständen aus, nur einen zentralen Vergütungsausschuss zu etablieren[167].

Der Ausschuss muss aus mindestens drei Personen bestehen, die sämtlich *non-executive directors* und in der Mehrzahl unabhängig sind[168]. Den Vorsitz des Ausschusses muss ein unabhängiger *director* innehaben[169]. Die APRA erwartet von dem Ausschuss das Vorhandensein der für eine pflichtgemäße Aufgabenwahrnehmung nötigen Erfahrung und Expertise[170]. Dies beinhaltet Erfahrungen im Hinblick auf die Vergütungsfestsetzung, sowie branchenspezifische Kenntnisse betreffend eine effektive Ausgestaltung der Vergütung im Hinblick auf die Risikobereitschaft der Vergütungsempfänger[171]. Gegebenenfalls ist Rat von anderen Stellen innerhalb des

160 Vgl. § 84 S. 2 APRA Prudential Practice Guide PPG 511.
161 Vgl. § 88 S. 1, 2 APRA Prudential Practice Guide PPG 511.
162 Vgl. § 88 S. 3 APRA Prudential Practice Guide PPG 511.
163 Vgl. § 89 APRA Prudential Practice Guide PPG 511.
164 § 56 APRA Prudential Standard CPS 510.
165 § 5 S. 2 APRA Prudential Practice Guide PPG 511.
166 § 4 S. 2 APRA Prudential Practice Guide PPG 511.
167 § 61 APRA Prudential Standard CPS 510.
168 § 57 S. 1–3 APRA Prudential Standard CPS 510.
169 § 57 S. 4 APRA Prudential Standard CPS 510.
170 Vgl. § 13 S. 1 APRA Prudential Practice Guide PPG 511.
171 § 13 S. 3 APRA Prudential Practice Guide PPG 511.

Instituts oder externer Rat einzuholen[172]. In beiden Fällen ist darauf zu achten, dass aufseiten des Beraters kein Interessenkonflikt besteht und seine Unabhängigkeit gewahrt ist[173]. Externe Vergütungsberater sollten daher möglichst nicht zugleich als Berater für das Management tätig sein[174].

In einer Satzung des Ausschusses müssen dessen Funktionen, Pflichten und Handlungsweisen festgelegt sein[175]. Der Pflichten- und Verantwortungsbereich des Ausschusses ist recht umfassend. So muss er regelmäßig, mindestens jedoch alle 3 Jahre[176], die Vergütungsgrundsätze des Instituts überprüfen und dazu Empfehlungen abgeben[177]. Gegenstand der Überprüfung müssen insbesondere die Rechtmäßigkeit und die Effektivität der Vergütungsgrundsätze sein[178]. In einem zweiten Schritt erwartet die APRA von dem Vergütungsausschuss, dass er darauf achtet, dass die tatsächlich gewährten Vergütungen mit den Zielen der Vergütungsgrundsätze vereinbar sind und sich im beabsichtigten, angemessenen Rahmen halten[179].

Als weitere Pflicht muss der Ausschuss dem *board* alljährlich Empfehlungen für die Vergütungen des CEOs, der dem CEO unmittelbar berichtspflichtigen Führungskräfte, anderer Personen, deren Handlungen nach Ansicht des Ausschusses Einfluss auf das finanzielle Wohl des Instituts haben können, sowie sonstiger vonseiten der APRA spezifizierter Personen abgeben[180]. Neben diesen individualisierten Empfehlungen muss der Ausschuss Vergütungsempfehlungen für ganze Personengruppen abgeben, soweit sie den institutseigenen Vergütungsgrundsätzen unterliegen[181]. Regelmäßig beinhaltet dies eine Entscheidung über die Verteilung des Bonuspools des Instituts[182]. Die einzelnen Mitglieder des Vergütungsausschusses müssen auf Anfrage für Treffen mit der APRA stets zur Verfügung stehen[183].

Der Vergütungsausschuss muss mit allen zur Wahrnehmung seiner Funktionen erforderlichen Rechten ausgestattet sein[184]. Insbesondere muss er sich frei und uneingeschränkt des Personals der Risiko- und Finanzkontrolle und anderer interner und externer Parteien bedienen dürfen[185]. Sofern der Ausschuss unternehmensexterne Hilfe in Anspruch nimmt, muss er das in einer Art und Weise tun können, die sicherstellt, dass die Erteilung des Auftrags an den Externen sowie die Beratungsleistungen

---

172 § 13 S. 4 APRA Prudential Practice Guide PPG 511.
173 Vgl. §§ 15 S. 3, 20 S. 1 APRA Prudential Practice Guide PPG 511.
174 Vgl. § 20 S. 2 APRA Prudential Practice Guide PPG 511.
175 § 58 S. 1 APRA Prudential Standard CPS 510.
176 Vgl. § 10 APRA Prudential Practice Guide PPG 511.
177 § 59 (a) APRA Prudential Standard CPS 510.
178 § 59 (a) S. 2 APRA Prudential Standard CPS 510.
179 § 8 S. 2, 3 APRA Prudential Practice Guide PPG 511.
180 § 59 (b) APRA Prudential Standard CPS 510.
181 § 59 (c) APRA Prudential Standard CPS 510.
182 § 12 S. 2 APRA Prudential Practice Guide PPG 511.
183 § 62 APRA Prudential Standard CPS 510.
184 § 58 S. 2 APRA Prudential Standard CPS 510.
185 § 60 (a) APRA Prudential Standard CPS 510.

an sich unabhängig erfolgen[186]. Die APRA erwartet des Weiteren, dass kein externer Berater ausgewählt wird, der gegenwärtig für das Management des Instituts tätig ist bzw. kürzlich tätig war[187].

3. *Aufsicht*

Die APRA überwacht die Einhaltung des *Prudential Standard CPS 510.* Dabei kommt zunächst den Finanzinstituten selbst eine bedeutende Rolle zu. Sobald sie Kenntnis von eigenen Verstößen oder von drohenden eigenen Verstößen gegen den *Standard* erlangen und der jeweilige Verstoß signifikant ist bzw. wäre, müssen sie hierüber unverzüglich der APRA schriftlich berichten[188]. Keinesfalls darf der Bericht später als 10 Tage nach Kenntniserlangung erstattet werden[189]. Für die Beurteilung, ab wann ein Verstoß als signifikant zu werten ist, sind unter anderem folgende Aspekte beachtlich: die Anzahl und Häufigkeit ähnlicher Verstöße, die Auswirkungen des Verstoßes auf die Aufrechterhaltung des Geschäftsbetriebs des Instituts, inwieweit der Verstoß grundsätzliche Compliance-Versäumnisse indiziert und welche tatsächlichen oder potenziellen Schäden aus ihm resultieren[190]. Kommt ein Finanzinstitut seiner Berichtspflicht nicht nach, so stellt dies ein Vergehen dar, das mit einer Geldstrafe geahndet werden kann[191].

Die APRA kann auf (drohende) Verstöße gegen den *Prudential Standard* reagieren, indem sie Anordnungen (*directions*) gegenüber dem jeweiligen Institut erlässt[192]. Anordnungen kommen darüber hinaus in einer Reihe anderer Fälle in Betracht, beispielsweise, wenn es im Interesse der Einleger erforderlich ist[193], bei drohender Zahlungsunfähigkeit[194], bei einer schwerwiegenden Verschlechterung der Finanzlage[195] oder wenn von einem Institut Gefahren für die Stabilität des gesamten Finanzsystems ausgehen[196]. Die Anordnungen müssen schriftlich gegenüber dem jeweiligen Institut erfolgen und sich auf einen konkreten Grund beziehen[197]. Welche Anordnungen die APRA insbesondere treffen kann, lässt sich sec. 11CA (2) Banking Act 1959 entnehmen. Primär und im vorliegenden Zusammenhang am relevantesten kann sie die Einhaltung des *Prudential Standards* anordnen[198]. Daneben kommt eine

---

186 § 60 (b) APRA Prudential Standard CPS 510.
187 Vgl. § 20 S. 2 APRA Prudential Practice Guide PPG 511.
188 Vgl. sec. 62A (1B) Banking Act 1959.
189 Vgl. sec. 62A (1B) (c) Banking Act 1959.
190 Vgl. sec. 62A (1C) Banking Act 1959.
191 Vgl. sec. 62A (1B) Banking Act 1959.
192 Vgl. sec. 11CA (1) (b), (c) Banking Act 1959.
193 Sec. 11CA (1) (e) (i) Banking Act 1959.
194 Sec. 11CA (1) (f) Banking Act 1959.
195 Sec. 11CA (1) (h) Banking Act 1959.
196 Sec. 11CA (1) (k) Banking Act 1959.
197 Sec. 11CA (1A) Banking Act 1959.
198 Sec. 11CA (2) (a) Banking Act 1959.

Vielzahl von Maßnahmen in Betracht[199], wie die Absetzung von *directors* und *senior executives*[200] oder deren Ausschluss von Managementaufgaben[201]. Die APRA kann zudem die Gewährung von Vermögensvorteilen untersagen oder beschränken[202].

Unmittelbare Rechtsfolge einer Anordnung durch die APRA ist, dass das Institut, ungeachtet entgegenstehender Satzungsbestimmungen oder entgegenstehender Vertragsbindungen, ermächtigt ist, der Anordnung nachzukommen[203]. Von Dritten dürfen an den Erlass einer Anordnung keine Rechtsfolgen geknüpft werden[204]. Soweit jedoch ein Institut infolge einer Anordnung vertragliche Pflichten nicht erfüllt, muss grundsätzlich auch der jeweilige Vertragspartner nicht mehr leisten[205]. Die Auswirkungen einer Anordnung auf einen Vertrag stehen einer gerichtlichen Überprüfung offen. So kann jede Vertragspartei bei dem *Federal Court of Australia* einen Beschluss beantragen, durch den über die Aufrechterhaltung bestimmter Vertragspflichten oder die anderweitige Vertragsabwicklung entschieden wird[206]. Die gerichtlichen Anordnungen dürfen dabei nicht im Widerspruch zu den Anordnungen der APRA stehen[207].

Kommt ein Institut einer Anordnung der APRA nicht nach oder verstößt es gegen eine Anordnung, so kann ihm nach sec. 9A (2) (a) (ii) Banking Act 1959 die Erlaubnis zum Betreiben von Bankgeschäften entzogen werden. Zudem stellt dies nach sec. 11CG (1) Banking Act 1959 ein Vergehen aufseiten des Instituts dar. Die *directors* und *senior executives* des Instituts machen sich ebenso strafbar, wenn sie nicht in angemessener Art und Weise darauf hinwirken, dass das Institut den Anordnungen der APRA nachkommt[208].

III. Vergleich und Bewertung

Sowohl im deutschen, als auch im australischen Recht unterliegen Unternehmen des Finanzsektors speziellen Regeln hinsichtlich der Vergütung ihrer Geschäftsleiter. In Deutschland sind diese Regeln in Gesetzen und Verordnungen verankert, wohingegen in Australien die APRA als Aufsichtsbehörde über die Finanzinstitute Vorschriften und (unverbindliche) Guidelines erlassen hat.

Der Regelungsumfang der Vorgaben ist nicht auf die Geschäftsleiterebene der Institute beschränkt. In Deutschland gelten die Regeln für alle Mitarbeiter, in Australien für besonders einflussreiche Personen im Hinblick auf die Finanzlage der

199 *Burton/Weaver/Breen/Tyree*, Banker and Customer, [1.1940].
200 Sec. 11CA (2) (c) Banking Act 1959.
201 Sec. 11CA (2) (d) Banking Act 1959.
202 Sec. 11CA (2) (g) Banking Act 1959.
203 Sec. 11CA (4) Banking Act 1959.
204 Sec. 11CD (1A) Banking Act 1959.
205 Sec. 11CD (2) Banking Act 1959.
206 Sec. 11CD (3) s. 1, 2 Banking Act 1959.
207 Sec. 11CD (3) s. 3 Banking Act 1959.
208 Sec. 11CG (2) Banking Act 1959.

Institute. Vor dem Hintergrund, dass die Gehälter von Mitarbeitern auf untergeordneten Ebenen, vornehmlich im Investmentbankingbereich, oftmals höher ausfallen als diejenigen der Führungsriege, zugleich aber auf diesen untergeordneten Ebenen enorme Risikopositionen aufgebaut werden können, ist die Erstreckung des Anwendungsbereichs über die Geschäftsleiterebene hinaus konsequent. Der weite persönliche Anwendungsbereich ist letztlich Ausfluss der hinter den Regeln stehenden Intention. Primär soll vermieden werden, dass die Ausgestaltung der Vergütung zur Eingehung übermäßiger, bei Realisierung die Existenz des Instituts gefährdender Risiken verleitet. Die in Reaktion auf die Finanzmarktkrise vom Rat für Finanzstabilität (FSB) entwickelten Prinzipien und Standards für solide Vergütungspraktiken wurden sowohl in Deutschland als auch in Australien weitestgehend umgesetzt. Die deutschen Regeln berücksichtigen zusätzlich gemeinschaftsrechtliche Vorgaben und die Leitlinien des CEBS. Einige wichtige deutsche Regeln über die Vergütung in Finanzinstituten, namentlich die des FMStFG, des RStruktFG und des KredReorgG, sind der Tatsache geschuldet, dass einige Institute im Zuge der Finanzmarktkrise in ihrer Existenz bedroht waren und staatlicher Unterstützung bedurften. In diesen Unternehmen soll der Abfluss finanzieller Mittel in Form hoher Vergütungen verhindert werden. Die australischen Finanzinstitute durchstanden die Finanzmarktkrise verhältnismäßig gut und der australische Staat sah sich nicht zu *Bail-outs* gezwungen. Deshalb gab es hier keinen Anlass, spezielle Vergütungsregeln für in finanzielle Schieflage geratene Institute vorzusehen, und man sucht solche Regeln im australischen Recht vergebens.

Ein Vergleich der Vergütungsregeln, die unabhängig von einer Schieflage des Instituts oder von einer Inanspruchnahme von Finanzhilfen bestehen, zeigt, dass das deutsche Recht hier im Gegensatz zum australischen Recht nochmals zwischen bedeutenden und den übrigen Instituten differenziert. Gilt ein Institut als bedeutend im Sinne des § 17 InstitutsVergV, unterliegt es neben den allgemein für die Vergütung in Finanzinstituten bestehenden Regeln zusätzlichen, ungleich strengeren Vorgaben. In Australien müssen lediglich die Vergütungsgrundsätze in großen Finanzinstituten umfangreicher ausgestaltet sein. Der Unterschied mag seinen Grund darin haben, dass in Deutschland die Bankenlandschaft weniger konzentriert ist als in Australien, wo die vier Großbanken ANZ, CBA, NAB und Westpac den Markt dominieren[209]. Der Vielzahl kleiner und mittelgroßer Finanzinstitute in Deutschland kommt keine oder nur bedingt Systemrelevanz zu, sodass eine differenzierende Regulierung angebracht erscheint.

Vergleicht man die speziell für die Vergütung in Finanzinstituten bestehenden Vorschriften auf ihren Regelungsgehalt, ist stets zu berücksichtigen, dass diese Vorschriften allgemeine Vorgaben für die Vergütung in Unternehmen ergänzen. Ein Weniger an spezieller Reglementierung kann seinen Grund in einem Mehr an allgemeiner Reglementierung haben. Es verbietet sich demnach, die Vorschriften völlig isoliert zu betrachten und daraus Schlüsse zu ziehen.

---

209 Vgl. *Hill*, Sydney Law School Legal Studies Research Paper No. 12/35, S. 45.

1. *Vergütungssystem und remuneration policy*

Sowohl in Deutschland als auch in Australien legen die Regeln über die Vergütung in Finanzinstituten einen Schwerpunkt auf die Reglementierung der in den Unternehmen herrschenden Vergütungsprinzipien. Das deutsche Recht macht Vorgaben, wie die Vergütungssysteme auszurichten sind: angemessen, transparent und auf eine nachhaltige Entwicklung zielend. Dagegen beschränkt sich das australische Recht weitestgehend darauf vorzuschreiben, mit was sich die *remuneration policy* befassen muss. Auch bezüglich des Verhältnisses von Grundvergütung und erfolgsabhängiger Vergütung verzichtet das australische Recht auf eine feste Vorgabe und wird lediglich in den Guidelines konkret. Anders das deutsche Recht, das auch bezüglich des Verhältnisses von Grundvergütung und erfolgsabhängiger Vergütung die feste Vorgabe der Angemessenheit macht. Im Kern fordern die Guidelines und die das Angemessenheitskriterium konkretisierende Verordnung dasselbe. Die Abhängigkeit von der erfolgsabhängigen Vergütung darf nicht übermäßig groß sein. Gleichzeitig soll der Teil der erfolgsabhängigen Vergütung aber so groß sein dürfen, dass positive Verhaltensanreize von ihm auszugehen vermögen. Während die Guidelines das Verhältnis von fixer und variabler Vergütung im Einzelfall von der Möglichkeit, Risiken für das Institut zu begründen, abhängig machen, verpflichtet die InstitutsVergV die Institute, eine Obergrenze für das Verhältnis zu etablieren. Zudem stellt der seit Jahresbeginn 2014 geltende Bonus-Cap eine enorme Verschärfung der bisherigen Rechtslage dar und findet keine Entsprechung im australischen Recht. Seine Auswirkungen bleiben abzuwarten. Jedoch zeichnet sich ab, dass die Institute dazu übergehen werden, die Einschränkungen bei der variablen Vergütung durch ein Anheben der Fixvergütung oder anderweitige Gestaltungen zu kompensieren[210]. Eine politische Dimension erhalten die auf europäischen Rechtsakten beruhenden Beschränkungen dadurch, dass sich die europäischen Banken auf globaler Ebene einem Nachteil im Wettbewerb um die besten Geschäftsleiter und Mitarbeiter ausgesetzt sehen[211]. In Anbetracht der Tatsache, dass gerade der Geschäftsbereich des Investmentbanking sehr internationalisiert ist, erscheint diese Befürchtung nicht gänzlich unberechtigt.

2. *Erfolgsabhängige Vergütung und Vergütungszusammensetzung*

Bezüglich der variablen Vergütung als wesentliches Element des Vergütungssystems machen beide Rechtsordnungen verbindliche Vorgaben. Das australische Recht stellt an dieser Stelle den Bezug zum langfristigen finanziellen Wohlergehen des Instituts her und verlangt die Ausrichtung der variablen Vergütung hierauf. Somit taucht hier der Nachhaltigkeitsgedanke auf, den das deutsche Recht als Vorgabe für die Ausrichtung des gesamten Vergütungssystems statuiert. Den von variablen Vergütungsbestandteilen ausgehenden Gefahren für die Solidität eines

---

210 Vgl. FAZ vom 6.1.2014, S. 19.
211 Vgl. FAZ vom 6.1.2014, S. 19.

Finanzinstituts tragen beide Rechtsordnungen Rechnung, indem sie Begrenzungs- bzw. Anpassungsmöglichkeiten für außerordentliche Entwicklungen verlangen. Zudem erkennen sie, dass eine verlässliche Leistungsevaluation oft erst nach Verstreichen mehrerer Jahre möglich ist, und fordern deshalb eine mehrjährige Bemessungsgrundlage, einen Fälligkeitsaufschub oder eine dieser Unsicherheit geschuldete Kürzung der Vergütung. In Deutschland werden Begrenzungsmöglichkeiten und eine mehrjährige Bemessungsgrundlage in § 87 Abs. 1 S. 2 AktG schon generell für variable Vorstandsvergütungselemente in börsennotierten Aktiengesellschaften verlangt.

Das deutsche Verbot einer längerfristigen Garantie der variablen Vergütung findet in dieser Form kein Äquivalent im australischen Recht. Gleiches gilt für die Vorgaben für die variable Vergütung in bedeutenden Instituten, namentlich den konkreten Vorgaben zur zeitweisen Zurückbehaltung der variablen Vergütung und den Vorgaben hinsichtlich der Vergütungsparameter. Letztlich rechtfertigen sich diese Vorgaben aber aus den im Zuge der Finanzmarktkrise gemachten Erfahrungen. Zu den der variablen Vergütung zugrunde liegenden Vergütungsparametern äußern sich in Australien lediglich die Guidelines. Diese erläutern jedoch die Verwendung ganz bestimmter Parameter, wie etwa der Aktienrendite, während die deutschen Regelungen in recht allgemein gehaltener Form den Gesamterfolg des Instituts, den Erfolgsbeitrag der Organisationseinheit und den individuellen Erfolgsbeitrag des Geschäftsleiters berücksichtigt sehen wollen. Hier keine spezifischen Vorgaben zu machen, leuchtet vor dem Hintergrund der Vielgestaltigkeit der Institute und ihrer Organisation unmittelbar ein. Ebenso überzeugend ist es, zur Verhinderung von *rewards for failure* die „Erfolgsmessung“ sozusagen auf drei Ebenen durchzuführen, der des Instituts, der der Organisationseinheit und der des Individuums. Wiederum gleichlaufend verhalten sich die Rechtsordnungen bezüglich der Gefahr, dass sich die Vergütungsempfänger durch Absicherungs- oder Gegengeschäfte der Risiken variabler Vergütungen entledigen, indem die Rechtsordnungen den Instituten aufgeben, solche Geschäfte zu unterbinden.

Die genaue Zusammensetzung der Vergütung und welche Vergütungselemente in Instituten Verwendung finden sollen, ist weder in Deutschland noch in Australien vorgeschrieben. Die australischen Guidelines halten jedoch aktienbezogene Vergütungselemente für ein probates Mittel zur Setzung positiver Verhaltensanreize.

3. *Abfindungen*

Abfindungen können in deutschen Instituten nur unter Einschränkungen gewährt werden. Dem entspricht, dass in Australien Aufschub- und Erfolgshürden für Abfindungen als Voraussetzungen einer soliden Vergütungspraxis gelten. Dass dies lediglich in den Guidelines statuiert und somit nicht verbindlich ist, erklärt sich aus den strengen Vorgaben, die schon auf Ebene des CA 2001 für die Gewährung von Abfindungen bestehen.

4. Interne Kontrollinstanzen

Der zweite Schwerpunkt der australischen Regeln zur Vergütung in Finanzinstituten, neben den Vorgaben zur *remuneration policy* und zur Vergütung an sich, liegt auf den Vorgaben über die Etablierung eines Vergütungsausschusses. Die Zusammensetzung des *board remuneration committee* sowie seine Rechte und Pflichten sind Gegenstand ausführlicher Regeln. Als vergleichbare Instanz kann der in deutschen Instituten vorgeschriebene Vergütungskontrollausschuss des Verwaltungs- oder Aufsichtsorgans gelten. In Anbetracht der äußerst komplexen aufsichtsrechtlichen Vergütungsregeln für Institute müssen die in beiden Rechtsordnungen bestehende Pflicht zur Etablierung von Ausschüssen sowie die in Deutschland eingeführte Instanz des Vergütungsbeauftragten grundsätzlich als positiv erachtet werden. Im deutschen Kontext stellt sich die Ansiedelung des Vergütungskontrollausschusses auf Ebene des Aufsichtsgremiums jedoch als nicht unproblematisch dar. Denn soweit der Vergütungskontrollausschuss Aufgaben mit Bezug zu den Mitarbeitervergütungen wahrnimmt, steht dies in einem gewissen Spannungsverhältnis zum Kompetenzgefüge des Aktienrechts, in dem hierfür der Vorstand verantwortlich zeichnet[212].

5. Offenlegung

Beide Rechtsordnungen sehen eine über die allgemeinen Publizitätsvorgaben für Aktiengesellschaften hinausgehende Vergütungstransparenz für Institute vor. Dies ist grundsätzlich, aufgrund der besonderen Relevanz der Vergütung in Finanzinstituten[213], zu begrüßen.

6. Aufsicht

Die Einhaltung der besonderen Vorschriften über die Geschäftsleitervergütung in Instituten wird in Deutschland und Australien durch Aufsichtsbehörden überwacht. Die Pflicht der australischen Institute, eigene Regelverstöße unverzüglich anzuzeigen, findet dabei kein Pendant im deutschen Recht. Auf drohende oder schon eingetretene Verstöße können die Behörden in beiden Ländern reagieren, indem sie Anordnungen gegenüber dem jeweiligen Institut erlassen. Während dies in Australien allgemein gilt und sich keine speziellen Anordnungsbefugnisse für Verstöße gegen die Vergütungsregeln finden, statuiert § 25a Abs. 2 S. 2 KWG eine solche spezielle Anordnungsbefugnis. Welche Anordnungen die Behörden jeweils treffen, ist abhängig von den Umständen des Einzelfalls. Insofern ist die Aufzählung der Maßnahmen in sec. 11CA (2) Banking Act 1959 nur beispielhaft.

In beiden Rechtsordnungen können die Behörden auch die Gewährung einer Vergütung beschränken oder untersagen. In Deutschland setzt dies voraus, dass das jeweilige Institut die aufsichtsrechtlichen Mindestanforderungen an die

212 Vgl. auch *Zürn/Rappensperger/Brämswig*, DB 2013, 2681 (2685).
213 Vgl. oben 2. Kapitel H.

Eigenmittel bzw. die Liquidität nicht erfüllt oder dies droht. Auch in Fällen, in denen ein Institut staatliche Unterstützung bezieht, sind Beschränkungs- und Untersagungsanordnungen möglich. In Australien stellt die Untersagung oder Beschränkung der Gewährung von Vermögensvorteilen eine allgemeine Maßnahme der APRA dar, die nicht an spezielle Voraussetzungen gebunden ist. Der Tatsache, dass dies mit einem Eingriff in vertraglich manifestierte Rechte einhergeht, tragen beide Rechtsordnungen – wenn auch verschiedenartig – Rechnung. Während im deutschen Recht die Maßnahmen grundsätzlich nur temporär sind und das endgültige Erlöschen eines Vergütungsanspruchs an weitere, strenge Voraussetzungen gebunden ist, eröffnet das australische Recht den Vertragsparteien den Weg zum *Federal Court of Australia*. Freilich steht es der APRA offen, auch zuvor schon nur temporäre Maßnahmen zu ergreifen.

Für die Durchsetzung der behördlichen Anordnungen stehen in Deutschland die Zwangsmittel des Verwaltungsvollstreckungsgesetzes zur Verfügung und es können Bußgelder verhängt werden. In Australien droht hingegen bei Nicht-Befolgung von Anordnungen der Entzug der Erlaubnis zum Betreiben von Bankgeschäften. Zudem sind an die Nicht-Befolgung strafrechtliche Sanktionen geknüpft, sowohl für die Institute, als auch für deren Geschäftsleiter.

3. Kapitel Ergebnisse

Ohne alle im Einzelnen gefundenen Ergebnisse zu wiederholen, sollen an dieser Stelle die wichtigsten Erkenntnisse aus den Untersuchungen zur Faktenlage und zum Vergütungsrecht zusammengetragen werden. Zudem sollen, sozusagen aus der Vogelperspektive, die rechtlichen Rahmenbedingungen für Geschäftsleitervergütungen in ihrer Gesamtheit betrachtet und gewürdigt werden.

A. Zusammenfassung der Einzelergebnisse

I. Faktenlage

Die durchschnittliche Vergütung der Vorstandsvorsitzenden deutscher Aktiengesellschaften fällt ungleich höher aus als die der australischen CEOs. Auch die Spitzengehälter sind in Deutschland höher. Bei den australischen Gehältern gibt es zudem weniger krasse Ausreißer nach oben und die Vergütungssummen liegen insgesamt näher beisammen. Als Gemeinsamkeiten lassen sich festhalten, dass die Vorsitzenden der Geschäftsleitungen deutlich mehr verdienen als die übrigen Mitglieder der Geschäftsleitung, dass in größeren Unternehmen höhere Gehälter gezahlt werden, dass die Geschäftsleitervergütungen für die Unternehmen einen – relativ gesehen – nur marginalen Ausgabeposten bedeuten und dass in beiden Ländern das Verhältnis der Geschäftsleitervergütung zum Durchschnittsgehalt in den Unternehmen ungefähr gleich ist, wobei die Spanne in großen Unternehmen grundsätzlich größer ist als in kleinen. Der strukturelle Aufbau der Geschäftsleitervergütungen ist in Deutschland und Australien vergleichbar. In beiden Ländern machen die variablen Vergütungsbestandteile den größten Teil der Vergütung aus. Hierbei finden individuelle, aktienbezogene und teilweise nicht-finanzielle Kennzahlen Verwendung. Die Vergütungsstruktur hat sich über die Jahre ähnlich entwickelt und lässt einen Trend zur vermehrten Verwendung von langfristigen Vergütungselementen erkennen. Ungeachtet dieses Trends bleiben kurzfristige Vergütungselemente bedeutsam. Bei ihnen wird auf unterschiedliche Weise sichergestellt, dass die längerfristige Unternehmensentwicklung Berücksichtigung findet.

Die historische Entwicklung der Durchschnittshöhe der Geschäftsleitervergütung verlief in Deutschland und Australien seit den 1990er Jahren weitgehend parallel. Bedeutsam ist jedoch, dass der im Nachklang der Finanzmarktkrise wieder einsetzende Anstieg der Gehälter in Australien moderater ausfiel als in Deutschland.

In beiden Ländern zeigt die historische Entwicklung, dass ein Zusammenhang zwischen der Höhe der Geschäftsleitervergütungen und der Performance der Unternehmen in der Form besteht, dass im Allgemeinen die Vergütungshöhe von der Unternehmensperformance abhängt. Jedoch werden Auf- und Abwärtsbewegungen der Unternehmensperformance nicht in vollem Maße nachvollzogen. Im Gegensatz zur Lage in Australien besteht in Deutschland kein ausgeprägter Zusammenhang zwischen Geschäftsleitervergütung und Aktienrendite, was sich jedoch durch die starke Zunahme aktienkursbasierter Vergütungselemente in Deutschland in Zukunft ändern dürfte. Das Verhältnis von Geschäftsleitervergütungen und Durchschnittsgehältern in den Unternehmen betreffend hat sich die Schere über die Jahre immer weiter aufgetan.

II. Festsetzung der Vergütung

Die Zuständigkeit für die Festsetzung der Geschäftsleitervergütung liegt in Deutschland beim Aufsichtsrat und in Australien beim *board of directors*. Bezüglich der Vergütung der *executive directors* ist die Festsetzung mit einem Interessenkonflikt belastet, der dem monistischen Verwaltungsaufbau in der *public company* geschuldet ist. Insoweit erweist sich das deutsche dualistische System als vorteilhaft. In Australien versucht man, der problematischen Ausgangslage insbesondere durch Verpflichtungen bzw. Empfehlungen zum Einsatz von Vergütungsausschüssen entgegenzuwirken. Dafür, Vergütungsausschüsse auch in Deutschland zu etablieren, sprechen Effektivitäts- und Effizienzgesichtspunkte. Gleichwohl ist die Einsatzmöglichkeit solcher Ausschüsse vor dem Hintergrund der Plenumszuständigkeit des Aufsichtsrats für Vergütungsentscheidungen begrenzt.

In beiden Ländern werden vielfach externe Vergütungsberater eingesetzt. Während es diesbezüglich in Australien wenige, aber verbindliche Regeln gibt, versuchen in Deutschland inhaltlich weitergehende Empfehlungen der Europäischen Kommission und des DCGK eine objektive Beratung sicherzustellen. Dass der vermehrte Einsatz von Vergütungsberatern zu einer übermäßigen Fokussierung auf die horizontale Üblichkeit der Vergütung führt, mag man in Deutschland durch das kontinuierliche Auseinanderdriften des Verhältnisses von Vorstandsvergütungen zu den Durchschnittsgehältern in den Unternehmen bestätigt sehen. Formal betrachtet steht dem jedoch entgegen, dass das Üblichkeitsgebot des § 87 Abs. 1 S. 1 AktG auch eine Berücksichtigung vertikaler, unternehmensinterner Maßstäbe fordert.

Eine Möglichkeit zur einseitigen Herabsetzung der Vergütung, wie sie in § 87 Abs. 2 AktG vorgesehen ist, besteht im australischen Recht nicht. Eine vergleichbare Funktion kommt zwar den vielfach verwendeten Clawback-Klauseln zu. Die deutsche Kodifikation bietet jedoch den Vorteil, dass durch sie flächendeckend und ausnahmslos eine Herabsetzungsmöglichkeit besteht.

III. Höhe und Ausgestaltung der Vergütung

Sowohl im deutschen als auch im australischen Recht finden sich Vorgaben zur Ausgestaltung der Geschäftsleitervergütung. Die allgemeinen Sorgfaltspflichten der Mitglieder des Aufsichtsrats stecken den äußeren Rahmen ab, innerhalb dessen sich die Geschäftsleitervergütung zulässigerweise bewegen darf. Weitere Gemeinsamkeiten sind, dass es keine zwingende Deckelung der Gehälter gibt und weder bestimmte Strukturen der Vergütung noch die Verwendung bestimmter Vergütungselemente vorgeschrieben sind. Beides ist als positiv zu werten.

Ein Angemessenheitsgebot für die Vergütung findet sich in beiden Rechtsordnungen. Allerdings bestehen Unterschiede in der Funktion und Bedeutung. Zum einen handelt es sich in Australien nicht um eine Konkretisierung von Sorgfaltspflichten und seine Beachtung ist nur erforderlich, soweit keine Zustimmung der Hauptversammlung zur Vorteilsgewährung erfolgt. In Letzterem kommt deutlich zum Ausdruck, dass das australische Recht durch einen Vermögensabfluss in Form von Geschäftsleitervergütungen zuvorderst die Interessen der Aktionäre tangiert sieht und diesen deshalb ein hohes Maß an Entscheidungsgewalt zubilligt. Dies überzeugt, betrachtet man die Aktionäre richtigerweise als die wirtschaftlichen Eigentümer der Gesellschaft. Zum anderen gilt das Angemessenheitsgebot nur für die Vergütung der *executive directors*. Die in Deutschland im Rahmen des § 87 Abs. 1 AktG neben dem Angemessenheitsgebot zu findenden weiteren materiellen Anforderungen (Üblichkeitsgebot, Ausrichtung der Vergütungsstruktur auf eine nachhaltige Unternehmensentwicklung, Ausgestaltung der variablen Vergütungsbestandteile) finden keine Entsprechung im australischen Recht. Gleiches gilt für die materiellen Vorgaben des DCGK. Allenfalls finden sie sich als unverbindliche Kommentare und Leitlinien zu den *ASX Corporate Governance Principles and Recommendations* wieder. Insgesamt betrachtet enthält das australische Recht weniger und hinsichtlich ihrer Verbindlichkeit schwächere materielle Vorgaben als das deutsche Recht.

IV. Abfindungen und Anerkennungsprämien

Die Frage der Rechtmäßigkeit von Abfindungszahlungen an Geschäftsleiter stellt sich in beiden Rechtsordnungen. Es gelten zunächst übereinstimmend die allgemein für die Vergütung von Geschäftsleitern bestehenden Vorschriften. Während in Deutschland darüber hinausgehend lediglich die empfohlene Deckelung von Abfindungszahlungen nach dem DCGK sowie die Grundsätze des BGH aus dem Mannesmann-Urteil bezüglich der Gewährung von Anerkennungsprämien zu beachten sind, kennt das australische Recht spezielle gesetzliche Regeln für die Gewährung von Abfindungen. Danach ist die Abgeltung der bis Vertragsende geschuldeten Vergütung nicht wie nach deutscher Rechtslage grundsätzlich zulässig. Vielmehr ist die Gewährung von Abfindungen in Ermangelung einer Zustimmung der Hauptversammlung grundsätzlich verboten. Bemerkenswert ist, dass das australische Recht auch insoweit wieder den Aktionären ein bedeutendes Maß an Entscheidungsgewalt einräumt. Als Ausnahme von dem grundsätzlichen Verbot ist die Abgeltung der Vergütung für die Vertragslaufzeit dann möglich, wenn sie schon im Anstellungsvertrag angelegt ist oder sich als Schadensersatz wegen Vertragsbruchs qualifizieren lässt. Auch in diesen Fällen greift jedoch ein Abfindungs-Cap, der sich von der deutschen, im DCGK verorteten Höchstgrenze insoweit unterscheidet, als er gesetzlicher Natur ist und um mehr als die Hälfte geringer ist. Weil sich die Kodex-Empfehlungen zunehmender Akzeptanz erfreuen und die vergleichsweise höhere Grenze eine angemessene Absicherung der Geschäftsleiter sicherstellt, ist eine Annäherung an die australische Ausgestaltung nicht erstrebenswert.

Insgesamt erweist sich das australische Recht bezüglich der Gewährung von Abfindungen als restriktiver als das deutsche. Gleichwohl ist der engere Anwendungsbereich der australischen Normen zu konstatieren.

Die mit einer frühzeitigen Kapitalisierung variabler Vergütungsbestandteile einhergehenden Probleme sind im australischen Recht aufgrund des strengen Abfindungs-Caps entschärft. Bezüglich der Abfindungen für den Fall einer Änderung der Beteiligungsverhältnisse stellt es einen grundlegenden Unterschied zum deutschen Recht dar, dass solche Abfindungen in australischen börsennotierten Unternehmen gänzlich verboten sind. Darin kommt eine offenere Grundhaltung gegenüber Kontrollwechseln zum Ausdruck. Als Vorbild für das deutsche Recht kann das australische Verbot allerdings nicht dienen. Jedoch empfiehlt es sich, auch für Abfindungen infolge eines Kontrollwechsels den allgemeinen Cap der Ziff. 4.2.3 Abs. 4 S. 1 DCGK zur Anwendung kommen zu lassen. Für Anerkennungsprämien bestehen in Australien keine speziellen Vorschriften. Jedoch lassen sich Parallelen zwischen den vom BGH im Mannesmann-Fall aufgestellten Grundsätzen und den in Australien generell für Abfindungen geltenden Vorschriften ausmachen.

V. Pflichten und Verbote aufseiten der Vergütungsempfänger

Auf Empfängerseite bestehen im Zusammenhang mit der Vergütungsgewährung in beiden Rechtsordnungen nur begrenzt Pflichten und Verbote. Der Rechtmäßigkeit der Vergütung sind die Empfänger nur insoweit verpflichtet, als sie keine Vergütung in Kenntnis oder grob fahrlässiger Unkenntnis ihrer Unrechtmäßigkeit annehmen und nicht auf die Gewährung einer solchen Vergütung unzulässig hinwirken dürfen. Daneben ist es den Geschäftsleitern in beiden Rechtsordnungen verboten, Gegengeschäfte zu anreizorientierten Vergütungselementen abzuschließen. Das Verbot lässt sich in Deutschland überzeugend aus der Loyalitätspflicht der Vorstandsmitglieder herleiten und bedarf deshalb – im Unterschied zum australischen Recht – keiner gesetzlichen Normierung.

VI. Offenlegungspflichten

In beiden Rechtsordnungen bestehen im Zusammenhang mit der Geschäftsleitervergütung umfangreiche Offenlegungsvorschriften, die in weiten Teilen dieselben Aspekte der Vergütung betreffen. Es sind dies die Summe der Gesamtbezüge, anteilsbasierte Vergütungen, individuelle Bezüge, Vergütungsgrundsätze und Entschädigungsvereinbarungen für den Fall eines Übernahmeangebots. Daneben kommt eine Offenlegung auf Initiative der Aktionäre in Betracht. Hinsichtlich der Einzelheiten, die im Rahmen der verschiedenen Aspekte offenzulegen sind, bestehen naturgemäß Unterschiede. Diese offenbaren teilweise Vorteile des australischen Rechts, die eine Übernahme ins deutsche Recht nahelegen. Zu nennen sind vor allem die nicht im Ermessen der Aktionäre stehende Offenlegung der Individualvergütungen und die In-Bezug-Setzung der Vergütungsgrundsätze zum bisherigen Unternehmenserfolg.

Auch bietet es sich an, eine Erklärungspflicht des *boards* für den Fall eines negativen oder ablehnenden Vergütungsvotums vorzusehen.

In der Gesamtbetrachtung stellt sich das australische Offenlegungsregime als fordernder dar als das deutsche und verlangt eine umfangreichere Berichterstattung. Jedoch lassen sich beispielsweise die zahlreichen Ausnahmetatbestände des deutschen Rechts für kleine und Kleinstkapitalgesellschaften nachvollziehbar rechtfertigen. Auch grundsätzlich ist eine Angleichung des deutschen Offenlegungsregimes an das australische und damit eine Ausweitung der Transparenz, nicht erstrebenswert. Allenfalls ist zu erwägen, allgemein eine übersichtlichere und einheitlichere Darstellung der Vergütungsdetails, beispielsweise in Form von Tabellen, vorzuschreiben. Als Schritt in die richtige Richtung ist die von Ziff. 4.2.5 Abs. 3 S. 2 DCGK empfohlene Verwendung von Mustertabellen für die Darstellung individueller Vergütungsdetails zu werten.

VII. Einflussnahmemöglichkeiten der Aktionäre

Die Aktionäre haben in deutschen Aktiengesellschaften und australischen *public companies* nur begrenzten Einfluss auf die Vergütung der Geschäftsleiter. In beiden Rechtsordnungen gibt es jedoch ein Vergütungsvotum, Zustimmungserfordernisse bei der Gewährung aktienbasierter Vergütungen und Auskunftsrechte. Das australische Recht kennt weitere Möglichkeiten der Einflussnahme der Aktionäre, z. B. die grundsätzlichen Zustimmungsvorbehalte der Hauptversammlung bei *related party transactions* und Abfindungsgewährungen. Insgesamt gewährt das australische Recht den Aktionären weit mehr Verantwortung und Entscheidungshoheit, als dies das deutsche Recht tut.

Ein Vergütungsvotum der Hauptversammlung ist in beiden Rechtsordnungen von Gesetzes wegen sinnvollerweise nur in börsennotierten Aktiengesellschaften vorgesehen. Ein bedeutender Unterschied und Vorteil der australischen Ausgestaltung besteht darin, dass das Votum zwingend abzuhalten ist, wohingegen die Abhaltung in Deutschland grundsätzlich im Ermessen des Vorstands steht. Allerdings entspricht es zumindest in den DAX-Unternehmen der gängigen Praxis, ein Vergütungsvotum bei Bedarf auch ohne Zwang abzuhalten. Eine jährlich obligatorische Abstimmung ist auch nur sinnvoll, wenn Beschlussgegenstand nicht das ggf. über mehrere Jahre gleichbleibende Vergütungssystem ist, sondern wie in Australien der Vergütungsbericht. Über das System der Vergütung sollte allenfalls dann zwingend zu beschließen sein, wenn es verändert wurde. Im Übrigen erweist sich die Wahl des Vergütungsberichts als Beschlussgegenstand als vorteilhaft.

Eine Gemeinsamkeit der Vergütungsvoten ist, dass sie unverbindlich sind und die Gesetzgeber auf ihre faktische Wirkung vertrauen. In Australien erfährt dies jedoch eine bedeutende Einschränkung durch die *two strikes rule*, die nach zwei aufeinanderfolgenden Ablehnungen des Vergütungsberichts zu einem Austausch der *directors* führen kann. Grundsätzlich und vor dem Hintergrund der mit ihr gemachten Erfahrungen muss die *two strikes rule* als positiv bewertet werden. Sie erweist sich sowohl gegenüber dem gegenwärtigen, völlig unverbindlichen Vergütungsvotum als auch gegenüber der geplanten Einführung eines verbindlichen Votums als vorzugswürdig. Ihre Implementierung ins deutsche Recht empfiehlt sich, mit Ausnahme des Stimmrechtsausschlusses für anteilsbeteiligte Aufsichtsratsmitglieder im Rahmen des Abberufungsbeschlusses.

VIII. Rechtsfolgen rechtswidriger Vergütungsgewährungen

Als Rechtsfolgen einer rechtswidrigen Vergütungsgewährung greifen in Deutschland die allgemeinen Grundsätze zur Wirksamkeit von Rechtsgeschäften und zur Haftung von Organmitgliedern. Das australische Recht ordnet dagegen für die einzelnen Vorgaben jeweils spezielle Rechtsfolgen eines Verstoßes an. Darin kommt ein grundsätzlicher Unterschied im Kodifikationsstil kontinentaleuropäischer und angloamerikanischer Prägung zum Ausdruck. Ob der australische Ansatz effektiver ist, kann nicht abschließend beurteilt werden. Jedenfalls birgt er die Gefahren, nicht jede potentielle Sachverhaltskonstellation abzudecken und in einer ausufernden Kodifikation zu resultieren.

Die Vergütungsabrede bleibt grundsätzlich in beiden Rechtsordnungen wirksam. Eine Rückforderung zu viel gezahlter Beträge – in Australien unter Umständen auch eine vollumfängliche Rückforderung – kommt nur in Ausnahmefällen in Betracht, in denen sich der Empfänger als nicht schutzwürdig erweist. Die für die Vereinbarung und Gewährung der Geschäftsleitervergütung verantwortlichen Organmitglieder sind bei einer Verletzung ihrer Sorgfalts- oder Treupflichten der Gesellschaft gegenüber schadensersatzpflichtig. Dabei lässt sich die Quantifizierung solcher Ansprüche in Australien leichter vornehmen als in Deutschland, weil die Rechtmäßigkeit von Vorteilsgewährungen zumeist von der Einhaltung bestimmter Höchstgrenzen oder der Zustimmung der Hauptversammlung abhängt.

Hinsichtlich der Geltendmachung von Ansprüchen gewähren beide Rechtsordnungen den Anteilseignern bestimmte Rechte, deren Praxisrelevanz jedoch, weil die Anteilseigner im Erfolgsfall lediglich mittelbar profitieren, gering ist. Das australische Recht vertraut folglich in verstärktem Maße auf behördliche Anspruchsverfolgung und Sanktionierung. Neben den in Deutschland gleichfalls in Betracht kommenden Schadensersatzansprüchen und strafrechtlichen Sanktionen im Fall gravierender Pflichtverletzungen können in Australien von behördlicher Seite auch ein Bußgeld oder ein Ausschluss von der Geschäftsleitung angeordnet werden. Der weite behördliche Einfluss in Australien empfiehlt sich indessen nicht zur Übernahme ins deutsche Recht.

IX. Besondere Vergütungsreglementierung im Finanzsektor

In beiden Rechtsordnungen unterliegen Finanzinstitute zusätzlich speziellen Regeln hinsichtlich der Vergütung ihrer Geschäftsleiter. Der Regelungsumfang dieser Vorgaben ist nicht auf die Geschäftsleiterebene beschränkt, was vor dem Hintergrund der verfolgten Ziele überzeugend ist. Da australische Finanzinstitute im Zuge der Finanzmarktkrise keiner Finanzhilfen bedurften, gibt es hier auch keine an die Inanspruchnahme solcher Hilfen anknüpfenden besonderen Vergütungsregeln. Ebenfalls nur in Deutschland zu finden ist die Differenzierung zwischen bedeutenden und sonstigen Instituten, die sich mit der äußerst heterogenen Bankenlandschaft rechtfertigen lässt. Ihren Schwerpunkt haben die besonderen Regeln für die Vergütung in Finanzinstituten auf den Vergütungsprinzipien. Ein wesentlicher Gesichtspunkt ist, dass die Abhängigkeit von der erfolgsabhängigen Vergütung nicht übermäßig groß sein darf, zugleich aber positive Verhaltensanreize möglich sein sollen. Während nach den australischen Guidelines das Verhältnis von fixer und variabler Vergütung von der Möglichkeit, Risiken für das Institut zu begründen, abhängig sein soll, schreibt die InstitutsVergV die Etablierung einer Obergrenze für das Verhältnis von fixer und variabler Vergütung vor und statuiert das KWG seit 1. Januar 2014 eine relative Deckelung der Bonuszahlungen. Gegenwärtig droht der Bonus-Cap jedoch durch alternative Vergütungsgestaltungen der Banken umgangen zu werden. Zugleich erscheint die vorgebrachte Kritik, nach der sich die europäischen Finanzinstitute auf globaler Ebene einem Wettbewerbsnachteil ausgesetzt sehen, nicht gänzlich unberechtigt.

Die variable Vergütung selbst ist in beiden Rechtsordnungen Gegenstand verbindlicher Vorgaben, die im Wesentlichen die Berücksichtigung der langfristigen Unternehmensentwicklung gesichert sehen wollen. Überzeugend ist der deutsche Ansatz, für die Ermittlung der variablen Vergütung eine „Erfolgsmessung" auf drei Ebenen zu verlangen, auf Ebene des Instituts, der Organisationseinheit und des Individuums. *Rewards for failure* schließt man damit effektiv aus.

Beide Rechtsordnungen schreiben die Etablierung eines Vergütungsausschusses bzw. Vergütungskontrollausschusses des Verwaltungs- oder Aufsichtsorgans vor, was in Anbetracht der äußerst komplexen aufsichtsrechtlichen Vergütungsregeln grundsätzlich als positiv zu werten ist. Soweit der Vergütungskontrollausschuss in Deutschland auch Aufgaben mit Bezug zu den Mitarbeitervergütungen wahrnimmt, ist dies vor dem Hintergrund des aktienrechtlichen Kompetenzgefüges nicht unproblematisch.

Die Einhaltung der besonderen Vorschriften über die Geschäftsleitervergütung wird in beiden Rechtsordnungen behördlich überwacht. Bei Verstößen können Anordnungen gegenüber dem jeweiligen Institut erlassen werden. Unter anderem kann die Gewährung einer Vergütung beschränkt oder untersagt werden. Dem damit einhergehenden Eingriff in vertraglich verbürgte Rechte tragen die beiden Rechtsordnungen Rechnung, indem in Deutschland die Maßnahmen grundsätzlich nur temporär sind und endgültige Maßnahmen an strenge Voraussetzungen gebunden sind, und in Australien der Weg zum *Federal Court of Australia* eröffnet ist.

B. Gesamtbetrachtung

I. Gemeinsamkeiten und Unterschiede

Betrachtet man die Rechtsrahmen für Geschäftsleitervergütungen in Deutschland und Australien in ihrer Gesamtheit, muss zunächst konstatiert werden, dass gewisse Grundgemeinsamkeiten bestehen. Davon zeugt nicht zuletzt die Tatsache, dass die vorliegende Untersuchung wie vorgenommen untergliedert werden konnte. Festsetzung, Höhe und Ausgestaltung der Vergütung, Abfindungen und Anerkennungsprämien, Pflichten und Verbote aufseiten der Vergütungsempfänger, Offenlegungspflichten, Einflussnahmemöglichkeiten der Aktionäre, Rechtsfolgen rechtswidriger Vergütungsgewährungen und besondere Vergütungsreglementierung im Finanzsektor sind durchweg Themen, denen sich beide Rechtsordnungen annehmen.

Dass sich einer der nationalen Rechtsrahmen als strenger oder weniger streng reglementierend als der andere erweist, kann pauschal nicht festgestellt werden. Jedoch lassen die oben innerhalb der einzelnen Themenbereiche festgestellten Unterschiede eine differierende Schwerpunktsetzung der beiden Rechtsrahmen erkennen. Das australische Recht reglementiert verstärkt das Verfahren der Vergütungsfestsetzung, um dem der monistischen Verwaltungsstruktur geschuldeten Interessenkonflikt Herr zu werden. Zudem statuiert es weitreichende, sehr detaillierte Offenlegungspflichten und sieht darauf aufbauend ein mit der *two strikes rule* sehr weitgehendes *Say on Pay* vor. Den Aktionären wird damit eine herausragende Bedeutung im Kontext der Geschäftsleitervergütung beigemessen. Unterstrichen wird dies durch die weiteren vergütungsspezifischen Hauptversammlungskompetenzen, nach denen die Hauptversammlung unter anderem, wenn auch vornehmlich in der Theorie, einer unangemessenen Vergütungsgewährung zur Rechtmäßigkeit verhelfen kann. Ein weiteres Beispiel ist die weitreichende Entscheidungsgewalt der Hauptversammlung bei der Gewährung von Abfindungen. Verständlich wird die Machtfülle der Aktionäre vor dem Hintergrund der vergütungsspezifischen Kompetenzordnung in australischen *public companies*. Danach sind grundsätzlich die Aktionäre für die Festsetzung der Geschäftsleitervergütung zuständig, bzw. es steht ihnen offen, sich diese Kompetenz durch eine von sec. 201J CA 2001 abweichende Satzungsbestimmung zu sichern. Insgesamt zeugt die hervorgehobene Stellung der Aktionäre davon, dass das australische Recht in der Geschäftsleitervergütung primär einen Abfluss von Gesellschaftsmitteln und damit das wirtschaftliche Eigentum der Aktionäre betroffen sieht. Im Gegenzug müssen es danach auch die Aktionäre sein, die die maßgeblichen Entscheidungen, und sei es auch nur die Delegation auf das *board*, treffen.

Das deutsche Recht macht demgegenüber schwerpunktmäßig materielle Vorgaben zur Ausgestaltung der Vergütung. Am deutlichsten wird dies in Bezug auf § 87 Abs. 1 AktG, der keine wirkliche Entsprechung im australischen Recht findet. Hier wird das die Vergütung festlegende Organ verstärkt in die Pflicht genommen, indem es explizite Vorgaben zur Vergütung beachten muss. Freilich muss erkannt werden, dass die geringere Regelungsdichte in Australien zum Teil durch *advisory guidelines*[1] kompensiert wird, die größtenteils von nicht-staatlichen Institutionen

1 S. oben 1. Kapitel B II 5.

stammen und rechtlich unverbindlich sind, faktisch aber erhebliches Druckpotenzial entfalten können.

Bei der Überwachung der Einhaltung der Vergütungsregeln und der Ahndung von Verstößen gehen die beiden Rechtsordnungen insofern sehr unterschiedliche Wege, als dies in Australien (auch) durch eine Behörde wahrgenommen wird. Der behördliche Einfluss steht in einem gewissen Widerspruch zu dem sehr starken Vertrauen, das die australische Rechtsordnung sonst in die Aktionäre setzt. Allerdings wird er vor dem Hintergrund der rationalen Apathie der Aktionäre und eines effektiven Minderheitenschutzes verständlich.

Die in der Gesamtbetrachtung festgestellten Unterschiede relativieren sich im Kontext der Vergütungsreglementierung im Finanzsektor. Das liegt nicht zuletzt daran, dass sich beide Rechtsordnungen hier an internationalen Vorgaben orientieren, insbesondere den Prinzipien und Standards des FSB aus dem Jahre 2009.

II. Bewertung und Reformvorschläge

Die Faktenlage zur Geschäftsleitervergütung stellt sich in Australien in einigen Punkten positiver dar als in Deutschland. So stiegen die australischen Gehälter im Anschluss an die Finanzmarktkrise moderater und sie weisen im Allgemeinen weniger krasse Ausreißer nach oben auf. Auch der ausgeprägte Zusammenhang zwischen der Höhe der Vergütungen und der Aktienrendite lässt sich hier anführen. Aus solchen Aspekten allein lässt sich freilich nicht der Schluss ziehen, dass der australische Rechtsrahmen für Geschäftsleitervergütungen effektiver als der deutsche ist. Weil die Abhängigkeit der faktischen Erscheinungen von anderen Faktoren zu groß ist, können diese Erscheinungen allenfalls als Indiz für die Effektivität des australischen Vergütungsrechts dienen. Zudem haben sich im Laufe der vorliegenden Untersuchung nicht wenige Eigenheiten des deutschen Vergütungsrechts als vorzugswürdig erwiesen. Auf die positiven Aspekte des australischen Vergütungsrechts soll im Folgenden zusammenfassend und abschließend eingegangen werden.

Zunächst ist hier die grundsätzliche Konzeption zu nennen, nach der den Aktionären ein großes Maß an Einflussnahmemöglichkeiten und Entscheidungsgewalt hinsichtlich der Geschäftsleitervergütung zukommt. Geschuldet ist diese Konzeption nicht zuletzt der monistischen Organisationsverfassung, die aufgrund ihrer Anfälligkeit für Interessenkonflikte ein Bedürfnis für die Einschaltung der Hauptversammlung aufwirft. Im deutschen, dualistischen System besteht dieses Bedürfnis nicht in gleicher Weise. Jedoch fußt die australische Konzeption auch auf einem überzeugenden Grundgedanken, der an dieser Stelle hervorzuheben ist. Die Aktionäre sind die wirtschaftlichen Eigentümer der Gesellschaft und es ist letztlich ihr Kapital, das über den Umweg der Gesellschaftskasse als Vergütung an die Geschäftsleiter fließt. In der Folge darf der Wille der Aktionäre (in positiver wie in negativer Hinsicht) bei der Frage, wie und in welcher Höhe die Geschäftsleiter vergütet werden, nicht unbeachtet bleiben. Ein gesetzgeberisches Übergehen der Anteilseigner und damit ein Eingriff in die Privatautonomie und die Dispositionsfreiheit rechtfertigt sich prinzipiell nur dann, wenn bestimmte Vergütungsgestaltungen letztlich eine Gefahr für die gesamtwirtschaftliche Stabilität in einem Land begründen (was allenfalls im Finanzsektor anzunehmen ist), die Vergütungen zu einer den sozialen Frieden bedrohenden öffentlichen Empörung führen oder der Schutz von Minderheitsaktionären dies gebietet.

Die Berücksichtigung des Aktionärswillens erfordert dabei nicht, dass die Aktionäre im Vorfeld der Vergütungsgewährung eingebunden werden und, wie die Ausführungen im aktuellen Koalitionsvertrag der Regierungsparteien erahnen lassen, das Vergütungssystem im Vorhinein billigen. Schon gar nicht erstrebenswert ist eine aktive Beteiligung der Aktionäre im Prozess der Vergütungsfestsetzung. Das australische Beispiel zeigt vielmehr, dass die Aktionäre, obwohl sie anderweitige Satzungsbestimmungen treffen könnten, dem *board* die Vergütungskompetenz belassen und sich auf eine nachträgliche Kontrolle beschränken.

Neben der beschriebenen Grundkonzeption – und vielfach als Ausdruck selbiger – haben sich im Laufe der vorliegenden Untersuchung einige Einzelaspekte des australischen Vergütungsrechts als vorteilhaft erwiesen. Die Aspekte, die sich für eine Übernahme ins deutsche Recht eignen und empfehlen, betreffen die Vergütungspublizität und das Vergütungsvotum und wurden bereits an anderer Stelle eingehend beleuchtet. Zusammenfassend betrachtet sollte hinsichtlich der Offenlegung von Individualvergütungen das *Opting-Out* der Hauptversammlung nach §§ 286 Abs. 5, 314 Abs. 2 S. 2 HGB gestrichen werden; im Rahmen der gemäß § 289 Abs. 2 Nr. 5 HGB bzw. § 315 Abs. 2 Nr. 4 HGB offenzulegenden Grundzüge des Vergütungssystems sollte auch der Unternehmenserfolg der letzten vier Geschäftsjahre in Bezug gesetzt werden müssen und der Aufsichtsrat sollte verpflichtet sein, im Falle eines negativen Vergütungsvotums im darauffolgenden Vergütungsbericht dazu Stellung zu nehmen. Das Vergütungsvotum der Hauptversammlung ist idealerweise so auszugestalten, dass es zwingend jährlich, mit einem verbindlich aufzustellenden, sämtliche vergütungsrelevante Informationen enthaltenden Vergütungsbericht als Beschlussgegenstand abzuhalten ist. Zu guter Letzt empfiehlt sich die *two strikes rule* des australischen Rechts in modifizierter Form zur Übernahme in das deutsche Recht.

Literaturverzeichnis

Abeltshauser, Thomas E./Buck, Petra, Corporate Governance, Tagungsband der 1. Hannoveraner Unternehmensrechtstage, Köln u.a. 2004 (zit.: *Bearbeiter*, in: Abeltshauser/Buck, Corporate Governance)

Ablen, David, Remunerating 'Fairly and Responsibly', 25 Sydney Law Review (2003), 555 ff.

Achleitner, Ann-Kristin/Wollmert, Peter (Hg.), Stock Options, 2. Auflage, Stuttgart 2002 (zit.: *Bearbeiter*, in: Achleitner/Wollmert, Stock Options)

Adams, Michael, Aktienoptionspläne und Vorstandsvergütungen, ZIP 2002, 1325 ff.

Adams, Michael A., Whether to protect or punish: legal consequences of contravening the Corporations Act, Keeping Good Companies 2004, 592 ff.

Akin, Irfan, Corporate Governance & Vorstandsvergütung: eine vergleichende Untersuchung zum deutschen und US-amerikanischen Recht, Köln 2006 (zit.: *Akin*, Vorstandsvergütung)

Alembakis, Rachel, Corporate governance guidelines on agenda ahead of AGMs, The Sustainability Report, 23.8.2013, abrufbar unter www.thesustainabilityreport.com.au/corporate-governance-guidelines-on-agenda-ahead-of-agms/4188 (Abruf v. 24.1.2014) (zit.: *Alembakis*, Sustainability Report)

AMP Capital, Corporate Governance 2012 full year report, Januar 2013, abrufbar unter www.ampcapital.com.au/About-us/esg-and-responsible-investment/Corporate-governance (Abruf v. 11.8.2013)

Anabtawi, Iman, Explaining Pay Without Performance: The Tournament Alternative, 54 Emory Law Journal (2005), 1557 ff.

Annuß, Georg/Theusinger, Ingo, Das VorstAG – Praktische Hinweise zum Umgang mit dem neuen Recht, BB 2009, 2434 ff.

Armbrüster, Christian, Aufsichtsrecht überlagert Aktienrecht, KSzW 2013, 10 ff.

Arnhem Investment Management, Executive Remuneration – A Strategic Approach to Performance Measurement, Sydney 2012, abrufbar unter www.arnhem.com.au/executive-remuneration-a-strategic-approach-to-performance-measurement/ (Abruf v. 11.8.2013) (zit.: Arnhem Investment)

Arnold, Arnd, Die Steuerung des Vorstandshandelns, München 2007 (zit.: *Arnold*, Steuerung)

Assmann, Heinz-Dieter/Pötzsch, Thorsten/Schneider, Uwe H., Wertpapiererwerbs- und Übernahmegesetz, Kommentar, 2. Aufl., Köln 2013 (zit.: *Bearbeiter*, in: Assmann/Pötzsch/Schneider, WpÜG)

ASX Companies Update 03/03, Continuous Disclosure and Chief Executive Officer Remuneration, 1.5.2003, abrufbar unter www.asx.com.au/documents/professionals/

CompaniesUpdate1May2003.pdf (Abruf v. 11.8.2013) (zit.: ASX Companies Update 03/03)

ASX Compliance, Monitoring and Enforcing Compliance with ASX's Listing Rules, 31.10.2012, abrufbar unter www.asx.com.au/documents/about/listing-rules-enforcement.pdf (Abruf v. 11.8.2013) (zit.: ASX Compliance, Monitoring)

ASX Group, ASX Corporate Governance Council, abrufbar unter www.asxgroup.com.au/corporate-governance-council.htm (Abruf v. 11.8.2013) (zit.: ASX Group, ASX Council)

ASX Group, Members of the ASX Corporate Governance Council, abrufbar unter www.asxgroup.com. au/corporate-governance-council-membership.htm (Abruf v. 11.8.2013) (zit.: ASX Group, Members)

ASX Submission to the Productivity Commission regarding Regulation of Director and Executive Remuneration in Australia, 29.5.2009, abrufbar unter www.pc.gov.au/__data/assets/pdf_file/0003/89544/sub064.pdf (Abruf v. 11.8.2013) (zit.: ASX Submission)

Atzler, Elisabeth, Hauptversammlung ohne Aktionäre, Handelsblatt vom 16.5.2013, S. 30

Augsberg, Steffen, Verfassungsrechtliche Aspekte einer gesetzlichen Offenlegungspflicht für Vorstandsbezüge, ZRP 2005, 105 ff.

Austin, Robert P./Ramsay, Ian M., Ford's Principles of Corporations Law, LexisNexis Australia Online Commentary, Update 92 – Juni 2013 (zit.: *Austin/Ramsay*, Ford's Principles)

Australian Banker's Association, Response to Productivity Commission Discussion Paper on Director and Executive Remuneration, Mai 2009, abrufbar unter www.pc.gov.au/__data/assets/pdf_file/0005/89582/sub070.pdf (Abruf v. 11.8.2013) (zit.: Australian Banker's, Response)

Australian Corporation Law Principles and Practice, LexisNexis Australia Online Commentary, Update 186 – Juli 2013 (zit.: *Bearbeiter*, in: Aust. Corp. Law)

Australian Council of Superannuation Investors (ACSI), CEO Pay in the Top 100 Companies: 2011, Research Paper Sept. 2012, abrufbar unter www.acsi.org.au/research-reports-2/839-ceo-pay-in-the-top-100-companies-2011.html (Abruf v. 11.8.2013)

Australian Financial Review, Salaries survey 2012

Avgouleas, Emilios, The global financial crisis, behavioural finance and financial regulation: in search of a new orthodoxy, 9 Journal of Common Market Studies (2009), 23 ff.

Babeck, Wolfgang, Einführung in das australische Recht, mit neuseeländischem Recht, München 2011 (zit.: *Babeck*, Einführung)

Bachmann, Gregor, Der „Deutsche Corporate Governance Kodex“: Rechtswirkungen und Haftungsrisiken, WM 2002, 2137 ff.

Bainbridge, Stephen M., Executive Compensation: Who Decides?, 83 Texas Law Review (2005), 1615 ff.

–, The Case for Limited Shareholder Voting Rights, 53 UCLA Law Review (2006), 601 ff.

–, Remarks on Say On Pay: An Unjustified Incursion On Director Authority, UCLA School of Law, Law & Economics Research Paper Series, Research Paper No. 08–06 (2006)

–, Is 'Say on Pay' Justified?, 32 Regulation (2009–2010), 42 ff.

Balsam, Steven/Yin, Qin Jennifer, Explaining firm willingness to forfeit tax deductions under Internal Revenue Code Section 162(m): The million-dollar cap, 24 Journal of Accounting and Public Policy (2005), 300 ff.

Bauer, Jobst-Hubertus, Arbeitsrechtliche Aufhebungsverträge, 8. Auflage, München 2007 (zit.: *Bauer*, Aufhebungsverträge)

Bauer, Jobst-Hubertus/Arnold, Christian, Vorstandsverträge im Kreuzfeuer der Kritik, DB 2006, 260 ff.

–, Mannesmann und die Folgen für Vorstandsverträge, DB 2006, 546 ff.

–, Festsetzung und Herabsetzung der Vorstandsvergütung nach dem VorstAG, AG 2009, 717 ff.

Bauer, Jobst-Hubertus/Baeck, Ulrich/v. Medem, Andreas, Altersversorgung und Übergangsgeld in Vorstandsanstellungsverträgen, NZG 2010, 721 ff.

Bauer, Jobst-Hubertus/Krets, Jérôme, Gesellschaftsrechtliche Sonderregeln bei der Beendigung von Vorstands- und Geschäftsführerverträgen, DB 2003, 811 ff.

Baumbach, Adolf/Hopt, Klaus J., Handelsgesetzbuch, 35. Aufl., München 2012 (zit.: *Bearbeiter*, in: Baumbach/Hopt, HGB)

Baums, Theodor, Der Geschäftsleitervertrag, Köln 1987 (zit.: *Baums*, Geschäftsleitervertrag)

–, Der Aufsichtsrat – Aufgaben und Reformfragen, ZIP 1995, 11 ff.

–, Aktienoptionen für Vorstandsmitglieder, in: Festschrift für Carsten Peter Claussen, Köln 1997, S. 3 ff. (zit.: *Baums*, FS Claussen)

–, Zur Offenlegung von Vorstandsvergütungen, ZHR 169 (2005), 299 ff.

–, Anerkennungsprämien für Vorstandsmitglieder, in: Festschrift für Ulrich Huber, Tübingen 2006, S. 655 ff. (zit.: *Baums*, FS Huber)

–, Die Unabhängigkeit des Vergütungsberaters, AG 2010, 53 ff.

Baums, Theodor/Thoma, Georg F., WpÜG, Kommentar zum Wertpapiererwerbs- und Übernahmegesetz, Grundwerk Köln 2004, Losebl.-Ausg., 2. Lfg 5/07 (zit.: *Bearbeiter*, in: Baums/Thoma, WpÜG)

Bayer, Walter, Vorsorge- und präventive Abwehrmaßnahmen gegen feindliche Übernahmen, ZGR 2002, 588 ff.

–, Transparenz und Begrenzung der Managervergütung, ZG 2008, 313 ff.

–, Grundsatzfragen der Regulierung der aktienrechtlichen Corporate Governance, NZG 2013, 1 ff.

Bayer, Walter/Habersack, Mathias, Aktienrecht im Wandel, Bd. 2, Tübingen 2007 (zit.: *Bearbeiter,* in: Bayer/Habersack, Aktienrecht)

Bean, LuAnn, The great "say on pay" debate, 20 Journal of Corporate Accounting & Finance (2009), 13 ff.

Bebchuk, Lucian A./Fried, Jesse M., Executive Compensation as an Agency Problem, 17 Journal of Economic Perspectives (2003), 71 ff.

–, Pay Without Performance, The Unfulfilled Promise of Executive Compensation, Cambridge 2004 (zit.: *Bebchuk/Fried,* Pay Without Performance)

Bebchuk, Lucian A./Fried, Jesse M./Walker, David I., Managerial Power and Rent Extraction in the Design of Executive Compensation, 69 University of Chicago Law Review (2002), 751 ff.

Bebchuk, Lucian A./Spamann, Holger, Regulating Bankers' Pay, 98 Georgetown LJ (2010), 247 ff.

Beck'scher Bilanz-Kommentar, 8. Aufl., München 2012 (zit.: *Bearbeiter,* in: Beck Bilanz-Komm.)

Beck'sches Handbuch der AG, Gesellschaftsrecht, Steuerrecht, Börsengang, 2. Aufl., München 2009 (zit.: *Bearbeiter,* in: Beck Hdb. AG)

Beck'sches Mandatshandbuch, Vorstand der AG, 2. Aufl., München 2010 (zit.: *Bearbeiter,* in: Beck MandatsHdb. Vorstand)

Beiner, Torsten, Der Vorstandsvertrag, Leitfaden für die Bestellung und den Anstellungsvertrag der Vorstandsmitglieder einer Aktiengesellschaft, Stuttgart 2005 (zit.: *Beiner,* Vorstandsvertrag)

Bennet, Michael, Bigger is better for avoiding two-strike rule, The Australian vom 22.1.2014, abrufbar unter www.theaustralian.com.au/business/financial-services/bigger-is-better-for-avoiding-two-strike-rule/story-fn91wd6x-1226807170792# (Abruf v. 24.1.2014) (zit.: *Bennet,* The Australian vom 22.1.2014)

Berg, Stefan/Stöcker, Mathias, Anwendungs- und Haftungsfragen zum Deutschen Corporate Governance Kodex, WM 2002, 1569 ff.

Berkowitz, Daniel/Pistor, Katharina/Richard, Jean-Francois, The Transplant Effect, 51 American Journal of Comparative Law (2003), 163 ff.

Beuthien, Volker, Zur Zulässigkeit beschließender Aufsichtsratsausschüsse - Am Beispiel des Personalausschusses, NZG 2010, 333 ff.

Black, Bernard S., Shareholder Passivity Reexamined, 89 Michigan Law Review (1990), 520 ff.

–, Agents watching agents: The promise of institutional investor voice, 39 UCLA Law Review (1992), 811 ff.

Boos, Karl-Heinz/Fischer, Reinfrid/Schulte-Mattler, Hermann, Kreditwesengesetz, Kommentar zu KWG und Ausführungsvorschriften, München 2012 (zit.: *Bearbeiter,* in: Boos/Fischer/Schulte-Mattler, KWG)

Bork, Björn, Change of Control-Klauseln in Anstellungsverträgen von Vorstandsmitgliedern, Köln 2009, zugl. Diss. Bonn 2008/2009 (zit.: *Bork,* Change of Control)

Bors, Maresa, Erfolgs- und leistungsorientierte Vorstandsvergütung, Aachen 2006 (zit.: *Bors,* Vorstandsvergütung)

Bosse, Christian, Das Gesetz zur Angemessenheit der Vorstandsvergütung (VorstAG) – Überblick und Handlungsbedarf, BB 2009, 1650 ff.

–, Handbuch Vorstandsvergütung, Eine Praxishilfe mit Checklisten und Mustern, Köln 2010 (zit.: *Bosse,* Hdb. Vorstandsverg.)

Brauer, Markus, Die aktienrechtliche Beurteilung von „appreciation awards" zu Gunsten des Vorstands, NZG 2004, 502 ff.

Bühner, Rolf, Möglichkeiten der unternehmerischen Gehaltsvereinbarung für das Top-Management, DB 1989, 2181 ff.

Bundesvorstand Deutscher Gewerkschaftsbund (DGB), Stellungnahme zur Anhörung des Rechtsausschusses des Deutschen Bundestages am 5.6.2013, abrufbar unter www.bundestag.de/bundestag/ausschuesse17/a06/anhoerungen/archiv/51_Aktienrechtsnovelle_2012/index.html (Abruf v. 11.8.2013) (zit.: *Bundesvorstand DGB,* Stellungnahme Rechtsausschuss)

Burns, Natasha/Minnick, Kristina, Does Say-on-Pay Matter? Evidence from Say-on-Pay Proposals in the United States, 48 The Financial Review (2013), 233 ff.

Burton, Gregory/Weaver, Prudence/Breen, Gerard/Tyree, Alan, The Law Relating to Banker and Customer in Australia, Online Publikation, Stand März 2013 (zit.: *Burton/Weaver/Breen/Tyree,* Banker and Customer)

Business Spectator, Labor's 'two strikes' rule forces pay reforms: analysis, 19.08.2012, abrufbar unter www.businessspectator.com.au (Abruf v. 11.8.2013)

Cahn, Andreas, Kapitalerhaltung im Konzern, Köln u.a. 1998, zugl. Habil. Frankfurt/Main 1995 (zit.: *Cahn,* Kapitalerhaltung)

–, Vorstandsvergütung als Gegenstand rechtlicher Regelung, in: Festschrift für Klaus J. Hopt, Bd. 1, Berlin/New York 2010, S. 431 ff. (zit.: *Cahn,* FS Hopt)

Cai, Jie/Walkling, Ralph A., Shareholders' Say on Pay: Does It Create Value? 46 Journal of Financial and Quantitative Analysis (2011), 299 ff.

Canaris, Claus-Wilhelm, Hauptversammlungsbeschlüsse und Haftung der Verwaltungsmitglieder im Vertragskonzern, ZGR 1978, 207 ff.

Cannivé, Klaus/Seebach, Daniel, Vorstandsvergütung als neue Haftungsfalle für Aufsichtsratsmitglieder, Der Konzern 2009, 593 ff.

CCH Australian Company Law Commentary, Online Commentary, Stand vom 13.8.2013 (zit.: *Bearbeiter,* in: CCH Company Law Commentary)

CCH Australian Securities Exchange Annotated Listing Rules, Online Commentary, Stand vom 13.6.2013 (zit.: *Bearbeiter*, in: CCH Annotated Listing Rules)

Chapple, Larelle/Christensen, Blake, The non-binding vote on executive pay: A review of the CLERP 9 reform, 18 Australian Journal of Corporate Law (2005), 263 ff.

Cheffins, Brian R., Company Law: Theory, Structure, and Operation, Oxford 1997 (zit.: *Cheffins*, Company Law)

Ciro, Tony/Symes, Christopher, Coporations Law: In Principle, 8. Aufl., Sydney 2009 (zit.: *Ciro/Symes*, Corporations Law)

Conway, Meredith R., Money for Nothing and the Stocks for Free: Taxing Executive Compensation, 17 Cornell Journal of Law and Public Policy (2008), 383 ff.

Core, John E./Guay, Wayne R./Thomas, Randall S., Is U.S. CEO Compensation Inefficient Pay Without Performance?, 103 Michigan Law Review (2005), 1142 ff.

Corporate HQ Advisory, Two Strikes Rule, 13.12.2013, abrufbar unter http://chqa.minterellison.com/blogcustom.aspx?entry=163 (Abruf v. 24.1.2014) (zit.: *Corporate HQ Advisory*, Two Strikes Rule)

Corporations and Markets Advisory Committee (CAMAC), Executive Remuneration Report April 2011, abrufbar unter www.camac.gov.au/camac/camac.nsf/byHeadline/Whats+NewExecutive+Remuneration+June+2011?openDocument (Abruf v. 11.8.2013) (zit.: CAMAC Report)

Correa, Ricardo/Lel, Ugur, Say on Pay Laws, Executive Compensation, CEO Pay Slice, and Firm Value around the World, Juni 2013, abrufbar unter http://papers.ssrn.com/sol3/papers.cfm? abstract_id=2243921 (Abruf v. 12.8.2013) (zit.: *Correa/Lel*, Say on Pay Laws)

Cowen, Tyler, Nice Work if You Can Get It, Wall Street Journal v. 23.12.2004, D8.

Crotty, James, Structural causes of the global financial crisis: a critical assessment of the 'new financial architecture', 33 Cambridge Journal of Economics (2009), 563 ff.

Cuñat, Vicente/Gine, Mireia/Guadalupe, Maria, Say Pays! Shareholder Voice and Firm Performance, Upjohn Institute Working Paper No. 13–192, Februar 2013

Dannawi, Omar, „Two Strikes" Rule Working, Glass Lewis & Co., 24.12.2012, abrufbar unter www.glasslewis.com/blog/two-strikes-rule-working/ (Abruf v. 11.8.2013) (zit.: *Dannawi*, Two Strikes)

Dauner-Lieb, Barbara, Die Verrechtlichung der Vorstandsvergütung durch das VorstAG als Herausforderung für den Aufsichtsrat, Der Konzern 2009, 583 ff.

Dauner-Lieb, Barbara/v. Preen, Alexander/Simon, Stefan, Das VorstAG - Ein Schritt auf dem Weg zum Board-System?, DB 2010, 377 ff.

Daveson, Stephanie/O'Hara, Annette, Executive Remuneration: results of spill meetings put effectiveness of two strikes in question, Lexology, 7.3.2013, abrufbar unter www.lexology.com/library/detail.aspx?g=dc50ff76-a2a0-4ba4-813e-56d92a-04e03d (Abruf v. 11.8.2013) (zit.: *Daveson/O'Hara*, Executive Remuneration)

Davis, Stephen, Does 'Say On Pay' Work? Lessons on Making CEO Compensation Accountable, Yale Millstein Center Policy Briefing No. 1: Say on Pay (2007) (zit.: *Davis*, Say On Pay)

Defina, Andrew/Harris, Thomas C./Ramsay, Ian M., What is Reasonable Remuneration for Corporate Officers? An Empirical Investigation Into the Relationship Between Pay and Performance in the Largest Australian Companies, 12 Company and Securities Law Journal (1994), 341 ff.

Deilmann, Barbara/Otte, Sabine, Auswirkungen des VorstAG auf die Struktur der Vorstandsvergütung, GWR 2009, 261 ff.

Delman, Jeremy Ryan, Structuring Say-on-Pay: A comparative look at global variations in shareholder voting on executive compensation, Columbia Business Law Review (2010), 583 ff.

Diller, Martin, Nachträgliche Herabsetzung von Vorstandsvergütungen und -ruhegeldern nach dem VorstAG, NZG 2009, 1006 ff.

Doetsch, Peter A., Veränderte Anforderungen an Gestaltung und Publizität von Vorstands-Pensionszusagen, AG 2010, 465 ff.

Döll, Matthias, Das Votum zum Vergütungssystem nach § 120 Abs. 4 AktG, WM 2010, 103 ff.

Drefahl, Christian/Pelger, Christoph, Abstimmungen über Bezüge sind ein Flop, FAZ vom 8.7.2013, S. 18

Dreher, Meinrad, Der Abschluss von D&O-Versicherungen und die aktienrechtliche Zuständigkeitsordnung, ZHR 165 (2001), 293 ff.

–, Change of control-Klauseln bei Aktiengesellschaften, AG 2002, 214 ff.

Dreher, Meinrad/Thomas, Stefan, Die D&O-Versicherung nach der VVG-Novelle 2008, ZGR 2009, 31 ff.

DSW/TU-München, Studie 2013 zur Vergütung der Vorstände in den DAX- und MDAX-Unternehmen im Geschäftsjahr 2012, wesentliche Ergebnisse abrufbar unter www.dsw-info.de/DSW-Vorstandsverguetungsstudie.1925.0.html (Abruf v. 11.8.2013) (zit.: DSW/TU-München, Studie 2013)

Easterbrook, Frank H./Fischel, Daniel R., The Proper Role of a Target's Management in Responding to a Tender Offer, 94 Harvard Law Review (1981), 1161 ff.

–, The Economic Structure of Corporate Law, Cambridge/London 1991 (zit.: *Easterbrook/Fischel*, Economic Structure)

Eidenmüller, Horst, Kapitalgesellschaftsrecht im Spiegel der ökonomischen Theorie, JZ 2001, 1041 ff.

Eisenberg, Melvin Aron, The Structure of Corporation Law, 89 Columbia Law Review (1989), 1461 ff.

Entorf, Horst/Gattung, Florian/Möbert, Jochen/Pahlke, Immanuel, Aufsichtsratsverflechtungen und ihr Einfluss auf die Vorstandsbezüge von DAX-Unternehmen, ZfB 2009, 1113 ff.

Erlei, Mathias/Leschke, Martin/Sauerland, Dirk, Neue Institutionenökonomik, 2. Auflage, Stuttgart 2007 (zit.: *Erlei/Leschke/Sauerland,* Institutionenökonomik)

Ettinger, Jochen/Grützediek, Elke, Haftungsrisiken im Zusammenhang mit der Abgabe der Corporate Governance Entsprechenserklärung gemäß § 161 AktG, AG 2003, 353 ff.

Falkenhausen, Joachim Frhr. v./Kocher, Dirk, Erste Erfahrungen mit dem Vergütungsvotum der Hauptversammlung, AG 2010, 623 ff.

Fama, Eugene F., Agency Problems and the Theory of the Firm, 88 Journal of Political Economy (1980), 288 ff.

Farrar, John H., The global financial crisis and the governance of financial institutions, 24 Australian Journal of Corporate Law (2010), 227 ff.

Fastrich, Lorenz, Golden Parachutes und sonstige Landehilfen, in: Festschrift für Andreas Heldrich, München 2005, S. 143 ff. (zit.: *Fastrich,* FS Heldrich)

Featherstone, Tony, Two strikes health check, Australian Institute of Company Directors, Company Director Magazine, 01.02.2012, abrufbar unter www.companydirectors.com.au/Director-Resource-Centre/Publications/Company-Director-magazine/2012-back-editions/February/Feature-Two-strikes-health-check (Abruf v. 11.8.2013) (zit.: *Featherstone,* Two strikes health check)

Fels, Allan, Executive Remuneration in Australia, 20 Australian Accounting Review (2010), 76 ff.

Fenwick, Colin/Sheehan, Kym Maree, Share-based remuneration and termination payments to company directors: What are the rules?, 26 Company and Securities Law Journal (2008), 71 ff.

Ferrarini, Guido/Moloney, Niamh/Ungureanu, Maria Cristina, Understanding Directors' Pay in Europe: A Comparative and Empirical Analysis, ECGI Law Working Paper No. 126/2009, abrufbar unter http://papers.ssrn.com/sol3/papers.cfm?abstract_id=1418463 (Abruf v. 9.8.2013)

Ferrarini, Guido/Moloney, Niamh/Vespro, Cristina, Executive Pay: Convergence in Law and Practice across the EU Corporate Governance Faultline, 4 Journal of Corporate Law Studies (2004), 243 ff.

Ferri, Fabrizio/Maber, David A., Say on Pay Votes and CEO Compensation: Evidence from the UK, 17 Review of Finance (2013), 527 ff.

Fleck, Hans-Joachim, Zur Haftung des GmbH-Geschäftsführers, GmbHR 1974, 224 ff.

—, Zur Beweislast für pflichtwidriges Organhandeln, GmbHR 1997, 237 ff.

Fleischer, Holger, Legal Transplants im deutschen Aktienrecht, NZG 2004, 1129 ff.

—, Zur Angemessenheit der Vorstandsvergütung im Aktienrecht (Teil I), DStR 2005, 1279 ff.

–, Zur Angemessenheit der Vorstandsvergütung im Aktienrecht (Teil II), DStR 2005, 1318 ff.

–, Das Vorstandsvergütungs-Offenlegungsgesetz, DB 2005, 1611 ff.

–, Das Mannesmann-Urteil des Bundesgerichtshofs: Eine aktienrechtliche Nachlese, DB 2006, 542 ff.

–, Handbuch des Vorstandsrechts, München 2006 (zit.: *Bearbeiter*, in: Fleischer, Hdb. VorstandsR.)

–, Das Gesetz zur Angemessenheit der Vorstandsvergütung (VorstAG), NZG 2009, 801 ff.

–, Rechtsvergleichendes Gutachten zu Fragen der Managervergütung in börsennotierten Gesellschaften, Hamburg 2009, abrufbar unter www.flexibles-aktienrecht.ch/de/download/ (Abruf v. 11.8.2013) (zit.: *Fleischer*, Gutachten)

–, Aufsichtsratsverantwortlichkeit für die Vorstandsvergütung und Unabhängigkeit der Vergütungsberater, BB 2010, 67 ff.

–, Reformperspektiven des aktienrechtlichen Beschlussmängelrechts, AG 2012, 765 ff.

Fleischer, Holger/Bedkowski, Dorothea, „Say on Pay" im deutschen Aktienrecht: Das neue Vergütungsvotum der Hauptversammlung nach § 120 IV AktG, AG 2009, 677 ff.

Fleischer, Holger/Hupka, Jan, Zur Regulierung der Vorstandsvergütung durch das Steuerrecht, DB 2010, 601 ff.

Fonk, Hans-Joachim, Die Zulässigkeit von Vorstandsbezügen dem Grunde nach - Aktienrechtliche Anmerkungen zum Urteil des LG Düsseldorf, NZG 2004, 1057 – Mannesmann, NZG 2005, 248 ff.

–, Vergütungsrelevante Zielvereinbarungen und -vorgaben versus Leitungsbefugnis des Vorstands, NZG 2011, 321 ff.

Frankfurter Kommentar zum WpÜG, 3. Aufl., Frankfurt a.M. 2008 (zit.: *Bearbeiter*, in: Frankfurter Komm. WpÜG)

Franks, Julian/Mayer, Colin, Hostile takeovers and the correction of managerial failure, 40 Journal of Financial Economics (1996), 163 ff.

Frels, Harro, Zur Behauptungs- und Beweislast bei § 84 Abs. 2 AktG, AG 1960, 296 ff.

Friedl, Gunther, Vorstellung DSW/TU-München Studie 2012 zur Vergütung der Vorstände in den DAX- und MDAX-Unternehmen im Geschäftsjahr 2011, 31.7.2012, abrufbar unter www.dsw-info.de/DSW-Vorstandsverguetungsstudie.1881.0.html (Abruf v. 11.8.2013) (zit.: *Friedl*, Vorstellung DSW/TU-München Studie 2012)

–, Vorstellung DSW/TU-München Studie 2013 zur Vergütung der Vorstände in den DAX- und MDAX-Unternehmen im Geschäftsjahr 2012, 1.7.2013, abrufbar unter www.dsw-info.de/DSW-Vorstandsverguetungsstudie.1925.0.html (Abruf v. 11.8.2013) (zit.: *Friedl*, Vorstellung DSW/TU-München Studie 2013)

Friedrichsen, Sönke, Aktienoptionsprogramme für Führungskräfte, Köln u.a., zugl. Diss. Hamburg 1999 (zit.: *Friedrichsen*, Aktienoptionsprogramme)

Gabler Wirtschaftslexikon, abrufbar auf http://wirtschaftslexikon.gabler.de/ (Abruf v. 9.8.2013) (zit.: *Bearbeiter*, in: Gabler Wirtschaftslexikon)

Gaul, Björn/Janz, Alexandra, Wahlkampfgetöse im Aktienrecht: Gesetzliche Begrenzung der Vorstandsvergütung und Änderungen der Aufsichtsratstätigkeit, NZA 2009, 809 ff.

Geibel, Stephan/Süßmann, Rainer, Wertpapiererwerbs- und Übernahmegesetz, Kommentar, 2. Aufl., München 2008 (zit.: *Bearbeiter*, in: Geibel/Süßmann, WpÜG)

Geßler, Ernst, Vorstand und Aufsichtsrat im neuen Aktiengesetz, JW 1937, 497 ff.

Göbel, Elisabeth, Neue Institutionenökonomik, Konzeption und betriebswirtschaftliche Anwendungen, Stuttgart 2002 (zit.: *Göbel*, Institutionenökonomik)

Goette, Wulf, Zur Verteilung der Darlegungs- und Beweislast der objektiven Pflichtwidrigkeit bei der Organhaftung, ZGR 1995, 648 ff.

Gopalan, Sandeep, Shame Sanctions and Excessive CEO Pay, 32 Delaware Journal of Corporate Law (2007), 757 ff.

—, Say on Pay and the SEC Disclosure Rules: Expressive Law and CEO Compensation, 35 Pepperdine Law Review (2008), 207 ff.

Gordon, Jeffrey N., The Mandatory Structure of Corporate Law, 89 Columbia Law Review (1989), 1549 ff.

—, Executive Compensation: If There's A Problem, What's the Remedy? The Case for "Compensation Discussion and Analysis", 30 Journal of Corporation Law (2005), 675 ff.

—, Say on Pay: Cautionary Notes on the U.K. Experience and the Case for Shareholder Opt-in, 46 Harvard Journal on Legislation (2009), 323 ff.

Götz, Alexander/Friese, Niklas, Vorstandsvergütung im DAX und MDAX - Fortsetzung der empirischen Analyse 2011 nach Einführung des Vorstandsvergütungsangemessenheitsgesetzes, CFB 2012, 414 ff.

Gower, Laurence C./Davies, Paul L., Gower and Davies' Principles of Modern Company Law, 9. Aufl. bearb. von Paul L. Davies und Sarah Worthington, London 2012 (zit.: *Davies/Worthington*, in: Gower/Davies, Company Law)

Großkommentar zum Aktiengesetz, 4. Aufl., Berlin u.a.,

Bd. 2 (§§ 53a-75), 2000 ff.

Bd. 3 (§§ 76–94), 1999 ff.

Bd. 4 (§§ 95–117), 2005 ff.

Bd. 6 (§§ 150–220), 1993 ff.

(zit.: *Bearbeiter*, in: Großkomm. AktG)

Guerdon Associates, 2012 CEO pay –changes in pay mix, 30.11.2012, abrufbar unter www.guerdonassociates.com/News-Detail.asp?cid=69&navID=120&NewsID=545 (Abruf v. 11.8.2013) (zit.: Guerdon Associates, changes)

–, 2012 CEO pay – median fixed pay increases outpace inflation again, 30.11.2012, abrufbar unter www.guerdonassociates.com/News-Detail.asp?cid=69&navID=120&NewsID=544 (Abruf v. 11.8.2013) (zit.: Guerdon Associates, median)

Günther, Marcus, Systemrelevanz von Finanzinstituten, WM 2010, 825 ff.

Habersack, Mathias, VorstAG und mitbestimmte GmbH – eine unglückliche Beziehung!, ZHR 174 (2010), 2 ff.

–, Stellungnahme zur Anhörung des Rechtsausschusses des Deutschen Bundestages am 5.6.2013, abrufbar unter www.bundestag.de/bundestag/ausschuesse17/a06/anhoerungen/archiv/51_Aktienrechtsnovelle_2012/index.html (Abruf v. 11.8.2013) (zit.: *Habersack*, Stellungnahme Rechtsausschuss)

Hall, Brian J./Murphy, Kevin J., The Trouble with Stock Options, 17 Journal of Economic Perspectives (2003), 49 ff.

Halsbury's Laws of Australia - Contract, LexisNexis Online Commentary, Update 25.5.2012 (zit.: Halsbury's Laws – Contract)

Handelsrechtsausschuss des Deutschen Anwaltvereins (DAV), Stellungnahme zum Entwurf eines Gesetzes zur Angemessenheit der Vorstandsvergütung (VorstAG), NZG 2009, 612 ff.

–, Stellungnahme zur Anhörung des Rechtsausschusses des Deutschen Bundestages am 5.6.2013, abrufbar unter www.bundestag.de/bundestag/ausschuesse17/a06/anhoerungen/archiv/51_Aktienrechtsnovelle_2012/index.html (Abruf v. 11.8.2013) (zit.: *Handelsrechtsausschuss DAV*, Stellungnahme Rechtsausschuss)

Harris, Jason/Hargovan, Anil/Adams, Michael, Australian Corporate Law, 3. Aufl., Chatswood 2011 (zit.: *Harris/Hargovan/Adams*, Australian Corporate Law)

Hartmann, Kurt, The Market for Corporate Confusion: Federal Attempts to Regulate the Market for Corporate Control through the Federal Tax Code, 6 DePaul Business Law Journal (1993), 159 ff.

Hayes, Rachel M./Schaefer, Scott, CEO pay and the Lake Wobegon Effect, 94 Journal of Financial Economics (2009), 280 ff.

Hefermehl, Wolfgang, Zur Haftung der Vorstandsmitglieder bei Ausführung von Hauptversammlungsbeschlüssen, in: Gesellschaftsrecht und Unternehmensrecht, in: Festschrift für Wolfgang Schilling, Berlin u.a. 1973, S. 159 ff. (zit.: *Hefermehl*, FS Schilling)

Heidel, Thomas (Hg.), Aktienrecht und Kapitalmarktrecht, 3. Aufl., Baden-Baden 2011 (zit.: *Bearbeiter*, in: Heidel, Aktienrecht)

Heidelberger Kommentar zum Aktiengesetz, 2. Aufl., Heidelberg 2011 (zit.: *Bearbeiter*, in: Heidelberger Komm. AktG)

Heller, Arne, Richten in eigener Sache – Stimmrechtsausschluss bei der Abberufung von Aufsichtsratsmitgliedern?, NZG 2009, 1170 ff.

Hemeling, Peter, Stellungnahme zur Anhörung des Rechtsausschusses des Deutschen Bundestages am 5.6.2013, abrufbar unter www.bundestag.de/bundestag/ausschuesse17/a06/anhoerungen/archiv/51_Aktienrechtsnovelle_2012/index.html (Abruf v. 11.8.2013) (zit.: *Hemeling*, Stellungnahme Rechtsausschuss)

Henssler, Martin/Strohn, Lutz, Gesellschaftsrecht, München 2011 (zit.: *Bearbeiter*, in: Henssler/Strohn, Gesellschaftsrecht)

Henze, Hartwig/Hoffmann-Becking, Michael (Hg.), Gesellschaftsrecht 2003, RWS-Forum 25, Köln 2004 (zit.: *Bearbeiter*, in: Henze/Hoffmann-Becking, Gesellschaftsrecht 2003)

Heuchemer, Frank-Karl/Kloft, Verena, Neue Verordnung über die aufsichtsrechtlichen Anforderungen an Vergütungssysteme von Instituten (Instituts-Vergütungsverordnung), WM 2010, 2241 ff.

High-Level Group on Financial Supervision in the EU, chaired by Jacques de Larosière, Report vom 25.2.2009, abrufbar unter http://ec.europa.eu/internal_market/finances/docs/de_larosiere_report_en.pdf (Abruf v. 11.8.2013)

Hill, Jennifer G., New Trends in the Regulation of Executive Remuneration, ECGI Law Working Paper No. 142/2010, abrufbar unter http://papers.ssrn.com/sol3/papers.cfm?abstract_id=1549429 (Abruf v. 9.8.2013)

–, The Architecture of Corporate Governance in Australia, ECGI Law Working Paper No. 164/2010, abrufbar unter http://papers.ssrn.com/sol3/papers.cfm?abstract_id=1657810 (Abruf v. 9.8.2013)

–, Regulating Executive Remuneration After the Global Financial Crisis: Common Law Perspectives, Sydney Law School Legal Studies Research Paper No. 11/91, November 2011, abrufbar unter http://papers.ssrn.com/sol3/papers.cfm?abstract_id=1956294 (Abruf v. 9.8.2013)

–, Why did Australia fare so well in the global financial crisis?, Sydney Law School Legal Studies Research Paper No. 12/35, Mai 2012, abrufbar unter http://papers.ssrn.com/sol3/papers.cfm? abstract_id=2063267 (Abruf v. 9.8.2013)

Hill, Jennifer G./Masulis, Ronald W./Thomas, Randall S., Comparing CEO Employment Contract Provisions: Differences Between Australia and the United States, 64 Vanderbilt Law Review (2011), 557 ff.

Hirte, Heribert, Verteidigung gegen Übernahmeangebote und Rechtsschutz des Aktionärs gegen die Verteidigung, ZGR 2002, 623 ff.

Hocker, Ulrich, Vorstellung DSW/TU-München Studie 2012 zur Vergütung der Vorstände in den DAX- und MDAX-Unternehmen im Geschäftsjahr 2011, 31.7.2012, abrufbar unter www.dsw-info.de/DSW-Vorstandsverguetungsstudie.1881.0.html (Abruf v. 11.8.2013) (zit.: *Hocker*, Vorstellung DSW/TU-München Studie 2012)

–, Vorstellung DSW/TU-München Studie 2013 zur Vergütung der Vorstände in den DAX- und MDAX-Unternehmen im Geschäftsjahr 2012, 1.7.2013, abrufbar unter www.dsw-info.de/DSW-Vorstandsverguetungsstudie.1925.0.html (Abruf v. 11.8.2013) (zit.: *Hocker*, Vorstellung DSW/TU-München Studie 2013)

Hoffmann, Dietrich/Preu, Peter, Der Aufsichtsrat, 5. Aufl., München 2003 (zit.: *Hoffmann/Preu*, Aufsichtsrat)

Hoffmann-Becking, Michael, Gestaltungsmöglichkeiten bei Anreizsystemen, NZG 1999, 797 ff.

–, Rechtliche Anmerkungen zur Vorstands- und Aufsichtsratsvergütung, ZHR 169 (2005), 155 ff.

–, Vorstandsvergütung nach Mannesmann, NZG 2006, 127 ff.

–, Stellungnahme zur Anhörung des Rechtsausschusses des Deutschen Bundestages am 5.6.2013, abrufbar unter www.bundestag.de/bundestag/ausschuesse17/a06/anhoerungen/archiv/51_Aktienrechtsnovelle_2012/index.html (Abruf v. 11.8.2013) (zit.: *Hoffmann-Becking*, Stellungnahme Rechtsausschuss)

Hoffmann-Becking, Michael/Krieger, Gerd, Leitfaden zur Anwendung des Gesetzes zur Angemessenheit der Vorstandsvergütung (VorstAG), NZG 2009, Beil. zu Heft 26

Hohenstatt, Klaus-Stefan, Das Gesetz zur Angemessenheit der Vorstandsvergütung, ZIP 2009, 1349 ff.

Hohenstatt, Klaus-Stefan/Kuhnke, Michael, Vergütungsstruktur und variable Vergütungsmodelle für Vorstandsmitglieder nach dem VorstAG, ZIP 2009, 1981 ff.

Hohenstatt, Klaus-Stefan/Naber, Sebastian, Die „Abfindung der Restlaufzeit“ bei der vorzeitigen Auflösung von Vorstandsverträgen, in: Festschrift für Jobst-Hubertus Bauer, München 2010, S. 447 ff. (zit.: *Hohenstatt/Naber*, FS Bauer)

Hohenstatt, Klaus-Stefan/Wagner, Tobias, Zur Transparenz der Vorstandsvergütung – 10 Fragen aus der Unternehmenspraxis, ZIP 2008, 945 ff.

Hölters, Wolfgang (Hg.), Aktiengesetz Kommentar, München 2011 (zit.: *Bearbeiter*, in: Hölters, AktG)

Hölz, Christiane, Vorstellung DSW/TU-München Studie 2013 zur Vergütung der Vorstände in den DAX- und MDAX-Unternehmen im Geschäftsjahr 2012, 1.7.2013, abrufbar unter www.dsw-info.de/DSW-Vorstandsverguetungsstudie.1925.0.html (Abruf v. 11.8.2013) (zit.: *Hölz*, Vorstellung DSW/TU-München Studie 2013)

Hommelhoff, Peter/Hopt, Klaus J./v. Werder, Axel (Hg.), Handbuch Corporate Governance, Leitung und Überwachung börsennotierter Unternehmen in der Rechts- und Wirtschaftspraxis, 2. Aufl., Köln 2009 (zit.: *Bearbeiter*, in: Hommelhoff/Hopt/v. Werder, Corporate Governance)

Hopt, Klaus J., Verhaltenspflichten des Vorstands der Zielgesellschaft bei feindlichen Übernahmen, in: Festschrift für Marcus Lutter, Köln 2000, S. 1361 ff. (zit.: *Hopt*, FS Lutter)

Hopt, Klaus J./Wohlmannstetter, Gottfried (Hg.), Handbuch Corporate Governance von Banken, München 2011 (zit.: *Bearbeiter*, in: Hopt/Wohlmannstetter, Hdb. CorpGov. Banken)

Hüffer, Uwe, Aktienbezugsrechte als Bestandteil der Vergütung von Vorstandsmitgliedern und Mitarbeitern, ZHR 161 (1997), 214 ff.

—, Aktiengesetz, 10. Aufl., München 2012 (zit.: *Hüffer*, AktG)

Hupka, Jan, Das Vergütungsvotum der Hauptversammlung, Köln 2012, zugl. Diss. Göttingen 2011 (zit.: *Hupka*, Vergütungsvotum)

Iacobucci, Edward M., The Effects of Disclosure on Executive Compensation, 48 University of Toronto Law Journal (1998), 489 ff.

Ihrig, Hans-Christoph, Optionen auf eigene Aktien, in: Festschrift für Peter Ulmer, Berlin 2003, S. 829 ff. (zit.: *Ihrig*, FS Ulmer)

Institutional Shareholder Services (ISS), What International Markets Say on Pay, April 2007, abrufbar unter www.governanceprofessionals.org (Abruf v. 11.8.2013) (zit.: Institutional Shareholder Services, Say on Pay)

Irgang, Alissa, Capping and corporate governance: An analysis of executive remuneration in Australia, 31 Company and Securities Law Journal (2013), 145 ff.

Jäger, Axel, Aktienoptionspläne in Recht und Praxis - eine Zwischenbilanz, DStR 1999, 28 ff.

Jaeger, Georg, Die Auswirkungen des VorstAG auf die Praxis von Aufhebungsvereinbarungen, NZA 2010, 128 ff.

—, Zur Problematik der Einbeziehung von „good leaver“-Klauseln in die Regelung der variablen Vergütung von Vorstandsmitgliedern, in: Liber Amicorum für Martin Winter, Köln 2011, S. 313 ff. (zit.: *Jaeger*, Liber Amicorum Winter)

Jaletzke, Matthias/Verannemann, Peter, Finanzmarktstabilisierungsgesetz, München 2009 (zit.: *Bearbeiter*, in: Jaletzke/Verannemann, FMStG)

Jaspers, Philipp, Mehr Demokratie wagen – Die Rolle der Hauptversammlung bei der Festsetzung der Vergütung des Vorstands, ZRP 2010, 8 ff.

Jehner, Sabine, Zur gerichtlichen Abberufung eines Aufsichtsratsmitglieds nach § 103 Abs. 3 Aktiengesetz, Diss. Augsburg 1992 (zit.: *Jehner*, Abberufung)

Jensen, Michael C./Meckling, William H., Theory of the Firm: Managerial Behavior, Agency Costs and Ownership Structure, 3 Journal of Financial Economics (1976), 305 ff.

Jensen, Michael/Murphy, Kevin J., CEO Incentives – It's Not How Much You Pay, But How, Harvard Business Review (Mai - Juni 1990), 138 ff.

—, Performance Pay and Top-Management Incentives, 98 Journal of Political Economy (1990), 225 ff.

Jensen, Michael C./Murphy, Kevin J./Wruck, Eric G., Remuneration: Where we've been, how we got to here, what are the problems, and how to fix them, Harvard Business School NOM Research Paper No. 04–28 (2004)

Jost, Peter-J., Die Prinzipal-Agenten-Theorie in der Betriebswirtschaftslehre, Stuttgart 2001 (zit.: *Jost*, Prinzipal-Agenten-Theorie)

Kann, Jürgen van/Eigler, Mira, Aktuelle Neuerungen des Corporate Governance Kodex, DStR 2007, 1730 ff.

Käpplinger, Markus, Zur aktienrechtlichen Zulässigkeit von Abfindungszahlungen, NZG 2003, 573 ff.

Kessler, Manfred/Sauter, Thomas, Handbuch Stock Options, München 2003 (zit.: *Bearbeiter*, in: Kessler/Sauter, Hdb. Stock Options)

Koch, Jens, Die Herabsetzung der Vorstandsbezüge gemäß § 87 Abs. 2 AktG nach dem VorstAG, WM 2010, 49 ff.

–, Stellungnahme zur Anhörung des Rechtsausschusses des Deutschen Bundestages am 5.6.2013, abrufbar unter www.bundestag.de/bundestag/ausschuesse17/a06/anhoerungen/archiv/51_Aktienrechtsnovelle_2012/index.html (Abruf v. 11.8.2013) (zit.: *Koch*, Stellungnahme Rechtsausschuss)

Koeck, Bill/d'Oliveyra, Lisa/Lewis, Corey, 'Two strikes' and you're out – preparing for the future of voting on remuneration reports, Keeping good companies 2010, 343 ff.

Kohler, Klaus, Stock Options für Führungskräfte aus der Sicht der Praxis, ZHR 161 (1997), 246 ff.

Koller, Ingo/Roth, Wulf-Henning/Morck, Winfried, Handelsgesetzbuch Kommentar, 7. Aufl., München 2011 (zit.: Bearbeiter, in: *Koller/Roth/Morck*, HGB)

Kölner Kommentar zum Aktiengesetz, 3. Aufl., Köln

Bd. 2/1 (§§ 76–94), 2009

Bd. 2/2 (§§95–117), 2009

Bd. 3/1 Teil 1 (§§ 131, 132 AktG), 2013

(zit.: *Bearbeiter*, in: Kölner Komm. AktG)

Kölner Kommentar zum WpÜG, 2. Aufl., Köln 2010 (zit.: *Bearbeiter*, in: Kölner Komm. WpÜG)

Körner, Marita, Die Angemessenheit von Vorstandsbezügen in § 87 AktG - Eine unbeachtete Vorschrift?, NJW 2004, 2697 ff.

Kort, Michael, Das „Mannesmann"-Urteil im Lichte von § 87 AktG, NJW 2005, 333 ff.

–, „Change-of-Control"-Klauseln nach dem „Mannesmann"-Urteil des BGH: zulässig oder unzulässig?, AG 2006, 106 ff.

–, Mannesmann: Das „Aus" für nachträglich vorgesehene Vorstandsvergütungen ohne Anreizwirkung?, NZG 2006, 131 ff.

–, Zivilrechtliche Folgen unangemessen hoher Vorstandsvergütung - eine „Mannesmann"-Spätlese, DStR 2007, 1127 ff.

–, Corporate Governance-Grundsätze als haftungsrechtlich relevante Verhaltensstandards?, in: Festschrift für Karsten Schmidt, Köln 2009, S. 945 ff. (zit.: *Kort*, FS K. Schmidt)

Korts, Sebastian, Die Vereinbarung von Kontrollwechselklauseln in Vorstandsverträgen, BB 2009, 1876 ff.

Krause, Daniel M., Anmerkung zu BGH, Urt. V. 21.12.2005 – 3 StR 470/04 (LG Düsseldorf), StV 2006, 307 ff.

Krause, Daniel M., Strafrechtliche Haftung des Aufsichtsrates, NStZ 2011, 57 ff.

Krause, Hartmut, Prophylaxe gegen feindliche Übernahmeangebote, AG 2002, 133 ff.

Krieger, Gerd, Personalentscheidungen des Aufsichtsrats, Köln u.a. 1981, zugl. Diss. Bonn 1980 (zit.: *Krieger*, Personalentscheidungen)

Kübler, Friedrich, Shareholder Value: Eine Herausforderung für das Deutsche Recht?, in: Festschrift für Wolfgang Zöllner, Band 1, Köln 1998, S. 321 ff. (zit.: *Kübler*, FS Zöllner)

Kühnberger, Manfred/Keßler, Jürgen, Stock option incentives – betriebswirtschaftliche und rechtliche Probleme eines anreizkompatiblen Vergütungssystems, AG 1999, 453 ff.

Kuhner, Christoph/Hitz, Jörg-Markus/Sabiwalsky, Ralf/Drefahl, Christian, Studie Managergehälter 2011, Köln 2011 (zit.: *Kuhner/Hitz/Sabiwalsky/Drefahl*, Studie Managergehälter 2011)

—, Studie Managergehälter 2012, Köln 2013 (zit.: *Kuhner/Hitz/Sabiwalsky/Drefahl*, Studie Managergehälter 2012)

Lange, Oliver, Zulässigkeitsvoraussetzungen einer gesellschaftsfinanzierten Aufsichtsrats-D&O-Versicherung, ZIP 2001, 1524 ff.

—, Die Belohnung von Vorstandsmitgliedern auf Veranlassung des Aufsichtsrats, AuR 2004, 83 ff.

Langenbucher, Katja, Die bereicherungsrechtliche Rückforderung unangemessener Vorstandsbezüge, in: Festschrift für Ulrich Huber, Tübingen 2006, S. 861 ff. (zit.: *Langenbucher*, FS Huber)

—, Aktien- und Kapitalmarktrecht, 2. Aufl., München 2011 (zit.: *Langenbucher*, Aktien- und Kapitalmarktrecht)

—, Zur Durchsetzung von Schadensersatzansprüchen gegen Organmitglieder, in: Festschrift für Uwe H. Schneider, Köln 2011, S. 751 ff. (zit.: *Langenbucher*, FS U.H. Schneider)

Leßmann, Per, Abfindungsvereinbarungen mit Organmitgliedern deutscher Kapitalgesellschaften, Berlin 2006, zugl. Diss Darmstadt 2005 (zit.: *Leßmann*, Abfindungsvereinbarungen)

Lewis, David, Implementing APRA's Prudential Standards on Executive Remuneration, Opening Remarks to KPMG Executive Remuneration Forum for Non-Executive Directors, March 2012, abrufbar unter www.apra.gov.au/Speeches/Documents/2012%20March%20-%20KPMG%20FORUM%20ON%20EXECUTIVE%20REMUNERATION%20-%20David%20Lewis.pdf (Abruf v. 11.8.2013) (zit.: *Lewis*, Implementing)

Liebers, Hans-Joachim/Hoefs, Christian, Anerkennungs- und Abfindungszahlungen an ausscheidende Vorstandsmitglieder, ZIP 2004, 97 ff.

Lingemann, Stefan, Angemessenheit der Vorstandsvergütung – Das VorstAG ist in Kraft, BB 2009, 1918 ff.

Lipton, Phillip, A History of Company Law in Colonial Australia: Economic Development and Legal Evolution, 31 Melbourne University Law Review (2007), 805 ff.

Lo, Kin, Economic consequences of regulated changes in disclosure: the case of executive compensation, 35 Journal of Accounting and Economics (2003), 285 ff.

Löbbe, Marc/Fischbach, Jonas, Das Vergütungsvotum der Hauptversammlung nach § 120 Abs. 4 AktG n.F., WM 2013, 1625 ff.

Loewenstein, Mark J., The Conundrum of Executive Compensation, 35 Wake Forest Law Review (2000), 1 ff.

Lund, Andrew C.W., Say on Pay's Bundling Problems, 99 Kentucky Law Journal (2010–2011), 119 ff.

Lutter, Marcus, Corporate Governance und ihre aktuellen Probleme, vor allem: Vorstandsvergütung und ihre Schranken, ZIP 2003, 737 ff.

–, Aktienrechtliche Aspekte der angemessenen Vorstandsvergütung, ZIP 2006, 733 ff.

–, Zur Durchsetzung von Schadensersatzansprüchen gegen Organmitglieder, in: Festschrift für Uwe H. Schneider, Köln 2011, S. 763 ff. (zit.: *Lutter*, FS U.H. Schneider)

Lutter, Marcus/Krieger, Gerd, Rechte und Pflichten des Aufsichtsrats, 5. Aufl., Köln 2008 (zit.: *Lutter/Krieger*, Aufsichtsrat)

Mahoney, Paul G., Mandatory Disclosure as a Solution to Agency Problems, 62 University of Chicago Law Review (1995), 1047 ff.

Mallesons Stephen Jaques, Directions 2012, Current issues and challenges facing Australian directors and boards, abrufbar unter www.mallesons.com/Documents/Directions_2012.pdf (Abruf v. 11.8.2013) (zit.: *Mallesons*, Directions 2012)

Manne, Henry G., Mergers and the Market for Corporate Control, 73 Journal of Political Economy (1965), 110 ff.

Marsch-Barner, Reinhard, Aktuelle Rechtsfragen zur Vergütung von Vorstands- und Aufsichtsratsmitgliedern einer AG, in: Festschrift für Volker Röhricht, Köln 2005, S. 401 ff. (zit.: *Marsch-Barner*, FS Röhricht)

Martens, Klaus-Peter, Stand und Entwicklung im Recht der Stock-Options, in: Festschrift für Peter Ulmer, Berlin 2003, S. 399 ff. (zit.: *Martens*, FS Ulmer)

–, Die Vorstandsvergütung auf dem Prüfstand, ZHR 169 (2005), 124 ff.

–, Rechtliche Rahmenbedingungen der Vorstandsvergütung, in: Festschrift für Uwe Hüffer, München 2010, S. 647 ff. (zit.: *Martens*, FS Hüffer)

Martin, Kenneth J./McConnell, John J., Corporate Performance, Corporate Takeovers, and Management Turnover, 46 Journal of Finance (1991), 671 ff.

Mathis, Peter J., Mechanismen zur Kontrolle von Managern in großen Kapitalgesellschaften, Eine ökonomische Analyse, Saarbrücken 1992 (zit.: *Mathis*, Mechanismen zur Kontrolle von Managern)

McChesney, Fred S., Proper Purpose, Fiduciary Duties, and Shareholder-Raider Access to Corporate Information, 68 University of Cincinnati Law Review (1999–2000), 1199 ff.

McConvill, James, Positive Corporate Governance and its Implications for Executive Compensation, 6 German Law Journal (2005), 1777 ff.

McCrann, Terry, It still requires three strikes to get board members out, The Australian vom 15.12.2012, abrufbar unter www.theaustralian.com.au/business/opinion/it-still-requires-three-strikes-to-get-board-members-out/story-e6frg9k6-1226537178840 (Abruf v. 11.8.2013)

Menichetti, Marco J., Aktien-Optionsprogramme für das Top-Management, DB 1996, 1688 ff.

Menke, Rainard/Porsch, Winfried, Verfassungs- und europarechtliche Grenzen eines Gesetzes zur individualisierten Zwangsoffenlegung der Vergütung der Vorstandsmitglieder, BB 2004, 2533 ff.

Mertens, Hans-Joachim, Bedarf der Abschluss einer D & O Versicherung durch die Aktiengesellschaft der Zustimmung der Hauptversammlung?, AG 2000, 447 ff.

—, Vorstandsvergütung in börsennotierten Aktiengesellschaften, AG 2011, 57 ff.

Michalski, Lutz, Abwehrmechanismen gegen unfreundliche Übernahmeangebote („unfriendly takeovers") nach deutschem Aktienrecht, AG 1997, 152 ff.

Mick, Marcus Oliver, Aktien- und bilanzsteuerrechtliche Implikationen beim Einsatz von Eigenkapitalderivaten beim Aktienrückkauf, DB 1999, 1201 ff.

Miske, Ryan, Can't Cap Corporate Greed: Unintended Consequences of Trying to Control Executive Compensation Through the Tax Code, 88 Minnesota Law Review (2004), 1673 ff.

Mitchell, Mark L./Lehn, Kenneth, Do Bad Bidders Become Good Targets?, 98 Journal of Political Economy (1990), 372 ff.

Möhrle, Frauke, Gesellschaftsrechtliche Probleme der D&O-Versicherung, Köln/München 2007, zugl. Diss. Hamburg 2006 (zit.: *Möhrle*, D&O-Versicherung)

Monem, Reza/Ng, Chew, Two strikes rule of Australia and the pay-performance link: Are shareholders judicious?, abrufbar unter http://papers.ssrn.com/sol3/papers.cfm?abstract_id=2334285 (Abruf v. 24.1.2014)

Mosch, Ulrich/Rosenau, Marc, Neuregelung für Bankerboni, NJW-Spezial 2010, 498 ff.

Mülbert, Peter O., Systemrelevanz, in: Festschrift für Uwe H. Schneider, Köln 2011, S. 855 ff. (zit.: *Mülbert*, FS U.H. Schneider)

Mullane, Joy Sabino, Incidence and Accidents: Regulation of Executive Compensation through the Tax Code, 13 Lewis & Clark Law Review (2009), 485 ff.

Müller-Bonanni, Thomas/Mehrens, Christian, Neue Vergütungsregeln für Banken – Entwurf der Instituts-Vergütungsverordnung, NZA 2010, 792 ff.

Münchener Handbuch des Gesellschaftsrechts, Bd. 4, Aktiengesellschaft, 3. Aufl., München 2007 (zit.: *Bearbeiter*, in: MünchHdb. AG)

Münchener Kommentar zum Aktiengesetz, 3. Aufl., München

Bd. 1 (§§ 1–75), 2008

Bd. 2 (§§ 76–117), 2008

Bd. 3 (§§ 118–178), 2013

Bd. 4 (§§ 179–277), 2011

Bd. 6 (§§329–410, WpÜG), 2011

(zit.: *Bearbeiter*, in: MünchKomm. AktG)

Münchener Kommentar zum Bilanzrecht, Bd. 1 (IFRS), 3. Ergänzungslieferung Juli 2012, München 2012 (zit.: *Bearbeiter*, in: MünchKomm. BilR.)

Münchener Kommentar zum Bürgerlichen Gesetzbuch, Bd. 1, 6. Aufl., München 2012 (zit.: *Bearbeiter*, in: MünchKomm. BGB)

Münchener Kommentar zum Handelsgesetzbuch, Bd. 4 (§§ 238–342e), 3. Aufl., München 2013 (zit.: *Bearbeiter*, in: MünchKomm. HGB)

Münchener Kommentar zum Strafgesetzbuch, Bd. 4 (§§ 263–358), München 2006 (zit.: *Bearbeiter*, in: MünchKomm. StGB)

Murphy, Kevin J., Explaining Executive Compensation: Managerial Power versus the Perceived Cost of Stock Options, 69 University of Chicago Law Review (2002), 847 ff.

Murray, Winifred, The role of company boards: Are they to blame for excessive executive remuneration?, 23 Australian Journal of Corporate Law (2009), 178 ff.

Mutter, Stefan/Kruchen, Carsten, Stimmverbote bei Beschlüssen nach § 120 Abs. 4 AktG?, AG-Report 2010, R 78

N.N., Die Präsenz auf Hauptversammlungen sinkt, FAZ vom 29.5.2013, S. 21

N.N., Wie Investmentbanker den Bonusdeckel umgehen wollen, FAZ vom 6.1.1014, S. 19

Notthoff, Martin, Rechtliche Fragestellungen im Zusammenhang mit dem Abschluss einer Director's & Officer's-Versicherung - Effektiver Schutz von Vorständen und Aufsichtsräten gegen Haftungsrisiken, NJW 2003, 1350 ff.

OECD Report, Corporate Governance and the Financial Crisis, Conclusions and emerging good practices to enhance implementation of the Principles, 24.2.2010, abrufbar unter www.oecd.org/dataoecd/53/62/44679170.pdf (Abruf v. 11.8.2013) (zit.: OECD Report 2010, Corporate Governance, Conclusions)

OECD Report, Corporate Governance and the Financial Crisis, Key Findings and Main Messages, Juni 2009, abrufbar unter www.oecd.org/dataoecd/3/10/43056196.pdf (Abruf v. 11.8.2013) (zit.: OECD Report 2009, Corporate Governance, Key Findings)

Otto, Stefan, Vorstandsvergütung, Gesetzliche Obergrenzen als Garant für Angemessenheit?, Jena 2012, zugl. Diss. Jena 2011 (zit.: *Otto,* Vorstandsvergütung)

Paschos, Nikolaos, Das Gesetz gegen hohe Managergehälter geht an der Praxis vorbei, FAZ vom 22.5.2013, S. 19

Patzina, Reinhard/Bank, Stefan/Schimmer, Dieter/Simon-Widmann, Michaele, Haftung von Unternehmensorganen, München 2010 (zit.: *Bearbeiter,* in: Patzina/Bank/Schimmer/Simon-Widmann, Haftung)

Pearce, Dennis C./Geddes, Robert S., Statutory Interpretation in Australia, 7. Aufl., Sydney 2011 (zit.: *Pearce/Geddes,* Statutory Interpretation)

Peltzer, Martin, Wider den „greed" – Betrachtungen zu §§ 86 und 87 AktG, in: Festschrift für Marcus Lutter, Köln 2000, S. 571 ff. (zit.: *Peltzer,* FS Lutter)

—, Das Mannesmann-Revisionsurteil aus der Sicht des Aktien- und allgemeinen Zivilrechts, ZIP 2006, 205 ff.

—, Das Zulassungsverfahren nach § 148 AktG wird von der Praxis nicht angenommen! Warum? Was nun?, in: Festschrift für Uwe H. Schneider, Köln 2011, S. 953 ff. (zit.: *Peltzer,* FS U.H. Schneider)

Poguntke, David, Anerkennungsprämien, Antrittsprämien und Untreuestrafbarkeit im Recht der Vorstandsvergütung, ZIP 2011, 893 ff.

Polsky, Gregg D., Controlling Executive Compensation Through the Tax Code, 64 Washington & Lee Law Review (2007), 877 ff.

Pratt, John W./Zeckhauser, Richard J., Principals and Agents: The Structure of Business, Boston 1985 (zit.: *Bearbeiter,* in: Pratt/Zeckhauser, Principals and Agents)

Pre-Budget Report December 2009, Securing the recovery: growth and opportunity, London 2009 (zit.: Pre-Budget Report 2009)

Productivity Commission Inquiry Report No. 49, 2009, Executive Remuneration in Australia, abrufbar unter www.pc.gov.au/__data/assets/pdf_file/0008/93590/executive-remuneration-report.pdf (Abruf v. 9.8.2013) (zit.: Productivity Commission)

PWC 5th Annual Executive Remuneration Report, Blip or turning point – How can reward support sustainable growth?, März 2011, abrufbar unter www.pwc.com.au/consulting/publications/executive-remuneration.htm (Abruf v. 11.8.2013) (zit.: PWC Remuneration Report)

PWC, Executive remuneration trends – a tweak and a tuck to get a tick, Januar 2013, abrufbar unter www.pwc.com.au/consulting/assets/publications/Ten-Minutes-Jan13.pdf (Abruf v. 11.8.2013) (zit.: PWC Executive remuneration)

Quinn, Michael, The Unchangeables – Director and Executive Remuneration Disclosure in Australia, 10 Australian Journal of Corporate Law (1999), 89 ff.

Raiser, Thomas/Veil, Rüdiger, Recht der Kapitalgesellschaften, 5. Aufl., München 2010 (zit.: *T. Raiser/Veil*, Kapitalgesellschaften)

Ramsay, Ian M./Saunders, Benjamin B., Litigation by shareholders and directors: An empirical study of the statutory derivative action, University of Melbourne Legal Studies Research Paper No. 250 2006, abrufbar unter http://papers.ssrn.com/sol3/papers.cfm?abstract_id=914465 (Abruf v. 11.8.2013)

Rappaport, Alfred, How to design value-contributing executive incentives, 4 Journal of Business Strategies (1983), 49 ff.

Redenius-Hövermann, Julia, Das Votum zum Vergütungssystem, Der Aufsichtsrat 2009, 173 ff.

Regierungskommission Deutscher Corporate Governance Kodex, Pressemitteilung vom 14.5.2013, abrufbar unter www.corporate-governance-code.de/ger/news/index.html (Abruf v. 11.8.2013)

Reuter, Dieter, Bestellung und Anstellung von Organmitgliedern im Körperschaftsrecht, Festschrift für Wolfgang Zöllner, Band 1, Köln 1998, S. 487 ff. (zit.: *Reuter*, FS Zöllner)

Rieckhoff, Helge, Vergütung des Vorstands mit langfristiger Anreizwirkung, AG 2010, 617 ff.

Ringleb, Henrik-Michael/Kremer, Thomas/Lutter, Marcus/v. Werder, Axel, Kommentar zum Deutschen Corporate Governance Kodex, 5. Aufl., München 2014 (zit.: *Bearbeiter*, in: Ringleb/Kremer/Lutter/v. Werder, DCGK)

Robin, Myriam, How the two-strike rule became a big stick, Leading Company, 15.11.2012, abrufbar unter http://leadingcompany.smartcompany.com.au/corporate-governance/how-the-two-strike-rule-became-a-big-stick/201211153062 (Abruf v. 11.8.2013) (zit.: *Robin*, two-strike rule)

Rock, Edward B., The Logic and (Uncertain) Significance of Institutional Shareholder Activism, 79 Georgetown Law Journal (1991), 445 ff.

Romano, Roberta, Less is More: Making Institutional Investor Activism a Valuable Mechanism of Corporate Governance, 18 Yale Journal on Regulation (2001), 174 ff.

Rost, Katja/Osterloh, Margit, Management Fashion Pay-For-Performance for CEOs, 61 Schmalenbach Business Review (2009), 119 ff.

Roth, Günter H., Die (Ohn-)Macht der Hauptversammlung, ZIP 2003, 369 ff.

Roth, Günter H./Wörle, Ulrike, Die Unabhängigkeit des Aufsichtsrats – Recht und Wirklichkeit, ZGR 2004, 565 ff.

Säcker, Franz Jürgen/Stenzel, Sonja, Das zivilrechtliche Schicksal von gegen § 87 Abs. 1 AktG verstoßenden Vergütungsvereinbarungen, JZ 2006, 1151 ff.

Sailer, Viola, Offenlegung von „Change of Control-Klauseln“ im Jahresabschluss, AG 2006, 913 ff.

Sammet, Sebastian, Versicherungs-Vergütungsordnung, Aufsichtsrechtliche Vergütungsvorgaben zwischen Arbeits- und Gesellschaftsrecht, Karlsruhe 2013, zugl. Diss. Passau 2012/2013 (zit.: *Sammet*, VersVergV)

Schander, Albert Axel, Abwehrstrategien gegen feindliche Übernahmen und ihre Zulässigkeit im Lichte der Aktienrechtsreform, BB 1997, 1801 ff.

Schick, Werner Paul, Praxisfragen zum Vergütungsvotum der Hauptversammlung nach § 120 Abs. 4 AktG, ZIP 2011, 593 ff.

Schlabrendorff, Moritz v., Repricing von Stock Options, Köln/München 2008, zugl. Diss. Berlin 2007 (zit.: *v. Schlabrendorff*, Repricing von Stock Options)

Schlegelberger, Franz/Quassowski, Leo, Aktiengesetz, 3. Aufl., Berlin 1939 (zit.: *Schlegelberger/Quassowski*, AktG)

Schmidt, Karsten, Gesellschaftsrecht, 4. Aufl., Köln u.a. 2002 (zit.: *K. Schmidt*, Gesellschaftsrecht)

Schmidt, Karsten/Lutter, Marcus, Aktiengesetz Kommentar, 2. Aufl., Bd. 1 (§§ 1–149), Köln 2010 (zit.: *Bearbeiter*, in: K. Schmidt/Lutter, AktG)

Schmidt, Karsten/Riegger, Bodo (Hg.), Gesellschaftsrecht 1999, RWS-Forum 15, Köln 2000 (zit.: *Bearbeiter*, in: K. Schmidt/Riegger, Gesellschaftsrecht 1999)

Schmolke, Klaus Ulrich, Institutionelle Anleger und Corporate Governance – Traditionelle institutionelle Investoren vs. Hedgefonds, ZGR 2007, 701 ff.

Schneider, Uwe H., Zwischenruf - Was ist eine systemisch relevante Bank?, ZRP 2009, 119 ff.

Schneider, Uwe H./Nietsch, Michael, Die Abberufung von Aufsichtsratsmitgliedern bei der Aktiengesellschaft, in: Festschrift für Harm Peter Westermann, Köln 2008, S. 1447 ff. (zit.: *Schneider/Nietsch*, FS Westermann)

Schoenemann, Andreas, Executive Remuneration in New Zealand and Australia: Do current laws, regulations and guidelines ensure "Pay for Performance"?, 37 Victoria University of Wellington Law Review (2006), 31 ff.

Schüller, Annette M., Vorstandsvergütung – Gesellschaftsrechtliche Fragen der Vergütung des Vorstands in der börsennotierten Aktiengesellschaft, Baden-Baden 2002, zugl. Diss. Tübingen 2000 (zit.: *Schüller*, Vorstandsvergütung)

Schüppen, Matthias, To comply or not to comply – that's the question! „Existenzfragen" des Transparenz- und Publizitätsgesetzes im magischen Dreieck kapitalmarktorientierter Unternehmensführung, ZIP 2002, 1269 ff.

—, Vorstandsvergütung – (K)ein Thema für die Hauptversammlung?, ZIP 2010, 905 ff.

Schüppen, Matthias/ Sanna, Thomas, D&O-Versicherungen: Gute und schlechte Nachrichten!, ZIP 2002, 550 ff.

Schüppen, Matthias/Schaub, Bernhard (Hg.), Münchener Anwaltshandbuch Aktienrecht, 2. Aufl., München 2010 (zit.: *Bearbeiter*, in: Schüppen/Schaub, MünchAnwHdb.)

Schwalbach, Joachim, Vergütungsstudie 2011, Vorstandsvergütung, Pay-for-Performance und Fair Pay, DAX30-Unternehmen 1987–2010, abrufbar unter http://enim.wiwi.hu-berlin.de/management/managerverguetung (Abruf v. 11.8.2013) (zit.: *Schwalbach*, Vergütungsstudie 2011)

Schwark, Eberhard, Zur Angemessenheit der Vorstandsvergütung, in: Festschrift für Thomas Raiser, Berlin 2005, S. 377 ff. (zit.: *Schwark*, FS Raiser)

Seibert, Ulrich, Das VorstAG – Regelungen zur Angemessenheit der Vorstandsvergütung und zum Aufsichtsrat, WM 2009, 1489 ff.

Semler, Johannes, Mitverantwortung der Vorstandsmitglieder einer Aktiengesellschaft für die eigenen Vergütungen, in: Liber Amicorum für Wilhelm Happ, Köln u.a. 2006, S. 277 ff. (zit.: *Semler*, Liber Amicorum Happ)

Semler, Johannes/v. Schenck, Kersten, Arbeitshandbuch für Aufsichtsratsmitglieder, 3. Aufl., München 2009 (zit.: *Bearbeiter*, in: Semler/v. Schenck, ArbHdb. AR)

Semmer, Philipp, Repricing - die nachträgliche Modifikation von Aktienoptionsplänen zugunsten des Managements: eine Untersuchung zur Qualifizierung eines amerikanischen Phänomens nach deutschem Recht, Berlin 2005, zugl. Diss. Berlin 2003 (zit.: *Semmer*, Repricing)

Sheehan, Kym Maree, Is the outrage constraint an effective constraint on executive remuneration? Evidence from the UK and preliminary results from Australia, 2007, abrufbar unter http://papers.ssrn.com/sol3/papers.cfm?abstract_id=974965 (Abruf v. 9.8.2013) (zit.: *Sheehan*, Outrage Constraint)

—, The Regulatory Framework for Executive Remuneration in Australia, 31 Sydney Law Review (2009), 273 ff.

—, Say on Pay and the Outrage Constraint, 2010, abrufbar unter http://papers.ssrn.com/sol3/papers.cfm?abstract_id=1679622 (Abruf v. 9.8.2013)

—, Remuneration consultants - just friends with benefits?, Keeping good companies 2011, 518 ff.

—, The Regulation of Executive Compensation – Greed, Accountability and Say on Pay, Cheltenham/Northampton 2012 (zit.: *Sheehan*, Regulation)

Sheehan, Kym Maree/Fenwick, Colin, Seven: The Corporations Act 2001 (Cth), Corporate Governance and Termination Payments to Senior Employees, 32 Melbourne University Law Review (2008), 199 ff.

Siefer, Tobias, Zwei Jahre nach Dodd-Frank – Erfahrungen mit dem Aktionärsvotum über die Vorstandsvergütung in den USA, NZG 2013, 691 ff.

Simon, Oliver/Koschker, Maximilian, Vergütungssysteme auf dem Prüfstand – Neue aufsichtsrechtliche Anforderungen für Banken und Versicherungen, BB 2011, 120 ff.

Simon, Stefan, Stellungnahme zur Anhörung des Rechtsausschusses des Deutschen Bundestages am 5.6.2013, abrufbar unter www.bundestag.de/bundestag/ausschuesse17/a06/anhoerungen/archiv/51_Aktienrechtsnovelle_2012/index.html (Abruf v. 11.8.2013) (zit.: *Simon*, Stellungnahme Rechtsausschuss)

Smith, Michael/Durkin, Patrick, Reality check on CEO pay, Australian Financial Review v. 23.11.2011, abrufbar unter www.afr.com/p/reality_check_on_ceo_pay_KJMQCf6vG0d4o9eI4x9h4I (Abruf v. 11.8.2013)

Snyder, Franklin G., More Pieces of the CEO Compensation Puzzle, 28 Delaware Journal of Corporate Law (2003), 129 ff.

Spindler, Gerald, Vergütung und Abfindung von Vorstandsmitgliedern, DStR 2004, 36 ff.

—, Vergütung für Vorstandsmitglieder – juristische und ökonomische Perspektiven, KritV 2007, 134 ff.

—, Konzernbezogene Anstellungsverträge und Vergütungen von Organmitgliedern, in: Festschrift für Karsten Schmidt, Köln 2009, S. 1529 ff. (zit.: *Spindler*, FS K. Schmidt)

—, Vorstandsgehälter auf dem Prüfstand – das Gesetz zur Angemessenheit der Vorstandsvergütung (VorstAG), NJOZ 2009, 3282 ff.

—, Rechtsfolgen einer unangemessenen Vorstandsvergütung, AG 2011, 725 ff.

Spindler, Gerald/Stilz, Eberhard, Kommentar zum Aktiengesetz, 2. Aufl., München 2010,

Bd. 1 (§§ 1–149)

Bd. 2 (§§ 150–410)

(zit.: *Bearbeiter*, in: Spindler/Stilz, AktG)

Stapledon, Geof, Termination Benefits for Executives of Australian Companies, 27 Sydney Law Review (2005), 683 ff.

Stapledon, Geof/Webster, Jon, Directors' duties and corporate governance, 27 Company and Securities Law Journal (2009), 458 ff.

Steinbeck, Anja, Besicherung von Gesellschafterverbindlichkeiten durch die GmbH, WM 1999, 885 ff.

Steinmeyer, Roland/Häger, Michael, WpÜG, Kommentar, 2. Aufl., Berlin 2007 (zit.: *Bearbeiter*, in: Steinmeyer/Häger, WpÜG)

Stenzel, Roman, Rechtliche und empirische Aspekte der Vorstandsvergütung, Jena 2012, zugl. Diss. Jena 2011 (zit.: *Stenzel*, Vorstandsvergütung)

Stocker, Frank, Dax-Chefs freuen sich wieder über Gehaltssprung, Die Welt v. 19.3.2013, abrufbar unter www.welt.de/finanzen/article114583183/Dax-Chefs-freuen-sich-wieder-ueber-Gehaltssprung.html (Abruf v. 11.8.2013) (zit.: *Stocker*, Die Welt v. 19.3.2013)

Tegtmeier, Stefan, Die Vergütung von Vorstandsmitgliedern in Publikumsaktiengesellschaften, Frankfurt am Main u.a. 1998 (zit.: *Tegtmeier*, Vergütung von Vorstandsmitgliedern)

Theusinger, Ingo/Liese, Jens, Rechtliche Risiken der Corporate Governance-Erklärung, DB 2008, 1419 ff.

Thomas, Randall S., Explaining The International CEO Pay Gap: Board Capture Or Market Driven?, 57 Vanderbilt Law Review (2004), 1171 ff.

–, Lessons from the Rapid Evolution of Executive Remuneration Practices in Australia: Hard Law, Soft Law, Boards and Consultants, Vanderbilt University Law School, Law and Economics Working Paper No. 11–18, 2011, abrufbar unter http://papers.ssrn.com/sol3/papers. cfm?abstract_id=1777229 (Abruf v. 11.8.2013)

Thomas, Randall S./Palmiter Alan R./Cotter James F., Dodd-Frank's Say On Pay: Will It Lead To A Greater Role For Shareholders In Corporate Governance?, 97 Cornell Law Review (2012), 1213 ff.

Thompson, Robert B./ Edelmann, Paul H., Corporate Voting, 62 Vanderbilt Law Review (2009), 128 ff.

Thümmel, Roderich C., Aufsichtsratshaftung vor neuen Herausforderungen – Überwachungsfehler, unternehmerische Fehlentscheidungen, Organisationsmängel und andere Risikofelder, AG 2004, 83 ff.

Thüsing, Gregor, Auf der Suche nach dem iustum pretium der Vorstandstätigkeit – Überlegungen zur Angemessenheit im Sinne des § 87 Abs. 1 Satz 1 AktG –, ZGR 2003, 457 ff.

–, Die Angemessenheit von Vorstandsvergütungen – Mögliche Handlungsoptionen zur Sicherstellung, DB 2003, 1612 ff.

–, Das Gesetz zur Angemessenheit der Vorstandsvergütung, AG 2009, 517 ff.

Time Base, Executive Pay Trends Under Scrutiny in Australian Two-Strikes Law, 29.11.2013, abrufbar unter www.timebase.com.au/news/2013/AT825-article.html (Abruf v. 24.1.2014) (zit.: *Time Base*, Executive Pay Trends)

Towers Watson, DAX-Vorstandsvergütung nach sehr erfolgreichem Geschäftsjahr moderat gestiegen – Vergütungsentwicklung im Einklang mit Unternehmenserfolg, Pressemitteilung vom 19.3.2013, abrufbar unter www.towerswatson. com/de-DE/Press/2013/03/DAX-Vorstandsvergutung-nach-sehr-erfolgreichem-Geschaftsjahr-moderat-gestiegen (Abruf v. 11.8.2013) (zit.: Towers Watson, Pressemitteilung v. 19.3.2013)

Ulmer, Peter, Der Deutsche Corporate Governance Kodex – ein neues Regulierungsinstrument für börsennotierte Aktiengesellschaften, ZHR 166 (2002), 150 ff.

Velasco, Julian, Taking Shareholder Rights Seriously, 41 University of California Davis Law Review (2007), 605 ff.

Verse, Dirk A., Der Gleichbehandlungsgrundsatz im Recht der Kapitalgesellschaften, Tübingen 2006, zugl. Habil. Mainz 2006 (zit.: *Verse*, Gleichbehandlungsgrundsatz)

–, Die Entwicklung des europäischen Gesellschaftsrechts im Jahr 2012, EuZW 2013, 336 ff.

–, Regulierung der Vorstandsvergütung – mehr Macht für die Aktionäre? – Überlegungen zur geplanten Reform des say on pay, NZG 2013, 921 ff.

Vetter, Eberhard, Aktienrechtliche Probleme der D&O Versicherung, AG 2000, 453 ff.

–, Abberufung eines gerichtlich bestellten Aufsichtsratsmitglieds ohne wichtigen Grund, DB 2005, 875 ff.

–, Handgeld für in der Hauptversammlung präsente Aktionäre?, AG 2006, 32 ff.

–, Begrenzung der Vorstandsbezüge durch Hauptversammlungsbeschluss?, ZIP 2009, 1307 ff.

–, Der kraftlose Hauptversammlungsbeschluss über das Vorstandsvergütungssystem nach § 120 Abs. 4 AktG, ZIP 2009, 2136 ff.

Vetter, Jochen, Reformbedarf bei der Aktionärsklage nach § 148 AktG?, in: Festschrift für Michael Hoffmann-Becking, München 2013, S. 1317 ff. (zit.: *J. Vetter*, FS Hoffmann-Becking)

Vogt, Kristin, Zwei Jahre Vergütungsvotum in Zahlen, AG-Report 2012, R123 ff.

Walker, Julie, Executive pay pain won't go away, The Conversation, 17.10.2013 abrufbar unter http://theconversation.com/executive-pay-pain-wont-go-away-18696 (Abruf v. 24.1.2014) (zit.: *Walker*, The Conversation)

Weber-Rey, Daniela, Änderungen des Deutschen Corporate Governance Kodex 2009, WM 2009, 2255 ff.

Weber-Rey, Daniela/Buckel, Jochen, Die Pflichten des Aufsichtsrats bei der Mandatierung des Vergütungsberaters, NZG 2010, 761 ff.

Weisner, Arnd/Kölling, Lars, Herausforderung für den Aufsichtsrat: Herabsetzung von Vorstandsbezügen in Zeiten der Krise, NZG 2003, 465 ff.

Weiß, Daniel M., Aktienoptionspläne für Führungskräfte, Köln 1999, zugl. Diss. Tübingen 1998 (zit.: *Weiß*, Aktienoptionspläne)

–, Aktienoptionsprogramme nach dem KonTraG, WM 1999, 353 ff.

Wessing, Jürgen/Krawczyk, Lucian, Der Untreueparagraf auf dem verfassungsrechtlichen Prüfstand, NZG 2010, 1121 ff.

Wilke, Peter/Schmid, Katrin, Entwicklung der Vorstandsvergütung 2011 in den DAX-30-Unternehmen, Arbeitspapier 269, Hans Böckler Stiftung, Düsseldorf 2012 (zit.: *Wilke/Schmid*, Entwicklung)

Winslow, Donald Arthur, Tax Penalties – "They Shoot Dogs, Don't They?", 43 Florida Law Review (1991), 811 ff.

Winter, Stefan, Zur Eignung von Aktienoptionsplänen als Motivationsinstrument für Manager, ZfbF 1998, 1120 ff.

Wulff, Jakob, Aktienoptionen für das Management, Köln u.a. 2000, zugl. Diss Bonn 1999 (zit.: *Wulff*, Aktienoptionen)

Zeidler, Finn, Aktienoptionspläne - nicht nur für Führungskräfte - im Lichte neuester Rechtsprechung, NZG 1998, 789 ff.

Ziemons, Hildegard, Angemessene Vorstandsvergütung und Change of Control Klauseln, in: Festschrift für Ulrich Huber, Tübingen 2006, S. 1035 ff. (zit.: *Ziemons*, FS Huber)

Zimmermann, Klaus, Vertrauensentzug durch die Hauptversammlung und Stimmrechtsausübung, in: Festschrift für Heinz Rowedder, München 1994, S. 593 ff. (zit.: *Zimmermann*, FS Rowedder)

Zolt, Eric M., Deterrence via Taxation: A Critical Analysis of Tax Penalty Provisions, 37 UCLA Law Review (1989), 343 ff.

Zürn, Andreas/Rappensperger, Gabriele/Brämswig, Oliver, Instituts-Vergütungsverordnung: Referentenentwurf der Novelle, DB 2013, 2681 ff.

Osnabrücker Schriften zum Unternehmens- und Wirtschaftsrecht

Herausgegeben von Andreas Fuchs, Markus Stoffels und Dirk A. Verse

Band 1 Malte Richter: Die Verwendung von Ratings zur Regulierung des Kapitalmarkts. Eine vergleichende Untersuchung nach US-amerikanischem und deutschem Recht. 2008.

Band 2 Dietmar Haffa: Lock-up Vereinbarungen – Veräußerungsbeschränkungen für Altaktionäre beim Börsengang. 2008.

Band 3 Martin Eimer: Zeichnungsverträge und Zeichnungsvorverträge. Zu den Rechten und Pflichten aus dem Vertrag über die Vorerhöhungsgesellschaft. 2009.

Band 4 Tobias Mischitz: Die Bedeutung von Nachfragemacht für die Beurteilung von Einkaufskooperationen im EG-Kartellrecht. 2008.

Band 5 Matthias Decker: Öffentlich-rechtlicher Rechtsschutz der Zielgesellschaft und ihrer Aktionäre in Übernahmesituationen. Eine materiell- und prozessrechtliche Analyse. 2009.

Band 6 Tim Gero Joppich: Die Kodifikation des Transparenzgebots in § 307 BGB. Die Prinzipien der Transparenzkontrolle unter besonderer Berücksichtigung der Arbeitsvertragskontrolle. 2009.

Band 7 Rachid René Wiersch: Der gutgläubige Erwerb von GmbH-Anteilen. 2009.

Band 8 Oliver Kirchwehm: Reformen der Corporate Governance in Japan und Deutschland. Eine gesellschaftsrechtliche Betrachtung. 2010.

Band 9 Christian Spruß: Die Einbeziehung Allgemeiner Geschäftsbedingungen im deutschen Recht unter besonderer Berücksichtigung des europäischen Rechts und des UN-Kaufrechts. 2010.

Band 10 Jost Onstein: Der Beirat einer mittelständischen GmbH als Instrument guter Unternehmensführung. Ein Beitrag zur Corporate Governance-Diskussion in kleinen und mittleren Familienunternehmen. 2010.

Band 11 Verena Förster: Die Vereinbarung variabler Zinssätze in AGB. 2010.

Band 12 Christian Karbaum: Kartellrechtliche Compliance - Rechtsgrundlagen und Umsetzung. 2010.

Band 13 Dirk Schnelle: Die Berufsbildung der Volontäre und Praktikanten. 2010.

Band 14 Hanno Teuber: Die Beeinflussung von Börsenkursen. Kurspflege und Marktmanipulation. 2011.

Band 15 Michael Berkemeyer: Die Leihgabe von Berufssportlern. 2011.

Band 16 Adrian Jaglarz: Die fusionskontrollrechtliche Behandlung von Immaterialgüterrechtsakquisitionen im US-amerikanischen, europäischen und deutschen Recht. 2012.

Band 17 Philipp Loosen: Reformbedarf im Spruchverfahren. Empirische Analyse, Rechtsvergleich mit US-amerikanischem Recht und Reformvorschläge. 2013.

Band 18 Zacharias-Alexis Schneider: Kapitalschutz nach dem Bilanzrechtsmodernisierungsgesetz. 2014.

Band 19 Miriam Sprink: Vertragliche Gestaltung von Urlaub. Möglichkeiten und Grenzen. 2015.

Ab Band 20 läuft die Reihe unter einem neuen Reihentitel

Schriften zum Unternehmens- und Wirtschaftsrecht

Herausgegeben von
Marcus Bieder, Andreas Fuchs, Lars Leuschner, Markus Stoffels und Dirk A. Verse

Band 20 Lars Jeschke: Der Rechtsrahmen für Vorstandsvergütungen in Deutschland und Australien. Ein Rechtsvergleich. 2015.

www.peterlang.com

www.ingramcontent.com/pod-product-compliance
Ingram Content Group UK Ltd.
Pitfield, Milton Keynes, MK11 3LW, UK
UKHW021840290926
8980IPUK00005B/553

9 783631 665213